CONTENTS

PREFACE

Borrowing from another language is a natural part of language development. The expansion of English during the last century has affected most world languages. The impact of the English language on the Russian lexicon has been considerable, reflecting the swift process of globalization, interconnections among countries in areas of economics, politics, culture, science, and technology. Acquisition of most English borrowings happens by means of Internet, media and global spread of British and American cultures. The more contacts, the more loanwords a language acquires.

An English loan or anglicism is commonly defined as a word or phrase borrowed from English into another language. Manfred Gorlach[1] describes an anglicism as "a word or idiom that is recognizably English in its form (spelling, pronunciation, morphology, or at least one of the three)." In this specific definition anglicisms do not mean only the words from England but include the loanwords originating from the United States.

Linguists usually agree that the difference between loanwords (integrated items) and aliens (not integrated words) is questionable: it is obvious that the degree and speed of integration depends not only on the structure of the two languages involved, but individual items exhibit different stages of integration on different levels. Manfred Gorlach[1] lists the following individual factors that affect anglicisms: 1) different phonological and morphological structures of the individual languages; 2) the functional status of English in a speech community; 3) the official encouragement or stigmatization of the English language and of anglicisms in particular; 4) the degree of functional range in the receptor language.

English is the world's preferred lingua franca that is perceived as global, prestigious, trendy, and in demand. Lately, English has become the major donor language to the Russian language corpus in the areas of technology, sports, media, pop culture, Internet, and social networking. New vocabulary acquisition in the Russian language often happens through direct word adaptation from English. For the most part these loanwords fill in the term deficiency niche for new objects and concepts in the receptor language: scanner > *сканнер*, *харассмент* > harassment. Sometimes, English cognates have been adopted in addition to the existing terms to specify an operational difference: HR > *эйчар* – the term *human resources* has a wider scope of functions than *отдел кадров* (personnel department), celebrity > *селебрити* has a more complex connotation than *знаменитость* (a famous person). A loanword is frequently adopted as a substitution for a phrase in the receptor language to achieve language efficiency: *кастинг* > casting versus *подбор актеров* (selection of actors). Finally, the Russian vernacular has expanded acquiring the fashionable English terms: *ланч* (lunch), *фейк* (fake), *лайфхак* (life hack), *топ-модель* (top model), *барбершоп* (barber shop), etc.

Loanwords can become part of the essential vocabulary or they remain restricted in various ways: some words are used only colloquially (girlfriend > *гёрлфренд*), some – by the experts in a particular area (delisting > *делистинг*), others – in formal conversation (primaries > *праймериз*).

A foreign word adaptation or loss could be influenced by various factors, but mostly by changes in people's life – technological progress, cultural, historic and political changes. For example, once frequently used loanwords *пейджер* (pager), *воки-токи* (walkie-talkie) are becoming obsolete due to the disappearance of these gadgets. People of power may be very influential in destiny of loanwords. The anglicism *диджитализация* (digitalization) is being currently pushed out of use because the Russian president and other politicians started to actively utilize its loan translation – *цифровизация*.

As far as the integration of English loans into the Russian language is concerned, there are incidents when anglicisms compete or coexist with their Russian equivalents that have either existed prior to borrowing or have appeared at the same time (xerox > *ксерокс*, *копировальная машина*, tutor > *тьютор, репетитор*). In these cases, survival of either or both terms is unpredictable.

In general, the acquisition of new lexemes commences with nouns as a part of speech denoting things, persons, places, concepts. The particular endings, suffixes, consonant clusters often serve as identifiers of anglicisms: "ing" – *трен**инг*** (training), *роу**минг*** (roaming); "ment", "ist", "or/er", "и" – *истебли**шмент*** (establishment); *лобб**ист*** (lobbyist); *мент**ор*** (mentor), *регб**и*** (rugby); "*дж*" – ***джет*** (jet), *га**дж** ет* (gadget), ***дж**анк-фуд* (junk food).

Related to assimilation into Russian, there is always a process of transliteration based on the Cyrillic alphabet, an approximate phonetic rendering and, in most cases, full adaptation to the grammar principles. During the establishing process, the new loanwords may have several spelling variations (hashtag > ***хе*** штег, *хэ штег*) or phonetic variations (cosplay > ***кó** сплей*, *коспл**é** й*). The dictionary provides different spellings and stresses after a keyword marked by ⋆. Some loanwords exhibit grammar problems. For example, the morphology of the etymon is not properly recognized and English plurals ending in *-s* are adopted as a singular (future+s > *фьючер**с***, cake+s > *кек**с***) or loan nouns ending in *-и* assume irregular genders (royalty > *роялти*, neuter; city > *сити*, masculine). A lot of English phrases are often adopted as compound hyphenated words by Russian: agility jumping > *аджилити-джампинг*, blockchain platform > *блокчейн-платформа*. There are incidents when a word reversal is noted: client bank > *банк-клиент*.

Loanwords are usually borrowed with one specific meaning even though the etymon in the source language is polysemic (i.e., "a seeder" has several connotations in the source language but was borrowed only in the meaning of "a person uploading in torrents content for others" by the receptor language – *сидер*). The dictionary identifies the specific area of a loanword usage, i.e., politics, computers, media, tourism, etc.

Some loanwords dictionaries denote the frequency of word usage. However, as stated by Manfred Gorlach,[2]

> frequency is a category especially difficult to handle. On the one hand, modern corpus linguistics can take care of immense masses of material, but "hand-made" counts have produced less exciting results to date: very often, words whose status as "anglicisms" is rather doubtful as a consequence of their total integration come at the top of the national "hit-lists", whereas items which are highly diagnostic for attitudes and the borrowing process do not show up because they are too rare and happen not to be recorded in the corpus used.

The author recognizes that the frequency of listed cognates varies from word to word and some provided terms have not yet been fully established in the receptor language. As a result the dictionary includes concurrently recent neologisms as well as a number of well-established and widely used loanwords from the source language. For example, such terms as *банк* > bank, *баскетбол* > basketball, *видеофильм* > video film, *свитер* > sweater, etc. have been conventionalized for a long time in contemporary Russian, while *офшор* > offshore, *рингтон* > ringtone, *свитшот* > sweatshirt are relative newcomers. Conventionalization of foreign borrowings is a gradual process in which a word progressively permeates a larger speech community. In time, people in the borrowing community do not perceive the word as a loanword at all.

The dictionary contains nearly 3,000 entries based on contemporary Russian glossaries of foreign terms, media and online resources and related to various usage areas – media, politics, computing and Internet, economics, art, sports, social media, etc.

The compilation is by no means all-encompassing: the language is constantly changing, adding or dropping new words. Observing and registering language changes helps us to understand its development and challenges as well as how language shapes communication, forms social identity, and develops a common cultural representation of the world at a particular time period.

The dictionary consists of a *Preface*, *List of Abbreviations*, *Russian-English Dictionary* and *Principal Sources*.

Layout of entries

ЛИФЛЕ́Т *nm, ad.* leaflet
Волкова на основе Путеводителя по бюджету Москвы создала **лифлет**, где отражены основные параметры городского бюджета и прогноз социально-экономического развития. (https://regnum.ru/news/2722454.html, 2019)

1 All entries are listed in alphabetical order.
2 Every headword is capitalized, accented, and printed in boldface type: **авториза́ция**
3 The headword is followed by an abbreviation in italics indicating the part of speech, gender and, occasionally, if it is indeclinable or only/mostly plural.
4 The gender of Russian nouns is identified as follows: *nm* indicates masculine gender, *nf* – feminine, *nn* – neuter. The designation *nc* is used with a group of common gender nouns that could be masculine or feminine depending on the person (hippie > *хиппи*). The abbreviation *npl* signifies that a noun exists only in plural number (Bermuda shorts > *шорты-бермуды*). The indeclinable nouns have the *indecl* designation with most of them ending in *-и*, *-о*, *-у*.
5 Grammar indicators are followed by the indication of usage area, i.e., *comp* (computing), *psych* (psychology), etc.
6 Provided usage examples from established electronic sources and dictionaries clarify core meanings and include stable URL or web addresses: *Сегодня для выявления наследственных заболеваний все новорожденные проходят неонатальный **скрининг**. (https://ria.ru/20191125/1561542455.html, 2019).*
7 If available, derivative forms are listed in boldface type with part of speech specification – *adj* (adjective) and *v* (verb): **Лидерский** (*adj*). **Лидировать** (*v*).
8 Two-word lexemes like *skate park* > *скейт-парк*, *drag racing* > *дрэг-рейсинг* are usually hyphenated in the Russian language and are listed alphabetically as one component in the word list.

Notes

1 Gorlach, Manfred. English Words Abroad, John Benjamins Publishing Company, 2003. ProQuest Ebook Central, http://ebookcentral.proquest.com/lib/uncc-ebooks/detail.action?docID=829507.
2 Gorlach, Manfred. English Words Abroad, John Benjamins Publishing Company, 2003. ProQuest Ebook Central, http://ebookcentral.proquest.com/lib/uncc-ebooks/detail.action?docID=829507.

ACKNOWLEDGEMENTS

I wish to express my appreciation to the staff at the Routledge publishing company involved with the publication of this dictionary, especially to Editorial Assistant Rosie McEwan who oversaw the progression of this dictionary with great professionalism and guidance.

ABBREVIATIONS

abbr	abbreviation
ad	advertisement
adj	adjective
agri	agriculture
anim	animals
art	art, crafts
auto	automotive
astr	astronomy
avia	aviation
baskt	basketball
bev	beverage
bio	biology, biochemistry
box	boxing
bsball	baseball
bsn	business
cloth	clothes, fabrics
comm	communications
comp	computers, computing
const	construction
cosm	cosmetics, hairstyles
cyber	cybernetics
cybersec	cybersecurity
cybersp	cybersport
des	design
drug	drugs, medication
eco	ecology, climate
econ	economics
ed	education

ent	entertainment
fin	finance
food	food, cooking, catering
game	gaming, games
indecl	indeclinable
inf	informatics
ins	insurance
int	Internet, social networks
law	law, legal
ling	linguistics
mark	marketing
math	mathematics
med	medical
media	cinema, media, TV, radio
nc	noun common gender
nf	noun feminine gender
nm	noun masculine gender
nn	noun neuter gender
npl	noun plural number
off	office equipment
phil	philosophy
phys	physics
plant	plants, trees, greenery
pol	politics
prof	profession, professional
psych	psychology
pub	publishing
rel	religion
sci	science
sex	sex, sexual
skate	figure skating
skatebrd	skateboarding
ski	skiing
snowbrd	snowboarding
soc	social
sport	sports
surf	surfing
swim	swimming
tech	technology
tour	travel, tourism
trans	transportation
v	verb
wakebrd	wakeboarding
wakeskt	wakeskating

RUSSIAN-ENGLISH DICTIONARY

A

АБИЛИТА́ЦИЯ *nf, med.* habilitation

Термин **абилитация** обозначает проведение комплекса мероприятий лечебно-педагогического направления, которые направлены на лечение патологии, приобретение новых навыков, опыта, социализацию. (https://dal.academic.ru/dic.nsf/ruwiki/590447). **Абилитационный** (*adj*).

АБЛЯ́ЦИЯ *nf, med.* ablation

Как удалось установить, раковые клетки гибнут в ходе последовательного нагревания и замораживания, или термальной **абляции**. (https://www.m24.ru/news/nauka/06122019/99747, 2019). **Абляционный** (*adj*).

АБОЛИЦИОНИ́ЗМ *nm, pol.* abolitionism

Среди грядущих премьер – экранизация биографии Фредерика Дугласа, одного из основоположников **аболиционизма** (движения за отмену рабства в США), историческая драма о мире моды и детский сериал о здоровом питании. (https://www.golos-ameriki.ru/a/obama-netflix-movie-american-factory/5051740.html, 2019). **Аболиционистский** (*adj*).

АБОЛИЦИОНИ́СТ *nm, pol.* abolitionist

Мини-сериал расскажет историю **аболициониста**, возглавляющего отряд борцов за свободу в Канзасе перед самым началом Гражданской войны в США. (http://www.sobaka.ru/entertainment/cinema/100665, 2019). **Аболиционистский** (*adj*).

АБРАЗИ́В *nm, tech.* abrasive

Сода и мелкая соль выступают в роли **абразивов** – это самый простой вариант, чем оттереть клей от скотча. (https://lisa.ru/moy-uyutnyy-dom/593282-chem-otteret-klej-ot-skotcha-17-sposobov-na-vse-sluchai-zhizni/, 2019). **Абразивный** (*adj*).

АБСЕ́ЙЛИНГ *nm, sport.* abseiling

Абсейлинг – более известное развлечение: спуск по крутому склону при помощи веревки. (https://ria.ru/20181116/1532901435.html, 2018)

АБСЕНТЕЙЗМ *nm, pol.* absenteeism

Абсентеизм – одна из форм сознательного бойкотирования избирателями выборов, отказ от участия в них. (https://dic.academic.ru/dic.nsf/politology/1/)

АБСОРБЕ́НТ *nm, tech.* absorbent

Абсорбент – это вещество, обладающее способностью поглощать значительные количества других веществ. (https://dic.academic.ru/dic.nsf/ntes/). **Абсорбентный** (*adj*).

АБСО́РБЕР *nm, tech.* absorber

Абсорбер – основной аппарат установки, в которой осуществляю абсорбцию. (https://dic.academic.ru/dic.nsf/bse/60972). **Абсорбентный** (*adj*). **Абсорбировать** (*v*).

АБСО́РБЦИЯ *nf, tech.* absorption

Сейчас проверить воду на примесь цинка можно с помощью методов атомной **абсорбции** или атомной эмиссии, это будет стоить около 500 рублей. (https://naked-science.ru/article/column/rossijskie-uchenye-sozdali-trehslojnyj-sorbent-dlya-ochistki-pitevoj-vody-ot-tsinka, 2019). **Абсорбционный** (*adj*). **Абсорбировать** (*v*).

АБСТИНЕ́НЦИЯ *nf, med.* abstinence

Абстиненция – это осознанный отказ от чего-нибудь, подавление у индивида тяги к чему-то на протяжении обусловленного времени или всей жизни. (https://psychology.academic.ru/3/). **Абстинентный** (*adj*).

АБЬЮ́З *nm, law.* abuse

Часто люди не уходят из отношений **абьюза** и домашнего насилия именно потому, что с детства ими усвоен негативный опыт. (https://www.pravmir.ru/prichina-depressii-mama-pravda-li-chto-toksichnye-roditeli-problema-s-potolka/, 2020)

АБЬЮ́ЗЕР *nm, law.* abuser

Жертве будут выдавать "защитное предписание", которое ограничивает контакты с **абьюзером**. (https://polit.ru/news/2019/12/04/hv_s/, 2019)

АВАНТ-ПО́П, ***АВАНТПО́П** *nm, music.* avant-pop

Пост-поп, **авант-поп**, поп-нуар, экспериментал, нойз, акустический шансон, глэм – отклик на все эти стили есть в их музыке, но абсолютно она не принадлежит ни одному из них. (https://www.mk.ru/culture/2019/05/31/shokoterapiya-gruppy-shortparis-antisaundtrek-k-zhizni-v-rossii.html, 2019)

АВАТА́Р, ***АВАТА́РКА** *nm, comp.* avatar

Туктамышева предложила болельщикам нарисовать ей **аватар** для социальных сетей. (https://www.championat.com/other/news-3913001-tuktamysheva-objavila-konkurs-na-luchshij-portret.html, 2019)

АВЕРА́Ж *nm, fin.* average (*averaging*)

Авераж – стратегия биржевой игры, состоящая в последовательной, через определенный промежуток времени, покупке или продаже акций конкретного выпуска по мере изменения их курса. (https://dic.academic.ru/dic.nsf/econ_dict/2406). **Авеpажный** (*adj*).

АВЕ́РСИЯ *nf, psych.* aversion

Аверсия, или непереносимость чужого контроля, может вести к неоптимальным решениям, сказывающимся в самых разных социумах. (http://www.ng.ru/science/2018-12-11/13_7460_psyho.html, 2019). **Аверсионный** (*adj*).

АВИАБРО́КЕР *nm, avia.* aviation broker

В Ростуризме пояснили, что туристы купили билеты у **авиаброкеров**, а те не предупредили клиентов о нюансах в правилах прохождения транзитной зоны. (https://riafan.ru/1174267-zastryavshie-v-kitae-rossiiskie-turisty-vyleteli-v-moskvu, 2019). **Авиаброкерский** (*adj*).

АВИАКОМПА́НИЯ *nf, avia.* air company

"Аэрофлот" второй год подряд на взлете обгоняет остальные **авиакомпании** мира. (https://ren.tv/novosti/2019-10-08/aeroflot-vnov-priznali-luchshey-aviakompaniey-vostochnoy-evropy, 2019)

АВИА́ТОР *nm*, aviator

1 *cloth.* (*eyeware, jackets*) Если тебе нравятся укороченные шубы, дубленки и куртки-**авиаторы**, то обрати на новую коллекцию в линейке больших размеров Mango. (https://lisa.ru/moda/586802-gde-kupit-krutuyu-verhnyuyu-odezhdu-devushkam-razmera-xxl, 2019). 2 *prof.* Автомобиль, больше похожий на самолет, был создан французским изобретателем и **авиатором** Марселем Лейя. (https://www.forbes.ru/forbeslife/387109-dohodnost-do-258-skolko-mozhno-zarabotat-kollekcioniruya-starye-avtomobili, 2019). **Авиаторский** (*adj*).

АВИА́ЦИЯ *nf, avia.* aviation

Дагестан стал первым регионом Северного Кавказа, получившим медицинский вертолет по программе развития санитарной **авиации**. (https://mkala.mk.ru/social/2019/10/08/sanitarnaya-aviaciya-dagestana-poluchila-novyy-vertolet.html, 2019). **Авиационный** (*adj*).

АВТОБО́Т *nm, game.* autobot

Ребятам предстоят испытания, стрельба из дымовой пушки и стрельба по метеоритам, посвящение в **автоботы** и дискотека с роботами. (https://tass.ru/novosti-partnerov/6813163, 2019)

АВТОБРО́НЗЕР *nm, cosm.* autobronzer (*self-tanner*)

Кремы для автозагара, они же **автобронзеры**, они же автобронзанты – это косметические средства, которые содержат красящие вещества и окрашивают кожу в цвет "а-ля загар". (https://www.kp.ru/daily/23278/28919/, 2014)

АВТО́БУС *nm, trans.* autobus

Маратканова придумала анимационный **автобус**, который ездит по селениям района, домам престарелых и детским домам края. (https://aif.ru/society/people/sila_malyh_del_lyudi_serebryanogo_vozrasta_mogut_mnogoe, 2019). **Автобусный** (*adj*).

АВТОГЕЙТ *nm, tech.* autogate

В частности, к 2020 году входящую в комплект снайперскую винтовку оснастят ночным прицелом с функцией **автогейта**, нейтрализующей яркий свет и не допускающей ослепления стрелка. (https://ren.tv/news/v-rossii/282239-polkovnik-sukhoputnykh-voisk-rasskazal-ob-ispravlenii-nedostatkov-ekipirovki-ratnik, 2018)

АВТОГРЕ́ЙДЕР *nm, tech.* autograder

Для очистки взлетно-посадочных полос и перронов используются снеуборочные и снегоотбрасывающие машины, тракторы, **автогрейдеры**, самосвалы, погрузчики, спецмашины для разброса реагентов. (https://nevnov.ru/730119-pulkovo-podgotovil-aerodromnuyu-tekhniku-k-zime, 2019). **Автогрейдерный** (*adj*).

АВТОДИЗА́ЙН *nm, auto.* auto design (*automotive design*)

Дети смогут проявить себя в области **автодизайна** будущего. (https://www.alt.kp.ru/daily/26731/3758529/, 2017). **Автодизайнерский** (*adj*).

АВТОДИЗА́ЙНЕР *nm, prof.* auto designer (*automotive designer*)

Независимый **автодизайнер** в свободное от работы время подготовил рендерные изображения того, как может выглядеть Lada Vesta, которая появится в продаже в наступающем году. (https://infosmi.net/avto/159327-dizayner-opublikoval-rendery-lada-vesta-baziruyuschiesya-na-dizayne-land-cruiser/, 2019). **Автодизайнерский** (*adj*).

АВТОДИ́ЛЕР *nm, auto.* auto dealer (*car dealer*)

Автодилеры попросили президента РФ не повышать утилизационный сбор. (https://regnum.ru/news/economy/2742436.html, 2019). **Автодилерский** (*adj*).

АВТОКЛА́В *nm, med.* autoclave

Кроме ремонта, есть изменения и в техническом оснащении – установлен новый аппарат УЗИ, появился современный **автоклав** для стерилизации инструментов, закуплена новая мебель. (https://ugra.aif.ru/health/v_raduzhnom_posle_remonta_otkrylsya_rodilnyy_dom, 2019). **Автоклавный** (*adj*).

АВТОКОНВЕ́КЦИЯ *nf, eco.* autoconvection

Автоконвекция – это наличие слоя с сухим воздухом, в котором происходит охлаждение воздуха за счет либо испарения облачных капель, либо выпадающих сверху осадков. (https://kartaslov.ru/). **Автоконвекционный** (*adj*).

АВТОКОРРЕЛЯ́ЦИЯ *nf, tech.* autocorrelation

Автокорреляция – статистическая взаимосвязь между случайными величинами изодного ряда, но взятых со сдвигом, например, для с лучайного процесса – со сдвигом по времени. (https://kartaslov.ru/). **Автокорреляционный** (*adj*).

АВТОМАТИ́ЗМ *nm, misc.* automatism

Навыки разгона и переключения передач со временем доходят до **автоматизма**. (https://car.ru/news/automobili/54168-kak-trogatsya-na-mashine-s-mehanicheskoy-korobkoy-peredach/, 2019). **Автоматический** (*adj*). **Автоматизировать/ся** (*v*).

АВТОМОБИ́ЛЬ *nm, auto.* automobile

В **автомобиле** мужчина находился один. (https://tver.aif.ru/incidents/crash/pyanyy_voditel_vyzhil_na_skorosti_vyletev_v_kyuvet_v_tverskoy_oblasti, 2019). **Автомобильный** (*adj*).

АВТОПИЛО́Т *nm, trans.* autopilot

Автопилот для автомобилей был разработан британским стартапом Oxbotica. (https://regnum.ru/news/2739793.html, 2019). **Автопилотный** (*adj*).

АВТОПЛЕ́Й *nm, tech.* auto (*automatic*) play

В Spotify по умолчанию включен **автоплей**: музыка будет проигрываться независимо от того, как была запущена – из поиска или плей-листа. (https://style.rbc.ru/impressions/5c910f529a794746e7b7e448, 2019)

АВТОРА́ЛЛИ *nn, indecl, auto.* auto rally

В юности Таривердиев увлекался конным спортом, боксом, велоспортом, водными лыжами, **авторалли**. (https://nasledie.pravda.ru/320675-tariverdiev/, 2019)

АВТОРЕ́ВЕРС *nm, tech.* auto-reverse

Автореверс – функция перемотки после окончания плёнки в видео-аудиоплеере. (https://dic.academic.ru/dic.nsf/dic_fwords/42789/). **Автореверсный** (*adj*).

АВТОРЕФРИЖЕРА́ТОР *nm, auto.* auto refrigerator

Ежедневно на дорогах США передвигается 8000 **авторефрижераторов** с молоком. (https://rg.ru/2019/11/13/molochnaia-kompaniia-1-ssha-obiavila-o-bankrotstve-na-fone-padeniia-sprosa.html, 2019). **Авторефрижераторный** (*adj*).

АВТОРИЗА́ЦИЯ *nf, comp.* authorization

Авторизация – это предоставление определённому лицу или груп пе лиц прав на выполнение определённых действий; а также проце сс проверки данных прав при попытке выполнения этих действий. (https://dic.academic.ru/dic.nsf/ruwiki/14768). **Авторизированный** (*adj*). **Авторизировать/ся** (*v*).

А́ВТОРИНГ *nm, comp.* authoring

Авторинг – процесс создания структуры DVD диска, меню, главы и т.д. (https://dic.academic.ru/dic.nsf/dic_fwords/42790/)

АВТОСПО́РТ *nm, sport.* autosport

Честь и хвала людям, которые помогают поддерживать и развивать российский **автоспорт**. (https://www.pravda.ru/news/sport./1457014-rally_raids/, 2019)

АВТОСТО́П *nm, trans.* autostop (hitchhiking)

Автостоп помог существенно сэкономить на передвижении, а еще выйти из зоны комфорта и поверить вчудеса. (https://www.tula.kp.ru/daily/27063/4131292/, 2019). **Автостопный** (*adj*).

АВТОТРЕ́ЙДИНГ *nm, fin.* auto trading

Автотрейдинг – торговля на рынке ценных бумаг, осуществляемая торговым роботом в автоматическом или полуавтоматическом режиме. (https://complex_words.academic.ru/108/, 2009)

АВТОТРЕ́КИНГ *nm, tech.* auto tracking

Поворотные высокоскоростные камеры поголовно работают с использованием видеоаналитических функций, таких как **автотрекинг**, участие оператора практически исключено. (https://rb.ru/opinion/peregnat-podnebesnuyu/, 2019)

АВТОХА́РП *nm, music.* autoharp

Среди музыкальных нововведений присутствуют **автохарп**, разновидность гуслей, и саксофон, на котором Полли солирует впервые со времен Automatic Dlamini. (https://lenta.ru/articles/2011/02/15/pjharvey/, 2011)

АВТОШО́У *nn, indecl, auto.* auto show

Перед официальной премьерой в рамках **автошоу** в Бельгии компания Opel анонсировала премьеру обновлённой Insignia 2020 модельного года. (https://regnum.ru/news/2797621.html, 2019)

АГЕ́НДЕР *nm, soc.* agender

Агендер – человек, который отрицает собственную принадлежность к какому-либо гендеру. (http://a-z-gender.net/biodeterminizm.html)

АГРЕГА́ТОР *nm, bsn.* aggregator

В 2019 году **агрегаторы** занимают порядка 60% легального рынка такси. (https://www.rbc.ru/technology_and_media/08/10/2019/5d9b64699a794750007d3312, 2019) **Агрегаторный** (*adj*). **Агрегировать** (*v*).

АГРЕ́ССОР *nm, misc.* aggressor

Агрессор в международном праве – это государство, совершившее агре ссию. (https://dic.academic.ru/dic.nsf/business/). **Агрессорский** (*adj*).

АГРОБИ́ЗНЕС *nm, agr.* agrobusiness

Эти агромашины созданы настоящими профессионалами и отвечают высоким потребностям современного **агробизнеса**. (https://www.tula.kp.ru/daily/27065.7/4133377/, 2019)

АГРОТУРИ́ЗМ *nm, tour.* agritourism

Истринская сыроварня существует с 2015 года и является одним из примеров успешного развития российского фермерства и **агротуризма**. (https://mosreg.ru/sobytiya/novosti/myn-obrazovaniya/istra/sovremennaya-syrovarnya-poyavitsya-v-gorodskom-okruge-istra, 2019)

АДА́ПТЕР *nm, tech.* adapter

Адаптер, или блок питания, – это электронное устройство, предназначенное для формирования выходного напряжения заданной величины и мощности. (https://fb.ru/article/125859/adapter-pitaniya-naznachenie-i-klassifikatsiya-ustroystva). **Адаптерный** (*adj*). **Адаптировать** (*v*).

АДАПТО́МЕТР *nm, tech.* adaptometer

Адаптометр – это прибор для регистрации световой чувствительности глаза в процессе темновой адаптации. (https://dic.academic.ru/dic.nsf/bse/)

АДВА́ЙЗЕР *nm, econ.* adviser

Например, в США без серьезного налогового консультанта и **адвайзера** вообще невозможно сдать отчетность даже физическому лицу. (https://tass.ru/ekonomika/7157269, 2019)

АДВЕ́КЦИЯ *nf, eco.* advection

По данным портала "Метеоновости", предстоящим днем столичный регион будет находиться под влиянием атмосферных фронтов и "продолжится адвекция теплого воздуха". (https://www.m24.ru/news/obshchestvo/23122019/101563, 2019). **Адвекционный** (*adj*).

АДВЕНТИ́СТ *nm, rel.* Adventist

По данным пресс-службы, Гламоздинова является прихожанкой Церкви христиан-**адвентистов** седьмого дня в поселке Веселый. (https://ria.ru/20191008/1559535480.html, 2019). **Адвентистский** (*adj*).

АДГЕ́ЗИВ *nm, cosm, tech.* adhesive

В частности, НЦК производит углеродные ленты, ткани, сетки, углепластиковые ламинаты, а также **адгезивы** и их связующие. (https://tass.ru/novosti-partnerov/6937225, 2019). **Адгезивный** (*adj*).

АДДИ́КЦИЯ *nf, med.* addiction

Алкоголь, наркотики, пристрастия к играм – это виды **аддикций**, которые неизбежно влияют на партнера, как психологически, так и финансово. (https://lisa.ru/psichologia/otnosheniya/583822-ne-tolko-izmeny-5-vidov-predatelstv-v-semejnoj-zhizni/, 2019)

АДЕКВА́Т *nm, cybersp.* adequate

Адекват – человек, соблюдающий общественно-моральные принципы, который не выходит за рамки приличия и ведет себя максимально вежливо. (http://alvin-almazov.ru/cybersport-rus/adekvat/). **Адекватный** (*adj*).

АДЕ́ПТ *nm, soc.* adept

Проследить корни этого мема достаточно сложно, поскольку **адепты** этой теории на любые вопросы лишь презрительно фыркают и отсылают "читать литературу". (https://lenta.ru/articles/2020/01/04/tankies/, 2020)

АДЖА́СТЕР *nm, ins.* adjuster

Аджастер – физическое или юридическое лицо, представитель страховой компании, для решения вопросов по претензиям страхователя по страховым случаям. (https://dic.academic.ru/dic.nsf/business/)

АДЖИ́ЛИТИ *nn, indecl, anim.* agility (*canine*)

Впервые в рамках форума пройдут квалификационные соревнования по дисциплине "Танцы с собаками", соревнования по **аджилити**, конкурсы "Ребенок и собака" и "Юный хендлер", модное дефиле "Мода в мире собак", "Мода в мире кошек" и презентации отечественных пород собак. (https://www.nnov.kp.ru/online/news/3633691/, 2019)

АДЖИ́ЛИТИ-ДЖА́МПИНГ *nm, anim.* agility jumping

В рамках состязаний пройдут и чемпионат, и первенство города. Выступать участники будут в трех дисциплинах: **аджилити-джампинг**, аджилити-стандарт и командная эстафета. (https://krsk.aif.ru/society/v_krasnoyarske_sostoitsya_otkrytyy_chempionat_po_kinologicheskomu_sportu, 2016)

АДЖИ́ЛИТИ-СТАНДА́РТ *nm, anim.* agility standard

В рамках состязаний пройдут и чемпионат, и первенство города. Выступать участники будут в трех дисциплинах: аджилити-джампинг, **аджилити-стандарт** и командная эстафета. (https://krsk.aif.ru/society/v_krasnoyarske_sostoitsya_otkrytyy_chempionat_po_kinologicheskomu_sportu, 2016)

АЙВОРИ *nm, indecl, misc.* ivory

Айвори – цвет нескольких оттенков. Но основной цвет многим известен как цвет слоновой кости. (https://fb.ru/article/92945/ayvori---eto-kakoy-tsvet-a-eto-tsvet-slonovoy-kosti)

АДМИ́Н *nm, slang.* admin (*administrator*)

Линус Торвальдс покусился на святое: **админам** запретят менять код ядра Linux. (https://www.cnews.ru/news/top/2019-10-04_linus_torvalds_zapretit, 2019)

АДМИНИСТРА́ТОР *nm, misc.* administrator

Фиксер – если вкратце, маленький помощник продюсера, **администратор**, и выручала. (https://daily.afisha.ru/archive/gorod/changes/evangelist-fikser-i-basboy-kto-eto-takie/, 2019). **Администраторский** (*adj*).

АДМИНИСТРА́ЦИЯ *nf, misc.* administration

Как сообщили в пресс-службе городской **администрации**, в дальнейшем новые автобусы собираются использовать на маршрутах в микрорайоне "Биробиджан-2". (https://www.hab.kp.ru/online/news/3634329/, 2019). **Административный** (*adj*). **Администрировать** (*v*).

АДМИТТА́НС *nm, tech.* admittance

Адмиттанс – полная комплексная проводимость двухполюсника для гармонического сигнала. (https://dic.academic.ru/dic.nsf/ruwiki/273467)

А́ДРЕС *nm, misc.* address

По данным ведомства, в 20.01 поступило сообщение о пожаре в многоквартирном пятиэтажном жилом доме коридорного типа по **адресу** Актайская улица 7а. (https://ria.ru/20191207/1562106773.html, 2019). **Адресный** (*adj*). **Адресовать** (*v*).

АДСОРБЕ́НТ *nm, tech.* adsorbent

Чаинки – **адсорбент**, поэтому они отлично впитывают пыль и грязь. (https://www.adme.ru/svoboda-sdelaj-sam/ya-reshila-na-nedelyu-otkazatsya-ot-bytovoj-himii-chtoby-ponyat-mozhno-li-bez-nee-zhit-voobsche-2243615/). **Адсорбентный** (*adj*). **Адсорбировать** (*v*).

АДСО́РБЕР *nm, tech.* adsorber

Оптимизация **адсорбера** – лишь один из ряда совместных проектов НИТУ "МИСиС" и Европейской организации по ядерным исследованиям. (https://naked-science.ru/article/column/inzhenery-nitu-misis-optimiziruyutlovushku-elementarnyh-chastits-v-cern, 2019). **Адсорберный** (*adj*). **Адсорбировать** (*v*).

АЗЕРКИ́Н *nm, slang.* otherkin

Азеркины – субкультура людей, которые считают себя волшебными существами. (https://snob.ru/selected/entry/125213/, 2019)

АЙДЕ́НТИКА *nf, bsn.* identity (*corporate*)

Слащева отметила, что последние полгода студия активно занималась созданием нового бренда, **айдентики** и слоганов. (https://ria.ru/20191009/1559574945.html, 2019)

АЙЛА́ЙНЕР *nm, cosm.* eyeliner

Айлайнер – это жидкая тушь для нанесения контура вокруг глаз. (https://complex_words.academic.ru/131/)

АЙПА́Д *nm, comp.* iPad

Это были курсы рисования на **айпаде**. Нам рассказывали, какие есть для этого программы, как они работают, как ими эффективнее пользоваться. (https://snob.ru/entry/182629/, 2019)

АЙПО́Д *nm, comp.* iPod

Мои коллеги из мира аудиотехники обязаны крушением всего своего бизнеса именно Стиву Джобсу с его айфонами и **айподами**. (https://www.buro247.ru/technology/gadgets/19-sep-2019-iphone-11-and-its-three-cameras.html, 2019)

А́ЙРИС-ФО́ЛДИНГ *nm, art.* iris folding

Техника **айрис-фолдинг** возникла на территории Голландии. (https://nsportal.ru/shkola/dopolnitelnoe-obrazovanie/library/2016/06/09/tehnika-ayris-folding, 2016)

А́ЙРОН *nm, golf.* iron (*golf club*)

Айрон – разновидность ряда клюшек для ударов на короткие и средние дистанции. (https://www.mk.ru/sport/2016/04/24/mariya-verchyonova-my-stali-silnee-a-polya-koroche.html, 2019)

А́ЙСБЕРГ *nm, misc.* iceberg

Эксперт добавил, что подмена номера – это "вершина **айсберга**", поэтому подходить к решению проблемы надо комплексно. (https://iz.ru/930922/2019-10-10/nazvan-sposob-obezopasit-sebia-ot-khishcheniia-deneg-s-bankovskikh-kart, 2019). **Айсберговый** (*adj*).

АЙСБО́РД *nm, sport.* iceboard

Существует и зимний вариант – "**айсборд**" или "сноуфер". Это платформа на коньках или лыжах с парусом. Для катания используют любую большую площадку. (https://www.m24.ru/articles/vejkbording/26072013/22304, 2019)

АЙСБО́РДИНГ *nm, sport.* iceboarding

Любители виндсёрфинга могут освоить **айсбординг** – всё то же самое, только не по воде, а по снегу. (https://aif.ru/health/children/s_polzoy_i_interesno_chem_zanyatsya_na_zimnih_kanikulah_s_rebyonkom, 2019)

АЙС-ГО́ЛЬФ *nm, sport.* ice golf

В марте 2020 года на льду Байкала пройдет Кубок Мира по **айс-гольфу** World Ice Golf Cup. (https://www.popmech.ru/adrenalin/523974-kolesa-nogi-kryuchki-i-lapy-kak-i-na-chem-sorevnuyutsya-na-ldu-baykala/, 2019)

АЙС-ДА́ЙВИНГ *nm, sport.* ice diving

Все-таки для участников из Южной Кореи **айс-дайвинг** – это экзотика. (https://www.1tv.ru/news/2019-02-25/360956-v_primorie_proshli_mezhdunarodnye_podvodnye_igry_po_distsipline_podlednoe_orientirovanie, 2019)

А́ЙСИНГ *nm, hockey.* icing

Айсинг – это проброс шайбы через все зоны при равном количестве игроков. (https://dic.academic.ru/dic.nsf/dic_fwords/6621/)

АЙСКЛА́ЙМБИНГ *nm, sport.* ice climbing

Айсклаймбинг – так называется этот необычный спорт – пока не имеет большого количества последователей, но активно практикуется среди профессионалов по покорению вершин на основе каменных пород. (https://fb.ru/article/160440/samyiy-neobyichnyiy-sport-neobyichnyie-vidyi-sporta-v-mire)

АЙТИ́ШНИК *nm, prof, slang.* IT specialist

Так, в 2021 году из федерального бюджета на гранты школьникам-**айтишникам** планируется выделить 357,46 млн рублей из федерального бюджета. (https://rg.ru/2019/10/09/shkolniki-ajtishniki-poluchat-granty-bolee-chem-na-46-mlrd-rublej.html, 2019)

АЙТРЕ́КЕР *nm, tech.* eye tracker

в то время как испытуемые рассматривали изображения на экране компьютера, движения их глаз записывали с помощью **айтрекера**. (https://nplus1.ru/news/2019/12/03/breast-eye-tracking, 2020)

АЙФО́Н *nm, comm.* iPhone

Мои коллеги из мира аудиотехники обязаны крушением всего своего бизнеса именно Стиву Джобсу с его **айфонами** и айподами. (https://www.buro247.ru/technology/gadgets/19-sep-2019-iphone-11-and-its-three-cameras.html, 2019)

АКВААЭРО́БИКА *nf, sport.* aqua aerobics

Для людей старшего возраста на базе учреждений Тюменской области организованы разнообразные тренировки: скандинавская ходьба, аэробика, танцы, шахматы, настольный теннис, суставная гимнастика, пилатес, цигун, **аквааэробика**, йога, бильярд. (http://fedpress.ru/news/72/nprojects/2334506, 2019)

АКВАБА́ЙК *nm, sport.* aqua bike

После **аквабайка** Анастасия занялась танцами, благодаря чему познакомилась со своим мужем, танцором Артемом Кручиным. (https://www.forbes.ru/newsroom/milliardery/389057-issledovateli-obnaruzhili-konflikt-otcov-i-detey-v-semyah-rossiyskih, 2020)

АКВАБА́ЙКЕР *nm, sport.* aqua biker

Эти шоу не имеют аналогов в мире: в них принимают участие звезды мирового синхронного плавания, прыжков в воду, художественной гимнастики и спортивной хореографии, спортсмены-флайбордисты и **аквабайкеры**, артисты цирка, кино и театра. (https://www.m24.ru/news/kultura/03122019/98177, 2019)

АКВАБИ́ЛДИНГ *nm, sport.* aqua building

Аквабилдинг – спортивные упражнения в воде, оказывающие благотворное влияние на весь организм, помогающие укреплять тело, делать его красивым, стройным, крепким. (https://complex_words.academic.ru/138/)

АКВАЛА́НГ *nm, sport.* Aqua-lung

Если вы погружаетесь первый раз с **аквалангом**, то вам в течение нескольких дней придется пройти специальную подготовку. (https://sm-news.ru/mesta-dlya-ekstremalnyx-turistov-55589/, 2019). **Акваланговый** (*adj*).

АКВАПА́РК *nm, ent.* aqua park

Помимо павильонов для съемок кино здесь также появятся современные 3-х и 4-звездочные отели, рестораны и кафе, парк культуры и отдыха, **аквапарк**, киноконцертные залы. (https://tass.ru/kultura/7281223, 2019). **Аквапарковый** (*adj*).

АКВАПЛАНИ́РОВАНИЕ *nn, trans.* aquaplaning

В заполненных водой колеях проявляется опасный эффект **аквапланирования**: шины не в состоянии отвести всю влагу из пятна контакта и буквально всплывают. (https://www.zr.ru/content/articles/920179-pravda-li-chto-shipovannye-shiny/, 2019). **Аквапланировать** (*v*).

АКВАФИ́ТНЕС *nm, sport.* aqua fitness

Здесь же можно позаниматься **аквафитнесом**, просто поплавать в воде или насладиться массажным душем. (https://www.championat.com/lifestyle/article-3777953-top-luchshih-bassejnov-kuda-pojti-poplavat-v-moskve.html, 2019)

АКВИЗИ́ТОР *nm, bsn.* acquisitor

Ребята познакомились с новыми профессиями, такими как дилер, аудитор, **аквизитор**. (http://www.izh.ru/i/promo/35089.html, 2019). **Аквизиторский** (*adj*).

АКВИЗИ́ЦИЯ *nf, fin.* acquisition

Прежде всего, большинство инвестиций совершается посредством **аквизиций**, поглощений и созданий совместных предприятий. (https://www.kommersant.ru/doc/3630622, 2019). **Аквизиционный** (*adj*). **Аквизировать** (*v*).

АКВИ́ТЕНС *nm, law.* aquittance

Аквитенс – документ, снимающий с юридического или физического лица финансовую ответственность. (https://dic.academic.ru/dic.nsf/business/257)

АККА́УНТ *nm, int.* account

Сейчас блокировать **аккаунты** пользователей могут только сами сервисы за нарушение правил сообщества. (https://www.vedomosti.ru/technology/articles/2019/10/08/813187-eksperti-chinovniki, 2019)

АККЛИМАТИЗА́ЦИЯ *nf, med.* acclimatization

Как правило, процесс **акклиматизации** включает в себя три фазы. (https://mz.mosreg.ru/sobytiya/novosti-ministerstva/07-10-2019-10-32-03-vrachi-podmoskovya-rasskazali-kak-legche-perenesti,2019). **Акклиматизированный** (*adj*). **Акклиматизировать/ся** (*v*).

АККЛИМА́ЦИЯ *nf, misc.* acclimation

Акклимация – эволюционный или онтогенетический процесс, благодаря которому организм адаптируется к новой климатической среде. (https://studopedia.ru/19_399224_ponyatie-ob-adatatsii-akklimatsii-i-akklimatizatsii-ekotipi-i-ih-proihozhdenie.html). **Акклимационный** (*adj*).

АККРЕДИТА́ЦИЯ *nf, law.* accreditation

Ранее телепередаче отказали в **аккредитации** на пресс-марафон в Киеве. (https://www.rbc.ru/rbcfreenews/5d9f9f5f9a794762d3583bf1, 2019). **Аккредитационный** (*adj*). **Аккредитировать** (*v*).

АККРЕДИТИ́В *nm, fin.* accreditive (accrediting)

В таком случае Министерство финансов открывает в Федеральном казначействе **аккредитив** и вводит лимиты средств, которые можно тратить на поддержку тех направлений, которые прописаны в программе. (https://www.forbes.ru/finansy-i-investicii/384695-toksichnye-dengi-pochemu-za-vypolnenie-mayskogo-ukaza-putina-mozhno, 2019). **Аккредитивный** (*adj*).

АККРЕ́ЦИЯ *nf, phys.* accretion

Считается, что этот дисбаланс по углероду возник в момент формирования планет в результате **аккреции** частиц протопланетного диска. (https://ria.ru/20191211/1562280519.html, 2019)

АККУЛЬТУРА́ЦИЯ *nf, soc.* acculturation

Роль миграции и **аккультурации** в переходе Европы к сельскому хозяйству о бсуждается уже сотню лет. (https://naked-science.ru/article/sci/opredeleny-predki-britanskih-fermerov, 2019). **Аккультурированный** (*adj*). **Аккультурировать/ся** (*v*).

АККУМУЛЯ́ТОР *nm, tech.* accumulator

Первый литий-ионный **аккумулятор** был выпущен японцами в 1991 году. (https://www.mk.ru/science/2019/10/09/nobelevskuyu-premiyu-po-khimii-prisudili-za-litievoionnye-batarei.html, 2019). **Аккумуляторный** (*adj*).

АККУМУЛЯ́ЦИЯ *nf, misc.* accumulation

Проблема **аккумуляции** жира – это прежде всего проблема распределения энергии. (https://www.the-village.ru/village/weekend/books/363749-kniga, 2019). **Аккумуляционный** (*adj*). **Аккумулировать/ся** (*v*).

АКРОБА́ТИКА *nf, sport.* acrobatics

В чирлидинге девушкам нужно овладеть сложной танцевальной хореографией, воздушной **акробатикой** и элементами гимнастики. (https://www.sports.ru/tribuna/blogs/devotion/2598740.html, 2019). **Акробатический** (*adj*).

АКРОСКИ́ИНГ *nm, ski.* acroskiing (*acrobatic skiing*)

В четверг в швейцарском Майрингене, где проходит чемпионат мира по фристайлу, 24-летняя москвичка Наталья Разумовская выиграла "золото" в **акроскиинге** (лыжном балете). (https://www.kommersant.ru/doc/214780, 1999)

АКРОСТРИ́Т *nm, sport.* acrostreet

В будущем нас ждет расцвет спортивного протестантизма – массовое развитие городских, экстремальных, техногенных видов спорта: паркур, скейт, урбан-сайклинг, **акрострит**, билдеринг и т.д. (https://www.kommersant.ru/doc/214780, 1999)

АКСЕЛЕРА́ТОР *nm, misc.* accelerator

Ранее "Вечерняя Москва" сообщала, что столичные предприниматели смогут принять участие в проекте "Московский **акселератор**". (https://russian.rt.com/russia/news/694344-predprinimateli-vladikavkaz-portal, 2019). **Акселераторный** (*adj*). **Акселерировать** (*v*).

АКСЕЛЕРА́ЦИЯ *nf, fin.* acceleration

В рамках нацпроекта реализуется также пять региональных проектов. Инструменты для реализации – **акселерация**, популяризация и финансирование по низким ставкам. (https://komiinform.ru/news/187201, 2019). **Акселерационный** (*adj*).

АКТ *nm, misc.* act

Министерство труда и социальной защиты России намерено отменить примерно 1000 из действующих 1070 нормативных **актов**. (https://russian.rt.com/russia/news/675779-mintrud-rossii-otmena-akty, 2019). **Актовый** (*adj*).

АКТИВА́ТОР *nm, misc.* activator

Помимо того что кальций – главный "строитель" организма, он еще и выполняет функцию **активатора** многих ферментов. (https://www.goodhouse.ru/health/zdorovye/hudet-na-zdorove-5-vitaminov-kotorye-pomogut-sbrosit-lishniy-ves/, 2019). **Активаторный** (*adj*). **Активировать** (*v*).

АКТИВА́ЦИЯ *nf, misc.* activation

Одновременно жертва получала СМС-сообщение с кодом **активации**. (https://lenta.ru/news/2019/12/04/telega/, 2019). **Активационный** (*adj*). **Активировать** (*v*).

АКТИВИЗА́ЦИЯ *nf, misc.* activization

По итогам встречи будет принята программа действий по **активизации** партнерства между внешнеполитическими ведомствами. (https://tass.ru/politika/6981841, 2019). **Активизированный** (*adj*). **Активизировать/ся** (*v*).

АКЦЕ́ПТ *nm, fin.* accept (*bank acceptance*)

Платежи, не соответствующие заданным критериям, не будут исполняться банком, а отправляться на **акцепт** или отбраковываться. (https://www.kommersant.ru/doc/4155402, 2019). **Акцептный** (*adj*). **Акцептировать** (*v*).

А́ЛИАС *nm, comp.* alias

Алиасом принято называть двойники доменных имен сайтов или электронных почтовых ящиков. (https://fb.ru/article/199765/aliasyi---chto-eto-prostoy-otvet-na-prostoy-vopros)

АЛИА́СИНГ *nm, inf.* aliasing

Алиасинг в компьютерной графике – эффект "ступенчатости" изображения, против которого используются различные алгоритмы сглаживания. (https://dic.academic.ru/dic.nsf/ruwiki/206817)

АЛИЕНА́ЦИЯ *nf, law.* alienation

Алиенация – сделка, приведшая к смене владельца ценной бумаги, продаже или передаче собственности. (https://dic.academic.ru/dic.nsf/business/)

АЛЛИГА́ТОР *nm, anim.* alligator

В американском штате Флорида **аллигатор** укусил 18-летнюю студентку. (https://lenta.ru/news/2020/01/14/gator/, 2020). **Аллигаторный** (*adj*).

АЛТИМА́Т *nm, sport.* ultimate (*frisbee*)

Открытый чемпионат Серпухова по **алтимату** (флаинг диск) принимал городской стадион "Старт". (https://serp.mk.ru/sport/2019/09/21/otkrytyy-chempionat-po-altimatu-proshyol-v-serpukhove-v-den-goroda.html, 2019)

АЛТИМА́Т ФРИ́СБИ *nm, indecl, sport.* ultimate frisbee

В областной столице население увлекается не только традиционными дисциплинами, но и такими как эстетическая гимнастика, **алтимат фрисби**. (https://vologda.mk.ru/sport/2019/11/28/vologodskie-sportivnye-proekty-otmecheny-na-vserossiyskom-konkurse.html, 2019)

АЛЬТ-КА́НТРИ *nn, indecl, music.* alt-country (*alternative country*)

Альт-кантри, поп-фолк, кантри-рок – качество музыки, вложенная в нее душа и желание сделать мир лучше, сделали коллектив популярным. (https://www.the-village.ru/village/food/food-guide/357889-gastronom-ekb, 2019)

АЛЬТКО́ИН *nm, fin.* altcoin

Важно отметить, что **альткоины** начали возвращать себе потери относительно биткоина после месяцев нисходящего тренда. (https://www.rbc.ru/crypto/news/5d9dfddd9a794748f970ed45, 2019)

АЛЬТ-РО́К *nm, music.* alt-rock (*alternative rock*)

Elle Driver, играющий смесь **альт-рока** и постгранжа,– красиво и уверенно продолжает традиции лучших иностранных команд этого направления. (https://www.mk.ru/culture/2019/10/03/vitaminy-ielektroshok-chto-nashli-indyushata-vyrvavshis-izmoskvy.html, 2019)

АМЕРИКАНИЗА́ЦИЯ *nf, pol.* Americanization

Под предлогом и прикрытием лозунгов о глобализации происходит не столько создание чего-то принципиально нового, впитывающего в себя культуру разных стран и народов, сколько **американизация** и вестернизация этого процесса. (http://www.ng.ru/scenario/2019-09-23/9_11_7683_boom.html, 2019). **Американизированный** (*adj*). **Американизировать/ся** (*v*).

АМЕРИКАНИ́ЗМ *nm, ling.* Americanism

К сожалению, мы являемся свидетелями засилья **американизмов** в русском языке. (http://nvo.ng.ru/nvoevents/2019-11-20/100_191120news2.html, 2019)

АМПЕРСА́НД *nm, ling.* ampersand

Амперсанд – это название символа, который активно используется в повседневной жизни. (https://fb.ru/article/411061/ampersand---eto-opisanie-simvola-sposobyi-ispolzovaniya-i-pechati)

АМФЕТАМИ́Н *nm, drug.* amphetamine

Судом установлено, что мужчина производил у себя в квартире **амфетамин** и четыре вида других наркотиков, которые продавал через интернет. (https://www.kommersant.ru/doc/4124339, 2019). **Амфетаминный** (*adj*).

АНБО́КСИНГ *nm, misc.* unboxing (*unpacking*)

Канал TheDianaShow стал известен благодаря **анбоксингу** игрушек. (https://habr.com/ru/news/t/475898/, 2019)

АНГЛИЦИ́ЗМ *nm, ling.* anglicism

При этом эксперт подчеркнул, что **англицизмы** или даже жаргонные слова, проникающие в литературную речь не говорят о деградации языка и, тем более, не угрожают ему. (https://www.mk.ru/science/2019/11/28/russkiy-yazyk-v-mire-stali-izuchat-vdvoe-rezhe.html, 2019)

АНГЛОСФЕ́РА *nf, cult.* anglosphere

На фоне франко-германской гегемонии в ЕС, они хотят продвигать новую **англосферу** суверенных и свободных стран. (https://inosmi.ru/politic/20190725/245524344.html, 2019). **Англосферный** (*adj*).

АНГЛОФО́Н *nm, cult.* anglophone

Вопреки своей общей этнической идентичности, **англофоны** и франкофоны Западной Африки часто конфликтуют из-за экономических и политических вопросов. (https://inosmi.ru/politic/20191201/246349840.html, 2019). **Англофонный** (*adj*).

АНДЕГРА́УНД *nm, cult.* underground (*alternative movement*)

Следующий год Музей современного искусства "Гараж" начнет уже в декабре выставкой "Секретики": копание в советском **андеграунде**. (https://style.rbc.ru/impressions/5dbbfea19a7947c1e6867355, 2019). **Андеграундный** (*adj*).

АНДЕРДО́Г *nm, cult.* underdog

Букмекеры ожидаемо оценивают американца как явного **андердога** противостояния: коэффициент на его победу составляет 4-4,5 против 1,2-1,3 на успех Мурадова. (https://rsport.ria.ru/20191206/1562026878.html, 2019)

АНДЕРКА́Т *nm, cosm.* undercut (*hairstyle*)

Ольга решила исполнить ее желание: сделать прическу как у папы, то есть **андеркат** – выбритые виски, длинные волосы на макушке. (http://www.woman.ru/kids/medley5/article/231441/, 2019)

АНДЕРРА́ЙТЕР *nm, ins.* underwriter

Впервые **андеррайтеры** появились на Британском страховом рынке Ллойда, где брокеры предлагают риски страховщикам, с которыми они договариваются об условиях страхования. (https://investments.academic.ru/685/, 2019). **Андеррайтерский** (*adj*).

АНДЕРРА́ЙТИНГ *nm, ins.* underwriting

Если говорить о более "тяжелых" решениях, то есть интерес к решениям в области страхования по подписке, медицинского страхования, **андеррайтинга**.(https://rg.ru/2019/10/08/rossijskij-strahovoj-rynok-otstaet-v-cifrovizacii-na-neskolko-let.html, 2019). **Андеррайтинговый** (*adj*).

АНДРО́ИД *nm, misc.* android

Результаты своих вычислений **андроид** сообщит главному тренеру, но, безусловно, конечное решение будет в любом случае за человеком. (https://www.perm.kp.ru/daily/27041.7/4105560/, 2019). **Андроидный** (*adj*).

АНИМА́ТОР *nm, ent.* animator (*entertainer*)

Известный в интернете композитор Пэрри Грипп написал гимн Малыша Йоды, который парит в летающей капсуле, и выпустил клип вместе с **аниматором** Натаном Мазуром. (https://style.rbc.ru/impressions/5de8e5cd9a7947ff37a4b392, 2019). **Аниматорский** (*adj*).

АНИМА́ЦИЯ *nf, ent, media.* animation

В работе павильона примут участие 23 компании, которые представят отечественную **анимацию**, сериалы и фильмы. (https://tass.ru/kultura/6990765, 2019). **Анимационный** (*adj*).

АННИГИЛЯ́ТОР *nm, comp.* annihilator

Аннигилятор – компьютерная программа или функция для уничтожения информационных объектов. (https://kartaslov.ru/)

АННИГИЛЯ́ЦИЯ *nf, comp.* annihilation

Также предложена идея о накачке в виде **аннигиляции** электрон-позитронных пар. (https://nplus1.ru/news/2019/12/09/gamma-laser-positronium, 2019)

АНОНИМА́ЙЗЕР *nm, comp.* anonymizer

Администрация популярного **анонимайзера** Tor провела масштабную "чистку" сети. (https://www.cnews.ru/news/top/2019-10-10_v_seti_tor_massovye_blokirovki, 2019)

АНТИБА́МПИНГ *nm, auto.* anti-bumping

В момент удара штифты выстраиваются из-за вибрации, и цилиндр проворачивается. В современных замках существует защита от таких хитростей – **антибампинг**. (https://lenta.ru/articles/2016/09/16/zamok/, 2016)

АНТИВИ́РУС *nm, comp.* antivirus

Россияне по-прежнему часто переходят по ссылкам из непроверенных источников, скачивают сомнительные программы и игнорируют **антивирусы**. (https://www.rbc.ru/finances/10/10/2019/5d9e05ce9a79474c70839c73, 2019). **Антивирусный** (*adj*).

АНТИГЕ́Н *nm, bio.* antigen

Представителям сильного пола обязателен ПСА крови (простатический специфический **антиген** – опухолевый маркер рака простаты и аденомы простаты), общий и свободный. (https://news.ru/health/vrachi-nazvali-mery-profilaktiki-opuholej/, 2019). **Антигенный** (*adj*).

АНТИГЕРО́Й *nm, misc.* antihero

"Джокер" подает рождение **антигероя** в жанре психологической драмы. (https://www.kommersant.ru/doc/4096482, 2019)

АНТИГЛОБАЛИЗА́ЦИЯ *nf, pol.* anti-globalization

На фоне современных тенденций **антиглобализации**, протекционизма и популизма, Китай твердо уверен в том, что страны не могут быть изолированы друг от друга.(https://inosmi.ru/politic/20190930/245926323.html, 2019). **Антиглобализационный** (*adj*).

АНТИГЛОБАЛИ́ЗМ *nm, pol.* anti-globalism

И у глобализации, и у **антиглобализма** есть свои проблемы – эволюция происходит там, где есть конкуренция культур, концепций и идей. (https://www.forbes.ru/forbeslife/379683-nash-mir-gigantskiy-mozg-uchastnik-spiska-forbes-david-yan-ob-oputavshey-lyudey, 2019). **Антиглобалистический** (*adj*).

АНТИГЛОБАЛИ́СТ *nm, pol.* anti-globalist

И хотя Трамп **антиглобалист**, вашингтонский истеблишмент, конгресс и бюрократия внешнеполитических ведомств, в первую очередь из Госдепа, настроены глобалистки. (https://rueconomics.ru/vse-novosti, 2019). **Антиглобалистский** (*adj*).

АНТИДЕ́МПИНГ *nm, fin.* anti-dumping

На сегодня порог **антидемпинга** – это 25%. (https://tass.ru/ekonomika/6597555, 2019). **Антидемпинговый** (*adj*).

АНТИДЕПРЕССА́НТ *nm, med.* antidepressant

Есть **антидепрессанты**, основанные на селективных ингибиторах об ратного захвата серотонина. (https://www.pravda.ru/zoo/1425547-dog_depression/, 2019). **Антидепрессантный** (*adj*).

АНТИДО́ПИНГ *nm, med.* anti-doping

В этом году мы расширили не только географию, но и тематику форума: помимо **антидопинга** в программе запланированы лекции об истории Олимпийских игр. (https://www.sport-express.ru/olympics/reviews/yunye-olimpiycy-vybirayut-chistyy-sport-1551489/, 2019). **Антидопинговый** (*adj*).

АНТИДО́Т *nm, med.* antidote

Антидота к ботулотоксину нет, так что просто приходится ждать в течение примерно шести месяцев, когда действие такой инъекции красоты пройдет. (https://www.kp.ru/daily/27040.4/4105054/, 2019). **Антидотный** (*adj*).

АНТИЛА́Г *nm, auto.* antilag

Бензиновый двигатель представлен 280-сильным 2,3-литровым турбомотором EcoBoost с технологией **антилага**. (https://www.kommersant.ru/doc/3969190, 2019)

АНТИЛА́ЗЕР *nm, phys.* antilaser

Для электромагнитных волн была найдена возможность создания поглотителя, почти без потерь преобразующего энергию колебаний в тепло – **антилазер**. (https://regnum.ru/news/2706898.html, 2019). **Антилазерный** (*adj*).

АНТИНАТАЛИ́ЗМ *nm, soc.* antinatalism

Переосмысление института родительства и материнства принесло в уральскую тусовку явление **антинатализма**. (https://momenty.org/people/5987, 2019)

АНТИНАТАЛИ́СТ *nm, soc.* antinatalist

Антинаталистами называют людей, добровольно отказавшихся от рождения детей из гуманных соображений. (https://momenty.org/people/5987, 2019)

АНТИРАДА́Р *nm, tech.* antiradar

Видеорегистратором с "**антирадаром**" в машине сейчас уже никого не удивишь. (https://aif.ru/auto/gibdd/kak_obnaruzhit_stels-kamery_i_mozhno_li_ot_nih_zashchititsya, 2019). **Антирадарный** (*adj*).

АНТИРЕ́ЙТИНГ *nm, soc.* anti-rating

Среди вошедших в **антирейтинг** должников 12 компаний в настоящее время уже признаны банкротами, добавляется в релизе. (https://realty.ria.ru/20191209/1562161068.html, 2019)

АНТИСЕ́ЛФИ *nn, indecl, int.* anti-selfie

Многие школьники тоже делают **антиселфи** в качестве альтернативы перфекционизму селфи и онлайн-культуре. (https://360tv.ru/news/interesnoe/zhenschina-delaet-antiselfi-umiraja-u-znamenityh-dostoprimechatelnostej/, 2019)

АНТИТРЕ́НД *nm, misc.* anti-trend

Любой тренд, когда он мелькает везде, быстро превращается в **антитренд** – именно такая участь настигла угги. (https://lisa.ru/moda/599262-veshchi-iz-proshlogo-po-kotorym-my-skuchaem/, 2019). **Антитрендовый** (*adj*).

АНТИЦИКЛО́Н *nm, eco.* anticyclone

Московский регион окажется под влиянием **антициклона** в зоне облачной с прояснениями погоды и с низкой вероятностью осадков. (https://vm.ru/news/774244-na-kreshenie-v-podmoskove-ozhidaetsya-do-6-gradusov-moroza, 2019). **Антициклонный** (*adj*).

АНТИФИ́ШИНГ *nm, int.* anti-phishing

Дополнительно во время действия контракта на специальных условиях возможно подключение следующих MSSP-услуг: **антифишинг**, защита от DDoS-атак, фильтрация интернет-трафика. (https://www.cnews.ru/news/line/2019-10-08_laboratoriya_kasperskogo, 2019)

АНТИФРИ́З *nm, tech.* antifreeze

Не нужно забывать про охлаждающую жидкость, или **антифриз**. (https://www.kommersant.ru/doc/4095966, 2019). **Антифризный** (*adj*).

АНТИХАЙДЖЕ́К *nm, auto.* anti-hijack

Антихайджек – антиразбойная функция, противоразбойный режим, опция защиты от кражи – функция, которая борется с грабителем без участия владельца. (https://fb.ru/article/303319/anti-hijack---chto-eto-kak-otklyuchit-rejim)

АНТИХА́ЙП *nm, soc.* anti-hype

Популярный участник рэп-батлов славится своим эпатажным стилем и привязанностью к культуре **антихайпа**. (https://momenty.org/afisha/6524, 2019)

АНТИШО́К *nm, comp.* anti-shock

Помимо агрессивных форматов рекламы, "Яндекс.Браузер" защищает пользователей от рекламы с неприятным и мошенническим контентом с помощью технологии "**антишок**". (https://www.kommersant.ru/doc/4095966, 2019). **Антишоковый** (*adj*).

АНТИЭЙДЖИ́ЗМ *nm, soc.* anti-ageism

Во всем мире пропагандируется движение **антиэйджизма**. Его сторонники специально не красят волосы, чтобы подчеркнуть свою естественную седину. (https://www.mk.ru/social/2018/10/26/teshha-kak-pokazatel-urovnya-razvitiya-strany.html, 2018)

АНТРОПОМЕ́ТРИЯ *nf, med.* anthropometry

Диспансеризация на сегодня включает: **антропометрию** – расчет индекса массы тела, анкетирование, определение сердечно-сосудистого риска. (https://nn.mk.ru/social/2019/11/30/foms-priglashaet-zhiteley-pfo-na-besplatnuyu-dispanserizaciyu.html, 2019). **Антропометрический** (*adj*).

АПАРТАМЕ́НТЫ *npl, misc.* apartments

Платить новый налог будут не сами туристы, а объекты размещения – гостиницы, мотели, **апартаменты**, гостевые дома и кемпинги. (https://rg.ru/2019/10/28/turciia-vvedet-novyj-nalog-na-prozhivanie-turistov-v-oteliah.html, 2019). **Апартаментный** (*adj*).

АПАРТЕЙД *nm, pol.* apartheid

Германия пропускала Игры за инициирование мировых войн, Афганистан отстраняли из-за талибана, ЮАР – за политику **апартеида**. (https://www.championat.com/biathlon/article-3919877-eksperty-ne-verjat-chto-rossija-izbezhit-nakazanija-na-ispolkome-vada-v-lozanne.html, 2019). **Апартеидный** (*adj*).

АПА́РТ-ОТЕ́ЛЬ *nm, tour.* apart-hotel (*apartment hotel*)

Общий объем инвестиций в **апарт-отель** Valo составит 10,5 млрд рублей. (https://www.kommersant.ru/doc/4186621, 2019)

АПВЕ́ЛЛИНГ *nm, eco.* upwelling

Каскадинг ведет к другому процессу – **апвеллингу**, то есть подъему глубинных вод океана к поверхности. (https://tass.ru/v-strane/6925897, 2019)

АПГРЕ́ЙД *nm, comp.* upgrade

Если три-четыре года назад **апгрейд** казался мероприятием сомнительным, то сейчас – является практической необходимостью. (https://www.popmech.ru/technologies/528844-kak-poluchit-licenzionnuyu-windows-10-besplatno/, 2019). **Апгрейдовый** (*adj*). **Апгрейдить** (*v*).

АПДЕ́ЙТ *nm, comp.* update

Многие часто игнорируют всплывающие окна, сообщающие о необходимости обновления системы и отключают функцию автоматического **апдейта**. (https://www.popmech.ru/science/536464-7-ezhednevnyh-privychek-kotorye-ubivayut-tehniku/, 2020). **Апдейтовый** (*adj*). **Апдейтить** (*v*).

АП-КОНВЕ́РСИЯ *nf, phys.* upconversion

Принципы **ап-конверсии** задействованы во многих природных механизмах – от свечения светлячков до восстановления поврежденной ДНК.(https://www.gazeta.ru/science/news/2018/08/14/n_11905837.shtml, 2019)

АППЕРКО́Т *nm, box.* uppercut

Американец быстро взял инициативу в поединке в свои руки и к четвертому раунду уже отправил своего оппонента **апперкотом** в нокдаун. (https://regnum.ru/news/2801459.html, 2019). **Апперкотный** (*adj*).

АПРОБА́ЦИЯ *nf, law.* approbation

Десять пилотных субъектов проекта организовали стажировки для желающих ознакомиться с результатами **апробации** новых управленческих механизмов. (https://www.m24.ru/news/obrazovanie/06122019/99706, 2019). **Апробационный** (*adj*). **Апробировать** (*v*).

АПСА́ЙКЛИНГ *nm, eco.* upcycling

Day специализируется на **апсайклинге** – повторном использовании готового материала с добавлением нового функционала. (https://momenty.org/city/6661, 2019)

АПСКЕ́РТИНГ *nm, soc.* upskirting

В правительстве приняли законопроект, устанавливающий ответственность за **апскертинг**. (https://www.gazeta.ru/lifestyle/style/2019/11/a_12819230.html, 2019)

АРГУМЕ́НТ *nm, misc.* argument

Перед заседанием Исполкома Всемирного антидопингового агентства российская сторона представила свои **аргументы**. (https://echo.msk.ru/news/2549927-echo.html, 2019). **Аргументный** (*adj*). **Аргументировать** (*v*).

АРГУМЕНТА́ЦИЯ *nf, misc.* argumentation

Когда же реформы не принесли ожидаемого роста экономики, Морено скатился к **аргументации** своих неудач. (https://www.pravda.ru/world/1438921-Neo/, 2019). **Аргументированный** (*adj*). **Аргументировать** (*v*).

АРКÁДА *nf, game.* arcade

Аркада - распространённый в постсоветской индустрии компьютерны х игр термин, обозначающий компьютерные игры с нарочно примитив ным игровым процессом. (https://dic.academic.ru/dic.nsf/ruwiki/159579). **Аркадный** (*adj*).

АРМЛИ́ФТИНГ *nm, sport.* arm lifting

Зрелищными получились соревнования по силовому троеборью, выключавшие в себя **армлифтинг**, русский жим и мас-рестлинг. (https://71.rosgvard.ru/News/Article/tulskie-rosgvardejcy-stali-zolotymi-prizerami-sportivnogo-prazdnika, 2019)

АРМРÉСТЛЕР *nm, sport.* arm-wrestler

Состязания среди лучших **армрестлеров** в тренажёрном зале "Олимпик" начнутся в 11:00. (http://www.interfax-russia.ru/South/citynews.asp?id=1071800, 2019)

АРМРÉСТЛИНГ *nm, sport.* arm-wrestling

Соревнования в Магасе проводятся с целью пропаганды здорового образа жизни, популяризации и развития **армрестлинга**. (http://www.interfax-russia.ru/South/citynews.asp?id=1071800, 2019)

АРОМАПИ́ЛИНГ *nm, cosm.* aroma peeling

Аромапилинг – комплексная многоцелевая биологическая процед ура пилинга на основе 100% натуральных эфирных масел. (https://complex_words.academic.ru/180/)

АРТ-БИ́ЗНЕС *nm, bsn.* art business

Эксперты отмечают, что Кунс сейчас, пожалуй, в наибольшей степени олицетворяет собой успешный субъект **арт-бизнеса**. (https://www.kommersant.ru/doc/4118382, 2019)

АРТ-ДИЗÁЙН *nm, art.* art design

В лагере есть теннисные корты, бассейны, баскетбольные и волейбольные площадки, собственный тир, а также курсы **арт-дизайна** и занятия по вокалу и компьютерной графике. (https://mosreg.ru/sobytiya/novosti/news-submoscow/v-kakoi-podmoskovnyi-lager-otpravit-rebenka-na-novyi-god, 2019)

АРТ-ДИ́ЛЕР *nm, art.* art dealer

Картина поступила в Эрмитаж в 1773 году, ее приобрела императрица Екатерина Великая у шотландского купца и **арт-дилера** Джона Блэквуда. (https://regnum.ru/news/2739292.html, 2019)

АРТ-ДИРÉКТОР *nm, art.* art director

Tagline Awards – это крупнейший в Восточной Европе конкурс цифровых проектов с международным жюри, в которое входят авторитетные креативные и **арт-директора**. (https://regnum.ru/news/2798150.html, 2019)

АРТ-КВИ́ЛТИНГ *nm, art.* art quilting

Вдохновленный идеями и опытом, мастер своего дела создает не просто текстиль в стиле пэчворк или традиционный квилтинг, нет, он начинает творить шедевры швейного искусства, имя которому – **арт-квилтинг**. (https://fb.ru/article/265261/kvilting-idei-dlya-vdohnoveniya-i-rekomendatsii-professionalov)

АРТ-КЛУ́Б *nm, art.* art club

В **арт-клубе** "Манхэттен" на набережной реки Фонтанки пройдет XV ежегодный фестиваль в честь дня рождения Джима Моррисона. (https://nevnov.ru/748678-v-art-klube-mankhetten-den-rozhdenie-dzhima-morrisona-otmetyat-kaver-koncertom, 2019)

АРТ-МЕ́НЕДЖЕР *nm, prof.* art manager

На форуме соберутся педагоги, библиотекари, работники архивов, **арт-менеджеры** и другие заинтересованные эксперты. (https://tula.mk.ru/social/2019/09/26/tulyakov-priglashayut-na-konkurs-esse-o-mame-mumitrolley.html, 2019)

АРТ-МЕ́НЕДЖМЕНТ *nm, bsn.* art management

Арт-менеджмент в узком смысле – это руководство культурными предприятиями. (https://studopedia.ru/)

АРТ-РО́К *nm, music.* art rock

Открыла фестивальный марафон группа "Круиз", представив поклонникам микс хард-рока, новой волны, блюз-рока и **арт-рока**. (http://pravda-kmv.ru/i-imya-emu-rok-ot-gor/, 2019)

АРТ-ТЕРАПИ́Я *nf, psych.* art therapy

Молодые мамы смогут принять участие в тренинге "Я стесняюсь своего тела", а также побывать на **арт-терапии**. (https://www.m24.ru/news/obshchestvo/11102019/92987, 2019)

АРТХА́УС *nm, art.* art-house

Напомним, о том, что любимый горожанами кинотеатр, один из крупнейших в Восточной Европе, предлагавший широчайший репертуар картин, от блокбастеров до **артхауса**, собираются ликвидировать, стало известно в 2018 году. (https://www.eg.ru/society/814153-kinoteatr-solovey-nachali-snosit-v-moskve-pod-muzyku/, 2019). **Артхаусный** (*adj*).

АРХИ́В *nm, comp.* archive (*file archive*)

Архив (или архивный файл) – это набор из одного или нескольких файлов, помещенных в сжатом виде в единый файл, из которого их можно при необходимости извлечь в первоначальном виде. (https://studfile.net/preview/4307381/page:20/). **Архивный** (*adj*). **Архивировать** (*v*).

АРХИВА́ТОР *nm, comp.* archiver (*file archiver*)

Этой библиотекой пользуются сразу несколько операционных систем, диспетчеров пакетов, **архиваторов** и файловых браузеров. (https://www.cnews.ru/news/top/2019-11-11_najden_sposob_vzloma_krupnejshih, 2019). **Архиваторный** (*adj*). **Архивировать** (*v*).

АСЕКСУА́Л *nm, sex.* asexual

Еще появилась группа, которая осознает себя как **асексуалы**, часть из них испытывают половое влечение, но декларируют добровольный отказ от секса. (https://www.mk.ru/social/2020/01/02/nerazberikha-so-smenoy-pola-vstrevozhila-seksologa-vvedenskogo.html, 2020). **Асексуальный** (*adj*).

АСЕКСУА́ЛЬНОСТЬ *nf, sex.* asexuality

Асексуальность бывает у людей, которые не испытывают полового влечения к другим людям. (https://www.mk.ru/social/2020/01/02/nerazberikha-so-smenoy-pola-vstrevozhila-seksologa-vvedenskogo.html, 2020). **Асексуальный** (*adj*).

АССЕ́МБЛЕР *nm, comp.* assembler

Программа позволит редактировать текстовые файлы, компилировать исходные файлы **ассемблера** для широкого спектра микроконтроллеров и центральных процессоров. (https://habr.com/ru/news/t/470832/, 2019). **Ассемблерный** (*adj*).

АССЕРТИ́ВНОСТЬ *nf, psych.* assertiveness

Ассертивность – тенденция отстаивать свою точку зрения. (https://rb.ru/opinion/what-do-you-want/, 2019). **Ассертивный** (*adj*).

АССЕ́ССМЕНТ *nm, prof.* assessment

Ассесмент – стандартизированная многоаспектная оценка персонала, включающая в себя множество оценочных процедур: интервью, психологические тесты и деловые игры. (https://dic.academic.ru/dic.nsf/business/)

АССЕ́ССМЕНТ-СЕ́ССИЯ *nf, misc.* assessment session

Уральские студенческие отряды примут участие в **ассессмент-сессии**. (https://argumenti.ru/society/2019/09/630722, 2019)

АССЕ́ССМЕНТ-ЦЕНТР *nm, misc.* assessment center

Ассессмент-центр – один из методов комплексной оценки персонала, основанный на использовании взаимодополняющих методик, ориентированный на оценку реальных качеств сотрудников. (https://dic.academic.ru/dic.nsf/ruwiki/245079)

АССИ́ГМЕНТ *nm, fin.* assignment

Ассигмент – это уведомление опционному райтеру об использовании опциона владельцем с указанием, что райтеру следует получить по условиям контракта. (https://dic.academic.ru/dic.nsf/econ_dict/3158)

АССИСТЕ́НТ *nm, misc.* assistant

Робот станет **ассистентом** главного тренера баскетбольного клуба "Парма", сообщила пресс-служба клуба. (https://polit.ru/news/2019/10/11/parma_robot/, 2019). **Ассистентский** (*adj*). **Ассистировать** (*v*).

АССОРТИМЕ́НТ *nm, misc.* assortment

Министерство также утвердит требования к **ассортименту** книг, газет, журналов и литературно-просветительским мероприятиям, направленным на популяризацию чтения.
(https://www.rbc.ru/technology_and_media/10/10/2019/5d9f22e89a79472b237d57ef, 2019). **Ассортиментный** (*adj*).

АСТРОНА́ВТ *nm, prof.* astronaut

Первым на поверхность Луны в июле 1969-го ступил американский **астронавт** Нил Армстронг. (https://ria.ru/20191011/1559688580.html, 2019)

АСТРОНА́ВТИКА *nf, misc.* astronautics

Алексей Леонов входил в Международную и Российскую академии **астронавтики**. (https://www.kommersant.ru/doc/4124421, 2019)

АТОМА́ЙЗЕР *nm, tech.* atomizer (*electronic cigarette*)

Ароматы наливают в декорированные золотистыми деталями **атомайзеры** рубинового цвета и упаковывают в бархатный мешочек. (https://www.kommersant.ru/doc/4171206, 2019)

АТТРА́КТОР *nm, math.* attractor

Управление в условиях неопределенности и хаотизации реализуется посредством соответствующих **аттракторов**.(http://www.ng.ru/science/2019-09-10/9_7672_barrier.html, 2019)

АТТРА́КЦИЯ *nf, psych.* attraction

Есть такое психологическое понятие, как **аттракция**. (https://sm-news.ru/skrytoe-upravlenie-chelovekom-sposobnost-slushat-55381/, 2019)

АУДИОБЛО́Г *nm, int.* audio blog

Если вы ведёте свой **аудиоблог** и хотите, чтобы о нем узнала вся страна, этот конкурс для вас. (https://naukatv.ru/news/25979, 2019)

АУДИОБРЕ́НДИНГ *nm, mark.* audio branding

В структуре АКАР была создана секция **аудиобрендинга**, регламентирующая взаимоотношения музыкального и рекламного рынка. (https://www.sostav.ru/publication/audiobrending-39036.html, 2018)

АУДИОГИ́Д *nm, tour.* audio guide

Аудиогид позволяет превратить путь из Москвы в Ярославль в удивительное путешествие. (https://www.yar.kp.ru/online/news/3423368/, 2019)

АУДИОГРА́ММА *nf, med.* audiogram

Это подтверждает **аудиограмма** и компьютерная томография. (https://www.kp.ru/daily/27038.5/4103012/, 2019)

АУДИОДИ́СК *nm, tech.* audio disk

РЦНК располагает самой крупной русскоязычной библиотекой Бенилюкса, которая насчитывает более 6 тыс. томов и множество видео- и **аудиодисков**. (https://tass.ru/obschestvo/6925650, 2019)

АУДИОКАССЕ́ТА *nf, tech.* audio cassette

Аудиокнига появилась на свет благодаря тому, что женщина бережно хранила записи своего отца на **аудиокассете**. (https://er.ru/news/186234/, 2019). **Аудиокассетный** (*adj*).

АУДИОМИ́КШЕР *nm, tech.* audio mixer

Компактный аппарат объединяет целый набор устройств – контроллер, коммутатор, **аудиомикшер** и приемник-передатчик сигналов. (http://www.hifinews.ru/article/details/2019-03-26/28460.htm)

АУДИОМОНИТО́РИНГ *nm, tech.* audio monitoring

Помимо самих смартфонов, есть умные браслеты, трекеры, часы с функцией **аудиомониторинга**. (https://www.kp.ru/daily/27035.5/4099874/, 2019)

АУДИОПЛЕ́ЕР *nm, tech.* audio player

Не лишним будет захватить в самолёт книги, журналы, **аудиоплеер**. (https://kuban.aif.ru/health/letat_nelzya_boyatsya_psiholog_o_tom_kak_poborot_aerofobiyu, 2019). **Аудиоплеерный** (*adj*).

АУДИОТЕ́КСТ *nm, misc.* audio text

Аудиотекст насыщен интересными фактами, интервью, вставками из фильмов. (https://www.yar.kp.ru/online/news/3423368/, 2019)

АУДИОФА́ЙЛ *nm, tech.* audio file

Пользователь может надиктовать сообщение – это система переведет его в текст, а **аудиофайл** автоматически прикрепит к письму. (https://snob.ru/entry/185370/, 2019)

АУДИ́Т *nm, fin.* audit

В шести районах удалось снизить тарифы на отопление для населения благодаря **аудиту**. (https://regnum.ru/news/2746116.html, 2019). **Аудиторский** (*adj*).

АУДИ́ТОР *nm, prof.* auditor

В 2016 году Ericsson назначил для расследования этого вопроса внешнего **аудитора**. (https://tass.ru/ekonomika/7290385, 2019). **Аудиторский** (*adj*).

А́УТ *nm, sport.* out

В спортивных играх: положение, когда мяч (шайба) оказывается за п ределами игрового поля, площадки. (https://dic.academic.ru/dic.nsf/ogegova/8158)

АУТБРИ́ДИНГ *nm, anim.* outbreeding

Аутбридинг (от англ. out – вне и breeding – разведение) – это скрещивание или система скрещиваний особей одного вида, неродственных друг другу или связанных менее тесным родством, чем в среднем в популяции. (https://lenta.ru/articles/2015/09/22/ponaehali/, 2015)

АУТЕНТИФИКА́ЦИЯ *nf, comp.* authentication

Применяйте двойную **аутентификацию**, не ставьте один и тот же легкий пароль на все аккаунты. (https://tass.ru/ekonomika/6989633, 2019). **Аутентификационный** (*adj*). **Аутентифицировать/ся** (*v*).

АУТЕНТИ́ЧНОСТЬ *nf, misc.* authenticity

Главная особенность – это **аутентичность** вкусов. (https://www.pskov.kp.ru/daily/27041.5/4105924/, 2019). **Аутентичный** (*adj*).

А́УТИНГ *nm, soc.* outing

Есть каминг-аут, когда ты рассказываешь о себе, а есть **аутинг**, когда я рассказываю, что ты такой-то. (https://www.pravmir.ru/ekaterina-shulman-sovremennaya-molodezh-samoe-pravilnoe-iz-vseh-pokoleniy-kakie-tolko-mozhno-sebe-predstavit/, 2019)

АУТЛЕ́Т *nm, bsn.* outlet (*store*)

В конце августа два дня шаталась по **аутлету** в Германии. (https://www.mk.ru/social/2019/09/29/rossiyu-zakhlestnula-epidemiya-shopogolizma.html, 2019)

АУТЛЕ́Т-ЦЕНТР *nm, bsn.* outlet center

Кроме транспортной инфраструктуры в границах узла планируется возвести торгово-офисный центр, многофункциональный комплекс и **аутлет-центр**. (https://realty.ria.ru/20191003/1559391770.html, 2019)

АУТОТРЕ́НИНГ *nm, psych.* auto (*autogenic*) training

Хорошо помогают постоянная визуализация своих желаний и **аутотренинги**. Они дают возможность по-новому взглянуть на себя и свои возможности. (https://aif.ru/health/psychologic/vyhod_est_kak_vylechit_depressiyu_bez_vracha, 2019). **Аутотренинговый** (*adj*).

АУТОХА́ЛЕР *nm, med.* autohaler

Аутохалер – приспособление, подающее аэрозоль пациенту из дозировочного баллончика после начала вдоха. (https://studopedia.ru/9_50013_zadanie---vosstanovit-sootvetstvie-otvetov-algoritma-manipulyatsii.html, 2019)

АУТПЛЕ́ЙСМЕНТ *nm, prof.* outplacement

Аутплейсмент означает консультационную и организационную помощь увольняемым сотрудникам в подыскании нового рабочего места. (https://dic.academic.ru/dic.nsf/business/)

АУТРА́ЙТ *nm, fin.* outright forward (*currency contract*)

Лучшие букмекерские сайты уже принимают **аутрайт** на Английскую премьер-лигу. (https://overbetting.expert/news/bk/34608/, 2017)

АУТРИ́Ч *nm, indecl, soc.* outreach

С 2013 года на полях саммитов БРИКС проводятся встречи в расширенном составе в формате “**аутрич**”, который подразумевает привлечение соседей председательствующей страны по региону. (https://tass.ru/politika/7338351, 2019)

АУТСА́ЙДЕР *nm, sport.* outsider

Можно было бы сказать, что помог календарь: выпало сразу несколько матчей с **аутсайдерами**. (https://www.fontanka.ru/2019/12/06/118/, 2019). **Аутсайдерский** (*adj*).

АУТСА́ЙДЕР-АРТ *nm, art.* outsider art

В Казани открылась выставка картин в стиле **аутсайдер-арт**. (https://realnoevremya.ru/articles/154548-v-kazani-otkrylas-vystavka-rabot-drugie-izmereniya, 2019)

АУТСО́РСЕР *nm, bsn.* outsourcer

Не держите большой штат – научитесь работать с самозанятыми и **аутсорсерами**. (https://rb.ru/opinion/sohranit-biznes-v-budushem/, 2019)

АУТСО́РСИНГ *nm, bsn.* outsourcing

Информация, которая раньше хранилась в голове, отдана на **аутсорсинг** подрядчику – поисковому сайту. (https://tass.ru/obschestvo/6973680, 2019)

АУТ-ТРЕ́ЙД *nm, fin.* outtrade

Аут-трейд – сделка, оставшаяся односторонней к концу биржевой сессии. (https://securities_market.academic.ru/)

АУТФИ́ЛДЕР *nm, bsball.* outfielder

Обороняющаяся команда в составе трех бейсменов, трех **аутфилдеров** и шорт-стопа, стоящего между второй и третьей базами, должна поймать мяч до прибытия бэттера на базу. (https://lenta.ru/articles/2019/05/22/baseball/, 2019)

АФТЕПА́ТИ *nn, indecl, slang.* afterparty

Организаторы также представят интересную дополнительную программу, включающую музыку, перформансы и еду, а после гостей ждут **афтепати** в клубах. (https://style.rbc.ru/impressions/5d779cdb9a79473477ef3379, 2019)

АФТЕРШЕ́ЙВ *nm, cosm.* aftershave

Это то самое мыло для бритья, пена для бритья, **афтершейв** плюс масло для бороды и воск для усов. (https://www.elle.ru/krasota/beauty_blog/svoy-sredi-svoih-byuti-brendyi-pridumannyie-mujchinami-dlya-mujchin/, 2016)

АФТЕРШО́К *nm, misc.* aftershock

В течение нескольких дней специалисты фиксировали **афтершоки** более низкой магнитуды. (https://www.alt.kp.ru/online/news/3637158/, 2019). **Афтершоковый** (*adj*).

АФФЕ́КТ *nm, psych.* affect

Даже в состоянии **аффекта** такое поведение не допустимо. (https://tass.ru/ural-news/6986271, 2019). **Аффектный** (*adj*).

АФФИДЕ́ВИТ *nm, law.* affidavit

Талбот предъявила правоохранителям **аффидевит** (поручительство). (https://regnum.ru/news/2709398.html, 2019)

АФФИЛИА́ЦИЯ *nf, econ, psych.* affiliation

На московских выборах "Единую Россию" в основном представляют самовыдвиженцы, которые скрывают свою партийную **аффилиацию**. (https://www.novayagazeta.ru/articles/2019/09/05/81842-ischu-podderzhki-ne-u-partiy-a-u-sosedey, 2019). **Аффилиированный** (*adj*). **Аффилиировать/ся** (*v*).

АФФИ́НИТИ-И́НДЕКС *nm, mark.* affinity index

Об интересах аудитории издания можно судить на основе **аффинити-индекса** "Яндекса". (https://www.cnews.ru/news/top/2019-09-20_auditoriya_cnews_ustanovila, 2019)

АФФИРМА́ЦИЯ *nf, psych.* affirmation

Психологи советуют попробовать **аффирмации**. (https://fedpress.ru/news/77/society/2337594, 2019). **Аффирмационный** (*adj*).

АЭРОБА́ТИКА *nf, sport.* aerobatics

Первенство будет проводиться в трех номинациях – дальность полета, длительность и **аэробатика**. (https://www.malls.ru/rus/news/v-wlv-na-lubyanke-proydet-red-bull-paper-wings.html, 2019)

АЭРО́БИКА *nf, sport.* aerobics

Для людей старшего возраста на базе учреждений Тюменской области организованы разнообразные тренировки: скандинавская ходьба, **аэробика**, танцы, шахматы, настольный теннис, суставная гимнастика, пилатес, цигун, аквааэробика, йога, бильярд. (http://fedpress.ru/news/72/nprojects/2334506, 2019). **Аэробический** (*adj*).

АЭРО́БУС *nm, avia.* airbus

Чартерные рейсы будут осуществляться три раза в неделю в течение трех месяцев на **аэробусе**. (https://regnum.ru/news/2741503.html, 2019). **Аэробусный** (*adj*).

АЭРО́ГРАФ *nm, art.* aerograph

Ткань последнего наряда печаталась на специальном принтере и прокрашивалась **аэрографом**, поэтому платье получилось с 3D-эффектом. (https://www.championat.com/lifestyle/article-3886543-samye-krasivye-narjady-figuristok-plate-anny-scherbakovoj-menjajuschee-cvet.html, 2019). **Аэрографический** (*adj*).

АЭРОГРА́ФИЯ *nf, art.* aerography

С 2016 года машина серьёзно изменилась: появилась пневматическая подвеска с восемью режимами, более вычурные колёсные диски, кузов покрыла **аэрография** с языками пламени. (https://mag.auto.ru/, 2019). **Аэрографический** (*adj*).

АЭРОДИНА́МИКА *nf, tech.* aerodynamics

Аэродинамика – это область знания, изучающая движения потоков воздуха и их воздействия на твердые тела. (https://fb.ru/article/338151/aerodinamika---eto-osnovyi-i-osobennosti-aerodinamiki, 2019). **Аэродинамический** (*adj*).

Б

БА́ББЛИНГ *nm, photo.* bubbling

Бабблинг – это наложение пузырей на фотографию, создается эффект голого человека. (https://fishki.net/52342-babbling-7-foto.html)

БАГ *nm, slang.* bug (*software bug*)

Большинство **багов** возникают из-за ошибок, допущенных разработчиками программы в её исходном коде, либо в её дизайне. (https://dic.academic.ru/dic.nsf/ruwiki/16228, 2019). **Баговый** (*adj*).

БА́ГГИ *nm, indecl, trans.* buggy

Багги со стеклопластиковым кузовом построен на укороченном шасси Volkswagen Beetle. (https://mag.auto.ru/article/mcqueendunebuggyauction/, 2019)

БА́ГГИНГ *nm, tech.* bugging

Баггинг – подслушивание с помощью электронных средств. (https://dic.academic.ru/dic.nsf/dic_fwords/6811/)

БАГТРЕ́КЕР *nm, comp.* bug tracker

В **багтрекере** Chromium была найдена информация о браузере с управлением при помощи кнопок. (https://xakep.ru/2019/09/19/github-cve-numbering-authority/, 2019)

БАДМИНТО́Н *nm, sport.* badminton

На семи интерактивных площадках прошли мастер-классы по фехтованию, стрельбе из лука, настольному теннису и **бадминтону**. (https://ria.ru/20191205/1562024548.html, 2019). **Бадминтонный** (*adj*).

БАЙК *nm, sport.* bike

В ходе запланированного маневра мотоциклист упал с **байка** и ударился головой, в результате чего скончался на месте. (https://lenta.ru/news/2019/10/12/pogib/, 2019)

БА́ЙКЕР *nm, sport.* biker

Байкер столкнулся с легковым автомобилем и получил тяжелые травмы. (https://lenta.ru/news/2019/10/12/pogib/, 2019). **Байкерский** (*adj*).

БА́ЙКЕР-КРОСС *nm, sport.* biker cross (cross-country biking)

На самых экстремальных уклонах лога были намечены трассы для тюбинга, фристайла, мини-слалома, сноуборда, горного велосипеда, кросс-кантри, параллельного слалома и **байкер-кросса**, велотриала. (https://gorod48.ru/news/1866021/, 2019)

БА́ЙКЕР-ШО́У, ***БАЙК-ШО́У** *nn, indecl, sport.* biker show

В программе: конкурсы, викторины, выставки, концерт молодых музыкантов и **байкер-шоу**. (https://gorod48.ru/news/1866021/, 2019)

БА́ЙОПИК *nm, media.* biopic

Байопик посвящен последнему году жизни американской актрисы и певицы Джуди Гарленд. (https://www.gazeta.ru/culture/2019/10/13/a_12754106.html, 2019)

БАЙТ *nm, comp.* byte

К примеру, майнеры уже игнорируют транзакции с комиссией в 1 сатоши за **байт** или 0.06 цента за транзакцию. (https://2bitcoins.ru/u-bitcoin-cash-bolshie-problemy/, 2019). **Байтовый** (*adj*).

БАЙТ-КО́Д *nm, inf.* bytecode

Байт-код – это независимый код низкого уровня, генерируемый транс лятором и исполняемый интерпретатором. (https://dic.academic.ru/dic.nsf/business/)

БА́КЕТИНГ *nm, fin.* bucketing

Бакетинг – умышленное неисполнение брокерами приказов клиентов и использование их гарантийного взноса при проведении фьючерсны х сделок. (https://dic.academic.ru/dic.nsf/business/)

БА́КСЫ *npl, slang.* bucks (*dollars*)

Коммерчески успешно используется только одно сооружение: можно за сотню **баксов** прокатиться по бобслейной трассе. (https://www.gazeta.ru/comments/column/bovt/12841730.html, 2019)

БАЛА́НС-БО́РД *nm, sport.* balance board

Среди дисциплин и площадок – пляжный волейбол, стритбол, скейтбординг, роллерблейдинг, самокат, слеклайн, **баланс-борд**, унициклы, сап-серфинг, прыжки на батуте и многое другое. (https://calendar.fontanka.ru/articles/8566, 2019)

БА́МПЕР *nm, trans.* bumper

Датчики не любят ударов, поэтому не стоит сбивать лёд с **бампера** щеткой или другими жёсткими предметами. (https://mag.auto.ru/article/antaraproblems/, 2019). **Бамперный** (*adj*).

БА́МПИНГ *nm, tech.* bumping

Бампинг, говоря скучным языком механики, это метод вскрытия замка путем передачи кинетической энергии штифтам личинки. (https://lenta.ru/articles/2016/09/16/zamok/, 2019)

БАН *nm, comp.* ban

Обсуждаем язык эмодзи, ставим редакционный **бан** на "пошлые" рожицы, разбитые сердечки, требуем друг от друга научиться пересказывать историю новости в трех картинках. (https://snob.ru/entry/183306/, 2019). **Банить/забанить** (*v*).

БАНДА́НА *nf, cloth.* bandana

Добавь интересных акцентов при помощи **банданы**, солнечных очков необычной формы и ремня. (https://lisa.ru/moda/580732-s-chem-nosit-sviter-10-trendovyh-modelej-i-45-stilnyh-obrazov/, 2019)

БА́НДЖИ-ДЖА́МПИНГ *nm, sport.* bungee jumping

Долгое время Ди Каприо увлекался прыжками с парашютом и **банджи-джампингом**.(https://www.adme.ru/svoboda-kultura/9-zvezd-kotorye-nashli-sebya-v-novom-amplua-i-smogli-v-nem-preuspet-2187715/, 2019)

БА́НДЖО *nn, indecl, music.* banjo

Банджо – американский инструмент – настроено как семиструнные гитары: ре, си, соль, ре. (https://echo.msk.ru/programs/razbor_poleta/2510395-echo/, 2019)

БАНК *nm, fin.* bank

Формально премия называется премией Шведского национального **банка** по экономическим наукам памяти Альфреда Нобеля. (https://www.vedomosti.ru/politics/articles/2019/10/14/813597-nobelevskuyu-ekonomike, 2019). **Банковский** (*adj*).

БАНК-АГЕ́НТ *nm, fin.* agent bank

Облигации можно купить в отделениях **банков-агентов** либо в личном кабинете на их сайтах. (https://riakursk.ru/minfin-vozobnovil-prodazhi-obligaciy/, 2019)

БА́НКИНГ *nm, fin.* banking

Развитие мобильного **банкинга** поменяло ландшафт в финансовом секторе. (https://www.forbes.ru/karera-i-svoy-biznes/385219-vedomosti-na-obed-mediamenedzher-demyan-kudryavcev-zapustit-dostavku-edy, 2019)

БАНКИ́Р *nm, fin.* banker

Его представитель подтвердил, что "по трудовой книжке" господин Лебедев больше не **банкир**. (https://www.kommersant.ru/doc/4187068, 2019). **Банкирский** (*adj*).

БАНК-КЛИЕ́НТ *nm, fin.* client bank

Иметь один и тот же пароль к мобильному телефону, домашнему интернету и **банк-клиенту**, конечно, абсолютно безответственно. (https://www.kommersant.ru/doc/4119091, 2019)

БАНК-КОРРЕСПОНДЕ́НТ *nm, fin.* correspondent bank

Санкции ограничивают Россию в выпуске новых еврооблигаций в долларах США, поскольку долларовые платежи проходят через **банк-корреспондент**. (https://www.gazeta.ru/business/2019/08/04/12555517.html, 2019)

БАНКНО́ТА *nf, fin.* banknote

В 2019 году в честь 80-летия певца в Праге было выпущено 5 тысяч экземпляров коллекционных **банкнот** номиналом "ноль евро" с его портретом. (https://tass.ru/info/6953314, 2019). **Банкнотный** (*adj*).

БАНК-РЕМИТЕ́НТ *nm, fin.* remittent bank (remitting bank)

Банк-ремитент – это банк, пересылающий платежные документы банку-корреспонденту, которому доверитель поручает провести операции по инкассированию, оплате. (https://economy-ru.info/info/69180/)

БАНК-РЕСПОНДЕ́НТ *nm, fin.* respondent bank

Банк-респондент – банк, открывший корреспондентский счет в другом банке и являющийся его распорядителем. (https://economy-ru.info/info/69180/)

БАНК-ЭКВА́ЙЕР *nm, fin.* acquirer bank (acquiring bank)

Банк-эквайер (обслуживающий банк) – кредитная организация, организующая точки приема банковских карт и осуществляющая весь комплекс финансовых операций, связанных с выполнением расчетов. (https://www.banki.ru/wikibank/bank-ekvayer/)

БА́ННЕР *nm, int.* banner

Кубанские бизнесмены разместили несколько недель назад возле офиса Илона Маска в Калифорнии рекламный **баннер** с надписью "Kak tebe takoe, Elon Musk?". (https://tass.ru/msp/7006623, 2019). **Баннерный** (*adj*).

БАР *nm, bsn.* bar

Госдума планирует принять закон о запрете **баров** в жилых домах. (https://vm.ru/opinion/757129-nalivajki-kak-simvol-bezzakoniya, 2019). **Барный** (*adj*).

БАРБЕКЮ́ *nn, indecl, food.* barbecue

Здесь можно встретить закат, посидеть вечером с друзьями и приготовить **барбекю**. (https://style.rbc.ru/impressions/5d76606a9a7947410c6f4ab6, 2019)

БА́РБЕР *nm, prof.* barber

Сегодня словом "**барбер**" называют специалистов по мужским усам-волосам, чтобы подчеркнуть, что они работают не в каком попало салоне, а модном – но при этом отдающем дань традициям. (https://daily.afisha.ru/archive/gorod/changes/evangelist-fikser-i-basboy-kto-eto-takie/, 2019)

БАРБЕРШО́П *nm, cosm.* barbershop

Тимати открыл не только закусочную Black Star Burger, но еще и картинг, игровой клуб, **барбершоп**, магазины одежды. (https://daily.afisha.ru/archive/gorod/changes/evangelist-fikser-i-basboy-kto-eto-takie/, 2019)

БАРЕФУ́ТЕР *nm, soc.* barefooter

Идейные **барефутеры** борются за право спускаться без обуви в метро и появляться в общественных местах, например в ресторанах. (https://www.adme.ru/svoboda-kultura/10-pristrastij-ot-kotoryh-teryayut-golovu-mnogie-iz-nas-no-malo-kto-znaet-kak-oni-nazyvayutsya-2151965/, 2019)

БАРЕФУ́ТИНГ *nm, soc.* barefooting

Теперь **барефутинг** – модное течение, приверженцы которого считают, что это удобно и полезно для здоровья. (https://www.adme.ru/svoboda-kultura/10-pristrastij-ot-kotoryh-teryayut-golovu-mnogie-iz-nas-no-malo-kto-znaet-kak-oni-nazyvayutsya-2151965/, 2019)

БАРКО́Д *nm, bsn.* barcode

Баркод – это небольшое изображение линий (баров) и пробелов, которое прикрепляется к предметам розничного магазина, идентификационным карточкам и почтовой корреспонденции для идентификации определенного номера продукта, человека или местоположения. (https://fb.ru/article/358763/barkod---eto-chto-takoe)

БАРКО́Д-РИ́ДЕР *nm, fin.* barcode reader

Мы активно внедряем в наши банкоматы **баркод-ридеры**. (https://tass.ru/interviews/6839754, 2019)

БАРМЕ́Н *nm, prof.* barman

В Екатеринбурге формируется братство **барменов**. (https://momenty.org/city/6002, 2019). **Барменский** (*adj*).

БА́РРЕЛЬ *nm, tech.* barrel

ЛУКОЙЛ по-прежнему настроен направлять на дивиденды половину дополнительных доходов, полученных при цене на нефть выше $50 за **баррель**. (https://www.rbc.ru/business/16/10/2019/5da6f50c9a794718f3133772, 2019)

БА́РРИСТЕР *nm, law.* barrister

Это происходит по двум причинам: высочайшие требования к независимости судей и к качеству работы специальных юристов – **барристеров** – в суде. (https://www.kommersant.ru/doc/4094876, 2019)

БАРТЕ́НДЕР *nm, prof.* bartender

Коктейльную карту с тонкими и яркими миксами в азиатском стиле разработал петербургский **бартендер** и предприниматель Стивен Шарма. (https://www.kommersant.ru/doc/4104442, 2019). **Бартендерский** (*adj*).

БА́РТЕР *nm, bsn.* barter

Через какое время канал стал приносить прибыль: через полгода – тогда же появились первые товары по **бартеру** на рекламу. (https://www.forbes.ru/forbeslife/383353-telega-edy-6-luchshih-gastronomicheskih-telegram-kanalov, 2019). **Бартерный** (*adj*).

БАРЬЕ́Р *nm, misc.* barrier

Минтранс подготовил "дорожную карту" по устранению избыточных административных **барьеров** для легкой авиации. (https://www.kommersant.ru/doc/4127107, 2019). **Барьерный** (*adj*).

БАСБО́Й *nm, prof.* busboy

Сегодня **басбоями** называют не только помощников официантов, но и помощников барменов. (https://daily.afisha.ru/archive/gorod/changes/evangelist-fikser-i-basboy-kto-eto-takie/, 2019)

БАСКЕТБО́Л *nm, sport.* basketball

"Рокетс" действительно классно играют в **баскетбол**. (https://www.sports.ru/tribuna/blogs/artem_panchenko/2605621.html, 2019). **Баскетбольный** (*adj*).

БАСКЕТБОЛИ́СТ *nm, sport.* basketball player

Московский ЦСКА со счетом 89:70 обыграл в гостях **баскетболистов** пермской "Пармы" в матче регулярного чемпионата Единой лиги. (https://tass.ru/sport/7294989, 2019). **Баскетболистский** (*adj*).

БА́ССЕТ-ХА́УНД *nm, anim.* basset hound

А из всех пород собак наиболее склонны к набору веса лабрадоры, мопсы, таксы, болонки, далматинцы и **бассет-хаунды**. (https://vm.ru/animals/656597-koshki-i-sobaki-tolsteyut-ot-nashej-lyubvi-veterinar-rasskazal-kak-pravilno-kormit-svoih-pitomcev, 2019)

БАТТЕРФЛЯ́Й *nm, swim.* butterfly

Российские пловцы Олег Костин и Александр Попков пробились в финал на дистанции 50 метров **баттерфляем** на чемпионате Европы по плаванию на короткой воде в Глазго. (https://rsport.ria.ru/20191207/1562104934.html, 2019)

БЕ́БИ, ***БЭ́БИ** *nc, indecl, soc.* baby

Бэби-бумеры – люди старше 50 лет, достаточно много сидят в интернете. (https://hightech.fm/2019/12/06/ok-boomer, 2019)

БЕ́БИ-БЛЮЗ *nm, misc.* baby blues

Беби-блюз – это временное снижение настроения сразу после родов на фоне гормональной перестройки. (https://www.pravmir.ru/desyat-priznakov-togo-chto-u-vas-poslerodovaya-depressiya/, 2019)

БЕ́БИ-БОКС, ***БЭ́БИ-БОКС** *nm, misc.* baby box

Бэби-боксы в России установлены в нескольких городах и регионах в количестве 22 штук. (https://fb.ru/article/274394/bebi-boks---chto-eto-takoe-i-pomogaet-li-programma-jenschinam)

БЕ́БИ-БУМ, ***БЭ́БИ-БУМ** *nm, soc.* baby boom

По сравнению с **беби-бумом** 80-х и 90-х годв сегодня в Латвии рождается в два раза меньше детей и правительство должно что-то предпринимать для изменения ситуации. (https://regnum.ru/news/2752657.html, 2019)

БЕ́БИ-БУ́МЕР, ***БЭ́БИ-БУ́МЕР** *nm, soc.* baby boomer

Бэби-бумеры – это поколение, появившееся на свет в период компенсационного увеличения рождаемости после окончания Второй мировой войны. (https://fb.ru/article/394972/pokolenie-bebi-bumerov--opisanie-osobennosti-istoriya-i-interesnyie-faktyi)

БЕ́БИ-ЙО́ГА, ***БЭ́БИ-ЙО́ГА***nf, sport.* baby yoga

Совсем недавно появилась новая практика – **беби-йога** для малышей, которая разработана специально для детей с первых дней жизни. (https://yoga24.info/praktika/nyuansy-praktiki/bebi-yoga.html, 2019)

БЕБИСИ́ТТЕР *nm, prof.* babysitter

От няни **бебиситтер** отличается тем, что его услугами родители могут пользоваться не постоянно, а время от времени. (https://dic.academic.ru/dic.nsf/dic_fwords/7323/)

БЕБИСИ́ТТИНГ *nm, prof.* babysitting

Наш проект тогда занял второе место и был о том, чтобы на определенном сайте родители могли обмениваться услугами **бебиситтинга** и помогали друг другу. (https://www.kp.by/daily/26743.4/3770878/, 2019)

БЕ́ДЛЕНД *nm, eco.* badlands

Бедленд – вид сухого рельефа с глиняными почвами, состоящего из сети холмов с узкими гребнями, пересеченных оврагами. (https://dik.academic.ru/dic.nsf/ruwiki/14546, 2019)

БЕ́ДЛИНГТОН-ТЕРЬЕ́Р *nm, anim.* Bedlington terrier

Щенки **бедлингтон-терьера** продаются по 20 тысяч рублей. (https://www.spb.kp.ru/online/news/3706222/, 2019)

БЕЙГЛ *nm, food.* bagel

В Москве почти невозможно найти нормальный **бейгл**, особенно с учетом пресловутой любви москвичей к бубликам и баранкам. (https://thecity.m24.ru/articles/1660, 2020)

БЕЙДЖ, ***БЕ́ДЖ** *nm, off.* badge

Число журналистов, освещавших мероприятие, оказалось столь велико, что им не хватило специальных **бейджей**. (https://ria.ru/20191019/1559976690.html, 2019)

БЕЙДЖ-ИНЖИНИ́РИНГ *nm, auto.* badge engineering

Бейдж-инжиниринг представляет собой достаточно распространенное и уже не новое явление в мире автомобилей. (https://car.ru/news/automobili/53056-istoriya-sozdaniya-i-tehnicheskie-harakteristiki-cadillac-caters-sozdannogo-na-baze-opel-omega/, 2019)

БЕЙСБО́Л *nm, sport.* baseball

Бейсбол в США – неотъемлемая часть культуры. (https://lenta.ru/articles/2019/05/22/baseball/, 2019). **Бейсбольный** (*adj*).

БЕЙСДЖА́МПЕР *nm, sport.* base jumper

В ноябре сообщалось, что двух российских **бейсджамперов** задержали в Южной Корее за незаконное проникновение на крыши домов. (https://lenta.ru/news/2019/12/16/arrested/, 2019)

БЕЙСДЖА́МПИНГ *nm, sport.* base jumping

Появилось видео, на котором двое мужчин, находясь на 24-м этаже на общем балконе жилого дома, расположенного на правом берегу реки в Красноярске, совершили экстремальный прыжок со специальным парашютом - **бейсджампинг**. (https://tass.ru/proisshestviya/7458957, 2020)

БЕ́ЙСЕР *nm, sport.* baser (*base jumper*)

26 профессиональных **бейсеров** спрыгнули с парашютами с самого длинного пешеходного подвесного моста в России. (https://iz.ru/931958/2019-10-14/v-sochi-ustanovili-rekord-v-massovom-beis-pryzhke-s-mosta-s-parashiutom, 2019)

БЕ́ЙСИК *nm, inf.* BASIC

Они учили друг друга программированию на **бейсике**, играли и взламывали игры. (https://kanobu.ru/articles/chitaem-otryivok-izknigi-poveliteli-doom-osozdatelyah-znamenitoj-igryi-374548/, 2019)

БЕ́ЙСМЕН *nm, bsball.* baseman

Обороняющаяся команда в составе трех **бейсменов**, трех аутфилдеров и шорт-стопа, стоящего между второй и третьей базами, должна поймать мяч до прибытия бэттера на базу. (https://lenta.ru/articles/2019/05/22/baseball/, 2019)

БЕКО́Н *nm, food.* bacon

С момента появления Грейс в семье перестали есть **бекон**. (https://lenta.ru/news/2019/10/18/pig/, 2019)

БЕЛЛИДА́НС *nm, dance.* belly dance

Его любимый стиль – шоу-**беллиданс**, в котором он мастерски передаёт сюжеты, воплощает образы и комбинирует стили танцев. (https://aif.ru/my_area/yujnoe_tushino/rukovoditel_ansamblya_amrita_nashim_uchenikom_mozhet_stat_absolyutno_lyuboy, 2020)

БЕ́НДИ *nm, indecl, hockey.* bandy

В столице Коми создали комитет для подготовки и проведения чемпионата мира по **бенди** среди мужских команд в 2021 году. (https://komi.aif.ru/sport/v_syktyvkare_sozdali_komitet_dlya_podgotovki_k_chempionatu_mira_po_bendi, 2019)

БЕНЧМА́РК *nm, misc.* benchmark

По оценкам управляющего директора Московской биржи по фондовому рынку Анны Кузнецовой, сегодня открытие счета реально занимает три-пять минут – лучший **бенчмарк** на всем мировом биржевом пространстве. (https://www.kommersant.ru/doc/4127759, 2019)

БЕНЧМА́РКИНГ *nm, misc.* benchmarking

Кроме того, обсуждались возможные пути господдержки бизнеса, отраслевого **бенчмаркинга**, выхода на внешние рынки, автоматизации и цифровизации. (https://lenta.ru/articles/2019/11/29/fzk/, 2019)

БЁРДВОТЧЕР *nm, anim.* birdwatcher

Качественные снимки редких птиц, которые обитают на этой территории, издателям безвозмездно предоставило сообщество **бердвотчеров** – любителей "фотоохоты" на пернатых. (https://rg.ru/2019/10/09/reg-sibfo/v-kuzbasse-izdali-rajonnuiu-krasnuiu-knigu.html, 2019)

БЁРДВОТЧИНГ *nm, anim.* birdwatching

Бердвотчинг – наблюдение за птицами в дикой природе – приобретает популярность. (https://rg.ru/2019/10/30/reg-ufo/v-zapovednike-na-kubani-proveli-uchet-ptic.html, 2019)

БЕРМУ́ДЫ, ***ШО́РТЫ-БЕРМУ́ДЫ** *npl, cloth.* Bermuda shorts

Школьники показали бабушкам молодежную одежду – шорты **бермуды**, легкую короткую куртку бомбер, полусапожки ботильоны, кроссовки на платформе сникерсы. (https://www.tumen.kp.ru/online/news/3092068/, 2018)

БЁРПИ *nn, indecl, sport.* burpee

Активные приседания с прыжками, разновидности планок, отжимания, джампинг-джек, **берпи** и другие – комплексы разнообразные и сменяют друг друга. (https://www.kommersant.ru/doc/4150326, 2019)

БЕСТСЕ́ЛЛЕР *nm, misc.* bestseller

Что касается Octavia, то мировая премьера **бестселлера** марки состоялась в ноябре прошлого года. (https://rg.ru/2020/01/05/skoda-rasskazala-o-novikah-dlia-rossii-v-2020-godu.html, 2020). **Бестселлерный** (*adj*).

БЕ́ТА-ВЕ́РСИЯ *nf, misc.* beta version

В сеть выложили около 50 минут видео геймплея **бета-версии** игры Warcraft III: Reforged. (https://regnum.ru/news/society/2751259.html, 2019)

БЕ́ТА-КОЭФФИЦИЕ́НТ *nm, fin.* beta coefficient

Валюты с высоким **бета-коэффициентом**, то есть склонностью к изменчивости, показывают сильный рост на ожиданиях следующих переговоров. (https://regnum.ru/news/2715804.html, 2019)

БЕТА-ТЕ́СТ *nm, inf.* beta test

Бета-тест – это передача, обычно высокотехнологичной продукции, на апробирование до начала серийного производства. (https://dic.academic.ru/dic.nsf/business/)

БЕ́ТА-ТЕ́СТЕР *nm, misc.* beta tester

Стать **бета-тестером** можно, скачав приложение под названием Pollen Club и зарегистрировавшись в нем. (https://rg.ru/2019/10/07/pervye-smartfony-huawei-nachali-poluchat-android-10-vot-ih-spisok.html, 2019)

БЕ́ТА-ТЕСТИ́РОВАНИЕ *nn, misc.* beta testing

В первой волне **бета-тестирования** примут участие две тысячи смартфонов. (https://rg.ru/2019/10/07/pervye-smartfony-huawei-nachali-poluchat-android-10-vot-ih-spisok.html, 2019)

БИАТЛО́Н *nm, sport.* biathlon

За месяц до **биатлона** топ-команды всегда едут в Рамзау. (https://www.sports.ru/tribuna/blogs/russiateam/1434080.html, 2019). **Биатлонный** (*adj*).

БИ-БО́ИНГ *nm, dance.* B-boying

Би-боинг быстрыми темпами развивается и в Таджикистане. Этот вид спортивных танцев набирает популярность среди детей и молодежи. (https://mir24.tv/news/16370115/sportivnyi-breik-dans-tadzhikistanskie-bi-boi-gotovyatsya-k-olimpiade, 2019)

БИ-БО́Й *nm, dance.* B-boy

Теперь у таджикских **би-боев** новая цель – попасть на Олимпийские игры, которые пройдут в 2024 году. (https://mir24.tv/news/16370115/sportivnyi-breik-dans-tadzhikistanskie-bi-boi-gotovyatsya-k-olimpiade, 2019)

БИБО́П *nm, music.* bebop

В Рязани Олег Щеглов отыграет сет из джазового мэйнстрима, а также раннего **бибопа**. (https://www.ryazan.kp.ru/online/news/3724911/474, 2020)

БИГ МА́К *nm, food.* Big Mac

Биг Мак – большой аппетитный сэндвич, который является самым популярным блюдом в меню Макдональдс. (https://mkdonald-s.ru/menu-and-prices/iz-govjadiny/big-mak.html)

БИГА́МИЯ *nf, law.* bigamy

Романистка Мэри Брэддон так шокировала общественность, впервые в романе подняв тему непрозрачности брачных отношений, **бигамии** и ответственности мужа. (https://realnoevremya.ru/articles/134558-intervyu-s-pisatelem-i-perevodchicey-anastasiey-zavozovoy, 2019). **Бигамный** (*adj*).

БИГБИ́Т *nm, music.* big beat

В нашем городе самобытный коллектив, исполняющий “гибрид уральского хип-хоп андеграунда, дабстепа, **бигбита**, панка и тёмного Карибского этноса”, представит новый альбом. (https://sgpress.ru/news/165630, 2019)

БИГ-БЭ́НД *nm, music.* big band

Биг-бэнд Каунта Бэйси был образован в 30-х годах в Канзас-Сити, окончательно он был сформирован в Нью-Йорке. (https://fb.ru/article/147308/big-bend-big-band---chto-eto-takoe-i-kakie-byivayut-big-bendyi)

БИГ-ДА́ТА *nf, misc.* big data

Проект планируется в формате “**биг-даты**”, то ест сбора и упорядочивания “больших данных” о миллионах транспортных средств. (https://vk-smi.ru/technology/auto/161995, 2019)

БИГЕ́НДЕР *nm, soc.* bigender

В современном западном обществе также рассматриваются ряд трансгендерных и интерсекс идентичностей: гендерквир, шимейл, **бигендер** и т. д. (https://www.euromag.ru/articles/germanija-uzakonit-tretij-pol/, 2019). **Бигендерный** (*adj*).

БИГРА́ММА *nf, comp.* bigram

В современной компьютерной лингвистике **биграммы**, или в общем случае n-граммы, являются важным статистическим инструментом. (https://habr.com/ru/post/312490/, 2019)

БИГФУ́Т *nm, anim.* bigfoot

Мы выяснили, что йети (**бигфута**, снежного человека) законом запрещено убивать в Британской Колумбии, некоторых штатах США. (https://www.adme.ru/svoboda-puteshestviya/zhiteli-raznyh-stran-rasskazali-kakie-nelepye-zakony-dejstvuyut-u-nih-a-my-postaralis-ih-obyasnit-2167065/, 2019)

БИГ-Э́ЙР *nm, snowbrd.* big air

Победу в женском зачете по **биг-эйру** одержала Маргарита Носкова. (https://nsk.aif.ru/sport/chego_dostigli_v_sporte_v_2019_godu_v_novosibirske, 2019)

БИД *nm, fin.* bid

Бид – цена спроса, наивысшая цена, по которой кто-либо желает купить данную акцию, опцион, фьючерс, валюту. (https://dic.academic.ru/dic.nsf/ruwiki/129982)

БИ́ЗНЕС *nm, bsn.* business

Раскрутка твиттера – неотъемлемый элемент маркетинговой стратегии для представителей малого **бизнеса**. (https://www.business.ru/, 2019). **Бизнесовый** (*adj*).

БИ́ЗНЕС-АНА́ЛИЗ *nm, bsn.* business analysis

В рамках платформы будут формироваться подборки курсов по разным областям, таким как проектирование и машиностроение, **бизнес-анализ** и обработка данных, право. (https://tass.ru/obschestvo/6958366, 2019)

БИ́ЗНЕС-АНАЛИ́ТИК *nm, prof.* business analyst

Девушке, желавшей стать **бизнес-аналитиком**, отказали и посоветовали приходить на интервью в деловом костюме. (https://lenta.ru/news/2019/10/14/inapprop/, 2019)

БИЗНЕСВУ́МЕН *nf, indecl, prof.* businesswoman

Виктория Бэкхем утверждает, что щелочная диета это ее способ оставаться ресурсной, жонглируя четырьмя ролями одновременно – матери, жены, инфлюенсера и **бизнесвумен**. (https://style.rbc.ru/beauty/5d8cd9e69a794773faff8ebc, 2019)

БИ́ЗНЕС-ГРУ́ППА *nf, bsn.* business group

На сегодняшней день политическая корпорация представляет собой фактически

бизнес-группу, которая владеет страной. (https://echo.msk.ru/programs/personalnovash/2521117-echo/, 2019)

БИ́ЗНЕС-ИДЕ́Я *nf, bsn.* business idea

Вообще считается, что **бизнес-идея** открытия антикафе (или свободного пространства) зародилась именно в России. (https://rg.ru/2019/10/16/reg-cfo/reportery-soiuza-pobyvali-v-antikafe-moskvy-i-minska.html, 2019)

БИ́ЗНЕС-ИНКУБА́ТОР *nm, bsn.* business incubator

Инновационный центр будет включать национальный центр урбанистики и **бизнес-инкубатор**. (https://rg.ru/2019/10/20/reg-szfo/v-sankt-peterburge-sozdaetsia-krupnejshij-v-strane-innovacionnyj-centr.html, 2019)

БИ́ЗНЕС-КА́РТА *nf, bsn.* business card

Казанское ООО “Агава”, владеющее сетью магазинов “Мегастрой” приобретает 5 тыс. кредитных **бизнес-карт** Сбербанка для контрагентов сети. (https://www.kommersant.ru/doc/4112454, 2019)

БИ́ЗНЕС-КАТАЛО́Г *nm, bsn.* business catalogue

Проект представлял собой **бизнес-каталог** для компаний залива Сан-Франциско. (https://rb.ru/story/musk-and-investors/, 2019)

БИ́ЗНЕС-КЕЙС *nm, bsn.* business case

Два дня занятий подразумевают комплексную подготовку, включающую в себя решение **бизнес-кейсов** по маркетингу и продажам, разработку бизнес-плана. (https://tumen.mk.ru/economics/2019/10/14/predprinimateli praktiki-pomogut-tyumencam-otkryt-biznes.html, 2019)

БИ́ЗНЕС-КЛАСС *nm, tour.* business class

Это проект редевелопмента исторического здания в современный жилой комплекс

бизнес-класса. (https://realty.rbc.ru/news/5d7ba8469a794739b107532c, 2019)

БИ́ЗНЕС-КОНСА́ЛТИНГ *nm, bsn.* business consulting

Привлекать для решения управленческих задач консалтеров – это специалисты, оказывающие услуги **бизнес-консалтинга** – можно как вместе и одновременно со своими штатными сотрудниками, так и вместо них. (https://www.business.ru/article/556-biznes-konsalting-chto-eto-i-nujen-li-on-vashemu-roznichnomu-magazinu, 2019)

БИ́ЗНЕС-КО́УЧ *nm, prof.* business coach

Если **бизнес-коуч** помогает добиться успеха в бизнесе, то лайф-коуч помогает выстроить отношения с людьми, добиться реализации жизненных проектов, целей. (https://daily.afisha.ru/archive/gorod/changes/evangelist-fikser-i-basboy-kto-eto-takie/, 2019)

БИ́ЗНЕС-КО́УЧИНГ *nm, prof.* business coaching

По данным международной компании Challenger, Gray&Christmas, которая занимается **бизнес-коучингом**, текучка высших управленческих кадров достигла максимума в этом году. (https://www.forbes.ru/karera-i-svoy-biznes/384845-stress-skandaly-pensiya-pochemu-gendirektorov-ohvatila-epidemiya, 2019)

БИ́ЗНЕС-КЭ́ЖУАЛ *nm, indecl, cloth.* business casual

Бизнес-кэжуал (деловой повседневный стиль) – это стандартный дресс-код для многих современных офисов. (https://magimoda.com/business-casual-style-guide/, 2019)

БИ́ЗНЕС-ЛАНЧ *nm, food.* business lunch

Меню **бизнес-ланчей** не слишком отличается от меню обедов, поскольку может включать в себя разнообразие горячих первых и вторых блюд. (https://fb.ru/article/126589/chem-otlichaetsya-menyu-biznes-lanchey-ot-obyichnyih-obedov)

БИ́ЗНЕС-ЛЕ́ДИ *nf, indecl, prof.* business lady

Современные **бизнес-леди** торгуют кремами, лосьонами и духами через инстаграм, так как открыть интернет-магазин косметики для них кажется сложным делом. (https://www.business.ru/, 2019)

БИЗНЕСМЕ́Н *nm, bsn, prof.* businessman

Российские **бизнесмены** намереваются нарастить присутствие на африканском рынке. (https://kuban.mk.ru/economics/2019/10/20/rossiyskie-biznesmeny-sobirayutsya-zakhodit-na-afrikanskiy-rynok-cherez-itsferu.html, 2019). **Бизнесменский** (*adj*).

БИ́ЗНЕС-МЕ́НЕДЖЕР *nm, prof.* business manager

В июне 2019 года главный **бизнес-менеджер** Uber Брукс Энтвистл заявил, что компания ведет переговоры с правительством штата Лагоса о создании лодочного такси UberBoats для уменьшения пробок на дорогах в городе. (https://regnum.ru/news/economy/2746936.html, 2019)

БИ́ЗНЕС-МЕ́НЕДЖМЕНТ *nm, bsn.* business management

Управление бизнесом или **бизнес-менеджмент** – это целая наука, которой посвящено множество исследовательских статей. (https://www.business.ru/article/1643-biznes-biznes, 2019)

БИ́ЗНЕС-МОДЕ́ЛЬ *nf, bsn.* business model

Бизнес-модель – это логическая структура, необходимая для органичного построения бизнеса. (https://www.business.ru/article/1643-biznes-biznes-model, 2019)

БИ́ЗНЕС-ПЛАН *nm, bsn.* business plan

Два дня занятий подразумевают комплексную подготовку, включающую в себя решение бизнес-кейсов по маркетингу и продажам, разработку

бизнес-плана. (https://tumen.mk.ru/economics/2019/10/14/predprinimatelipraktiki-pomogut-tyumencam-otkryt-biznes.html, 2019)

БИ́ЗНЕС-ПЛАНИ́РОВАНИЕ *nn, bsn.* business planning

Среди тем – управление финансами, продажами и бизнес-процессами, маркетинг, **бизнес-планирование**, налоги, меры господдержки, привлечение инвестиций, экспорт. (https://www.gazeta.ru/business/2019/12/06/12831464.shtml, 2019)

БИ́ЗНЕС-ПРОФА́ЙЛИНГ *nm, bsn.* business profiling

Бизнес-профайлинг – это современная модель ведения деловых переговоров, в которых участие принимают не только партнерские стороны, но и третье лицо – профайлер. (https://fb.ru/article/210921/profayler---chto-eto-takoe-kak-stat-profaylerom)

БИ́ЗНЕС-РИСК *nm, bsn.* business risk

Благодаря некоторой стабилизации валютных курсов и явного замедления инфляции в России отойдут на второй план в 2020 году и некоторые волновавшие **бизнес риски**. (https://rg.ru/2020/01/05/nazvany-perspektivy-malogo-biznesa-v-rossii-v-blizhajshie-dva-goda.html, 2020)

БИ́ЗНЕС-СТРАТЕ́ГИЯ *nf, bsn.* business strategy

Речь идет о непредсказуемости регулирования экономики и правил ведения бизнеса, это часто препятствует выстраиванию долгосрочной **бизнес-стратегии**. (https://www.rbc.ru/business/19/10/2019/5da989df9a79478b3c9c5eb7, 2019)

БИ́ЗНЕС-ШКО́ЛА *nf, ed.* business school

Популярность программ MBA в американских **бизнес-школах** в последние годы снижается – дает о себе знать распространение онлайн-курсов. (https://www.forbes.ru/biznes-photogallery/384079-gde-uchitsya-amerikanskaya-biznes-elita-reyting-luchshih-programm-mba-v, 2019)

БИ́ЗНЕС-ЭЛИ́ТА *nf, bsn.* business elite

Поэтому для **бизнес-элиты** Соединенных Штатов, прежде всего для транснациональных корпораций, украинские олигархи являются серьезным препятствием на пути передела собственности. (https://riafan.ru/1220532-ukrainskikh-oligarkhov-istrebyat-transnacionalnye-korporacii, 2019)

БИ́ЗНЕС-Э́ТИКА *nf, bsn.* business ethics

Бизнес-этика затрагивает различные отношения внутри одного коллектива, между руководителями разного ранга, а также между директорами фирм и компаний. (https://fb.ru/article/38835/etika-biznesa-glavnyie-usloviya-i-printsipyi)

БИКИ́НИ *nn, indecl, cloth.* bikini

Брюнетка позировала в соблазнительном **бикини**. (https://www.cosmo.ru/stars/news/19-10-2019/kortni-kardashyan-sostavila-monohromnyy-obraz-iz-poluprozrachnogo-korseta-i-bryuk/, 2019)

БИКИ́НИ-ДИЗА́ЙН *nm, cosm.* bikini design

Бикини-дизайн, интимные стрижки, начал свое активное развитие в Европе примерно в 60-е годы 20 века, когда происходила сексуальная революция. (https://fb.ru/article/3647/bikini-dizayn-intimnyie-strijki)

БИКИ́НИ-ШО́У *nn, indecl, ent.* bikini show

Отметив день рождения мамы в Испании, Калашникова не обошла стороной местные пляжи, устроив там настоящее **бикини-шоу**. (https://www.kp.ru/daily/26898/3943200/, 2017)

БИКУЛЬТУРАЛИ́ЗМ *nm, cult.* biculturalism

Новая Зеландия – единственная из стран традиционной иммиграции, где принципом государственной политики был провозглашен **бикультурализм**. (https://polit.ru/article/2009/07/14/semenenko/,2009). **Бикультуральный** (*adj*).

БИЛАТЕРАЛИ́ЗМ *nm, pol.* bilateralism

Билатерализм – организация международных торгово-экономических отношений

на основе прямых двусторонних соглашений, заключаемых непо средственно между двумя странами. (https://dik.academic.ru/dic.nsf/ruwiki/1747919). **Билатеральный** (*adj*).

БИЛБО́РД *nm, ad.* billboard

Краснодарские предприниматели пригласили Маска на бизнес-форум "Дело за малым!" через **билборд**, заказанный и размещенный в Калифорнии. (https://ria.ru/20191019/1559960552.html, 2019)

БИ́ЛДЕРИНГ *nm, sport.* buildering

Билдеринг – разновидность спортивного экстремального направления, при котором участники совершают восхождение на внешнюю сторону зданий и

другие городские конструкции. (https://dic.academic.ru/dic.nsf/ruwiki/295746)

БИЛИ́НГВ *nm, soc.* bilingual

Билингвы – это люди, одинаково владеющие двумя языками. (https://fb.ru/article/276886/bilingvyi---eto-kto-takie-kak-stat-chelovekom-vladeyuschim-v-sovershenstve-dvumya-yazyikami). **Билингвальный** (*adj*).

БИЛИНГВИ́ЗМ *nm, soc.* bilingualism

Выделяют три основные стратегии в изучении **билингвизма**. (https://fb.ru/article/276886/bilingvyi---eto-kto-takie-kak-stat-chelovekom-vladeyuschim-v-sovershenstve-dvumya-yazyikami). **Билингвистический** (*adj*).

БИ́ЛЛИНГ *nm, fin.* billing

Биллинг собирает информацию об использовании телекоммуникационных услуг, их тарификации, отвечает за выставление счетов абонентам и обработку платежей. (https://habr.com/ru/company/beeline/blog/162175/, 2019). **Биллинговый** (*adj*).

БИ́НГО *nn, indecl, game.* bingo

Игра "**Бинго**" относится к числу лотерейных игр, которые распространились по всей Европе в 16 веке. (https://fb.ru/article/244995/bingo---chto-takoe-eto-populyarnaya-azartnaya-igra-i-chto-to-bolshee)

БИНДЖВО́ТЧИНГ *nm, soc.* binge watching

Бинджвотчинг – происходит от английских слов "запой" (binge) и "смотреть" (watch), означает просмотр нескольких эпизодов сериала или программ подряд без перерыва. (https://www.adme.ru/svoboda-kultura/14-novyh-slov-kotorye-slyshali-vse-no-nikto-tochno-ne-znaet-chto-oni-oznachayut-1767965/)

БИОГЕ́ЛЬ *nm, cosm.* bio-gel

Одним из последних изобретенных способов обработки ногтей является **биогель**. (https://fb.ru/article/154214/biogel-chto-eto-takoe-instruktsiya-po-naneseniyu-i-snyatiyu)

БИОГЕОГРА́ФИЯ *nf, sci.* biogeography

Биогеография – наука о закономерностях распределения живых организмов и их сообществ по земному шару и причинах этого распределения. (https://studopedia.ru/20_101_mesto-biogeografii-v-sisteme-nauk-istoriya-razvitiya-biogeografii.html). **Биогеографический** (*adj*).

БИОДЕТЕРМИНИ́ЗМ *nm, sci.* biodeterminism

Биодетерминизм (биологический детерминизм) – принцип рассмотрения явлений, согласно которому определяющими для характеристик человека считаются биологические природные факторы. (http://a-z-gender.net/biodeterminizm.html)

БИОДЕТЕРМИНИ́СТ *nm, prof.* biodeterminist

Биодетерминисты придают полу привилегированную значимость. По их мнению, именно биологический пол не просто определяет человека как мужчину или женщину, но и формирует его/ее гендерный образ. (http://a-z-gender.net/biodeterminizm.html)

БИОИНДИКА́ТОР *nm, bio.* bioindicator

Биоиндикатор – это живой организм, а возможно и целый вид или сообщество, которые живут в определенной экологической системе и могут служить отражением ее состояния. (https://fb.ru/article/446034/bioindikator---eto-chto-opredelenie-vidyi-i-tipyi-bioindikatorov). **Биоиндикаторный** (*adj*).

БИОИНФОРМА́ТИКА *nf, sci.* bioinformatics

С помощью автокодировщика российские математики и **биоинформатики** впервые разложили сигнал на две составляющие. (https://www.popmech.ru/science/news-529864-neyroseti-nauchilis-predskazyvat-povedenie-genov-borba-s-rakom/, 2019). **Биоинформационный** (*adj*).

БИОКИБЕРНЕ́ТИКА *nf, cyber.* biocybernetics

Региональный открытый фестиваль робототехники и **биокибернетики** “Киберфест” проходит ежегодно. (https://stav.aif.ru/society/science/detey_i_podrostkov_priglashayut_na_kiberfest_2018_v_pyatigorske, 2018). **Биокибернетический** (*adj*).

БИОКОМПЬЮ́ТЕР *nm, comp.* biocomputer

Мозг – это сложнейший **биокомпьютер**, в котором преобладают информационные, а не физиологические процессы. (https://vm.ru/science/317600-sozdan-pribor-kotoryj-smozhet-upravlyat-nashimi-zhelaniyami, 2019)

БИОКОНВЕ́РСИЯ *nf, bio.* bioconversion

Наноучастки искусственной кожи разных размеров лаборатория **биоконверсии**

производит уже серийно. (https://regnum.ru/news/2498480.html, 2019). **Биоконверсионный** (*adj*).

БИОЛИ́ФТИНГ *nm, cosm.* biolifting

Биолифтинг – это уникальная процедура омоложения с помощью микротока. (https://vm.ru/stars/654482-tina-kandelaki-dala-pyat-sovetov-tem-kto-hochet-pohudet, 2019)

БИО́М *nm, bio.* biome

Разработчики планируют изменить три **биома** (территория со своим уникальным климатом): бесплодные земли, горы и болота. (https://regnum.ru/news/2723715.html, 2019). **Биомный** (*adj*).

БИОМА́РКЕР *nm, bio.* biomarker

Антивозрастная медицина – системный подход по улучшению функций организма и замедлению старения на основе индивидуальных **биомаркеров**. (https://snob.ru/entry/183344/, 2019)

БИОМА́ССА *nf, bio.* biomass

Пищевые отходы, то есть **биомассу**, тоже стараются отделить и пустить на производство удобрений. (https://rg.ru/2019/10/21/kak-musoroszhigatelnyj-zavod-stal-dostoprimechatelnostiu-veny.html, 2019)

БИОМЕ́ТРИКА *nf, tech.* biometrics

Сейчас использование **биометрики** при оплате покупок запрещено российским законодательством, но Ростелеком надеется, что запрет будет отменен уже этой осенью. (https://www.popmech.ru/gadgets/news-504352-rossiyane-budut-torgovat-licom/, 2019). **Биометрический** (*adj*).

БИОМЕ́ТРИЯ *nf, tech.* biometry

Сейчас крупные игроки рынка стали предлагать многофакторную аутентификацию с помощью специальных приложений, использующих коды или **биометрию**. (https://tass.ru/obschestvo/7001881, 2019). **Биометрический** (*adj*).

БИО́НИКА *nf, sci.* bionics

Бионика – модное направление, которое включает в себя целый ряд систем, соединяющих технические устройства с живыми организмами. (https://www.kommersant.ru/doc/4125463, 2019). **Бионический** (*adj*).

БИОПРИ́НТЕР *nm, tech.* bioprinter

Впервые в истории человечества на российском **биопринтере** в условиях микрогравитации произведено мясо без использования природных ресурсов. (https://echo.msk.ru/programs/medinfo/2521491-echo/, 2019)

БИОПРИ́НТИНГ *nm, tech.* bioprinting

Для производства килограмма обычной говядины нужны 10–15 тысяч литров воды, для **биопринтинга** мяса воды нужно гораздо меньше. (https://echo.msk.ru/programs/medinfo/2521491-echo/, 2019)

БИОРЕВИТАЛИЗА́ЦИЯ *nf, cosm.* biorevitalization

Биоревитализация лица представляет собой процедуру, которая заключается в выполнении инъекций гиалуроновой кислоты. (https://superkosmetolog.ru/ukolykrasoty/biorevitalizaciya-lica.html). **Биоревитализационный** (*adj*).

БИОРЕГУЛЯ́ТОР *nm, bio.* bioregulator

Они разработали и предложили рынку лекарственные композиции на основе пептидных **биорегуляторов**, а также промышленную технологию их производства. (https://www.cosmo.ru/health/news/13-05-2019/na-strazhe-zdorovya-rossiyan-kompaniya-citomed-otmechaet-30-letie/, 2019). **Биорегуляторный** (*adj*).

БИОРЕГУЛЯ́ЦИЯ *nf, med.* bioregulation

Сотрудничество с Санкт-Петербургским институтом **биорегуляции** и геронтологии очень продуктивно для нашего мединститута. (https://regnum.ru/news/2705370.html, 2019). **Биорегуляционный** (*adj*).

БИОРИ́ТМ *nm, med.* biorhythm

Быстрое старение свойственно людям с нарушением **биоритма** – цикла "день-ночь". (https://vm.ru/science/767710-nazvany-professii-kotorye-privodyat-k-prezhdevremennomu-stareniyu, 2019). **Биоритмический** (*adj*).

БИОРО́БОТ *nm, bio.* biorobot

Биоробот никогда не задумается о смысле жизни и не станет его искать. (https://www.gazeta.ru/comments/column/novoprudsky/12891782.shtml, 2020)

БИОСЕ́НСОР *nm, med.* biosensor

Ученые создали для диабетиков **биосенсор**, который измеряет частоту сердечных сокращений и, как оказалось, может информировать о самом начале опасного процесса. (https://www.kommersant.ru/doc/4089709, 2019). **Биосенсорный** (*adj*).

БИОСТАТИ́СТИКА *nf, misc.* biostatistics

Основные направления работы сотрудников – **биостатистика**, разработка, контроль качества, администрация, финансы. (https://hightech.fm/2019/08/08/data-matrix, 2019). **Биостатистический** (*adj*).

БИОСТИМУЛЯ́ЦИЯ *nf, med.* biostimulation

Программа включает в себя занятия в тренажерном зале, массаж, **биостимуляцию**. (https://tass.ru/sport/6950222, 2019). **Биостимуляционный** (*adj*). **Биостимулировать** (*v*).

БИОТЕЛЕМЕ́ТРИЯ *nf, med.* biotelemetry

Система **биотелеметрии** передавала на Землю электрокардиограмму и данные о частоте дыхания, пульсе, кровяном давлении. (https://nasledie.pravda.ru/48742-lajka/, 2019). **Биотелеметрический** (*adj*).

БИОТЕРАПИ́Я *nf, med.* biotherapy

Биотерапия – это лечение злокачественных новообразований за счет активации работы защитных систем организма, то есть рост метастазов должен быть остановлен самим иммунитетом. (https://plus.rbc.ru/news/5df6c02e7a8aa9a10cc9309e, 2019). **Биотерапевтический** (*adj*).

БИОТЕРМИНА́Л *nm, tech.* bio (*biometric*) terminal

Для этого покупателям необходимо будет предварительно пройти регистрацию прямо в одном из магазинов, располагающих соответствующим оборудованием – **биотерминалом**. (https://polit.ru/news/2019/10/18/digital_min/, 2019)

БИОТЕРРОРИ́ЗМ *nm, misc.* bioterrorism

Министр обороны Индии также добавил, что специалистам в области военной медицины необходимо совместно разработать методы противостояния **биотерроризму**. (https://regnum.ru/news/polit/2719089.html, 2019). **Биотеррористический** (*adj*).

БИОТЕРРОРИ́СТ *nm, misc.* bioterrorist

Также есть риск, что новые технологии могут попасть в руки **биотеррористов**. (https://regnum.ru/news/polit/2719089.html, 2019). **Биотеррористический** (*adj*).

БИОТЕХНОЛО́ГИЯ *nf, tech.* biotechnology

Нынешний уровень **биотехнологий** пока не позволяет выращивать органы с полноценным функционалом – органы-запчасти, пригодные для пересадки. (https://infopro54.ru/news/takoj-malenkij-a-uzhe-mozg/, 2019). **Биотехнологический** (*adj*).

БИОТЕ́Х-СТАРТА́П *nm, bsn.* biotech start-up

Однако тренд лишь набирает силу, и наблюдатели констатируют, что пока у большинства **биотех-стартапов** нет прочной доказательной базы. (https://hightech.plus/2019/03/25/bioteh-startapi-vosstanavlivayut-pozicii-posle-kraha-theranos, 2019)

БИОТУАЛЕ́Т *nm, misc.* bio-toilet

В вагонах поддерживается оптимальный микроклимат, есть розетки для подзарядки мобильных устройств, специальные площадки для размещения крупногабаритного багажа и **биотуалеты**. (https://tass.ru/ural-news/7016135, 2019)

БИОХА́КЕР *nm, med.* biohacker

Биохакеры с удовольствием тестируют на себе всевозможные новые методы, которые позволили продлить жизнь лабораторным животным. (https://www.kommersant.ru/doc/4120237, 2019)

БИОХА́КИНГ *nm, med.* biohacking

Последнее время о **биохакинге** говорят очень много – есть и адепты этого направления, и его противники. (https://thecity.m24.ru/articles/1532, 2020)

БИОЦИ́Д *nm, bio.* biocide

Биоцид не представляет опасности для человека, однако может повлиять на индекс токсичности. (https://riafan.ru/1192702-roskachestvo-obnaruzhilo-toksichnye-zhenskie-sportivnye-futbolki, 2019)

БИОЧИ́П *nm, tech.* biochip

Федеральный научный центр вирусологии “Вектор”, который разрабатывает многопрофильные иммунодиагностические системы на основе **биочипов**. (https://www.kommersant.ru/doc/4096467, 2019)

БИОЭКВАЙРИНГ *nm, tech.* bioacquiring

Ростелеком намерен в октябре этого года представить систему **биоэквайринга**, позволяющую распознавать лицо покупателя и использовать эту информацию для безналичной оплаты покупок с банковского счета. (https://www.popmech.ru/gadgets/news-504352-rossiyane-budut-torgovat-licom/, 2019)

БИОЭ́ТИКА *nf, law.* bioethics

Суррогатное материнство во Франции запрещено законом о **биоэтике** с 1994 года. (https://rg.ru/2019/10/10/razreshat-li-vo-francii-surrogatnoe-materinstvo.html, 2019). **Биоэтический** (*adj*).

БИ́ПЕР *nm, tech.* beeper

Вы буквально врываетесь к стойке, делаете свой заказ, и через пару минут **бипер**

сообщает вам о том, что напиток готов. (https://161.ru/text/food./66105598/, 2019)

БИПЛА́Н *nm, avia.* biplane

По-2 – это всем известный “кукурузник”, **биплан**, один из самых массовых самолетов в мире. (https://ria.ru/20191021/1560017244.html, 2019). **Биплановый** (*adj*).

БИПОЛЯ́РНОСТЬ *nf, misc.* bipolarity

Современный мир отошел от **биполярности**, став многополярным в результате экономических и политических событий. (https://inosmi.ru/politic/20190920/245860713.html, 2019). **Биполярный** (*adj*).

БИРПО́НГ *nm, game.* beer pong

Участники пробуют по 20 разных сортов пива, играют в **бирпонг** и обязательно скидываются и покупают редкое дорогое пиво за 1000-2000 рублей. (https://momenty.org/city/1864, 2019)

БИСЕКСУА́Л *nm, sex.* bisexual

Треть жителей считает, что в Латвии широко распространена дискриминация геев, **бисексуалов** и лесбиянок. (https://regnum.ru/news/2753635.html, 2019). **Бисексуальный** (*adj*).

БИСЕКСУА́ЛЬНОСТЬ *nf, sex.* bisexuality

Они с Фредди встречались около семи лет и даже были помолвлены. Певец долгое время пытался отрицать свою **бисексуальность**. (https://mir24.tv/articles/16375609/freddi-merkyuri, 2019). **Бисексуальный** (*adj*).

БИСКВИ́Т *nm, food.* biscuit

На десерт гостей ждут тающий во рту бархатный тыквенный мусс и пряный **бисквит**. (https://style.rbc.ru/impressions/5da765ed9a7947493d57503f, 2019). **Бисквитный** (*adj*).

БИТ *nm, comp.* bit (*binary digit*)

Бит – это единица измерения объема информации. (https://fb.ru/article/150860/bit---eto-edinitsa-informatsii). **Битовый** (*adj*).

БИТБО́КС *nm, music.* beatbox

Первая участница исполнила “Лучший город Земли” Муслима Магомаева, успев во время номера поиграть на пианино, продемонстрировать **битбокс** и станцевать рок-н-ролл. (https://www.gazeta.ru/culture/2019/12/13/a_12864242.shtml, 2019)

БИТБО́КСЕР *nm, music.* beatboxer

Ведущим презентации выступил харизматичный Иван Траоре – телеведущий, **битбоксер**, спортсмен, который создал по-настоящему праздничную атмосферу. (https://www.goodhouse.ru/health/ne-propusti_2/alla-dovlatova-i-mariya-butyrskaya-prodemonstrirovali-otlichnuyu-sportivnuyu-podgotovku/, 2019)

БИТБО́КСИНГ *nm, music.* beatboxing

В программе обучения есть даже **битбоксинг** и даббинг – мастерство дубляжа. (https://www.5-tv.ru/news/233510/maksim-leonidov-obezdarnostah-vsoubiznese-tvorcestve-isvoih-tatuirovkah/, 2019)

БИТКО́ИН *nm, fin.* bitcoin

Важно отметить, что альткоины начали возвращать себе потери относительно **биткоина** после месяцев нисходящего тренда. (https://www.rbc.ru/crypto/news/5d9dfddd9a794748f970ed45, 2019). **Биткоиновый** (*adj*).

БИТ-МУ́ЗЫКА *nf, music.* beat music

Группа “Високосный Год” была создана в конце 1980-х в подмосковном городе Фрязино, исполняла душевные и мелодичные хиты, с элементами **бит-музыки** и неоромантики. (https://rg.ru/2019/06/27/solist-visokosnogo-goda-skonchalsia-iz-za-ostanovki-serdca.html, 2019)

БИ́ТНИК *nm, music.* beatnik

Вопль – история **битников** 1950-х, которые отрицали общественные нормы и не подчинялись установленным правилам. (https://www.adme.ru/svoboda-kultura/30-knig-za-chtenie-kotoryh-v-nedavnem-proshlom-vy-mogli-by-poplatitsya-svobodoj-2178515/)

БИТРЕ́ЙТ *nm, comp.* bitrate

Битрейт – это величина, которая отображает количество единиц информации, вмещенных в одну секунду воспроизведения файла. (https://fb.ru/article/146622/chto-takoe-bitreytyi-kak-oni-vliyayut-na-kachestvo-muzyiki-i-video)

БИ́ТТЕР *nm, bev.* bitters

Для любителей благородной классики, в авторском прочтении с акцентом на ягоды: на мальбеке с добавлением черешневого бурбона и **биттера** из вишни. (https://www.elle.ru/stil-zhizni/events/glavnye-sobytiya-v-moskve-s-9-po-15-sentyabrya-id6837089/, 2019)

БИТТО́РРЕНТ-ТРЕ́КЕР *nm, int.* BitTorrent tracker

Это означает, что уже через несколько недель самый крупный российский
битторрент-трекер может быть заблокирован навсегда. (https://habr.com/ru/post/385247/, 2019)

БИФБУ́РГЕР *nm, food.* beef burger

Среди самых странных сочетаний еды пользователи сети назвали **бифбургер** с арахисовым маслом и ванильное мороженое с бальзамическим соусом. (https://dni24.com/exclusive/125987-nazvany-samye-strannye-sochetaniya-vkusnoy-edy.html, 2017)

БИХЕВИОРИ́ЗМ *nm, psych.* behaviorism

Джон Уотсон был основателем **бихевиоризма** и считал, что поведение человека состоит из рефлексов и им можно управлять, как и поведением животных, используя стимулы. (https://naukatv.ru/articles/633). **Бихевиористический** (*adj*).

БИХЕВИОРИ́СТ *nm, psych.* behaviorist

Технологическая революция увеличивает спрос на гуманитарные профессии – для создания "естественных" и легких интерфейсов, для понимания клиента нам нужно все больше психологов, художников, **бихевиористов**, антропологов. (https://www.kommersant.ru/doc/4053688, 2019). **Бихевиористский** (*adj*).

БИЧ-ВО́ЛЕЙ *nm, sport.* beach volley (volleyball)

В Москве начался этап Мирового тура по **бич-волею**. (https://rg.ru/2019/08/15/reg-cfo/v-moskve-nachalsia-etap-mirovogo-tura-po-bich-voleiu.html, 2019)

БИ-ЭМ-Э́КС *nm, sport.* BMX

Больше всех участников собрал **Би-Эм-Экс** – дисциплина, недавно включенная в олимпийскую программу. (https://ru.publika.md/v-kitayskom-chyendu-zavershilsya-chempionat-mira-po-gorodskomu-velosportu_2140312.html, 2017)

БЛАДХА́УНД *nm, anim.* bloodhound

Бладхаунды не переносят чрезмерную диктатуру со стороны хозяина. (https://sm-news.ru/bladxaund-monastyrskaya-sobaka-iz-belgii-56246/, 2019)

БЛАСТ-БИ́Т *nm, music.* blast beat

Бласт-бит – приём игры у барабанщиков, характерный в первую очередь для блэк-метала, дэт-метала, грайндкора, трэш-метала, дэткора и подобных им направлений музыки в меньшей степени. (https://ru.wikipedia.org/wiki)

БЛЕ́ЙЗЕР *nm, cloth.* blazer

В этой подборке можно узнать, как миксовать цвета и узоры, создавать многослойные сочетания и приручить двубортный **блейзер**. (https://style.rbc.ru/items/5d95a44d9a79477755a872b2, 2019)

БЛЕ́НДЕР *nm, tech.* blender

Стационарный **блендер** идеален для любителей смузи, коктейлей и супов-пюре. (https://lifehacker.ru/kak-vybrat-blender/, 2019). **Блендерный** (*adj*).

БЛЕФ *nm, misc.* bluff

Игорь Валерьевич Коломойский – человек-**блеф**, исполнитель, умудряющийся превращать публичные конфликты в миллиарды долларов. (https://www.mk.ru/politics/2020/01/03/bitva-ukrainskikh-oligarkhov-gruppovoy-portret-na-fone-zelenskogo.html, 2020). **Блефовый** (*adj*). **Блефовать** (*v*).

БЛИ́СТЕР *nm, misc.* blister (*plastic packaging*)

Блистер – это современный вид упаковки, который обеспечивает хорошую видимость продукта. (https://fb.ru/article/243099/blister---chto-eto-takoe-preimuschestva-i-proizvodstvo-blisternoy-upakovki). **Блистерный** (*adj*).

БЛОГ *nm, int.* blog

Ксения разместила в **блоге** очень милое видео с мамой. (https://www.kp.ru/daily/27074.1/4146489/, 2020). **Блоговый** (*adj*).

БЛО́ГЕР *nm, int.* blogger

Челябинская **блогер** Наталья Краснова снялась в клипе Алексея Воробьева на песню "Пляшем я и Маша". (https://chel.mk.ru/social/2020/01/05/bloger-natalya-krasnova-snyalas-v-klipe-pevca-alekseya-vorobeva.html, 2020). **Блогерный** (*adj*).

БЛО́ГИНГ *nm, int.* blogging

Форум посетили успешные дамы из самых разных сфер деятельности: от менеджмента и дизайна до **блогинга** и PR. (http://www.woman.ru/stars/events/article/234564/, 2019)

БЛОГОСФЕ́РА *nf, int.* blogosphere

Юрий Дудь уже несколько лет является одним из лидеров отечественной **блогосферы**. (https://sm-news.ru/10-lyudej-kotorye-udivili-v-2019-godu-49987/, 2020)

БЛОГ-ПЛАТФО́РМА *nf, int.* blog platform

Представителю ООН пришлось публиковать свою статью на **блог-платформе**

Medium. (https://russian.rt.com/world/article/677747-assanzh-pytki-zapad-ignoriruet, 2019)

БЛОГ-ХО́СТИНГ *nm, int.* blog hosting

"Я.ру" был одним из крупнейших **блог-хостингов** наряду с LiveJournal. (https://www.kommersant.ru/doc/3915253, 2019)

БЛОКБА́СТЕР *nm, media.* blockbuster

Новый фантастический **блокбастер** Федора Бондарчука "Вторжение" – в числе лидеров кинопроката. (https://www.vesti.ru/doc.html?id=3226815, 2020). **Блокбастерный** (*adj*).

БЛОК-СХЕ́МА *nf, tech.* block scheme

Бессерверные вычисления, основанные на функциях и системы, основанные на **блок-схемах**, серьезно продвинулись за последний год. (https://xakep.ru/2019/10/15/serverless-computing/, 2019)

БЛОКЧЕ́ЙН *nm, fin.* blockchain

Цепочка Bitcoin Cash отделилась от основного **блокчейна** биткоина в августе 2017 года. (https://2bitcoins.ru/u-bitcoin-cash-bolshie-problemy/, 2019)

БЛОКЧЕ́ЙН-ПЛАТФО́РМА *nf, fin.* blockchain platform

В качестве примера Песков привел **блокчейн-платформу** TON. (https://tass.ru/ekonomika/7028032, 2019)

БЛОКЧЕ́ЙН-ПРОЕ́КТ *nm, fin.* blockchain project

Основной фокус компании сегодня – строительство цифровых индустриальных парков, **блокчейн-проекты** и решения в области спутникового интернета. (https://hightech.plus/2019/10/22/rossiya-i-kitai-sozdadut-sovmestnuyu-platformu-dlya-obmena-it-praktikami, 2019)

БЛОКШО́Т *nm, hockey, baskt.* block shot (blocked shot)

Защитник Иван Проворов провел на льду 23 минуты и 15 секунд, при этом записав на свой счет два броска по воротам, столько же **блокшотов** и штрафных минут. (https://www.gazeta.ru/sport/news/2019/10/16/n_13583324.html, 2019)

БЛО́ТТЕР *nm, cosm.* blotter

Блоттер – это специальная бумажная полосочка-тестер, которая используется в парфюмерном магазине для ознакомления с запахами духов. (http://www.bolshoyvopros.ru/questions/43413-chto-takoe-blotter-i-dlja-chego-on.html, 2019)

БЛЭКДЖЕК, ***БЛЕК-ДЖЕ́К** *nm, game.* blackjack

Блэкджек – это, пожалуй, одна из популярнейших игр в мире карт. (https://fb.ru/article/122657/igryi-kazino-pravila-blekdjeka, 2019)

БЛЭК-МЕТА́Л *nm, music.* black metal

Они уже не первый год экспериментируют с искусственной музыкой: в 2017 году Зуковски и Карр опубликовали статью о генерации мат-рока и **блэк-метала**

посредством нейросети. (https://naked-science.ru/article/hi-tech/nejroset-obuchennaya-na-det-metale-poet-ob-unichtozhenii-lyudej, 2019)

БЛЮ́ГРАСС *nm, music.* bluegrass

Творчество коллектива во главе с вокалисткой Sweet Megg (настоящее имя Меган Фаррек) передает звучание настоящего нью-йоркского джаза 1920-х годов с примесью **блюграсса** и западного свинга. (https://tula.mk.ru/culture/2019/10/19/tulyakov-zhdet-dzhazovaya-provinciya-i-dzhemseyshn.html, 2019)

БЛЮЗ *nm, music.* blues

Блюз – это направление в музыке, которое возникло ещё в 19 веке. (https://fb.ru/article/168433/chto-takoe-blyuz-muzyikalnyie-stili-muzyika-blyuz). **Блюзовый** (*adj*).

БЛЮЗМЕ́Н *nm, music.* bluesman

Блюзмен пел о том, что составляло жизнь большинства афроамериканцев США: бедность и одиночество, тяжелый труд и бродяжничество, любовь и тоска по дому, тюремное заключение и надежда на избавление от тягот неприкаянного существования. (https://fb.ru/article/168433/chto-takoe-blyuz-muzyikalnyie-stili-muzyika-blyuz)

БЛЮЗ-РО́К *nm, music.* blues-rock

Открыла фестивальный марафон группа "Круиз", представив поклонникам микс хард-рока, новой волны, **блюз-рока** и арт-рока. (http://pravda-kmv.ru/i-imya-emu-rok-ot-gor/, 2019)

БЛЮ-ПО́ЙНТ *nm, anim.* blue point (*cat*)

Мальчиком-с-пальчик кошачьего мира признан гималайско-персидский **блю-пойнт** Тинкер Той. (https://mir24.tv/news/16261446, 2018).

БЛЮТУ́З *nm, tech.* bluetooth

Система воспринимает **блютуз**, заряжается посредством встроенного в голову USB-устройства и предназначена для дальтоников. (https://aif.ru/society/science/sverhcheloveki_sredi_nas_lyudi-kiborgi_budut_sostoyat_iz_protezov_i_chipov, 2019)

БЛЮ-ЧИ́ПС *nm, fin.* blue chips

Блю-чипс – ценные бумаги надежных крупных компаний в США, назв аны так в соответствии с цветом самой дорогой фишки в карточной иг ре в покер. (https://dic.academic.ru/dic.nsf/business/)

БОБ *nm, sport.* bob (*bobsled*)

Для проведения соревнований по бобслею необходимы три вещи: экипаж, **боб** и трасса. (http://rusbob.ru/bobsley/)

БОБСЛЕ́Й *nm, sport.* bobsleigh (*bobsled*)

Для проведения соревнований по **бобслею** необходимы три вещи: экипаж, боб и трасса. (http://rusbob.ru/bobsley/). **Бобслейный** (*adj*).

БОБТЕ́ЙЛ *nm, anim.* bobtail

Изумительные это кошки – курильский **бобтейл**. Характер добрый, интеллект высокий, здоровье отменное. (https://fb.ru/article/135000/koshki-kurilskiy-bobteyl-harakter-osobennosti-porodyi-eksterer-foto)

БО́ДИ *nn, indecl, cloth.* body (*bodysuit*)

Светлана Лобода всегда отличался яркими нарядами. Но здесь случился модный перебор: блестящее **боди**, накидка, оборки – очень много всего. (https://sm-news.ru/bez-ogonka-samye-bezvkusnye-novogodnie-naryady-zvezd-43360/, 2020)

БО́ДИ-А́РТ *nm, art.* body art

Боди-арт – это искусство рисунка на теле, с помощью которого человека можно превратить в кого угодно. (https://fishki.net/tag/bodi-art/, 2019)

БОДИБИ́ЛДЕР *nm, sport.* bodybuilder

Кай Грин считается наиболее артистичным **бодибилдером** всех времен. (https://builderbody.ru/kaj-grin/)

БОДИБИ́ЛДИНГ *nm, sport.* bodybuilding

Николь 35 лет, она всегда поддерживала себя в отличной форме, а несколько лет назад занялась **бодибилдингом** и даже получала призовые места на соревнованиях. (https://www.championat.com/hockey/article-3910843-zhena-ili-kovalchuka-snjalas-dlja-oblozhki-modnogo-muzhskogo-zhurnala-foto.html, 2019)

БОДИБО́РД *nm, surf.* bodyboard

Бодиборд родился из самой древней формы серфинга – привычки ездить на доске, лежа на животе. (https://surf-spot.ru/boogie-board/)

БОДИБО́РДИНГ *nm, surf.* bodyboarding

Бодибординг – это культовый спорт, ведь его история началась еще с древних времен. (https://surf-spot.ru/boogie-board/)

БОДИЛИ́ФТ *nm, auto.* body lift (*car*)

Бодилифт – это поднятие кузова автомобиля над рамой. (https://www.drive2.ru/l/3373229/, 2019)

БОДИМОДИФИКА́ЦИЯ *nf, cosm.* body modification

Бодимодификация бывает разная, и условно делится на несколько типов: шрамирование, импланты, растягивание тоннелей, микродермалы, эльфийские уши. (https://kanobu.ru/pub/254133/, 2011). **Бодимодификационный** (*adj*).

БОДИПЕ́ЙНТЕР *nm, art.* body painter

Бодипейнтеры, то есть художники, рисующие на теле, над каждой картиной трудились по 3-4 часа. (https://mir24.tv/news/14139810/vmesto-odezhdy-kraska-v-tbilisi-proshel-festival-bodi-arta, 2016)

БОДИПОЗИТИ́В *nm, soc.* body positivity

Бодипозитив был создан феминистками, которые договорились заявить миру, что женщина – это не сексуальный объект, а личность. (https://fb.ru/article/356415/bodipozitiv-chto-eto-opredelenie-osobennosti-i-printsipyi). **Бодипозитивный** (*adj*).

БОДИФЛЕ́КС *nm, sport.* bodyflex

При систематическом выполнении **бодифлекс** исчезает ощущение усталости. (https://fb.ru/article/156964/bodifleks---chto-eto-bodifleks---uprajneniya-dlya-pohudeniya)

БОДИШЕ́ЙМИНГ *nm, soc.* body shaming

Бодишейминг – происходит от двух английских слов: "тело" (body) и "стыдить" (shame), что в сочетании означает действия, направленные на унижение человека с помощью насмешливых или критических комментариев о форме его тела или избыточном весе. (https://www.adme.ru/svoboda-kultura/14-novyh-slov-kotorye-slyshali-vse-no-nikto-tochno-ne-znaet-chto-oni-oznachayut-1767965/)

БОЙЕ́НТ *nm, fin.* buoyant

Бойент – ситуация на рынке, когда из-за кризиса или других неблагоприятных условий быстро растут цены. (https://dic.academic.ru/dic.nsf/business/)

БОЙКО́Т *nm, soc.* boycott

Правительство Малайзии пытается предотвратить **бойкот** импорта пальмового масла, к которому призывает Ассоциация производителей масла Индии. (https://regnum.ru/news/2758019.html, 2019). **Бойкотный** (*adj*). **Бойкотировать** (*v*).

БО́ЙЛЕР *nm, tech.* boiler

Бойлер по-другому называют водонагревателем, так как он предназначен для подогрева воды. (https://technosova.ru/klimaticheskaja-tehnika/bojler/vse-o-bojl/, 2018). **Бойлерный** (*adj*).

БОЙСКА́УТ *nm, soc.* boy scout

5 января – Международный день **бойскаутов**. (https://sm-news.ru/deviz-bud-gotov-sovetskie-pionery-vzyali-u-burzhuaznyx-skautov-55924/, 2020). **Бойскаутский** (*adj*).

БО́ЙФРЕНД *nm, soc.* boyfriend

Поклонники Селены Гомес с опасением ожидали реакции певицы на свадьбу ее бывшего **бойфренда** Джастина Бибера и его новой возлюбленной Хейли Болдуин. (https://dni24.com/exclusive/242199-selena-gomes-opublikovala-snjatyj-na-iphone-klip-lose-you-to-love-me.html, 2019)

БОКС *nm, box.* box (*boxing*)

Федерация **бокса** России выиграла право проведения ежегодной конвенции Всемирного боксёрского совета WBC в 2020 году. (http://rusboxing.ru/news/federation-news/27269/, 2019). **Боксировать** (*v*).

БОКС-АЭРО́БИКА *nf, sport.* box aerobics (boxing aerobics)

Бокс-аэробика основана на базе движений, имитирующих движения боксера на ринге или каратиста на татами, связанных в интереснейшие композиции. (https://studfiles.net/preview/1865352/page:14/)

БОКСЁР *nm, sport.* boxer

Что бы я не делал, я всегда буду российским **боксером**. (http://rusboxing.ru/news/federation-news/27262/, 2019). **Боксёрский** (*adj*). **Боксировать** (*v*).

БОКСМО́Д *nm, vaping.* box mod

Боксмод используется как дополнение к электронной сигарете, благодаря ему потребитель может использовать различные клиромайзеры для приятного курения. (https://fb.ru/article/284105/boksmod-chto-eto-takoe-kak-ego-ispolzovat)

БОКС-О́ФИС *nm, media.* box office

На следующей неделе в борьбу за лидерство в американском **бокс-офисе** вступят сразу три большие картины – "Джуманджи: Новый уровень", "Дело Ричарда Джуэлла" и "Черное Рождество". (https://www.gazeta.ru/culture/2019/12/08/a_12854612.shtml, 2019)

БОЛИ́Д *nm, sport.* bolide

Все будет зависеть от того, как сильно мы продвинемся в разработке **болида**. Пилот «Ред Булл» Макс Ферстаппен рассказал о том, что ждет прогресса от команды в 2020 году. (https://www.sports.ru/automoto/1082010317.html, 2020). **Болидный** (*adj*).

БÓЛСТЕР *nm, yoga.* bolster

Болстер представляет собой специальный валик для йоги. (http://www.sobaka.ru/health/health/72576, 2019)

БÓМБА *nf, misc.* bomb

Ранее в Москве показали выставку “Физика и разведка в силовом поле атомного проекта” об истории советской атомной **бомбы**. (https://www.m24.ru/news/gorod/25102019/94703, 2019). **Бомбовый** (*adj*). **Бомбить** (*v*).

БÓМБЕР *nm, cloth.* bomber

Школьники показали бабушкам молодежную одежду – шорты бермуды, легкую короткую куртку **бомбер**, полусапожки ботильоны, кроссовки на платформе сникерсы. (https://www.tumen.kp.ru/online/news/3092068/, 2018)

БÓМБИНГ *nm, graff.* bombing

“**Бомбинг**” – один или несколько цветов, быстрое, грубое нанесение рисунка граффити. (https://vm.ru/culture/755342-vecherka-rasskazala-o-naibolee-interesnyh-stolichnyh-graffiti, 2019)

БÓНД *nm, fin.* bonds

Общий объем спроса на **бонды** составил около 11 млрд рублей. (http://www.finmarket.ru/analytics/5104310, 2019). **Бондовый** (*adj*).

БÓНУС *nm, fin.* bonus

Величина **бонусов** обговаривается для каждого контракта отдельно. (https://economy-ru.info/info/3214/, 2017). **Бонусный** (*adj*).

БÓНУС-КОД *nm, fin.* bonus code

Все грядущие матчи можно увидеть в прямом эфире на официальном сайте 1xБет, воспользовавшись приветственным **бонус-кодом**. (http://tv2.today/News/Andrey-rublev-pobedil-na-tennisnom-turnire-atr-moskva, 2019)

БÓРДЕР-КÓЛЛИ *nf, indecl, anim.* border collie

В США умерла самая умная собака – Чейзер породы **бордер-колли**. (https://www.m24.ru/news/obshchestvo/24102019/94544, 2019)

БÓРДЕР-ТЕРЬÉР *nm, anim.* border terrier

Бордер-терьер – прекрасная охотничья собака, которая может стать хорошим компаньоном. (https://sobaka.wiki/katalog-porod/border-terer/)

БОСС *nm, misc.* boss

По данным Marca, **боссов** испанского клуба не устраивает низкая результативность своих нападающих. (https://www.sport.ru/football/napadayuschiy-yuventusa-mojet-perebratsya-v-sevilyu/article436881/, 2019)

БОСТÓН-ТЕРЬÉР *nm, anim.* Boston terrier

Президент Финляндии Саули Ниинистё и его **бостон-терьер** Ленну ответили на письмо детей из детского сада в местечке Илоярви. (https://ria.ru/20190813/1557453000.html, 2019)

БОТ *nm, comp.* bot (*robot*)

Общение компаний с клиентами скоро будет проходить на 70% через **ботов**. (https://rg.ru/2019/10/27/obshchenie-kompanij-s-klientami-skoro-budet-prohodit-na-70-cherez-botov.html, 2019)

БОТЕ́ЛЬ *nm, tour.* botel

Ботель – это судно, которое служит гостиницей или хостелом. (https://dic.academic.ru/dic.nsf/business/)

БОТНЕ́Т *nm, cybersec.* botnet

Ботнет – это сеть компьютеров, которые управляются хакерами удаленно. (https://habr.com/ru/post/432770/)

БО́ТОКС *nm, drug.* Botox

Гладкий лоб и отсутствие большого количества морщин в верхней зоне лица и вокруг глаз – это результат инъекций **ботокса**. (https://style.rbc.ru/beauty/5da71d6a9a79472aab22c598, 2019)

БО́УЛДЕРИНГ *nm, sport.* bouldering

В программу входили пляжные борьба, каратэ, волейбол 4x4, гандбол, теннис, пляжный футбол, вейкбординг, водные лыжи, кайтсёрфинг, плавание на 5 км, сёрфинг, аквафлон, баскетбол 3x3, **боулдеринг**, скейтбординг. (https://gorod48.ru/news/1885588/, 2019)

БО́УЛЕР *nm, game.* bowler

Самое поразительное то, с какой легкостью джип смахивал встречающиеся на пути столбы, как бывалый **боулер** – кегли с дорожки. (https://rg.ru/2019/10/07/video-dzhip-zaehal-na-betonnyj-otbojnik-i-sbil-s-nego-paru-stolbov.html, 2019)

БО́УЛИНГ *nm, game.* bowling

В течение дня можно будет поиграть в **боулинг**, поездить на лошадях и посетить контактный зоопарк. (https://momenty.org/afisha/6102, 2019). **Боулинговый** (*adj*).

БО́УЛИНГ-КЛУБ *nm, game.* bowling club

В этом районе нет кинотеатров, **боулинг-клубов** или торговых центров. (https://www.sports.ru/tribuna/blogs/mama4h/2557510.html, 2019)

БРАНЧ *nm, food.* brunch

Семейные **бранчи** – это великолепная идея воскресного отдыха. (https://fb.ru/article/125205/branch---chto-eto-za-ponyatie)

БРА́УЗЕР *nm, int.* browser

Двое бывших и один действующий сотрудник соответствующих подразделений Белого дома рассказали изданию, что в их задачи входил просмотр истории в **браузерах** работников. (https://tass.ru/mezhdunarodnaya-panorama/7048376, 2019). **Браузерный** (*adj*).

БРА́УЗИНГ *nm, int.* browsing

Работа с офисными приложениями, интернет **браузинг**, проигрывание медиа контента не вызвало никаких проблем, кроме случая с загрузкой игр с сервисов Xbox. (https://www.kommersant.ru/doc/4019506, 2019)

БРА́УЛЕР *nm, box.* brawler

Слаггер или **браулер** – боксёр, отдающий преимущество дуговым ударам, таким как хук или апперкот, но малоподвижный и не обладающий хорошей техникой защиты. (https://kartaslov.ru/)

БРА́УНИ *nm, indecl, food.* brownie

Брауни в домашних условиях готовить очень просто. (https://fb.ru/article/254682/brauni-chto-takoe-osnovnyie-komponentyi-i-vidyi)

БРЕ́ЙДЕР *nm, prof.* braider (*hair*)

Я профессиональный **брейдер** у меня своя студия афропричесок, так что носить такого вида прически для меня норма. (https://www.izh.kp.ru/daily/27032.5/4095991/, 2019)

БРЕЙКБИ́Т *nm, music.* breakbeat

Британские пионеры **брейкбита** дадут шоу в TeleClub и презентуют уральцам свой новый альбом. (https://momenty.org/afisha/6102, 2019)

БРЕ́ЙК-ДА́НС *nm, dance.* breakdance

В основе брейк-аэробики лежат элементы, характерные для **брейкданса**. (https://studfiles.net/preview/1865352/page:14/)

БРЕЙКДА́НСЕР *nm, dance.* break dancer

Нам уже удалось включить фестиваль ROBC в международный календарь соревнований, фактически мы создали идеальную площадку для **брейкдансеров** со всего мира. (https://tass.ru/sport/7018923, 2019)

БРЕ́ЙКЕР *nm, dance.* breaker (*break dancer*)

Теперь к **брейкерам** повышенное внимание не только со стороны любителей этого вида спорта, но и, что очень важно, со стороны всего спортивного сообщества. (https://tass.ru/sport/7018923, 2019)

БРЕ́ЙКИНГ *nm, dance.* breaking (*break dancing*)

Брейкинг сейчас переживает пик своего развития. В первую очередь это связано с включением вида спорта в олимпийскую программу. (https://tass.ru/sport/7018923, 2019)

БРЕЙК-ПО́ЙНТ *nm, tennis.* break point

Встреча в Перте продолжалась ровно час. За это время Медведев исполнил шесть эйсов и реализовал четыре **брейк-пойнта** из семи. (https://sportrbc.ru/news/5e11ecb09a79473418476dc3?ruid=uUjlA1zfHDi2J1HAAyTtAg, 2020)

БРЕЙК-ФО́РВАРД *nm, fin.* break forward

Брейк-форвард – это контракт, включающий в себя свойства форвардного валютного контракта и валютного опциона. (http://slovariki.org/ekonomiceskij-slovar/4031, 2019)

БРЕЙН-ДРЕ́ЙН *nm, misc.* brain drain

Брейн-дрейн – "утечка мозгов", отток ученых, специалистов, деятелей культуры из стран с относительно более низким уровнем жизни в страны с более высоким; переманивание специалистов за границу. (https://complex_words.academic.ru/)

БРЕЙН-ПИ́РСИНГ *nm, cosm.* brain piercing

Брейн-пирсинг – небольшой прокол на голове, который делают в районе затылка. (https://krasota.ru/posts/vidyi-pirsinga, 1996-2019)

БРЕЙНСТО́РМИНГ, ***БРЕЙНШТО́РМИНГ** *nm, misc.* brainstorming

Брейнсторминг (мозговой штурм) – это метод, направленный на поиск эффективных решений. (https://studfiles.net/preview/1811635/page:20/)

БРЕ́КЕТ *nm, med.* bracket (*dental*)

В основу всех **брекетов** положен общий механизм действия. (https://fb.ru/article/305707/kakie-byivayut-breketyi-na-zubyi-vidyi-osobennosti-i-otzyivyi)

БРЕ́КЕТ-СИСТЕ́МА *nf, med.* bracket system (*dental*)

Несмотря на то, что **брекет-системы** кажутся очень простыми, в их основе лежит научная база и современные технологические решения. (https://fb.ru/article/305707/kakie-byivayut-breketyi-na-zubyi-vidyi-osobennosti-i-otzyivyi)

БРЕ́КСИТ *nm, pol.* Brexit

Европейский союз окончательно одобрил отсрочку **брексита** до 31 января 2020 года, которая, вероятно, окажется последней, заявил глава Евросовета Дональд Туск. (https://russian.rt.com/world/news/681995-donald-tusk-breksit-otsrochka, 2019)

БРЕНД *nm, mark.* brand

Гости угостились десертом калинником, ставшим гастрономическим **брендом** праздника. (https://tass.ru/obschestvo/7291999, 2019). **Брендовый** (*adj*).

БРЕНД-БИ́ЛДИНГ *nm, mark.* brand building

Бренд-билдинг – это брендинг в условиях таргетинга, когда брендинг принимает на себя функции управления корпорацией, дистрибьюторами, дилерами, поставщиками, клиентами, инвесторам и, когда брендинг внедряется во все сферы деловой активности на всех уровнях организации. (https://studopedia.ru/16_106675_tema--brend-bilding---razrabotka-brenda.html)

БРЕ́НДИ *nm, indecl, bev.* brandy

Недавно здесь отмечали день рождение, и компания принесла с собой бутылку хорошего **бренди**. (https://www.perm.kp.ru/daily/27049/4115975/, 2019)

БРЕ́НДИНГ *nm, mark.* branding

Это сотрудничество положительно повлияет на имидж и **брендинг**, расширит нашу фан-базу и позволит развивать социальные проекты. (https://www.sports.ru/tribuna/blogs/devotion/2606579.html, 2019)

БРЕНДМЕ́ЙКЕР *nm, prof.* brand maker

В лектории перед гостями фестиваля выступали крупнейшие художники, искусствоведы, кураторы, **брендмейкеры**, галеристы. (https://www.gazeta.ru/culture/2019/09/27/a_12692059.html, 2019)

БРЕНД-МЕ́НЕДЖЕР *nm, prof.* brand manager

Должностные обязанности **бренд-менеджера**: ответственность за разработку стратегии управления торговыми марками, руководство маркетинговыми исследованиями позиции торговой марки, осуществление мониторинга торговой марки, согласование деятельности всех отделов в соответствии с утвержденной руководством фирмы стратегией брендинга. (https://studopedia.ru/16_106675_tema--brend-bilding---razrabotka-brenda.html)

БРЕНД-МЕ́НЕДЖМЕНТ *nm, bsn.* brand management

Бренд-менеджмент – это набор техник маркетинга, которые применяются к определенному бренду, продукту или услуге с целью увеличения значимости в восприятии конечных потребителей и целевой аудитории. (https://fb.ru/article/189924/chto-takoe-brend-menedjment-metodyi-brend-menedjmenta)

БРИДЖ *nm, game.* bridge

Бридж – это игра в карты, правила которой знает практически каждый человек. (https://fb.ru/article/263139/kartochnaya-igra-bridj-pravila-osobennosti-i-rekomendatsii)

БРИДЖ-БА́НК *nm, fin.* bridge bank

Бридж-банк является преемником основной банка, который терпит неудачу. (http://www.grandars.ru/student/bankovskoe-delo/bridzh-bank.html)

БРИ́ДЖИ *npl, cloth.* breeches

Бриджи – короткие брюки до колен, плотно охватывающие ноги. (https://med.academic.ru/dic.nsf/ruwiki/402228)

БРИДЖ-КРЕДИ́Т *nm, fin.* bridge credit

Амурский ГПЗ строится с 2015 года, до сих пор «Газпром» финансировал его в том числе за счет **бридж-кредитов**. (https://www.rbc.ru/business/24/12/2019/5e0222379a7947fcba7fcd1c, 2019)

БРИДЖ-ФИНАНСИ́РОВАНИЕ *nn, fin.* bridge financing

Иностранные партнеры "Газпрома" обеспечили финансирование на 3,274 млрд евро: в виде долгосрочного финансирования и **бридж-финансирование**. (http://www.interfax-russia.ru/main.asp?id=999796, 2019)

БРИТ-ПО́П *nm, music.* Britpop (*British pop*)

А в коде уже неожиданно прозвучал хит английской **брит-поп** группы Verve, известный ныне и по исполнению немецкого скрипача Дэвида Гаррета. (https://rg.ru/2019/10/28/stas-peha-dal-iubilejnyj-koncert-v-kremle.html, 2019)

БРИ́ФИНГ *nm, misc.* briefing

Брифинг – это максимально краткая пресс-конференция, на которой излагается, высказывается позиция правительства по какому-либо вопросу. (https://fb.ru/article/64390/brifing---eto-diskussiya-ili-press-konferentsiya). **Брифинговый** (*adj*).

БРИФКЕ́ЙС *nm, misc.* briefcase

Как обычно, обувную линию дополнили сопутствующие аксессуары: папки для документов, **брифкейсы**, визитницы, рюкзаки и традиционные двуцветные ремни с перфорацией. (https://rg.ru/2018/09/21/model-dlia-sborki.html, 2018)

БРИ́ФЫ *npl, cloth.* briefs (*underwear*)

А вот на вопрос принца Гарри о том, какой вид нижнего мужского белья предпочитает носить – бо́ксеры или **брифы**, вежливо, но категорически отвечать отказался. (https://www.eg.ru/showbusiness/443019/, 2019)

БРО *nm, indecl, slang.* bro (*brother*)

Изображение музыканта дополняет надпись: "**Бро**, твори добро!". (https://sm-news.ru/kak-u-coya-u-decla-poyavilas-v-tveri-sobstvennaya-stena-pamyati-6851/, 2019)

БРО́ЙЛЕР *nm, food.* broiler (*chicken*)

В обиходе **бройлерами** называют птицу, которая выращивается только для получения мясной тушки. (https://fb.ru/article/226497/kuryi-broyleryi-vyiraschivanie-na-myaso-kormlenie-usloviya-soderjaniya). **Бройлерный** (*adj*).

БРО́КЕР *nm, bsn.* broker

Покупать и продавать облигации в этом случае можно, подав заявку на сайте банка для частных инвесторов или позвонив **брокеру** по телефону. (https://aif.ru/money/mymoney/kak_kupit_narodnye_obligacii, 2019). **Брокерский** (*adj*).

БРОКЕРА́Ж *nm, fin.* brokerage

Брокераж – проведение операций по купле-продаже на бирже по доверенности. (https://dic.academic.ru/dic.nsf/business/1735). **Брокеражный** (*adj*).

БРО́НЗЕР *nm, cosm.* bronzer

После длительной и суровой зимы ежедневное применение **бронзера** поможет быстрее придать лицу здоровый, сияющий и цветущий вид. (https://fb.ru/article/189782/bronzer---chto-eto-takoe-sovetyi-po-naneseniyu-bronzera-foto)

БРОНХОДИЛАТА́ТОР *nm, med.* bronchodilator

Лечение ХОБЛ обычно включает в себя облегчение симптомов с помощью лекарств. Эти лекарства обычно принимаются путем ингаляции и называются **бронходилататорами**. (https://www.pravda.ru/health/1428788-bolezn_lyogkih/, 2019)

БРУМБО́Л *nm, sport.* broomball

Брумбол – под таким диковинным названием существует одна из разновидностей хоккея. (https://www.pravda.ru/sport/1413285-sport/, 2019)

БРУТАЛИ́ЗМ *nm, art.* brutalism

Брутализм – стиль архитектуры, который существовал в промежутке между 1950-ми и 1970-ми годами. (https://fb.ru/article/408212/brutalizm-v-arhitekture-istoriya-vozniknoveniya-stilya-izvestnyie-arhitektoryi-sssr-foto-zdaniy)

БРУТА́ЛЬНОСТЬ *nf, soc.* brutality

Сегодня эта куртка немного подрастеряла своей **брутальности** и бунтарского духа, став базовым элементом женского гардероба. (https://thecity.m24.ru/articles/1259, 2019). **Брутальный** (*adj*).

БУ́КЕР *nm, tour.* booker

Чаще всего **букеры** в туристическом бизнесе работают удаленно, через интернет-сайты. (https://fb.ru/article/257249/chto-takoe-buking-otechestvennaya-industriya-razvlecheniy-i-shou-biznesa)

БУ́КИНГ *nm, tour.* booking

В дословном переводе **букинг** – "делать заказ или бронировать услугу". Это слово используется специалистами туристическом сферы. (https://fb.ru/article/257249/chto-takoe-buking-otechestvennaya-industriya-razvlecheniy-i-shou-biznesa)

БУ́КИНГ-АГЕ́НТСТВО *nn, tour.* booking agency

Столичные **букинг-агентства** готовы на мероприятие доставить не только отечественных, но и зарубежных звезд. (https://fb.ru/article/257249/chto-takoe-buking-otechestvennaya-industriya-razvlecheniy-i-shou-biznesa)

БУ́КИНГ-ЛИСТ *nm, ins.* booking list

Букинг-лист – документ, в котором регистрируются все необходимые данные о грузе и указываются место и способ его размещения на судне. (https://dic.academic.ru/dic.nsf/business/)

БУККРО́ССИНГ *nm, misc.* bookcrossing

Буккроссинг – это процесс освобождения книг. Человек, прочитав книгу, оставляет её в общественном месте, для того, чтобы другой, случа йный человек мог эту книгу найти и прочитать; тот в свою оче редь должен повторить процесс. (https://biograf.academic.ru/dic.nsf/ruwiki/10367)

БУКЛЕ́Т *nm, pub.* booklet

Буклеты с анонсами спектаклей доступны любому зрителю бесплатно в каждом театре города, а также в офисе туризма. (http://www.ng.ru/style/2019-10-29/8_7714_style.html, 2019). **Буклетный** (*adj*).

БУКМЕ́КЕР *nm, prof.* bookmaker

Организаторов состязаний чиновники хотят обязать информировать **букмекеров** о любых случаях манипулирования результатов. (https://www.interfax.ru/russia/682223, 2019). **Букмекерский** (*adj*).

БУКРИ́ДЕР *nm, misc.* book reader (*e-book reader*)

Читатели также получил доступ к мобильной библиотеке ЛитРес: пользователи могут читать книги на **букридерах** и интерактивных досках. (https://riafan.ru/region/orenburg/1221458-biblioteka-novogo-pokoleniya-otkroetsya-v-orenburgskoi-oblasti, 2019)

БУ́ЛЛИНГ *nm, soc.* bullying

Буллинг – это многократное негативное психологическое давление на человека. (https://fb.ru/article/222143/bulling-chto-eto-takoe-bulling-kak-sotsialnoe-yavlenie)

БУ́ЛЛИТ *nm, hockey.* bullet

В серии **буллитов** победу "Авангарду" принес Сергей Широков. Итоговый счет по броскам – 40:18 в пользу омского клуба. (https://www.sports.ru/hockey/1080270248.html, 2019)

БУЛЬДО́Г *nm, anim.* bulldog

Французский **бульдог** по кличке Уолтер и его хозяйка приехали погулять в собачьем парке и обнаружили, что зона для маленьких собак закрыта, это очень возмутило пса. (https://ren.tv/novosti/2019-10-28/video-pes-vozmutilsya-zakrytiem-sobachego-parka, 2019). **Бульдожий** (*adj*).

БУЛЬМАСТИ́Ф *nm, anim.* bullmastiff

Бульмастифы обладают необыкновенным шармом и внутренней силой. (https://fb.ru/article/253884/bulmastif-harakteristika-porodyi-otzyivyi-foto)

БУЛЬТЕРЬЕ́Р *nm, anim.* bull terrier

В создании новой породы поучаствовали разнообразные **бультерьеры**, старотипные бульдоги, акиты, мастифы, немецкие доги и даже пойнтеры. (https://www.kommersant.ru/doc/4165604, 2020)

БУМ *nm, misc.* boom

Бума на покупку жилья в этом году уже не ожидается, поэтому и падения цен на рынке аренды по всей стране эксперты тоже не прогнозируют. (https://rg.ru/2019/10/29/reg-cfo/sdavat-kvartiru-v-rossii-stanovitsia-vse-vygodnee.html, 2019)

БУМБО́КС *nm, music.* boombox

На популярность **бумбоксов** сильно повлияли средства массовой информации. (https://fb.ru/article/262845/podrobno-o-tom-chto-takoe-bumboks)

БУМЕРА́НГ *nm, misc.* boomerang

Закон **бумеранга** – это нерушимое правило, согласно которому человек всегда получает то, что заслуживает. (https://fb.ru/article/293851/pravilo-bumeranga-ponyatie-primeryi-iz-jizni)

БУ́НГАЛО, ***БУНГА́ЛО** *nn, indecl, tour.* bungalow

Представителей гостиниц, гостевых домов и **бунгало** также призвали ежедневно предоставлять информацию о своих гостях. (https://regnum.ru/news/2761977.html, 2019)

БУРБО́Н *nm, bev.* bourbon

В тайском ресторане Black Thai предложат коктейль "Кхай" на **бурбоне** с пряными специями и свежим мандарином. (https://www.cosmo.ru/lifestyle/news/29-10-2019/prazdnuem-hellouin-v-restoranah-rappoporta/, 2019)

БУ́РГЕР *nm, food.* burger

Ранее ученые выяснили, почему при недостатке сна людей тянет на жирную и нездоровую пищу: пиццу, картошку фри, **бургеры** и прочий фастфуд. (https://mir24.tv/news/16383709/nochnye-perekusy-vedut-k-prezhdevremennomu-stareniyu, 2019). **Бургерный** (*adj*).

БУ́СТЕР *nm, misc.* booster

1 *auto.* (*car seat*) Водителей просят быть очень внимательными и, при перевозке детей, использовать автокресла и **бустеры**. (https://www.ural.kp.ru/online/news/3651202/, 2019). 2 *tech.* **Бустер** – вспомогательное уст ройство для увеличения силы и скорости действия основного механизма (агрегата). **Бустерный** (*adj*).

БУТИ́К-ОТЕ́ЛЬ *nm, tour.* boutique hotel

Год назад открылся “Рихтер” – **бутик-отель** с рестораном, чайным баром, мастерской, галереей и радиостудией. (https://style.rbc.ru/impressions/5da9b1a89a7947a090157847, 2019)

БУТИ́К-ХО́СТЕЛ *nm, tour.* boutique hostel

Большим комфортом отличаются так называемые **бутик-хостелы**, в которых можно найти почти все, вплоть до бассейна, мини-бара, ресторана, бесплатного Wi-Fi, кондиционера, спутникового ТВ, прачечной, аренды велосипеда и даже библиотеки. (https://rg.ru/2019/03/11/v-italii-postoialcam-hostela-predlozhili-samim-ocenit-stoimost-prozhivaniia.html, 2019)

БУ́ТИ-ШЕЙК *nm, dance.* booty shake

Украинская певица Настя Каменских показала, как может станцевать тверк (**бути-шейк**) в зале аэробики. (https://24smi.org/news/85603-nastia-kamenskikh-vzbudorazhila-video-pikantnogo-t.html, 2018)

БУТЛЕ́ГЕР *nm, law.* bootlegger

Сухой закон, действовавший в США с 1920 по 1933 годы, принес с собой новую касту – **бутлегеров**, изобретательность которых в деле контрабанды спиртного поражает даже сегодня. (https://fishki.net/2551190-suhoj-zakon-butlegery-i-ih-hitrosti.html, 2019). **Бутлегерский** (*adj*).

БУ́ТСЫ *mostly npl, shoes.* boots (*soccer footwear*)

На счету португальца в нынешнем десятилетии четыре “Золотых мяча”, три “Золотые **бутсы**” и целая россыпь командных титулов в составе мадридского “Реала”. (https://realnoevremya.ru/articles/160286-glavnye-sportsmeny-desyatyh, 2019)

БУ́ФЕР *nm, misc.* buffer

Именно российские силы выполняют роль **буфера** между сирийскими и турецкими силами. (https://vz.ru/news/2019/10/24/1004724.html, 2019). **Буферный** (*adj*).

БЬЮ́ТИ-БЛОГ *nm, int.* beauty blog

Мейкап-тенденции грядущего сезона, продемонстрированные на подиуме и в **бьюти-блогах**, поражают воображение. (https://www.eg.ru/trend/797064-7-glavnyh-trendov-makiyaja-na-osen-2019--zimu-2020-084465/, 2019)

БЬЮ́ТИ-БЛО́ГЕР *nm, int.* beauty blogger

Бьюти-блогер – это человек, который пишет посты на тему красоты, стиля и визажа. (https://fb.ru/article/269189/luchshie-byuti-blogeryi-rossii)

БЬЮ́ТИ-ИНДУСТРИ́Я *nf, cosm.* beauty industry

Бьюти-индустрия делает все, чтобы помочь нам чувствовать себя немного лучше в бешеном ритме большого города. (https://www.forbes.ru/forbes-woman/384601-krasota-bolshogo-goroda-kak-uhazhivat-za-soboy-esli-vy-vse-vremya-rabotaete, 2019)

БЬЮ́ТИ-ХАК *nm, cosm.* beauty hack

Кортни не обращает внимания на критику и продолжает делиться **бьюти-хаками** о том, как добиться идеального тела. (http://www.woman.ru/stars/events/article/230989/, 2019)

БЭ́ГГИНГ *nm, inf.* bagging (*bootstrap aggregating*)

Отличие бустинга от **бэггинга** в том, что бэггинг собирает портфель из адекватных, полноценных моделей, каждая из которых самостоятельно описывает действительность. (http://elitetrader.ru/index.php?newsid=465908, 2019)

БЭК-ВОКА́Л *nm, music.* back vocal (backing vocal)

Бэк-вокалом называют пение, которое сопровождает основную партию. (https://fb.ru/article/107855/bek-vokal---osnova-uspeha)

БЭК-ВОКАЛИ́СТ *nm, music.* back vocalist (backing vocalist)

Помимо голограммы Хьюстон, на сцене под ее самые популярные хиты выступят **бэк-вокалисты** и танцоры. (https://www.forbes.ru/milliardery/386483-kak-uitni-hyuston-zarabotala-95-mln-za-god-spustya-7-let-posle-smerti, 2019)

БЭКГРА́УНД *nm, misc.* background

1 *comp.* **Бэкграунд** – это задний фон веб-сайта. (https://fb.ru/article/143140/bekgraund-chto-eto-takoe-besplatnyie-generatoryi-fona-dlya-sayta) 2 *prof.* **Бэкграунд** – это всё, относящееся к жизни, образованию, связям, опыту человека; интеллектуальный уровень, культурная подготовка, степень образованности, жизненный и профессиональный опыт. (https://kartaslov.ru/)

БЭККА́НТРИ *nn, indecl, snowbrd.* backcountry

Размерами Тетнулди не уступает Гудаури и прекрасно подойдет для любителей **бэккантри**. (https://style.rbc.ru/impressions/5c92366d9a7947199481df69, 2019)

БЭКРО́НИМ *nm, misc.* backronym

Однако после доклада о необычных огнях на научной конференции один физик-космик предложил “для солидности” так называемый **бэкроним**, то есть обратную аббревиатуру. (https://www.gazeta.ru/science/2018/09/08_a_11924035.html, 2018)

БЭКСА́ЙД *nm, sport.* backside

Ребята со скейтами покажут крутые финты, флипы, **бэксайды** и другие трюки. (https://kras.mk.ru/social/2019/08/13/ekstrim-i-muzyka-kuda-skhodit-v-krasnoyarske-blizhayshie-tri-dnya.html, 2019)

БЭКСПИ́Н *nm, sport.* backspin

Техничные, миниатюрные девчонки, которые закручивают сложнейшие **бэкспины** и свайпы и успевают попадать в музыку. (https://www.championat.com/lifestyle/article-3556839-red-bull-bc-one-2018-makgregor-proigral-flag-ukrainy-final-bez-rossii.html, 2018)

БЭКСТЕ́ЙДЖ *nm, media.* backstage

Бэкстейдж – это всё, что не увидит зритель, т. е. если говорить о модном показе, то он видит обычно только готовый результат. (https://fb.ru/article/156891/beksteydj---eto-to-chto-neobhodimo-kajdomu-fotografu-i-videooperatoru)

БЭКФЛИ́П *nm, sport.* backflip

Три фристайлера разогнались на своих мотоциклах на трамплин и друг за другом исполнили двойной **бэкфлип**, этот трюк считается одним из самых опасных. (https://mir24.tv/news/16377489/sportdaidzhest-ak-47-dlya-hokkeista-i-bokser-taison-fyuri-v-maske, 2019)

БЭРБО́УТ *nm, ins.* bareboat

Бэрбоут – это судно, зафрахтованное без экипажа. (https://dic.academic.ru/dic.nsf/business/)

БЭ́ТТЕР *nm, bsball.* batter

Питчер ("бросающий") подает его кетчеру ("ловцу"), а **бэттер** ("игрок нападения"), который стоит между питчером и кетчером, старается отбить мяч битой. (https://lenta.ru/articles/2019/05/22/baseball/, 2019)

В

ВАЙБ *nm, slang.* vibe

Публика купалась в приятных **вайбах**, а артисты с пугающей легкостью разбивали давний миф о том, что в шоу-бизнесе год идет за два. (https://www.mk.ru/culture/2019/10/31/dengi-pugachevoy-my-potratili-sovershenno-bezotvetstvenno.html, 2019)

ВАЙН *nm, slang.* vine (*video twit*)

Вайн – это очень короткий ролик, обычно длиной от двух до двадцати секунд. (http://www.wikireality.ru/wiki/)

ВА́ЙНЕР *nm, slang.* viner (*video twitter*)

Те, кто снимает вайны, называют себя вайнерами, но называть себя **вайнером** не стоит, если ты просто снимаешь и выкладываешь любые видео в Инстаграм или в любых других социальных сетях. (http://www.wikireality.ru/wiki/)

ВАЙ-ФА́Й *nm, int.* Wi-Fi

Из помещения полицейские изъяли восемь персональных компьютеров, роутер, **вай-фай** приемники, а также денежные купюры. (https://regnum.ru/news/2799447.html, 2019)

ВА́КСИНГ *nm, cosm.* waxing

Ваксинг – это современная технология удаления нежелательных волос с кожного покрова с помощью воска. (https://fb.ru/article/431994/vaksing--eto-ponyatie-vidyi-epilyatsii-osobennosti-provedeniya-i-rezultatyi)

ВАЛЕ́Т-ПА́РКИНГ *nm, auto.* valet parking

Crocus Fitness предлагает клубное членство с индивидуальной программой тренировок, а также ВИП-обслуживание, которое предусматривает отдельные раздевалки, косметику, персональный шкаф и услугу **валет-паркинга**. (https://www.kommersant.ru/doc/3909141, 2019)

ВАЛИДА́ТОР *nm, misc.* validator

На платформах МЦД установят **валидаторы** с возможностью оплаты проезда через смартфоны с функцией бесконтактных платежей. (https://realty.interfax.ru/ru/news/articles/111552, 2019). **Валидировать** (*v*).

ВАЛИДА́ЦИЯ *nf, misc.* validation

Необходимо было создать приложение, которое позволит осуществ лять **валидацию** электронных билетов в отсутствие сети Интернет. (https://ren.tv/news/v-rossii/648190-proryvom-goda-stalo-prilozhenie-oblegchaiushchee-poseshchenie-zapovednikov-rf, 2020). **Валидировать** (*v*).

ВАПОРА́ЙЗЕР *nm, misc.* vaporizer (*electronic cigarette*)

Большинство представителей индустрии уверены, что **вапорайзеры** представляют менее вредную альтернативу обычным сигаретам. (https://tass.ru/ekonomika/5312841, 2018)

ВАПОРИЗА́ЦИЯ *nf, misc.* vaporization

Лазерная **вапоризация** популярна во многих странах, в первую очередь – в США, где метод применяют практически амбулаторно. (https://regnum.ru/news/2627416.html, 2019). **Вапоризировать** (*v*).

ВАРИА́ТОР *nm, auto.* variator

В Китае стартовали продажи Hyundai Verna с новой внешностью, интерьером и **вариатором**. (https://rg.ru/2019/10/31/hyundai-nachal-prodazhi-obnovlennogo-solaris.html, 2019)

ВАРИ́СТОР *nm, tech.* varistor

Чтобы мобильные телефоны не перегорели, используют миниатюрные многослойные **варисторы**. (https://fb.ru/article/251277/varistor---chto-eto-takoe-varistoryi-printsip-rabotyi-tipyi-i-primenenie)

ВАРРА́НТ *nm, fin.* warrant

По своему экономическому содержанию фондовый **варрант** представляет собой опционный контракт на покупку соответствующей ценной бумаги. (https://studopedia.ru/1_113402_fondovie-varranti.html)

ВА́УЧЕР *nm, fin.* voucher

Семья, скупая **ваучеры**, вкладывала их в акции. (https://www.kp.ru/daily/27048/4114360/, 2019). **Ваучерный** (*adj*).

ВЕБ-А́ДРЕС *nm, int.* web address

Если пользователи вручную вводят **веб-адрес**, связанный с мультфильмом, появляется сообщение о том, что "этот раздел временно закрыт". (https://ria.ru/20191008/1559544743.html, 2019)

ВЕБ-БРА́УЗЕР *nm, int.* web browser

Как отмечает газета, пользователи Android по-прежнему могут воспользоваться **веб-браузерами** для управления кредитами под высокие проценты либо загрузить приложения. (https://www.rbc.ru/technology_and_media/15/10/2019/5da5a32f9a7947aebeef0306, 2019)

ВЕБ-ДИЗА́ЙН *nm, int.* web design

Там есть все необходимые элементы для создания сайта, а работа в нем не требует опыта в **веб-дизайне** и программировании. (https://snob.ru/entry/183170/, 2019)

ВЕБ-ДИЗА́ЙНЕР *nm, prof.* web designer

Профессия веб-дизайнер помогает создавать запоминающийся визуальный образ, ассоциирующийся с определенной компанией. (https://fb.ru/article/231783/veb-dizayner---chto-eto-takoe-gde-uchatsya-na-veb-dizaynera)

ВЕБИЗО́Д *nm, int.* webisode

Вебизоды – серии коротких видео, которые были выпущены в качестве превью второго, третьего и четвёртого сезонов телесериала "Ходячие мертвецы". (https://walkingdead.fandom.com/ru/wiki/)

ВЕБИНА́Р *nm, int.* webinar

В рамках Недели сбережений во всех регионах пройдут бесплатные лекции, семинары и **вебинары**, очные и онлайн-консультации финансовых экспертов. (https://ria.ru/20191031/1560444453.html, 2019). **Вебинарный** (*adj*).

ВЕБ-ИНТЕРФЕ́ЙС *nm, int.* web interface

Веб-интерфейсом можно считать любой сайт, запускаемый через браузер. (https://fb.ru/article/388998/chto-takoe-veb-interfeys-primeryi)

ВЕБ-КА́МЕРА *nf, comp.* web camera

Оказалось, что **веб-камеры**, которые стоят на компьютерах во всех банках, смущают клиентов. (https://snob.ru/entry/183663/, 2019)

ВЕБ-КВЕ́СТ *nm, int.* web quest

Веб-квест – это сочетание задания, содержащего проблему, и своеобразной ролевой игры. (https://fb.ru/article/427645/veb-kvest---eto-chto-takoe-sposob-aktivizatsii-uchebnoy-deyatelnosti-uchaschihsya)

ВЕБ-КЛИЕ́НТ *nm, int.* web client

Проект создания **веб-клиента** стартовал в 2006 году, в нем участвовала команда из 5 человек. (https://habr.com/ru/company/1c/blog/315414/, 2016)

ВЕБМА́СТЕР *nm, comp.* webmaster

При этом украинский **вебмастер** Вячеслав Колесник заметил, что в Раду прошли люди без диплома, а не без образования. (https://regnum.ru/news/2675662.html, 2019)

ВЕБ-ПОРТА́Л *nm, comp.* web portal

Веб-портал – это веб-сайт, предоставляющий пользователю различные интерактивные сервисы, работающие в рамках одного веб-сайта. (https://studopedia.ru/16_12511_lektsiya-veb-portali-klassifikatsiya-veb-portalov.html)

ВЕБ-ПРО́КСИ *nm, indecl, int.* web proxy

В процессе выбора нового **веб-прокси** мы рассматривали и тестировали несколько ведущих рыночных решений. (https://corp.cnews.ru/news/line/2019-04-01_dit_smolenskoj_oblasti_zashchitilsya_ot_vebugroz, 2019)

ВЕБ-СА́ЙТ *nm, int.* website

Все **веб-сайты** и площадки, продающие электронные сигареты, должны быть закрыты, а все интернет-маркетинговые кампании остановлены. (https://vm.ru/news/760318-prodazhu-elektronnyh-sigaret-cherez-internet-zapretili-v-kitae, 2019)

ВЕБ-СЕ́РВЕР *nm, int.* web server

Веб-серверы – основа Всемирной паутины. (https://studopedia.ru/16_2696_WEB-servera.html)

ВЕБ-СЁРФЕР *nm, int.* web surfer

Временные задержки при загрузке тех или иных ресурсов увеличились, это сделало атаку незаметной для осуществляющих ее **веб-серферов**. (https://www.forbes.ru/tehnologii/361567-virtualnoe-gospodstvo-kak-kitayskie-hakery-zavoevyvayut-mir-cherez-smartfony, 2019)

ВЕБ-СЁРФИНГ *nm, int.* web surfing

Серфинг в интернете (**веб-серфинг**) – это переходы по ссылкам и посещение интернет-ресурсов. (https://dic.academic.ru/dic.nsf/ruwiki/835651)

ВЕБ-СТУ́ДИЯ *nf, int.* web studio

Первоначально основной доход приносила продажа лицензий **веб-студиям**, однако сейчас большую его часть обеспечивает «Битрикс24».

(https://www.forbes.ru/newsroom/tehnologii/389459-mailru-nazvala-srok-nachala-prodazh-umnoy-kolonki-s-marusey, 2020)

ВЕБ-ФО́РУМ *nm, int.* web forum

В рукописном письме, снимок которого был опубликован на анонимном **веб-форуме**, Таррант поблагодарил друга за присланные ему почтовые марки. (https://www.gazeta.ru/social/2019/08/14/12578239.html, 2019)

ВЕБ-ХО́СТИНГ *nm, int.* web hosting

Если вы молодой начинающий предприниматель и только начинаете свой бизнес в интернете, вам подойдет **веб-хостинг**. (https://www.kommersant.ru/doc/4033547, 2019)

ВЕБ-ЧА́Т *nm, int.* web chat

Сегодня модернизированный контакт-центр обслуживает в том числе и обращения, поступающие по наиболее популярным цифровым каналам – электронная почта, **веб-чат** и мобильное приложение. (https://www.cnews.ru/news/line/2019-10-29_otp_bank_moderniziroval, 2019)

ВЕ́ГАН *nm, soc.* vegan

Количество **веганов** растет с большой скоростью. (https://www.svoboda.org/a/30352864.html, 2020). **Веганский** (*adj*).

ВЕГАНИ́ЗМ *nm, soc.* veganism

Американский портал о **веганизме** HappyCow выбрал 10 самых комфортных городов для жизни веганов. В тройку лидеров вошли Лондон, Берлин и Нью-Йорк. (https://tass.ru/plus-one/6042839, 2019)

ВЕГЕТАРИА́НЕЦ *nm, soc.* vegetarian

Альберт Давлеев полагает, что растительное мясо будут покупать представители поколения Z, а также веганы и **вегетарианцы**, которых в России не так много. (https://www.forbes.ru/newsroom/biznes/386585-rastitelnoe-myaso-beyond-meat-nachnut-prodavat-v-rossii-kilogramm-budet-stoit, 2019). **Вегетарианский** (*adj*).

ВЕДЖ *nm, golf.* wedge (*golf club*)

Ведж – это разновидность клюшки для гольфа. (https://kartaslov.ru)

ВЕЙКБО́РД *nm, wakebrd.* wakeboard

Российские спортсмены примут участие в состязаниях по пляжному футболу, баскетболу, воднолыжному спорту, скейтбордингу, плаванию на открытой воде, **вейкборду**, триатлону. (https://www.championat.com/other/news-3864527-zasport-ekipiruet-sbornuju-rossii-na-pervyh-vsemirnyh-pljazhnyh-igrah-v-katare.html, 2019)

ВЕЙКБО́РДЕР *nm, wakebrd.* wakeboarder

Рязанские **вейкбордеры** закрыли сезон. (https://rzn.mk.ru/photo/gallery/18173-334180.html, 2019)

ВЕЙКБО́РДИНГ *nm, wakebrd.* wakeboarding

В программу входили пляжные борьба, каратэ, волейбол 4x4, гандбол, теннис, пляжный футбол, **вейкбординг**, водные лыжи, кайтсёрфинг, плавание на 5 км, сёрфинг, аквафлон, баскетбол 3x3, боулдеринг, скейтбординг. (https://gorod48.ru/news/1885588/, 2019)

ВЕЙКСКЕ́ЙТ *nm, wakeskt.* wakeskate

В программе мероприятий – соревнования по скимборду, вейкборду и **вейкскейту**. (https://www.m24.ru/articles/vejkbording/26072013/22304, 2019)

ВЕЙКСКЕ́ЙТЕР *nm, wakeskt.* wakeskater

Вейкборд с участием лучших вейк-бордистов и **вейкскейтеров** России. (https://aif.ru/sport/sportin/luzhniki_zhdut_tebya_provedi_vyhodnoy_v_rezhime_zdorovya, 2019)

ВЕЙКСКЕ́ЙТИНГ *nm, wakeskt.* wakeskating

Там Овечкин попробовал экстремальный вид серфинга – **вейкскейтинг**. (https://www.gazeta.ru/sport/news/2019/07/03/n_13167913.html, 2019)

ВЕЙП *nm, misc.* vape

Сейчас рынок **вейпов** и электронных систем нагревания табака законодательно не регулируется, их потребление никак не ограничено. (https://tass.ru/ekonomika/5312841, 2018)

ВЕ́ЙПЕР *nm, misc.* vaper

Вейперы – это люди, которые курят электронные сигареты. (https://lifehacker.ru/vapers/, 2019)

ВЕ́ЙПИНГ *nm, misc.* vaping

В России также готовятся работать с законодательной базой, касающейся **вейпинга**. (https://www.pravda.ru/health/1449227-kurenie/, 2019)

ВЕ́ЙПШОП *nm, bsn.* vape shop

Основными каналами покупки электронных сигарет стали табачные магазины, **вейпшопы**, супермаркеты и магазины у дома, онлайн. (https://nevnov.ru/725102-uroven-kureniya-sigaret-v-peterburge-stal-nizhe-obsherossiiskogo, 2019)

ВЕЙТПУ́ЛЛИНГ *nm, anim.* weight pulling (*dog sport*)

В краевой столице 5 мая состоялись Всероссийские соревнования для собак по **вейтпуллингу**. (https://perm.aif.ru/society/v_permi_proshli_vserossiyskie_sorevnovaniya_dlya_sobak-tyazheloatletov, 2019)

ВЕЛЛИНГТО́НЫ *mostly npl, shoes.* Wellingtons

Сапоги **веллингтоны** названы в честь героя битвы при Ватерлоо Артура Уэлсли Веллингтона. (http://www.bolshoyvopros.ru/questions/992736-vellingtony-chto-eto-za-sapogi-pochemu-i-gde-tak-nazvany-ih-nosjat-sejchas.html, 2019)

ВЕ́ЛНЕС-ФИ́ТНЕС *nm, sport.* wellness fitness

Участники выступали в 15 номинациях, в том числе классический, атлетический и пляжный бодибилдинг, фит-модель, классик-фитнес, фитнес-бикини, **велнес-фитнес** и другие. (http://www.ku66.ru/news/ehffektnye_pozy_i_otlichnaja_fizicheskaja_forma_iz_permi_s_chempionata_rossii_po_bodibildingu_uchastnica_iz_kamenska_vernulas_s_pobedoj/2019-10-20-41682, 2019)

ВЕ́ЛНЕС-ЦЕНТР *nm, misc.* wellness center

Там воздух кристально чист, а “его свойства и другие факторы высоты идеально подходят для долгожительства”, говорится на сайте **велнес-**

центра. (https://www.forbes.ru/biznes/386429-kak-potomstvennyy-celitel-sozdal-krupneyshuyu-v-rossii-stomatologicheskuyu-set, 2019)

ВЕ́НДИНГ *nm, bsn.* vending

Например, в Москве уже есть кафе со 100-процентным самообслуживанием в формате **вендинга**. (https://www.kommersant.ru/doc/4142474, 2019). **Вендинговый** (*adj*).

ВЕ́НДИНГ-БИ́ЗНЕС *nm, bsn.* vending business

Намерение властей перевести уличную торговлю в формат **вендинг-бизнеса**
оценивает как необходимость увеличения собственных затрат. (https://perm.rbc.ru/perm/freenews/5b0e4f709a794775e2b149b5, 2019)

ВЕ́НДОР *nm, bsn.* vendor

Существующие решения для распознавания лиц от других **вендоров** требуют установки локального дорогостоящего и сложного оборудования. (https://echo.msk.ru/programs/echonomica/2530109-echo/, 2019). **Вендорский** (*adj*).

ВЕНТИЛЯ́ТОР *nm, tech.* ventilator

Спасатели рекомендуют использовать для просушки дома и уменьшения запаха обычные **вентиляторы**. (https://ria.ru/20191101/1560463980.html, 2019). **Вентиляторный** (*adj*). **Вентилировать** (*v*).

ВЕ́НЧУР *nm, bsn.* venture

Подробнее об участнике: до прихода в **венчур** успел поработать нескольких стартапах. (https://www.forbes.ru/karera-i-svoy-biznes/386089-belye-vorotnichki-eto-novyy-chernyy-kak-ustroen-hr-proekt-aleny, 2019). **Венчурный** (*adj*).

ВЕРМИКУЛЬТУ́РА *nf, eco.* vermiculture

Можно заключить, что **вермикультура** как технология выгодна и технологически, и экономически. (https://studopedia.ru/12_64436_kruglogodichnaya-vermikultura-Sun-.html)

ВЕРТ *nm, skatebrd.* vert (*vertical skateboarding*)

Основными стилями катания являются флэтленд (трюки на ровных поверхностях), стрит (трюки на улице), **верт** (трюки в рампе), парк (в скейт-парках с различными препятствиями). (https://www.mk.ru/sport/2019/06/27/mok-izmenil-programmu-olimpiyskikh-igr-2024-goda.html, 2019)

ВЕ́СТЕРН *nm, media.* Western (*film*)

Впрочем, некоторые зачатки "американы" уже прослеживаются в комед ийном **вестерне** "Нефтедобытчицы" Кристиан-Жака 1971 года. (https://style.rbc.ru/people/5d8cc49a9a79476882ec488e, 2019)

ВЕСТЕРНИЗА́ЦИЯ *nf, pol.* Westernization

Под предлогом и прикрытием лозунгов о глобализации происходит не столько создание чего-то принципиально нового, впитывающего в себя культуру разных стран и народов, сколько американизация и **вестернизация** этого процесса. (http://www.ng.ru/scenario/2019-09-23/9_11_7683_boom.html, 2019). **Вестернизированный** (*adj*). **Вестернизировать** (*v*).

ВЕ́СТЕРН-СВИНГ *nm, music.* Western swing

Стиль рок-н-ролл зародился в США в конце 40-х – начале 50-х годов XX века из смеси музыки афроамериканских жанров – джаза, блюза, джамп-блюза, ритма, буги-вуги – и кантри-музыки с ее поджанрами **вестерн-свинг** и блуграсс. (https://vm.ru/stars/629792-uchastniki-proekta-muzyka-v-metro-rasskazali-vm-chto-slushayut-gorozhane-v-stolichnoj-podzemke, 2019)

ВИБРА́ТОР *nm, sex.* vibrator

Это сейчас **вибратор** – одна из популярных сексуальных игрушек. (https://www.goodhouse.ru/family_and_children/sex/sperma-soderzhit-snotvornoe-i-eshche-14-maloizvestnyh-faktov-o-sekse/, 2019). **Вибраторный** (*adj*). **Вибрировать** (*v*).

ВИБРОФО́Н *nm, music.* vibraphone

Когда подходит возраст поступать в музыкальную школу, наши слушатели выбирают не только фортепиано, а ещё и гитару, или **виброфон**, или маримбу. (https://nn.aif.ru/society/details/tam_idealno_vsyo_zachem_klassicheskaya_muzyka_malysham_i_ih_roditelyam, 2019)

ВИГВА́М *nm, misc.* wigwam

Большинство из нас с легкостью отличит пагоду от **вигвама** или иглу, а готику от барокко. (https://www.adme.ru/svoboda-puteshestviya/kak-vyglyadit-samaya-nedoocenennaya-arhitektura-mira-afrikanskaya-2183915/, 2019)

ВИ́ДЕО *nn, indecl, tech.* video

Очевидцы сняли на **видео** экстренную посадку самолета Sukhoi Superjet 100 в аэропорту Тюмени. (https://ria.ru/20191101/1560510770.html, 2019)

ВИДЕОАДА́ПТЕР *nm, tech.* video adapter

Видеоадаптер принадлежит к семейству Navi, имеет настольную и мобильную версии и относится к бюджетному сегменту. (https://kanobu.ru/articles/airpods-pro-pixel-4-iduet-monitorov-xiaomi-samyie-vazhnyie-novosti-vmire-tehnologij-zaoktyabr-374613/, 2019)

ВИ́ДЕО-АРТ *nm, art.* video art

За ним павильон с **видео-артом**, еще одна человеческая фигура и новая глубина. (https://mir24.tv/news/16383922/leila-alieva-predstavila-vechnost-na-moskovskoi-biennale, 2019)

ВИДЕОБА́Р *nm, bsn.* video bar

С одной стороны, для просмотра в удобное для аудитории время предлагается собственный эксклюзивный контент из представленного на ресурсе **видеобара**, с другой – транслируются актуальные новости и аналитика от органов в прямом эфире. (https://www.5-tv.ru/news/243926/vgenprokurature-otreagirovali-natezisy-putina/, 2019)

ВИДЕОБЛА́СТЕР *nm, tech.* video blaster

Видеобластер – это устройство, предназначенное для ввода в персональный компьютер видеоинформации, а также для вывода из компьютера видеоинформации на внешние устройства. (https://studopedia.ru/4_119830_videoblasteri.html)

ВИДЕОБЛÓГ *nm, int.* video blog

Успешный кандидат должен будет опробовать 40 предложенных маршрутов и делиться впечатлениями в **видеоблоге** и соцсетях. (https://iz.ru/937734/2019-10-30/britanskaia-firma-otkryla-vakansiiu-puteshestvennika-za-ps25-tys, 2019)

ВИДЕОДИ́СК *nm, tech.* video disk

Отмечается, что по окончанию флешмоба все участники получили **видеодиски** "Наследие Гаскарова" и буклеты ансамбля. (https://regnum.ru/news/2763666.html, 2019)

ВИДЕОИНСТАЛЛЯ́ЦИЯ *nf, tech.* video installation

Билл Виола создавал **видеоинсталляции**, фильмы на семи экранах. (https://www.forbes.ru/forbeslife/385433-nik-odno-foto-putina-s-kalashnikovym-i-tebe-art-kurator-nikolas-ilin-o-zakulise, 2019)

ВИДЕОКА́МЕРА *nf, tech.* video camera

Повсюду развешаны **видеокамеры**, так что можно гулять в любое время суток, ничего не опасаясь. (https://iz.ru/938895/aleksandr-sidorov/neskuchnyi-ostrov-chto-zhdet-russkikh-turistov-na-khainane, 2019). **Видеокамерный** (*adj*).

ВИДЕОКАССЕ́ТА *nf, tech.* video cassette

По несколько раз в день Зак пересматривает старую **видеокассету**, где рестлер по прозвищу Salt Water Redneck рекламирует свою школу. (https://snob.ru/entry/183991/, 2019). **Видеокассетный** (*adj*).

ВИДЕОКЛИ́П *nm, media.* video clip

Режиссер Эмир Кустурица снял новый **видеоклип** для петербургской группы The Hatters на песню "Все сразу". (https://tass.ru/kultura/7062326, 2019)

ВИДЕОКОНТЕ́НТ *nm, int.* video content

Объем рынка пиратского **видеоконтента** в России в 2019 году составит $63,5 млн. (https://www.interfax.ru/russia/682454, 2019)

ВИДЕОКОНФЕРЕ́НЦИЯ *nf, misc.* video conference

Президент России Владимир Путин пообщался в режиме **видеоконференции** с участниками движения WorldSkills и национального чемпионата WorldSkills Hi-Tech 2019, состоявшегося в Екатеринбурге. (https://tass.ru/obschestvo/7071770, 2019)

ВИДЕОМЕ́ЙКЕР *nm, tech.* video maker

Координатор штаба Алексея Навального в Ростове-на-Дону Ксения Середкина также сообщила: "Заблокировали карту человеку, который просто дружит с нашим **видеомейкером**". (https://www.kommersant.ru/doc/4143397, 2019)

ВИДЕОМИ́КШЕР *nm, prof.* video mixer

Помимо самих экранов, понадобятся передающие карты, **видеомикшер**, лебедки, коммутатор-масштабатор, удлинитель и услуги по монтажу.

(https://realnoevremya.ru/articles/152286-top-tenderov-tatarstana-s-13-po-19-sentyabrya-2019, 2019)

ВИДЕОПИРА́Т *nm, law.* video pirate

Руководство студии осознало, что бороться с **видеопиратами** бессмысленно, к тому же россияне не любят платить за контент, который можно скачать бесплатно в сети. (https://www.adme.ru/svoboda-kultura/kak-multfilm-masha-i-medved-iz-prosto-horoshego-zrelischa-prevratilsya-v-mirovoj-brend-2210265/, 2019). **Видеопиратский** (*adj*).

ВИДЕОПИРА́ТСТВО *nn, law.* video piracy

Эксперты Group-IB оценивают объем российского рынка **видеопиратства** с 2015 года. (https://www.rbc.ru/technology_and_media/31/10/2019/5dba83e99a794730974492c2, 2019). **Видеопиратский** (*adj*).

ВИДЕОПЛАТФО́РМА *nf, tech.* video platform

Видеоплатформа МИА "Россия сегодня" "ТОК" открыла в пятницу прием заявок на участие в питчинге документальных проектов. (https://ria.ru/20191101/1560478116.html, 2019)

ВИДЕОПЛЕ́ЕР *nm, tech.* video player

Весь контент поставляется в онлайн-кинотеатры через специальный **видеоплеер**, который берет на себя учет и автоматизацию расчетов. (https://www.novayagazeta.ru/articles/2019/10/30/82566-filmy-i-serialy-offlayn, 2019)

ВИДЕОПО́КЕР *nm, game.* video poker

Тогда в разгар экономического кризиса был принят закон об азартных играх, разрешивший устанавливать игровые автоматы и легализовавший **видеопокер**. (https://lenta.ru/articles/2019/06/21/illinois/, 2019)

ВИДЕОПРИ́НТЕР *nm, tech.* video printer

Фабрика производила термобумагу для **видеопринтеров**, а для поставки клиентам продукцию перемаркировывали в диаграммные ленты. (https://regnum.ru/news/2680035.html, 2019)

ВИДЕОПРОЕ́КТОР *nm, tech.* video projector

Также в распоряжение сотрудников поступили ноутбук, **видеопроектор** и принтер. (https://er.ru/news/186703/, 2019)

ВИДЕОРЕКО́РДЕР *nm, tech.* video recorder

Цифровой **видеорекордер** – устройство или приложение для записи видеосигнала и звука в цифровом формате на электронные носители с целью последующего воспроизведения. (https://kartaslov.ru/)

ВИДЕОРЕСИ́ВЕР *nm, tech.* video receiver

Они забрали из сауны кнопочный телефон нокиа, трубку стационарного телефона и **видеоресивер**. (https://nevnov.ru/646627-v-kupchino-posetiteli-izbili-i-ograbili-administratora-sauny, 2019)

ВИДЕОСЕ́НСОР *nm, tech.* video sensor

Робот-андроид, созданный британскими разработчиками в образе молодой художницы, Ai-Da использует встроенные в зрачки **видеосенсоры** для считывания визуальной информации. (https://www.rbc.ru/trends/innovation/5da9b9f29a7947a48864bc60, 2019)

ВИДЕОСЕ́РВЕР *nm, tech.* video server

К юбилею Ленинградского планетария в дополнение к старому аппарату "Планетарий" было установлено новое оборудование – система из 8-ми проекторов и **видеосервера**. (https://nevnov.ru/738758-leningradskii-planetarii-otmetil-60-letnii-yubilei, 2019)

ВИДЕОСЕ́ССИЯ *nf, misc.* video session

Знаменитая голливудская звезда Шэрон Стоун опубликовала в Instagram бэкстейдж **видеосессии** своего откровенного танца. (https://www.mk.ru/social/2019/06/19/sheron-stoun-ustroila-tancy-bez-yubki.html, 2019)

ВИДЕОТЕЛЕКОНФЕ́РЕНЦИЯ *nf, misc.* video teleconference

Служба предложила бразильской стороне провести в ближайшее время переговоры в режиме **видеотелеконференции** для обсуждения сложившейся ситуации. (https://www.interfax.ru/russia/648568, 2019)

ВИДЕОТЕЛЕФО́Н *nm, tech.* video telephone

В книжках научной фантастики, которые мы брали в школьной библиотеке, писали о том, что космонавты связываются по **видеотелефону**. (https://mir24.tv/articles/16368596/ot-altaya-do-nokia-3310-zvezdy-vspominayut-o-svoih-pervyh-mobilnikah, 2019)

ВИДЕОТЕРМИНА́Л *nm, tech.* video terminal

Все кабинеты на пилотных площадках укомплектованы специализированным оборудованием – **видеотерминалами**. (https://rg.ru/2019/07/30/reg-urfo/chislo-sverdlovskih-municipalitetov-v-proekte-telemediciny-vozroslo-vtroe.html, 2019)

ВИДЕОФА́ЙЛ *nm, tech.* video file

Установлено, что мужчина просматривал **видеофайлы**, а те, которые нравились особенно, копировал и размещал в своем аккаунте. (https://regnum.ru/news/2759060.html, 2019)

ВИДЕОФИ́ЛЬМ *nm, tech.* video film

Моя главная задача как гендиректора Киностудии им. Горького – это возродить производство кино- и **видеофильмов** для детей. (https://www.rbc.ru/technology_and_media/01/10/2019/5d931dfe9a794791cb573c04, 2019)

ВИДЕОХО́СТИНГ *nm, int.* video hosting

Видеохостинги дали каждому юзеру интернета возможность стать звездой экрана практически в буквальном смысле. (https://fb.ru/article/212646/vlog-eto-neslojno-chto-takoe-vlog)

ВИ́ДЖЕТ *nm, int.* widget

На разных этапах участники получат полезную информацию о частоте постинга и работе с **виджетами**. (https://omsk.mk.ru/social/2019/08/27/odnoklassniki-zapuskayut-konkurs-dlya-regionalnykh-smi.html, 2019)

ВИЗУАЛИЗА́ТОР *nm, tech.* visualizer

Главный врач Валентина Низовцева рассказала, что **визуализаторы** вен подходят пациентам всех возрастов. (https://nevnov.ru/region/Arkhangelsk/735775-u-arkhangelogorodcev-iskat-veny-dlya-ukolov-budut-proekcionnym-apparatom, 2019). **Визуализировать** (*v*).

ВИКИПЕ́ДИА *nf, misc.* Wikipedia

Минэкономразвития России создаст единую информационную систему “Нормотворчество”, в которой по принципу интернет-энциклопедии “**Википедия**” эксперты смогут готовить нормативно-правовые акты. (https://tass.ru/ekonomika/7061687, 2019). **Википедийный** (*adj*).

ВИКТИМБЛЕ́ЙМИНГ *nm, psych.* victim blaming

Психологи выяснили, что обвинение жертв сексуальных домогательств (**виктимблейминг**) в произошедшем зависит скорее от повышенной эмпатии к нарушителю, а не сниженной эмпатии к жертве. (https://www.interfax.ru/world/674006, 2019)

ВИКТИМИЗА́ЦИЯ *nf, law.* victimization

Такая **виктимизация** мужчины есть в том числе в фильме “Роковое влечение”, где актер исполнил главную роль. (https://tass.ru/kultura/6925443, 2019). **Виктимизировать** (*v*).

ВИНДБЛО́К *nm, cloth.* windblock (*fabric*)

Сейчас фабрика выпускает одежу из флиса, школьную форму, а также спортивные товары из удерживающих тепло тканей **виндблок** и поларфлис. (https://www.komi.kp.ru/daily/27013/4076115/, 2019)

ВИНДСЁРФЕР *nm, sport.* windsurfer

Всю неделю яхтсмены и **виндсерферы** будут состязаться за звания лучших на внутреннем и внешнем рейдах акватории Севастопольской бухты. (https://iz.ru/925471/2019-09-25/parad-iakht-i-shou-flaibordistov-pokazhut-na-festivale-v-sevastopole, 2019)

ВИНДСЁРФИНГ *nm, sport.* windsurfing

В Архангельской области продолжают развивать такие виды спорта, как **виндсёрфинг**, сноукайтинг, лыжные гонки. В регионе проходит всё больше разных соревнований. (https://sm-news.ru/itogi-2019-goda-v-arxangelskoj-oblasti-8109/, 2020)

ВИНДСТО́ППЕР *nm, cloth.* Windstopper (*fabric*)

На ноги можно надеть, в зависимости от температуры, тайтсы или термобелье и тайтсы с **виндстоппером**. (https://style.rbc.ru/life/5daeb6d09a7947a2c8c6d245, 2019)

ВИНИ́Р *nm, med.* veneer (*dental*)

Печи незаменимы при протезировании: с их помощью изготавливают коронки, части брекетов и обещающие голливудскую улыбку **виниры**. (https://www.fontanka.ru/2019/10/29/049/, 2019)

ВИНЧЕ́СТЕР *nm, comp.* Winchester

Сегодня же **винчестер** стал обиходным названием жестких дисков любых моделей. (https://habr.com/ru/company/wd/blog/345112/, 2019). **Винчестерный** (*adj*).

ВИП *nm, misc.* VIP (*very important person*)

Напомним, в базе арбитража на сегодня имеется крупный иск банка к бывшим топ-менеджерам, **вип**-клиентам и создателям Алексею и Дмитрию Ананьевым на сумму более 282 млрд рублей. (https://regnum.ru/news/2765553.html, 2019)

ВИП-ПЕРСО́НА *nf, misc.* VIP-person

Приказ на светский раут с **вип-персонами** командир корабля получил непосредственно от командующего Балтфлотом. (https://www.fontanka.ru/2019/10/19/028/, 2019)

ВИРА́ЛЬНОСТЬ *nf, int.* virality

В маркетинге появилось такое понятие, как **виральность** или стремительность распространения контента среди пользователей. (https://www.kommersant.ru/doc/4095925, 2019). **Виральный** (*adj*).

ВИРИЛИЗА́ЦИЯ *nf, med.* virilization

Вирилизация – это патологический процесс в организме женщины, который сопровождается появлением признаков, присущих лицам сильного пола. (https://fb.ru/article/392790/virilizatsiya---eto-chto-takoe-prichinyi-simptomyi-diagnostika-i-lechenie)

ВИРТУАЛИЗА́ЦИЯ *nf, int.* virtualization

Компания ZTE активно продвигает разработку ключевых технологий и отраслевых стандартов, продолжая оптимизировать технологии **виртуализации** граничных платформ. (https://tass.ru/press-relizy/7065626, 2019). **Виртуализировать/ся** (*v*).

ВИРТУА́ЛЬНОСТЬ *nf, int.* virtuality

Чтобы подчеркнуть **виртуальность** происходящего, Потапов в качестве основы для живописи использует голографическую пленку. (https://www.forbes.ru/forbeslife/385567-art-rynok-po-tu-storonu-ekrana-zachem-demienu-herstu-nuzhen-instagram, 2019). **Виртуальный** (*adj*).

ВИ́СКИ *nm, indecl, bev.* whiskey

Бутылку **виски** Macallan 60-летней выдержки урожая 1926 года продали на торгах в Лондоне. (https://www.rbc.ru/rbcfreenews/5db20af69a79476b54f40695, 2019)

ВИТА́ЛЬНОСТЬ *nf, misc.* vitality

С его оптимизмом и **витальностью** кино не могло не получиться светлым, легким и даже немного смешным. (https://tass.ru/v-strane/6903000, 2019). **Витальный** (*adj*).

ВЛОГ *nm, int.* vlog

Если нет **влога**, нет Инсты – сиди в пещере и не высовывайся, лузер. (https://www.mk.ru/politics/2019/09/25/da-pridut-antikhristy-shvedskuyu-shkolnicu-gretu-tunberg-sravnili-s-buzovoy.html, 2019)

ВЛО́ГЕР *nm, int.* vlogger

Ведь те же **влогеры**, что умалчивают о спецназовцах, позднее будут ваять нечто из серии “наша полиция нас не бережёт. (https://regnum.ru/news/2717655.html, 2019)

ВО́БЛЕР *nm, mark.* wobbler

Воблер – это подвешенный на тонкой ножке указатель, выделяющий товар в месте продаж. (https://dic.academic.ru/dic.nsf/business/)

ВОКО́ДЕР *nm, tech.* vocoder

Новый альбом полон монументальной хард-психоделики с синтезаторами и **вокодерами** и сделан с насупленными бровями. (https://www.kommersant.ru/doc/4038412, 2019)

ВО́КСЕЛЬ *nm, tech.* voxel

Каждый раз, когда робот делает шаг к следующему **вокселю**, он корректирует свое положение по отношению к конкретным компонентам, на которых он стоит в данный момент. (https://habr.com/ru/news/t/472332/, 2019)

ВОЛАТИ́ЛЬНОСТЬ *nf, fin.* volatility

В отсутствии существенной **волатильности** валютного курса и публичных заявлений об ожидаемом годовом уровне инфляции 3% думаю, что инфляция будет продолжать снижаться. (https://www.kommersant.ru/doc/4147625, 2019). **Волатильный** (*adj*).

ВОЛЕЙБО́Л *nm, sport.* volleyball

Кроме аттракционов горожане смогут поиграть на свежем воздухе в пинг-понг, **волейбол** или теннис. (https://rg.ru/2020/01/05/reg-cfo/nazvana-data-otkrytiia-v-moskve-ostrova-mechty.html, 2020). **Волейбольный** (*adj*).

ВОЛОНТЁР *nm, misc.* volunteer

ЭкоБУМ открыл ЭКОШКОЛУ, где **волонтеры** начали заниматься кастомайзингом одежды с детьми, а параллельно – изучать мировой опыт. (https://www.kp.ru/daily/27050.1/4116323/, 2019). **Волонтёрский** (*adj*).

ВОЛОНТЁРСТВО *nn, misc.* volunteering

Герой встречи на тему "Патриот и гражданин" рассказал молодым рязанцам о **волонтерстве**. (https://rzn.mk.ru/social/2019/11/02/direktor-ryazanskogo-patriotcentra-vstretilsya-so-studentami.html, 2019). **Волонтёрский** (*adj*).

ВО́ЛЬЮМ *nm, fin.* volume

Вольюм – это количество акций или операций с ценными бумагами на бирже или рынке за определенный промежуток времени, чаще всего з а одну биржевую сессию. (https://dic.academic.ru/dic.nsf/business/)

ВОЛЮМА́ЙЗЕР *nm, cosm.* volumizer

С "усталым лицом" хорошо справляется **волюмайзер** на основе гидроксиапатита кальция, советуют косметологи. (https://www.mk.ru/new-year-2016/2015/12/28/kak-stat-v-novom-godu-eshhe-krasivee-sovety-kosmetologov.html, 2015)

ВОРКА́УТ *nm, sport.* workout

Воркаут – это любительский вид спорта, включает в себя выполнение упражнений на турниках, брусьях, шведских стенках, и т.д. (https://

www.championat.com/lifestyle/article-3664271-samye-neobychnye-vidy-sporta-kotorymi-modno-zanimatsja-v-2019-godu.html, 2019)

ВОРКШО́П *nm, prof.* workshop

Квесты, **воркшопы**, мастер-классы, концерты, интерактивы, детские праздники и лекции обещают посетителям в дни новогодних праздников сотрудники музея ИЗО имени Ильи Машкова. (https://volg.mk.ru/social/2020/01/02/muzey-mashkova-v-volgograde-priglashaet-na-novogodnyuyu-programmu.html, 2020)

ВУЛКАНИЗА́ЦИЯ *nf, misc.* vulcanization

Технология **вулканизации** позволила создать стойкие цвета, нанесенные с точностью до десятой части миллиметра. (https://www.kommersant.ru/doc/4127457, 2019). **Вулканизированный** (*adj*). **Вулканизировать** (*v*).

ВУ́МБИЛДИНГ *nm, cosm.* womb building

Кроме релакс-терапии Body Balance предлагает целый комплекс услуг для красоты и здоровья. Среди них бодифлекс, **вумбилдинг**, фейс-фитнесс, аквааэробика, аэрокриотерапия, функциональная диагностика, спа-услуги, массаж и правильное питание. (https://health.omskinform.ru/news/4543, 2019)

ВЭ́НСЕЛЛИНГ *nm, bsn.* van selling

Вэнселлинг – это мелкооптовая торговля с доставкой товара и оформлением заказов на месте. (https://dic.academic.ru/dic.nsf/business/)

Г

ГА́ДЖЕТ *nm, tech.* gadget

Эксперты считают, что у тех, кто сидит за **гаджетами** дольше, повышается риск развития физических отклонений. (https://ria.ru/20191102/1560517241.html, 2019)

ГА́ЛА-КОНЦЕ́РТ *nm, ent.* gala concert

Вечером зрителей ждет битва оркестров и большой **гала-концерт**. (https://mosreg.ru/sobytiya/novosti/news-submoscow/top-7-rozhdestvenskikh-sobytii-v-podmoskove-kuda-otpravitsya-na-prazdnik, 2020)

ГАЛЛО́Н *nm, tech.* gallon

Средний американский душ, говорится в исследовании, длится 8,2 минуты, на что уходит 17,2 **галлона** драгоценной пресной воды. (https://www.mk.ru/science/2019/09/23/shvedskie-uchenye-predlozhili-sposob-spaseniya-ekologii-ne-rozhat.html, 2019).

ГА́МБУРГЕР *nm, food.* hamburger

Первый **гамбургер** сделали в Гамбурге. (https://echo.msk.ru/programs/observation/2530085-echo/, 2019). **Гамбургерный** (*adj*).

ГА́НГСТА-РЭП *nm, music.* gangster rap

Вот 22-летний Шарль Леклер раздает автографы, а вот под **гангста-рэп** на сцену выходит легендарный Хэмилтон. (https://ren.tv/novosti/2019-09-26/kvyat-rasskazal-o-zamene-motora-pered-gran-pri-v-sochi, 2019)

ГА́НГСТА-РЭ́ПЕР *nm, music.* gangster rapper

До введения НБА дресс-кода в 2005 году участники матчей больше походили на **гангста-рэперов** из клипов 50 Cent. (https://www.kommersant.ru/doc/4096036, 2019)

ГА́НГСТЕР *nm, law.* gangster

Мартин Скорсезе представит в Риме "Ирландца" об убийце 25-ти **гангстеров** по прозвищу "Ирландец". (https://www.mk.ru/culture/2019/10/18/v-rime-uvidyat-mikelandzhelo-v-interpretacii-konchalovskogo.html, 2019). **Гангстерский** (*adj*).

ГАНДБО́Л *nm, sport.* handball

В программу входили пляжные борьба, каратэ, волейбол 4x4, **гандбол**, теннис, пляжный футбол, вейкбординг, водные лыжи, кайтсёрфинг, плавание на 5 км, сёрфинг, аквафлон, баскетбол 3x3, боулдеринг, скейтбординг. (https://gorod48.ru/news/1885588/, 2019). **Гандбольный** (*adj*).

ГАНДИКА́П *nm, sport.* handicap

Создав к большому перерыву солидный **гандикап**, сначала двузначный, а потом почти двукратный, "Буревестник" этот отрыв сохранил до финального свистка. (https://www.yar.kp.ru/online/news/3657358/, 2019). **Гандикапный** (*adj*).

ГЕЙ *nm, soc.* gay

Это первый случай в истории премии, когда статуэтку получил темнокожий открытый **гей**. (https://thecity.m24.ru/articles/1199, 2019)

ГЕЙ-АКТИВИ́СТ *nm, soc.* gay activist

В начале августа в Петербурге на Дворцовой площади состоялись очередные несогласованные протесты **гей-активистов**. (https://nevnov.ru/704452-troshin-i-ego-komanda-khotyat-prevratit-peterburg-v-raduzhnyi-gorod-gei-paradov, 2019)

ГЕЙ-БА́Р *nm, soc.* gay bar

От **гей-баров** усердно пытались избавиться власти, но они закрывались, а потом открывались снова. (https://www.goodhouse.ru/family_and_children/istorii-lyudey/obratnogo-puti-net-istoriya-stounvollskih-protestov-izmenivshaya-mir/, 2019)

ГЕЙ-КЛУ́Б *nm, soc.* gay club

Недавно певица дала концерт в одном из московских **гей-клубов**. (https://dni24.com/exclusive/242872-olga-buzova-prygnula-v-tolpu-poklonnikov-so-sceny-vo-vremja-vystuplenija-v-gej-klube.html, 2019)

ГЕЙМ *nm, sport.* game

Тсонга совершил семь подач навылет и взял три **гейма** на приеме. (https://matchtv.ru/tennis/matchtvnews_NI1102776_Obidchik_Rubleva_na_Masterse_v_Parizhe_Tsonga_vyshel_v_tretij_krug_turnira, 2019)

ГЕЙМБО́Л *nm, tennis.* game ball

Четыре раза **геймбол** имела третья ракетка мира из Украины, однако ни одного из них реализовать ей не удалось. (https://www.championat.com/tennis/news-3859547-pervyj-gejm-matcha-svitolina--riske-prodlilsja-bolee-15-minut-sledujuschie-tri--11.html, 2019)

ГЕЙМДИЗА́ЙНЕР *nm, prof.* game designer

В пятницу, 4 октября, в рамках программы игрового клуба выставки "Грядущий мир" в летнем кинотеатре Garage Screen состоится паблик-ток с японским **геймдизайнером** и художником. (https://www.buro247.ru/news/technology/27-sep-2019-hideo-kojima-public-talk.html, 2019)

ГЕ́ЙМЕР *nm, comp.* gamer

Пока что **геймерам** предстоит управлять варваром, волшебницей и друидом. (https://regnum.ru/news/2766585.html, 2019). **Геймерский** (*adj*).

ГЕЙМИФИКА́ЦИЯ *nf, comp.* gamification

Трехдневная конференция посвящена управлению знаниями в самом широком смысле – обучение персонала и кадровая политика, **геймификация**, управление навыками на производстве и в быту, самообучение и так далее. (https://www.rbc.ru/trends/education/5da030769a79478de3656fc2, 2019)

ГЕЙМПА́Д *nm, comp.* gamepad

PlayStation 5 будет поставляться с новым **геймпадом** с улучшенными системой вибрации и аккумулятором. (https://www.kommersant.ru/doc/4142253, 2019)

ГЕЙ-ПАРА́Д *nm, soc.* gay parade

К примеру, член партии "Яблоко" в Петербурге Сергей Трошин, который ранее претендовал на пост губернатора города, вообще заявил, что в случае победы на выборах разрешит **гей-парады** на Невском проспекте, легализует однополые браки и разрешит усыновлять детей такими семьями. (https://nevnov.ru/704452-troshin-i-ego-komanda-khotyat-prevratit-peterburg-v-raduzhnyi-gorod-gei-paradov, 2019)

ГЕЙ-ПРА́ЙД *nm, soc.* gay pride

Гей-прайд будет проходить весь день. (https://echo.msk.ru/news/2505849-echo.html, 2019)

ГЕЛИКО́ПТЕР *nm, avia.* helicopter

В небоскребе планировалось разместить парковку для 15 тысяч автомобилей и сотни **геликоптеров**. (https://www.pravda.ru/realty/1429870-architectural_projects/, 2019)

ГЕ́МБЛИНГ *nm, game.* gambling

Активная работа Федеральной налоговой службы против букмекеров и **гемблинга** привела к вытеснению прямых рекламодателей пиратских сайтов. (https://tass.ru/ekonomika/7065109, 2019)

ГЕ́НДЕР *nm, soc.* gender

Этот классический сюжет был повернут в актуальную плоскость и сопряжен с феминистскими идеями социального **гендера**. (https://www.kommersant.ru/doc/4148068, 2019). **Гендерный** (*adj*).

ГЕНДЕРКВИ́Р *nm, soc.* genderqueer

В современном западном обществе также рассматриваются ряд трансгендерных и интерсекс идентичностей: **гендерквир**, шимейл, бигендер и т. д. (https://www.euromag.ru/articles/germanija-uzakonit-tretij-pol/, 2019)

ГЕН-РЕГУЛЯ́ТОР *nm, bio.* gene regulator

Ген-регулятор – это ген, обладающий постоянной низкой активностью, на нем синтезируется белок-репрессор – регуляторный белок, который может соединяться с оператором, инактивируя его. (https://studopedia.ru/9_194889_regulyatsiya-raboti-genov-znachenie-gistonov-struktura-operona-rol-strukturnih-genov-promotora-operatora-regulyatora-faktorov-transkriptsii-induktorov.html)

ГЕН-РЕПЛИКА́ТОР *nm, bio.* gene replicator

Вдохновленный идеями Чарльза Дарвина, английский ученый хотел перенести идею о **гене-репликаторе** с биологических закономерностей на антропологические. (https://nplus1.ru/material/2017/10/20/mems-and-culture, 2017)

ГЕН-РЕПОРТЁР *nm, bio.* gene reporter

Кроме того, будут применяться современные методы генной инженерии, позволяющие пометить молодые нейроны **геном-репортером** ферритином. (https://tass.ru/sibir-news/5286619, 2019)

ГЕН-СУПРЕ́ССОР *nm, bio.* gene suppressor

В 2008 году он стал заместителем директора в Институте онкологии имени Дана-Фарбер, где изучал, как мутации в **генах-супрессорах**. (https://nauka.tass.ru/nauka/6970326, 2019)

ГЕОБРЕ́НДИНГ *nm, tour.* geo branding

Медленно надо создавать некий системный кодекс того, как интегрировать брендинг и **геобрендинг** государства, города, региона в какую-то культурную составляющую. (https://tass.ru/kultura/6886232, 2019)

ГЕОЛОКА́ЦИЯ *nf, comp.* geolocation

Он отметил, что в приложение фото- и видеофиксация аварии идет с привязкой к **геолокации**. (https://www.m24.ru/news/transport/01112019/95653, 2019). **Геолокационный** (*adj*).

ГЕОПОЛИ́ТИКА *nf, pol.* geopolitics

Сырьевой рынок обращает пристальное внимание к переговорам между США и Китаем, чем больше стабильности в **геополитике**, тем меньше волатильности Brent. (http://www.finmarket.ru/analytics/5109642, 2019). **Геополитический** (*adj*).

ГЕОСТРАТЕ́ГИЯ *nf, pol.* geostrategy

Правильное определение геополитического статуса России необходимо для выработки ее геополитики и **геостратегии** в современном мире. (http://nvo.ng.ru/gpolit/2019-06-13/1_6_7_1048_geopolititca.html, 2019). **Геостратегический** (*adj*).

ГЕОТЕ́Г *nm, comp.* geotag

Ты сам должен решить, какой информацией ты хочешь делиться: фотографиями, **геотегами**, контактами. (https://tass.ru/ekonomika/7030044. 2019)

ГЕОТЕ́ГИНГ *nm, tour.* geotagging

Теперь в моде туризм, получивший название **геотегинга**: мы ищем направление для поездки с помощью геолокационных отметок в инстаграме. (https://www.adme.ru/tvorchestvo-fotografy/pochemu-byt-turistom-segodnya-ne-kruto-dadim-podskazku-vsemu-vinoj-instagram-2134115/, 2019)

ГЕОФИ́ЗИКА *nf, sci.* geophysics

Институт является кузницей научных кадров высшей квалификации в области **геофизики** и геоэкологии. (https://tass.ru/obschestvo/6865669, 2019). **Геофизический** (*adj*).

ГЕОЭКОЛО́ГИЯ *nf, sci.* geoecology

Институт является кузницей научных кадров высшей квалификации в области геофизики и **геоэкологии**. (https://tass.ru/obschestvo/6865669, 2019) **Геоэкологический** (*adj*).

ГЕОЭКОНО́МИКА *nf, pol.* geoeconomics

С точки зрения **геоэкономики**, налицо продвижение китайского проекта “Пояса и пути” в важной узловой развязке его океанического маршрута. (https://regnum.ru/news/2760166.html, 2019). **Геоэкономический** (*adj*).

ГЁРЛСКАУТ *nf, soc.* girl scout

В 2015 году в Ватикане девочка-**герлскаут** спросила папу: "Если Бог всех прощает, то почему существует ад?" (http://www.ng.ru/events/2018-04-04/11_440_vatican.html, 2019)

ГЁРЛФРЕНД *nf, slang.* girlfriend

Итак, байронический юноша по имени Гэтсби Уэллс и его бойкая **герлфренд** прибывают в Нью-Йорк из колледжа на выходные. (https://style.rbc.ru/impressions/5d9f25a79a79472cb817ba03, 2019)

ГЕРО́ИН *nm, drug.* heroin

При личном досмотре у него изъяли переделанный под стрельбу боевыми патронами травматический пистолет, восемь боевых патронов, а также **героин** весом 1,5 грамма. (https://regnum.ru/news/2764390.html, 2019). **Героиновый** (*adj*).

ГЕРОНТОЛО́ГИЯ *nf, sci.* gerontology

Сотрудничество с Санкт-Петербургским институтом биорегуляции и **геронтологии** очень продуктивно для нашего мединститута. (https://regnum.ru/news/2705370.html, 2019). **Геронтологический** (*adj*).

ГЕСТХА́УС *nm, tour.* guest house

Многие стараются передвигаться экологичным способом, например, на велосипеде или на поезде; для проживания выбирают семейные **гестхаусы**, кемпинги, квартиры. (https://snob.ru/entry/183626/, 2019)

ГЕТЕРОСЕКСУА́Л *nm, soc.* heterosexual

К нам приехали ребята из петербургской организации "Альянс **гетеросексуалов** и ЛГБТ за равноправие". (https://lenta.ru/articles/2019/10/30/discrim/, 2019). **Гетеросексуальный** (*adj*).

ГЕТЕРОСЕКСУАЛИ́ЗМ *nm, soc.* heterosexualism

Будучи конгрессменом, он блокировал попытки финансировать лечение ВИЧ-инфекции без выделения денег на кампанию по пропаганде **гетеросексуализма**. (https://lenta.ru/articles/2016/11/17/trump_administration/, 2019). **Гетеросексуальный** (*adj*).

ГИГАБА́ЙТ *nm, comp.* gigabyte

Появились "пакетные предложения", в которые уже заложены **гигабайты**, СМС и минуты разговора – даже если ты их не использовал, то все равно заплатил. (https://rueconomics.ru/416102-rossiya-obespechila-sebe-mirovoe-preimushestvo-v-cifrovizacii, 2019)

ГИДРА́НТ *nm, tech.* hydrant

Пожарный **гидрант** – это оборудование, которое обеспечивает удобный забор жидкости из водопроводной сети. (https://fb.ru/article/226009/pojarnyiy-gidrant-ustroystvo-i-printsip-rabotyi-kakovo-naznachenie-pojarnogo-gidranta). **Гидрантный** (*adj*).

ГИДРОКРЕ́КИНГ *nm, auto.* hydrocracking

В частности, речь идет о катализаторах каталитического крекинга, гидроочистки и **гидрокрекинга**. (https://ria.ru/20191024/1560167242.html, 2019)

ГИДРОЦИ́КЛ *nm, sport.* hydrocycle

Одной из наболевших проблем крымского туризма давно стали жалобы гостей полуострова на **гидроциклы** и так называемые “бананы”. (https://www.crimea.kp.ru/online/news/3659779/, 2019)

ГИ́ММИК *nm, ad.* gimmick

Может быть, вас убедит посмотреть это очень веселое шоу следующий факт: рестлинг-персону героини Бри зовут Зоя-разрушительница, и ее главный **гиммик** в том, что она говорит с ужасным русским акцентом. (https://kanobu.ru/articles/glavnyie-serialyi-avgusta-2019-374153/, 2019)

ГИПЕРВИ́ЗОР *nm, comp.* hypervisor

На серверы устанавливается специальное программное обеспечение – **гипервизор**, которое отвечает за выделение аппаратных ИТ-ресурсов виртуальным машинам. (https://www.cnews.ru/news/top/2019-10-23_iaas_dlya_vas_chto_eto_takoe, 2019)

ГИПЕРИНФЛЯ́ЦИЯ *nf, econ.* hyperinflation

Мультивалютная корзина была официально введена в Зимбабве в 2009 году на пике **гиперинфляции**. (https://iz.ru/937940/2019-10-30/tarify-na-sviaz-v-zimbabve-vyrosli-na-95, 2019). **Гиперинфляционный** (*adj*).

ГИПЕРМА́РКЕТ *nm, bsn.* hypermarket

“Лента” открыла в Петербурге флагманский **гипермаркет** в обновленном формате. (https://realty.interfax.ru/ru/news/articles/111608, 2019)

ГИРОСКУ́ТЕР *nm, sport.* gyroscooter

Изменения в правилах дорожного движения относительно поведения обладателей самокатов и **гироскутеров** на дорогах в России уже не только созрели, но и “перезрели”. (https://regnum.ru/news/2810087.html, 2019)

ГИФ *nm, comp.* GIF (*graphic interchange format*)

GIF – сокращение от Graphics Interchange Format (“формат для обмена изображениями”), и если произносить его как аббревиатуру, то получается “**гиф**”. (https://www.adme.ru/svoboda-kultura/15-izvestnyh-brendov-nazvaniya-kotoryh-my-po-privychke-koverkaem-2206465/, 2019)

ГЛА́ЙДИНГ *nm, sport.* gliding

Фитнес на тарелках, или **глайдинг** – это занятия с двумя небольшими дисками, по 22 см в диаметре. (https://vladimir.mk.ru/articles/2017/05/17/fitnesfishki-originalno-i-veselo.html, 2017)

ГЛАМУ́Р *nm, soc.* glamour

Сценарий основан на книге Сары Гэй Форден “Дом Гуччи: сенсационная история убийства, безумия, **гламура** и жадности”. (https://ria.ru/20191102/1560523783.html, 2019). **Гламурный** (*adj*).

ГЛИ́ТТЕР *nm, misc.* glitter

В отделке были использованы эко- и натуральный мех, а также глянцевые ткани и **глиттер** большой палитры неоновых оттенков. (https://lisa.ru/moda/592382-nedelya-mody-v-moskve-obzor/, 2019)

ГЛИ́ТТЕР-РОК *nm, music.* glitter rock

Наконец, само его имя стало частью нового термина "**глиттер-рок**", который некоторое время использовался наравне с "глэм-роком" для обозначения версии "глэма". (https://www.kommersant.ru/doc/4124959, 2019)

ГЛИТЧ *nm, astr, comp.* glitch

Считается, что **глитчи** связаны с внутренними процессами нейтронной звезды, такими как растрескивание коры, а не с внешними силами. (https://nplus1.ru/news/2019/10/16/pulsar-gw-detector, 2019)

ГЛИ́ТЧ-РЕЙВ *nm, music.* glitch rave

В программе: австралийский авант-поп, американская семплоделика, британская панк-электроника, индонезийский дарк-фолк, иранский авангард, казачий киберпанк, сибирский эмбиент, финская психоделия, черкесская народная музыка, шведское индастриал-техно, японский **глитч-рейв** и не только. (http://www.chaskor.ru/article/russkoe_pole_eksperimentov_45124, 2019)

ГЛОБАЛИЗА́ЦИЯ *nf, pol.* globalization

И у **глобализации**, и у антиглобализма есть свои проблемы – эволюция происходит там, где есть конкуренция культур, концепций и идей. (https://www.forbes.ru/forbeslife/379683-nash-mir-gigantskiy-mozg-uchastnik-spiska-forbes-david-yan-ob-oputavshey-lyudey, 2019). **Глобализированный** (*adj*). **Глобализировать** (*v*).

ГЛОБАЛИ́ЗМ *nm, pol.* globalism

В начале XX века попытка выстроить первый вариант **глобализма** о знаменовалась разрушением империй в ходе Первой мировой войны и созданием Лиги Наций. (https://regnum.ru/news/2741722.html, 2019). **Глобальный** (*adj*). **Глобализировать** (*v*).

ГЛОБАЛИ́СТ *nm, misc.* globalist

На постсоветском пространстве не прекращается война за умы, которую ведут **глобалисты** Запада. (https://www.kp.ru/daily/27047.5/4112942/, 2019). **Глобалистский** (*adj*).

ГЛОБТРО́ТТЕР *nm, tour.* globetrotter

В открытых шкафчиках должны лежать истории поездок по России самых известных **глобтроттеров** века – речь и о пломбированном вагоне Ильича, и о бронепоезде Троцкого. (https://www.kommersant.ru/doc/3637734, 2019)

ГЛОРИФИКА́ЦИЯ *nf, misc.* glorification

Посол посетовал на то, что США ежегодно голосуют в ООН против российской резолюции, направленной на борьбу с **глорификацией** нацизма и современными формами дискриминации. (https://lenta.ru/news/2019/07/10/nazis_still_here/, 2019). **Глорифицировать** (*v*).

ГЛЭМ *nm, slang.* glam (*glamour*)

Наконец, само его имя стало частью нового термина "глиттер-рок", который некоторое время использовался наравне с "глэм-роком" для обозначения версии "**глэма**". (https://www.kommersant.ru/doc/4124959, 2019)

ГЛЭМ-МЕТА́Л *nm, music.* glam metal

За свою более чем 40-летнюю историю группа Kiss играла в жанрах глэм-рок, хард-рок, шок-рок, хеви-метал и **глэм-метал**. (https://regnum.ru/news/2624839.html, 2019)

ГЛЭМ-РО́К *nm, music.* glam rock

Наконец, само его имя стало частью нового термина "глиттер-рок", который некоторое время использовался наравне с "**глэм-роком**" для обозначения версии "глэма". (https://www.kommersant.ru/doc/4124959, 2019)

ГО́БЛИН *nm, misc.* goblin

Кинокритики отметили, что в фильме по одноименной повести Н.В. Гоголя мастерски представлены **гоблины**, демоны и скелеты. (https://nevnov.ru/731581-sovetskii-film-vii-voshel-v-sotnyu-luchshikh-uzhastikov-vsekh-vremen, 2019)

ГОЛКИ́ПЕР *nm, sport.* goalkeeper

Форвард нанёс мощный удар с центра поля и поразил ворота, несмотря на то что **голкипер** камбоджийцев в тот момент находился на линии рамки. (https://www.championat.com/football/news-3890855-17-letnij-forvard-zabil-s-centra-polja-golkiperu-stojavshemu-na-linii-vorot-video.html, 2019). **Голкиперский** (*adj*).

ГОЛЬФ *nm, sport.* golf

Курорт придется по душе поклонникам **гольфа**, ценителям гастрономии и любителям спа. (https://style.rbc.ru/impressions/5db34d739a7947e31cc55f2d, 2019). **Гольфовый** (*adj*).

ГОМОСЕКСУАЛИ́ЗМ *nm, soc.* homosexualism

Против организаторов канала вначале завели административное дело о пропаганде **гомосексуализма** среди несовершеннолетних. (https://echo.msk.ru/news/2530739-echo.html, 2019). **Гомосексуальный** (*adj*).

ГОМОСЕКСУАЛИ́СТ *nm, soc.* homosexualist

Как передает "Радио Свобода", Касымберди Гараев стал первым **гомосексуалистом** в стране, открыто обратившемся в СМИ из-за нетерпимости к ЛГБТ. (https://echo.msk.ru/news/2529669-echo.html, 2019). **Гомосексуальный** (*adj*).

ГОМОСЕКСУА́ЛЬНОСТЬ *nf, soc.* homosexuality

Риз Бреннан отличается тем, что умеет подать тему нетрадиционной ориентации как нечто само собой разумеющееся, не делая из **гомосексуальности** сенсацию. (https://regnum.ru/news/2753751.html, 2019). **Гомосексуальный** (*adj*).

ГОМОСОЦИА́ЛЬНОСТЬ *nf, soc.* homosociality

Для понимания биосоциальной природы маскулинности особенно важен феномен гендерной сегрегации и **гомосоциальности**. (https://www.kp.ru/daily/25676/836722/, 2019). **Гомосоциальный** (*adj*).

ГО́СПЕЛ *nm, music.* gospel

Шенда Рул, исполняя **госпел** и джаз, считает себя “инструментом в руках Творца”. (https://nevnov.ru/738537-denis-macuev-sygraet-dzhaz-v-krugu-druzei-v-peterburge, 2019)

ГО́СПЕЛ-АЛЬБО́М *nm, music.* gospel album

Канье Уэст выпустил долгожданный **госпел-альбом** Jesus Is King, выход которого за последний месяц откладывался дважды. (https://esquire.ru/relaxation/132102-svershilos-kane-uest-vse-taki-vypustil-obeshchannyy-albom-jesus-is-king/, 2019)

ГО́СПЕЛ-МУ́ЗЫКА *nf, music.* gospel music

Частью коллектива Open Door могут стать любители **госпел-музыки** всех возрастов. (https://nevnov.ru/588433-peterburgskii-gospel-khor-provedyot-otkrytuyu-repeticiyu-v-annenkirkhe, 2019)

ГОСТРА́ЙТЕР *nm, pub.* ghostwriter

Лидер группы “Ленинград” Сергей Шнуров обвинил телеведущую Ксению Собчак в использовании **гострайтера**, который якобы помогал журналистке в стихотворном баттле. (https://www.gazeta.ru/culture/2019/07/19/a_12509911.html, 2019)

ГОТ *nm, soc.* goth

Готы делятся на множество подтипов: антикварные, ренессансные, викторианские, кибер-готы, глиттерготы, корпоративные **готы**, вампиры и многие другие. (https://naked-science.ru/article/history/goty-kak-narod-i-subkultura-na, 2015)

ГРА́ББЕР *nm, int.* grabber (*data capturing device*)

По данным полиции, используя коды-**грабберы** для отключения сигнализации, злоумышленники угнали полтора десятка автомашин марок Honda и Mazda. (https://www.kommersant.ru/doc/4143566, 2019)

ГРА́ББИНГ, ***ГРА́БИНГ** *nm, int.* grabbing (*data capturing*)

Граббинг – это аморально и не культурно: вы получаете чужой трафик, без ведома владельца. (https://xakep.ru/2006/02/06/29969/)

ГРАДИЕ́НТ *nm, misc.* gradient

Подходящие условия для возникновения резонанса образуются из-за высоких **градиентов** температуры на краях хромосферы. (https://nplus1.ru/news/2019/12/04/solar-spot-resonance, 2019). **Градиентный** (*adj*).

ГРАЙНД-БО́КС *nm, skatebrd.* grind box

В списке закупаемого оборудования представлены 17 наименований, в том числе: мини-рампа, пирамида с фанбоксом, разгонка с радиусом и **грайнд-бокс**. (https://vrn.mk.ru/sport/2019/10/18/na-dambe-v-voronezhe-oboruduyut-skeytpark.html, 2019)

ГРАЙНДКО́Р *nm, music.* grindcore

Калужане аплодировали стоя известному оркестру и его дирижёру Fabio Pirola. В зале целых два часа царила атмосфера настоящего рока от поп-рока до **грайндкора**. (https://www.mkkaluga.ru/culture/2018/10/20/concord-orchestra-vzorval-kaluzhskiy-zal-simfonicheskimi-rokkhitami.html, 2018)

ГРАНЖ-РО́К *nm, music.* grunge rock

Курт Кобейн, один из лидеров **гранж-рока** в начале 90-х годов, покончил собой пятого апреля 1994 в возрасте 27 лет. (https://ria.ru/20191009/1559592874.html, 2019)

ГРАНТ *nm, fin.* grant

Торжественная церемония вручения **грантов** мэра Москвы в 19 номинациях в сфере культуры и искусства среди учащихся творческих школ и колледжей прошла в Доме Музыки. (https://tass.ru/moskva/7076231, 2019). **Грантовый** (*adj*).

ГРАУНДСПО́ТТИНГ *nm, sport.* ground spotting

Граундхоппинг и **граундспоттинг** отражают нюансы одного и того же увлечения. Хопперы ходят на стадионы только тогда, когда там проходят матчи, а споттерам достаточно и пустых стадионов, лишь бы их список пополнялся. (https://vm.ru/society/742284-neobychnaya-kollekciya-moskvich-sobiraet-stadiony-i-sportivnye-ploshadki, 2019)

ГРАУНДХО́ППЕР *nm, sport.* groundhopper

Ищешь хорошие фотографии, перелистываешь десятки репортажей **граундхопперов**, снятые на телефоны, и вдруг – настоящий шедевр. (https://www.sports.ru/tribuna/blogs/nonleague/2330376.html, 2019)

ГРАУНДХО́ППИНГ *nm, sport.* groundhopping

Граундхоппинг и граундспоттинг нюансы одного и того же увлечения. Хопперы ходят на стадионы только тогда, когда там проходят матчи, а споттерам достаточно и пустых стадионов, лишь бы их список пополнялся. (https://vm.ru/society/742284-neobychnaya-kollekciya-moskvich-sobiraet-stadiony-i-sportivnye-ploshadki, 2019)

ГРАФТ *nm, med.* graft

Стент-**графт** представляет собой очень жесткий металлический каркас, выполненный из нитиноловой стали, покрытый полиэстером. (https://vecherka-spb.ru/2019/11/01/razrabotka-centra-almazova-spaset-tysyachi-zhiznej/, 2019)

ГРАФФИ́ТИ *npl, indecl, art.* graffiti

Современный художник Бэнкси скрывает свое имя и лицо, однако широко известен своими **граффити**, критикующими войну. (https://www.kommersant.ru/doc/4101978, 2019)

ГРЕ́ЙДЕР *nm, trans.* grader (*road grader*)

На тех участках дорог, которые будут содержаться "в накате", **грейдеры** нарезают продольные борозды для создания рельефа, производится обработка от наледи. (https://nevnov.ru/region/Petrozavodsk/739430-chast-avtodorog-karelii-ostanetsya-na-zimu-pod-snegom, 2019). **Грейдерный** (*adj*).

ГРЕЙПФРУ́Т *nm, plant.* grapefruit

Серьёзный вред здоровью может нанести и сок **грейпфрута**, если его употреблять в сочетании с лекарствами. (https://news.ru/health/vrach-nazval-osnovnye-prichiny-sudorog-v-nogah/, 2019). **Грейпфрутовый** (*adj*).

ГРЕЙХА́УНД *nm, anim.* greyhound

Кроме русских борзых в псовой охоте показали себя **грейхаунды**, хортые борзые, тазы – казахские борзые, а также салюки. (https://nevnov.ru/region/Arkhangelsk/733266-arkhangelogorodcy-pokazali-rezvost-svoikh-borzykh-v-psovoi-okhote, 2019)

ГРИЛЬ *nm, misc.* grill

Кроме того, в меню есть супы и салаты – например, зеленый микс с яйцом, томатами черри и пармезаном или с курицей на **гриле** и медовой горчицей. (http://www.sobaka.ru/bars/opening/98813, 2019)

ГРИЛЬ-БА́Р *nm, food.* grill bar

За кухню в **гриль-баре** отвечает австралийский шеф-повар Глен Балисс. (https://momenty.org/city/5958, 2019)

ГРИН *nm, golf.* green

Состоялась увлекательная гольф-клиника с тренировкой на чипинг **грине** и паттинг **грине** под руководством менеджера гольф-академии Александра Осинова. (https://golf.ru/news/v_rossii/kazan_kaban_olen_v_golf_klube_don/, 2019)

ГРИНКА́РТА, *nf,* ***ГРИН-КА́РД** *nm, soc.* green card

Зависимость от общества и так присутствовала в числе критериев, рассматриваемых при выдаче **гринкарты**, однако до настоящего времени не имела точного определения. (https://ria.ru/20191005/1559460910.html, 2019)

ГРИПШИ́ФТ *nm, auto.* gripshift

Более простой вариант – "**грипшифт**": скорости переключаются поворотом круглой ручки на руле. (https://www.gazeta.ru/auto/2015/05/08_a_6678357.html, 2019)

ГРУВ-МЕТА́Л *nm, music.* groove metal

В начале следующего года у группы уже запланирован совместный тур с **грув-метал** группой Five Finger Death Punch. (https://regnum.ru/news/2765215.html, 2019)

ГРУ́МЕР *nm, prof.* groomer

Если вы не знаете, что такое "флэтвек" или "плакинг", значит либо в вашем доме нет питомца, либо вы ни разу не были у **грумера**, говоря человеческим языком – парикмахера для домашних животных. (https://mir24.tv/articles/16383127/sobachya-usluga, 2019)

ГРУ́МИНГ *nm, prof.* grooming

Несколько десятилетий назад **груминг** был лишь гигиенической процедурой, которую рекомендовали ветеринары. (https://mir24.tv/articles/16383127/sobachya-usluga, 2019)

ГУ́ГЛ *nm, int.* Google

Я вырос в Воронеже. Рос, когда не было интернета. Моим **гуглом** была моя бабушка. (https://www.vrn.kp.ru/online/news/3659555/, 2019). **Гуглить/загуглить** (*v*).

ГЭГ *nm, media.* gag (*comedy*)

Характеры персонажей в "Семействе Адамс" традиционно раскрывались через юмористические **гэги** – как правило, чёрные и ироничные. (https://regnum.ru/news/2766849.html, 2019)

Д

ДА́ББИНГ *nm, media.* dabbing

В программе обучения есть даже битбоксинг и **даббинг** – мастерство дубляжа. (https://www.5-tv.ru/news/233510/maksim-leonidov-obezdar-nostah-vsoubiznese-tvorcestve-isvoih-tatuirovkah/, 2019)

ДАБЛ *nm, baskt.* double

Дончич стал первым игроком в истории НБА, которому удался такой трипл **дабл** в двух играх подряд. (https://regnum.ru/news/2767575.html, 2019)

ДАБЛ-ДА́БЛ *nm, baskt.* double-double

Дабл-дабл оформил Густаво Айон, на счету которого 17 очков и 13 подборов. (https://www.championat.com/basketball/news-3891499-dabl-dabl-ajona-ne-spas-zenit-ot-chetvjortogo-porazhenija-podrjad-v-edinoj-lige-vtb.html, 2019)

ДАБЛДЕ́КЕР *nm, trans.* double-decker (*bus*)

В Лондоне, как известно, старые телефонные будки являются узнаваемым брэндом, как двухэтажные красные автобусы-**даблдекеры** или чёрные кэбы. (https://arh.mk.ru/social/2019/10/28/v-arkhangelske-ustanovili-vtoruyu-budku-dlya-bukkrossinga.html, 2019)

ДАБЛ-МИ́КСТ *nm, sport.* double mixed (mixed doubles)

Международный турнир по керлингу Pacific Ocean Cup 2019 в дисциплине **дабл-микст** во Владивостоке станет частью программы Восточного экономического форума. (https://tass.ru/sport/6693974, 2019)

ДА́ЙВЕР *nm, sport.* diver

У берегов штата Флорида **дайверы** нашли на дне океана настоящий клад стоимостью свыше миллиона долларов. (https://dni24.com/exclusive/243720-na-dne-u-beregov-floridy-dajvery-nashli-klad-na-million-dollarov.html, 2019). **Дайверский** (*adj*).

ДА́ЙВИНГ *nm, sport.* diving

Большая белая акула напала на мужчину, занимавшегося **дайвингом**, когда он нырял возле своей лодки. (https://regnum.ru/news/2823310.html, 2020). **Дайвинговый** (*adj*).

ДА́ЙВИНГ-КЛУБ *nm, sport.* diving club

В Норвегии члены местного **дайвинг-клуба** после многолетних поисков обнаружили на дне моря обломки голландского торгового судна "Юффрау Элизабет". (https://rg.ru/2019/10/30/najdeno-tainstvenno-propavshee-v-xviii-veke-sudno.html, 2019)

ДАЙВИНДУСТРИ́Я *nf, bsn.* dive industry

С этого сезона запущено дайвинг-сафари в Крыму – впервые за историю **дайвиндустрии**. (https://rg.ru/2019/10/30/najdeno-tainstvenno-propavshee-v-xviii-veke-sudno.html, 2019)

ДАЙДЖЕ́СТ *nm, pub.* digest

В этот раз гостей ждет большая видеоарт и перформативная программа: **дайджест** Школы Родченко, пластический перформанс "Перформанс жизни". (https://www.mk.ru/culture/2019/10/31/noch-iskusstv-v-moskve-2019-kuda-poyti-chto-posmotret.html, 2019)

ДАКФЕ́ЙС *nm, slang.* duckface

На смену "**дакфейсу**" (селфи с губами, сложенными "уточкой") в 2015-м пришли секси-фоточки с приоткрытым ртом. (https://www.chel.kp.ru/online/news/3200152/, 2019)

ДА́НСИНГ *nm, dance.* dancing

Зрители увидят действие, которое плавно перемещается со съемочной площадки золотого века мексиканского кино на берег океана, из темного **дансинга** в бесплодную пустыню. (https://vm.ru/news/737754-premera-novogo-shou-cirka-dyu-solej-projdet-v-moskve, 2019)

ДА́НСИНГ-ХОЛЛ *nm, dance.* dancing hall

Сообщается, что на борту гангстеры держали питейное заведение, **дансинг-холл** и казино, и его местонахождение не является большим секретом. (https://www.gazeta.ru/army/2019/06/10/12405751.html, 2019)

ДАНТИ́СТ *nm, prof.* dentist

Немецкий **дантист** вырвал самый длинный зуб в мире и попал в Книгу рекордов Гиннесса. (https://www.kp.ru/online/news/3659964/, 2019). **Дантистский** (*adj*).

ДАРКНЕ́Т *nm, int.* darknet

В итоге мы получим миграцию пользователей в **даркнет** и постоянные атаки на IT-инфраструктуру контролирующих органов. (https://www.forbes.ru/karera-i-svoy-biznes/386575-eshche-odin-nalog-na-predprinimateley-kak-suverennyy-internet-izmenit, 2019)

ДАРК-ФО́ЛК *nm, music.* dark folk

В программе: австралийский авант-поп, американская семплоделика, британская панк-электроника, индонезийский **дарк-фолк**, иранский авангард, казачий киберпанк, сибирский эмбиент, финская психоделия, черкесская народная музыка, шведское индастриал-техно, японский глитч-рейв и не только. (http://www.chaskor.ru/article/russkoe_pole_eksperimentov_45124, 2019)

ДА́РТС *nm, sport.* darts

Любой желающий сможет попрыгать на надувном батуте, поиграть в **дартс**, опробовать надувные лыжи и ботинки. (https://aif.ru/my_area/mozhaisky/chto_novogo_v_mozhayskom_rayone, 2019)

ДАТАГРА́ММА *nf, comp.* datagram

При покидании сети проблемы ещё серьёзнее, потому что необходимо дождаться всех частей **датаграммы**, а потом собрать их с большими затратами времени. (https://habr.com/ru/post/330818/, 2017)

ДАТАМА́ЙНИНГ *nm, int.* data mining

Некоторые до сих пор ждут, когда им покажут заветную концовку. О ней стало известно достаточно рано благодаря **датамайнингу**. (https://kanobu.ru/news/konami-pokazala-igrokam-sekretnuyu-kontsovku-mgs-v-nasilno-udaliv-vse-yadernoe-oruzhie-401605/, 2019)

ДА́ТА-ЦЕНТР *nm, comp.* data center

Данные находятся на серверах, которые в свою очередь установлены в различных **дата-центрах** по всему миру. (https://www.kommersant.ru/doc/4033547, 2019)

ДАУНХИ́ЛЛ *nm, sport.* downhill

На курорте "Ведучи" прошли соревнования на Кубок главы Чечни по **даунхиллу** – скоростному спуску на горном велосипеде. (https://regnum.ru/news/2754639.html, 2019)

ДАУНШИ́ФТЕР *nm, soc.* downshifter

Целая армия фрилансеров и **дауншифтеров** живёт в азиатских деревнях, а работает по интернету в России. (https://regnum.ru/news/2718075.html, 2019)

ДАУНШИ́ФТИНГ *nm, misc.* downshifting

На краю леса в покосившемся доме живет бывшая преподавательница танцев из Санкт-Петербурга: такой вот вариант **дауншифтинга**. (https://www.kommersant.ru/doc/4125467, 2019)

ДЕСКХО́ЛДЕР *nm, fin.* desk holder

Дескхолдер – это держатель поручений клиентов для биржевых брокеров. (https://dic.academic.ru/dic.nsf/business/)

ДЕБРИ́ФИНГ *nm, psych.* debriefing

Судно направляется в Дубай, чтобы экипаж мог сойти на берег и пройти медицинский осмотр и процедуру **дебрифинга**. (https://www.rbc.ru/rbcfreenews/5d8dd0f29a79475de8b3db86, 2019)

ДЕВА́ЙС, ***ДИВА́ЙС** *nm, tech.* device

Речь идет о гаджетах, изготовленных до 2012 года. Компания объяснила это особенностью встроенных в **девайсы** GPS-модулей. (https://www.kommersant.ru/doc/4148267, 2019)

ДЕВЕ́ЛОПЕР *nm, prof.* developer

Активность арендаторов и наблюдавшийся на фоне кризиса низкий ввод коммерческой недвижимости сыграли на руку **девелоперам**. (https://www.kommersant.ru/doc/4147568, 2019). **Девелоперский** (*adj*).

ДЕВЕ́ЛОПМЕНТ *nm, bsn.* development

Наибольший интерес инвесторов вызывает приобретение индустриальной недвижимости, а также земельных участков под **девелопмент**. (https://rg.ru/2019/11/04/ofisnaia-nedvizhimost-obognala-po-populiarnosti-torgovuiu.html, 2019)

ДЕВИА́ЦИЯ *nf, psych.* deviation

Задача родителей (которые часто путают признаки депрессии с обычными для подросткового периода **девиациями** поведения) – распознать симптомы болезни до обращения к врачу. (https://www.goodhouse.ru/health/childs_health_and_psychology/kak-otlichit-depressiyu-ot-obychnogo-podrostkovogo-povedeniya/, 2019). **Девиационный** (*adj*).

ДЕГИДРА́ТОР *nm, tech.* dehydrator

Нужно очень тонко нарезать подмороженное мясо лося, сильно посолить и высушить в **дегидраторе** или в духовке на низкой температуре с конвекцией. (https://www.kommersant.ru/doc/4082189, 2019)

ДЕЗИНФЛЯ́ЦИЯ *nf, fin.* disinflation

На пресс-конференции Пауэлл заявил, что США не защищены перед лицом глобальных рисков **дезинфляции**. (http://www.finmarket.ru/analytics/5108753, 2019)

ДЕ́ЙТИНГ *nm, soc.* dating

Дейтинг не налагает никаких обязательств: если люди чувствуют, что гармонии между ними не возникает, они ищут кого-то другого. (https://www.buro247.ru/news/culture/17-sep-2019-tinder-series-about-relationships.html, 2019)

ДЕ́ЙТИНГ-СЕ́РВИС *nm, soc.* dating service

Дейтинг-сервис Tinder снял сериал из нескольких эпизодов с "апокалиптическим" сюжетом, в котором присутствует и тема отношений. (https://www.buro247.ru/news/culture/17-sep-2019-tinder-series-about-relationships.html, 2019)

ДЕЙТРЕ́ЙДЕР *nm, prof.* day trader

Для **дейтрейдеров** и приверженцев технического анализа зачастую не имеет большого значения, какой базовый актив скрывается за конкретным торговым инструментом. (https://tass.ru/opinions/5947563, 2019)

ДЕЙТРЕ́ЙДИНГ *nm, fin.* day trading

Что касается рынка форекс, учиться на нем хорошо, но не рассчитывайте зарабатывать много денег на **дейтрейдинге**. (http://elitetrader.ru/index.php?newsid=473384, 2019)

ДЕКА́НТЕР *nm, bev.* decanter

Коньяк из современных могучих бочек, который разливают в хрустальные **декантеры**, увидят только следующие поколения. (https://www.kommersant.ru/doc/4141397, 2019)

ДЕКО́ДЕР *nm, tech.* decoder

Потом на это лицо накладывается маска, снятая с лица на изначальном видео, и итоговое лицо формируется с помощью **декодера**. (https://nplus1.ru/news/2019/10/28/deidentification, 2019). **Декодерный** (*adj*). **Декодировать** (*v*).

ДЕКОДИ́РОВАНИЕ *nn, misc.* decoding

Учёные разработали алгоритм для **декодирования** сигналов, получаемых с имплантированных регистраторов в режиме реального времени. (https://regnum.ru/news/2739437.html, 2019). **Декодированный** (*adj*).

Декодировать (*v*).

ДЕЛИ́КВЕНТ *nm, law.* delinquent

Его выгоняют и из команды, и из школы; теперь он с браслетом на ноге должен посещать специальное учебное заведение для юных **деликвентов**. (https://www.vedomosti.ru/lifestyle/articles/2017/03/27/682932-moguchie-reindzheri, 2019). **Деликвентный** (*adj*).

ДЕЛИКВЕ́НТНОСТЬ *nf, law*. delinquency

Делинквентность – это все более распространенное явление в наши дни. Оно подразумевает под собой нарушение принятых в обществе социальных норм. (https://fb.ru/article/252897/delinkventnost---eto-chto-takoe-vidyi-delinkventnogo-povedeniya). **Деликвентный** (*adj*).

ДЕЛИ́СТИНГ *nm, fin*. delisting

Делистинг – исключение ценных бумаг, по результатам их проверки, из списка торгов (листинга) на бирже. (https://dic.academic.ru/dic.nsf/business/)

ДЕМАРКЕ́ТИНГ *nm, mark*. demarketing

В Москве сегодня сложились условия, в которых необходимо использовать стратегию и операционные решения **демаркетинга**. (https://tass.ru/moskva/5865766, 2019)

ДЕМОВЕ́РСИЯ *nf, comp*. demo version

Песня случайно была обнаружена на **демоверсии** последнего альбома Леннона Double Fantasy. (https://ria.ru/20191020/1559999064.html, 2019)

ДЕМОДУЛЯ́ТОР *nm, tech*. demodulator

Обновленная система использует современные телевизионные **демодуляторы** и средства обработки ТВ-сигнала. (https://www.cnews.ru/news/line/2018-09-27_akado_telekom_moderniziroval_sistemu_videomonitoringa, 2018)

ДЕМОДУЛЯ́ЦИЯ *nf, tech*. demodulation

Эти процессы называются модуляцией и **демодуляцией** соответственно. Отсюда и слово "модем" – это устройство, которое может выполнять обе задачи. (https://www.vedomosti.ru/technology/articles/2019/10/02/812665-ot-modema-do-vai-faya, 2019)

ДЕМОТИВА́ТОР *nm, misc*. demotivator

Теперь соцсеть будет блокировать посты с фотографиями, **демотиваторами**, мультфильмами и прочим контентом на подобные темы. (https://regnum.ru/news/2762476.html, 2019)

ДЕ́МПИНГ *nm, fin*. dumping

По оценкам DSM Group, даже с учетом **демпинга** увеличение продаж через централизованные госзакупки даст больший объем выручки. (https://www.kommersant.ru/doc/4141759, 2019). **Демпинговый** (*adj*).

ДЕНАТУРАЛИЗА́ЦИЯ *nf, misc*. denaturalization

Денатурализация человека происходит ускоряющимся темпом. Симбиозные формы интеллекта – это вопрос ближайших десятилетий. (http://www.ng.ru/science/2019-09-24/9_10_7684_animals.html, 2019). **Денатурализировать** (*v*).

ДЕ́НДИ *nm, indecl, soc*. dandy

Новая коллекция бренда порадует поклонников интересными образцами, к примеру, черным пиджаком с алой подкладкой, жилеткой в стиле британского **денди**. (https://style.rbc.ru/items/5dbad45c9a7947553cb2bfd6, 2019)

ДЕНИ́М *nm, cloth.* denim

Переработанный **деним** повторно используют при создании новой коллекции. (https://www.kommersant.ru/gallery/4127631#id1811435, 2019)

ДЕНСИТОМЕ́ТР *nm, tech.* densitometer

На эти средства в госпитале будет установлено диагностическое и лечебно-восстановительное оборудование, в том числе ультразвуковой костный **денситометр** и стабилоплатформа. (https://regnum.ru/news/2767228.html, 2019)

ДЕНУКЛЕАРИЗА́ЦИЯ *nf, pol.* denuclearization

КНДР готова выполнить договоренности по **денуклеаризации** при снижении военной активности на Корейском полуострове и санкционного давления. (https://ria.ru/20191104/1560553383.html, 2019). **Денуклеаризировать** (*v*).

ДЕПОЛЯРИЗА́ЦИЯ *nf, misc.* depolarization

Теперь внутри клетки больше положительных ионов, чем за ее пределами. Такой "переключатель" называется **деполяризацией**. (https://www.pravda.ru/health/1425484-serdtse/, 2019). **Деполяризированный** (*adj*). **Деполяризировать** (*v*).

ДЕПОПУЛЯ́ЦИЯ *nf, misc.* depopulation

Это конкретный план замены семьи традиционной на нетрадиционную, путём пропаганды всяких пороков с целью **депопуляции**. (https://regnum.ru/news/2764984.html, 2019). **Депопулировать** (*v*).

ДЕПОРТА́ЦИЯ *nf, pol.* deportation

Траурный митинг прошел в городе Карачаевске у мемориального комплекса жертвам **депортации** карачаевского народа. (https://tass.ru/v-strane/7074355, 2019). **Депортированный** (*adj*). **Депортировать** (*v*).

ДЕПРИВА́ЦИЯ *nf, soc.* deprivation

Сейчас рассматривается вопрос о расчете индекса немонетарной бедности, цель которого оценить уровень социальной исключённости и материальных **депривацай** (лишений).(https://regnum.ru/news/2762391.html, 2019). **Депривационный** (*adj*).

ДЕ́РБИ *nn, indecl, sport.* derby

"Челси" одержал победу над "Кристал Пэлас" в лондонском **дерби** в рамках 12-го тура Английской премьер-лиги. (https://www.gazeta.ru/sport/news/2019/11/09/n_13676318.html, 2019)

ДЕРИ́ВАТИВ *nm, fin.* derivative

По данным Московской биржи, доля физлиц в оборотах облигациями на вторичных торгах – 7%, **деривативами** – 45%, а акциями – 34%. (http://www.ng.ru/economics/2019-11-06/4_7719_investor.html, 2019). **Деривативный** (*adj*).

ДЕРИВА́ЦИЯ *nf, misc.* derivation

Термин "**деривация**" имеет в обиходе много значений. Под термином в общем понимании понимают отклонение от траектории, уход от основополагающих значений. (https://fb.ru/article/461988/derivatsiya-puli-opisanie-osobennosti-i-interesnyie-faktyi). **Деривационный** (*adj*).

ДЕ́РРИК-КРАН *nm, tech.* derrick crane

Деррик-кран – это одна из разновидностей оборудования, которое используется для выполнения подъемно-транспортных работ. (https://fb.ru/article/428610/derrik-kran-opisanie-harakteristiki-primenenie-foto)

ДЁРТ *nm, BMX.* dirt

Нужна резина с шипами, у которой протектор позволяет кататься в скользком парке или на земляных **дертах**, но она стоит денег. (https://mir24.tv/news/16384503/konki-vmesto-velosipeda-lyubiteli-ekstremalnogo-sporta-v-almaty-gotovyatsya-k-zime, 2019)

ДЁРТДЖА́МПИНГ *nm, BMX.* dirt jumping

"Exteme Крым" стартует 15 июля, где пройдут соревнования и мастер-классы по 30 видам спорта, в том числе парусному, подводному, силовому, **дертджампингу**, а также танцевальные баттлы. (https://crimea.ria.ru/tourism/20190630/1116931586.html, 2019)

ДЕСКРИ́ПТОР *nm, comp.* descriptor

Дескриптор - это лексическая единица информационно-поискового языка, служит для описания основного смыслового содержани я документа или формулировки запроса при поиске информации в информационно-поисковой системе. (https://dic.academic.ru/dic.nsf/enc1p/16102). **Дескрипторный** (*adj*).

ДЕСКТО́П *nm, comp.* desktop

Позднее этот же процесс ударил по рынку **десктопов**, заменив их на ноутбуки. (https://www.forbes.ru/biznes/386925-magaziny-bez-budushchego-kuda-i-pochemu-uhodyat-gipermarkety, 2019). **Десктопный** (*adj*).

ДЕСТИНА́ЦИЯ *nf, tour.* destination

Речь идет не только о транспортной доступности туристских **дестинаций**. Мы также должны внедрять лучшие отраслевые стандарты, повышать уровень комфорта для внутренних, а также иностранных туристов. (https://tourism.interfax.ru/ru/news/articles/63535, 2019)

ДЕСТРУКТИ́ВНЫЙ *adj, misc.* destructive

К этим событиям шли давно, поскольку многие законы нарушались, коррупционная составляющая в последнее время непомерно разрослась, преступность и прочие **деструктивные** явления стали захлестывать наше общество. (https://tass.ru/mezhdunarodnaya-panorama/7492015, 2020)

ДЕТА́ЛЬ *nf, misc.* detail

В Кремле раскрыли **детали** переговоров Путина с Зеленским в Париже. (https://www.kp.ru/online/news/3700649/, 2019). **Детальный** (*adj*). **Детализировать** (*v*).

ДЕТЕ́ЙЛИНГ *nm, auto.* detailing

В некоторых **детейлинг** центрах предлагают нанесение пленки и на передние фары, что входит в некоторый резонанс с законом. (https://rg.ru/2019/09/22/chto-zashchitit-vash-avtomobil-ispytyvaem-antigravijnuiu-plenku.html, 2019)

ДЕТЕКТИ́В *nm, misc.* detective

Из литературы он любил научную фантастику, **детективы**, исторические, военные и общественные исследования. (https://rg.ru/2019/11/08/v-moskve-otkryli-pamiatnik-osnovopolozhniku-raketno-kosmicheskoj-oborony.html, 2019). **Детективный** (*adj*).

ДЕТЕ́КТОР *nm, tech.* detector

Детектор предназначен для дистанционного мониторинга процессов в реакторах атомных электростанций. (https://www.m24.ru/news/nauka/07112019/96280, 2019). **Детекторный** (*adj*).

ДЕФЛЯ́ТОР *nm, fin.* deflator

Рост реального ВВП рассчитывается путем деления объема ВВП за год на объем предыдущего года с учетом корректировки на ценовые индексы-**дефляторы**. (https://ria.ru/20191031/1560382782.html, 2019)

ДЕФЛЯ́ЦИЯ *nf, fin.* deflation

В секторе услуг в октябре наблюдалась **дефляция**. (https://quote.rbc.ru/news/article/5dc2cd599a79475145bd8c06, 2019). **Дефляционный** (*adj*).

ДЕФО́ЛТ *nm, fin.* default

В теории деньги вы можете потерять только при **дефолте** (то есть при невозможности платить по счетам) государства. (https://www.kp.ru/daily/27052/4118549/, 2019). **Дефолтный** (*adj*).

ДЕФОРЕСТА́ЦИЯ *nf, eco.* deforestation

Экологическая организация Greenpeace также связала рост количества пожаров с развитием процесса **деforестации** – очисткой территорий от леса для использования их в хозяйстве. (https://www.gazeta.ru/social/2019/09/06/12630847.html, 2019). **Дефорестировать** (*v*).

ДЕФРАГМЕНТА́ЦИЯ *nf, comp.* defragmentation

Дефрагментация – процесс перераспределения фрагментов файлов и логических структур файловых систем на дисках для обеспечения непрерывной последовательности кластеров. (https://dic.academic.ru/dic.nsf/ruwiki/893634). **Дефрагментировать** (*v*).

ДЕФРОСТА́ЦИЯ *nf, tech.* defrosting

В просторном помещении установлены холодильники, автоклавы, оборудование для **дефростации**, лаборатория, а также несколько раздельных технологических линий. (https://www.mk-sakhalin.ru/economics/2019/07/24/v-regione-stali-proizvodit-gotovye-blyuda-iz-ostrovnykh-produktov.html, 2019)

ДЕФРО́СТЕР *nm, tech.* defroster

На заводе установлено современное технологическое оборудование –поточный **дефростер**, филетировочные машины, фризеры. (https://tass.ru/ekonomika/6809398, 2019)

ДЕЦИБЕ́Л *nm, tech.* decibel

Выяснилось, что в ночное время уровни суммарного шума при работе музыкальной аппаратуры клуба превысили допустимые значения на 10 **децибел**. (https://www.m24.ru/news/obshchestvo/06112019/96200, 2019)

ДЕЭСКАЛА́ЦИЯ *nf, pol.* de-escalation

Отмечается, что президенты обменялись мнениями по ситуации в идлибской зоне **деэскалации** и подчеркнули необходимость дальнейших совместных усилий по выполнению соответствующих российско-турецких договоренностей, достигнутых в 2018 году. (https://tass.ru/politika/7097216, 2019). **Деэскалационный** (*adj*). **Деэскалировать** (*v*).

ДЖАЗ *nm, music.* jazz

В концерте прозвучат самые разные композиции – это и **джаз**, и блюз-рок, и соул, будет немного шансона. (https://www.mk.ru/culture/2019/09/24/alla-rid-esli-novaya-programma-ponravitsya-moskvicham-ee-uvidyat-vse.html, 2019). **Джазовый** (*adj*).

ДЖАЗМЕ́Н *nm, music.* jazzman

Авангардист, **джазмен** и сценарист Сергей Курёхин был создателем группы "Поп-механика". (https://ria.ru/20191109/1560748385.html, 2019)

ДЖАЗ-РО́К *nm, music.* jazz rock

В 1993 году певец создал собственный проект Sound Cake, включающий фанк, **джаз-рок** и соул. (https://www.goodhouse.ru/stars/zvezdnye-istorii/kak-slozhilis-sudby-samyh-yarkih-uchastnikov-proekta-golos/, 2019)

ДЖАЗ-ФА́НК *nm, music.* jazz funk

Все началось со знакомства в училище с **джаз-фанком**. Потом я стал интересоваться и другими направлениями американской музыки и в итоге увлекся хип-хопом. (https://www.mk.ru/culture/2019/10/24/zvonkiy-menya-vdokhnovlyali-ne-repery-a-nautilus-pompilius.html, 2019)

ДЖАЗ-ФЬЮ́ЖН *nm, music.* jazz fusion

1 декабря на площадке также выступит российский музыкальный проект Guru Groove Foundation, сочетающий в своем творчестве авторскую песню и **джаз-фьюжн**. (https://lenta.ru/news/2019/11/07/rzd/, 2019)

ДЖАМПБО́КС *nm, snowbrd.* jump box

Сертифицированное оборудование, установленное на площадке, включает в себя многофункциональную кроссфитраму, секции "змеек" и рукоходов, шведскую стенку, **джампбоксы**, брусья. (https://chr.mk.ru/social/2018/12/13/kak-v-kurskoy-oblasti-biznes-i-vlast-nashli-otvet-na-glavnyy-vopros.html, 2019)

ДЖА́МПЕР *nm, sport.* jumper (*base jumper*)

Подготовлены также выступления **джамперов**, чирлидерш, а также паркур-шоу. (https://www.kommersant.ru/doc/4134628, 2019)

ДЖА́МПИНГ-ДЖЕК *nm, sport.* jumping jacks (*exercise*)

Активные приседания с прыжками, разновидности планок, отжимания, **джампинг-джек**, берпи и другие – комплексы разнообразные и сменяют друг друга. (https://www.kommersant.ru/doc/4150326, 2019)

ДЖАНК-А́РТ *nm, art.* junk art

Впрочем, в России, не ведая о сложной терминологии, **джанк-артом** занимаются издавна. (https://rg.ru/2019/02/21/reg-ufo/volgogradec-sdelal-iz-staryh-shvejnyh-mashinok-modeli-avtomobilej.html, 2019)

ДЖАНК-ФУ́Д *nm, slang.* junk food

Облагороженная версия японского **джанк-фуда**: жареный авокадо, маринованный тофу и морковный мусс поверх риса, сваренного и приправленного точно как для суши. (https://thecity.m24.ru/articles/1591, 2019)

ДЖЕ́ГГИНСЫ *npl, cloth.* jeggings

Что касается джинсов, то здесь следует выбирать только модели скинни или **джеггинсы**. (https://lisa.ru/moda/576912-s-chem-nosit-sapogi-botforty-35-klassnyh-obrazov-dlya-oseni-i-zimy/, 2019)

ДЖЕКПО́Т *nm, game.* jackpot

В последний раз жена забыла пожелать ему удачи, рассказал Макдоналд. Именно тогда американец сорвал **джекпот**. (https://ria.ru/20191108/1560697423.html, 2019)

ДЖЕК-РА́ССЕЛ-ТЕРЬЕ́Р *nm, anim.* Jack Russel terrier

Джек-рассел-терьер из Твери по кличке Макс стал звездой соцсети Instagram. (https://tver.aif.ru/society/details/pyos_iz_tveri_stal_zvezdoy_instagram, 2019)

ДЖЕКФРУ́Т *nm, plant.* jackfruit

Неопытные туристы могут спутать растущий на дереве дуриан с похожим на него **джекфрутом**. (https://lenta.ru/articles/2019/09/03/thai/, 2019)

ДЖЕМ-СЕ́ЙШН *nm, music.* jam session

На второй день фестиваля возобновилась традиция проводить **джем-сейшн**. (https://oren.mk.ru/culture/2019/10/23/v-orenburge-sostoyalis-dva-krupnykh-kulturnykh-sobytiya.html, 2019)

ДЖЕ́НТЛЬМЕН *nm, misc.* gentleman

Когда пожилой **джентльмен** со свечой выступил вперед, публика уважительно зааплодировала. (https://snob.ru/entry/183475/, 2019). **Джентльменский** (*adj*).

ДЖЕНТРИФИКА́ЦИЯ *nf, soc.* gentrification

Джентрификация Москвы: сколько сегодня стоит жилье в стиле лофт. (https://realty.rbc.ru/news/5daee09b9a7947b722aac16e, 2019)

ДЖЕТ *nm, misc.* jet

В сегменте авиаперелётов, если мы не рассматриваем узкий сегмент бизнес-**джетов**, рядовой путешественник может приобрести билеты эконом либо бизнес-класса. (https://www.forbes.ru/forbeslife/385611-moi-neudachnye-investicii-byli-svyazany-s-pereocenkoy-lyudey-pravila-potrebleniya, 2019)

ДЖЕТЛА́Г *nm, misc.* jet lag

В бортовое освещение и предложенное пассажирам рейса питание также были внесены изменения, призванные справиться с **джетлагом**. (https://www.rbc.ru/rbcfreenews/5dab9dd39a79472fde885b06, 2019)

ДЖЕТ-ПА́К *nm, misc.* jet pack

В 60-х годах американцы пробовали летать на **джет-паках** (реактивные ранцы), и мы ринулись их догонять. (https://www.kommersant.ru/doc/4038989, 2019)

ДЖЕТ-СКИ́ *nm, indecl, sport.* jet ski

Фрэнки Запата – спортсмен, победитель первенства Европы и мира по **джет-ски**. (https://www.interfax.ru/world/670387, 2019)

ДЖИ́ББЕР *nm, ski.* jibber

Сейчас среди лыжников так же часто встречаются фристайлеры, **джибберы** и фрирайдеры, лихо гоняющие по пухляку. (https://www.kommersant.ru/doc/3873585, 2019)

ДЖИН *nm, bev.* gin

Заказывайте напитки со льдом или коктейли с небольшим содержанием алкоголя, например **джин** и тоник. (https://www.goodhouse.ru/health/zdorovye/kak-perezhit-novogodnie-zastolya/, 2020)

ДЖИ́НСЫ *npl, cloth.* jeans

Наряду с однотонными вещами изделия в клетку так же плотно вошли в наши гардеробы, как и **джинсы**. (https://lisa.ru/moda/587252-s-chem-nosit-pidzhak-v-kletku-32-modnyh-i-universalnyh-obraza-na-vse-sluchai-zhizni/, 2019). **Джинсовый** (*adj*).

ДЖИН-ТО́НИК *nm, bev.* gin tonic (gin and tonic)

За коктейльную карту отвечает Владимир Николаев: он включил в нее авторские коктейли, а также классику – от **джин-тоника** до фиеро-спритца, а также сеты с двумя видами шотов. (http://www.sobaka.ru/bars/opening/98318, 2019)

ДЖИП *nm, auto.* jeep (*sport utility vehicle*)

Самое поразительное то, с какой легкостью **джип** смахивал встречающиеся на пути столбы, как бывалый боулер – кегли с дорожки. (https://rg.ru/2019/10/07/video-dzhip-zaehal-na-betonnyj-otbojnik-i-sbil-s-nego-paru-stolbov.html, 2019)

ДЖИП-ТУ́Р *nm, tour.* jeep tour

Цены на лыжные и рафт-туры выросли за последние два года с 30-55 долларов США до 40-100 долларов в день, а на **джип-туры** и сафари на снегоходах – со 110 до 180 долларов в день. (https://regnum.ru/news/964573.html, 2019)

ДЖО́ГГЕРЫ *npl, cloth.* jogger pants

Такие кроссовки классно будут смотреться со светлыми джинсами и оверсайз свитшотами, а также с **джоггерами** из плащовки и неоновыми бомберами. (https://lisa.ru/moda/594112-modnye-krossovki-dlya-devushek-2020-glavnye-trendy-i-45-actualnyh-modelei/, 2019)

ДЖО́ГГИНГ *nm, sport.* jogging

Для любителей **джоггинга** оборудована беговая дорожка длиной 2,5 км. (https://rg.ru/2019/09/18/reg-cfo/v-zelenograde-otkryli-obnovlennyj-park-pobedy.html, 2019)

ДЖО́ЙСТИК *nm, tech.* joystick

Управлять им также можно с помощью тачпада Remote touch на центральной консоли, которым заменили традиционный для модели **джойстик**. (https://snob.ru/entry/184593/, 2019)

ДЖО́КЕР *nm, misc.* joker

В большинстве карточных игр **джокер** может выполнять роль любой другойкарты,каквпростомходу,такприсоставлениикомбинаций.(https://dic.academic.ru/dic.nsf/ruwiki/163041). **Джокерский** (*adj*).

ДИВЕРГЕ́НТ *nm, misc.* divergent

Из других знаменитых работ Кравиц стоит выделить такие проекты, как "После нашей эры", "**Дивергент**", "Безумный Макс: Дорога ярости". (https://www.gazeta.ru/culture/2019/10/15/a_12757148.html, 2019). **Дивергентный** (*adj*).

ДИВЕРСИФИКА́ЦИЯ *nf, fin.* diversification

Как сообщили в агентстве, рейтинг поддерживается за счет экономической **диверсификации**, прочных основ денежно-кредитной политики королевства и гибкого рынка труда. (https://www.rbc.ru/rbcfreenews/5dc6341c9a7947ff9f3b32b0, 2019). **Диверсификационный** (*adj*). **Диверсифицировать** (*v*).

ДИВИДЕ́НД *nm, fin.* dividend

В понедельник совет директоров "Норникеля" даст рекомендации по **дивидендам** за 9 месяцев 2019 года. (https://tass.ru/ekonomika/7095043, 2019)

ДИ́ГГЕР *nm, prof.* digger

О многих черногорских предприятиях напоминают руины заводских корпусов, которые полюбились местным сталкерам и **диггерам**. (https://lenta.ru/articles/2019/09/10/chernogorsk1/, 2019). **Диггерский** (*adj*).

ДИГИТА́ЙЗЕР, **ДИДЖИТА́ЙЗЕР** *nm, comp.* digitizer

Еще в 70-е годы прошлого столетия в коммерческой сфере появилось чудо техники – **дигитайзер**. (https://fb.ru/article/295303/digitayzer-chto-eto-takoe-printsip-rabotyi-vozmojnosti)

ДИДЖЕ́Й *nm, music.* DJ (disc jockey)

Сева Новгородцев – легендарный британский журналист русской службы BBC, первый **диджей** в истории радиовещания СССР. (https://www.kommersant.ru/doc/4149761, 2019). **Диджейский** (*adj*).

ДИДЖИТАЛИЗА́ЦИЯ *nf, misc.* digitalization

Отличительная особенность миллениалов, общая для всех стран, – глубокая вовлеченность в цифровые технологии, поскольку именно в период их взросления началась **диджитализация** общества, а вся их сознательная жизнь проходила уже в эпоху интернета. (https://aif.ru/society/people/kto_takie_millenialy, 2019)

ДИЗА́ЙН *nm, misc.* design

Дизайн со скрытым количеством "лайков" уже тестируется в некоторых странах, включая Бразилию, Канаду и Японию. (https://regnum.ru/news/2772903.html, 2019). **Дизайновый** (*adj*).

ДИЗА́ЙН-БЮРО́ *nn, indecl, des.* design bureau

Конструкция, напоминающая строение автомобильного колеса, была предложена

дизайн-бюро Centro Stile Ferrari. (https://style.rbc.ru/items/5db754359a7947918a80dc13, 2019)

ДИЗА́ЙНЕР *nm, prof.* designer

Ведущий **дизайнер** разрабатываемой компьютерной игры Джо Шели рассказал, что в игру будет добавлена система косметических микротранзакций. (https://regnum.ru/news/2772935.html, 2019). **Дизайнерский** (*adj*).

ДИЗА́ЙН-ПРОЕ́КТ *nm, des.* design project

Дизайн-проект оформления автобусов помог разработать футбольный клуб "Зенит". (https://tass.ru/obschestvo/7094438, 2019)

ДИЗА́ЙН-СТУ́ДИЯ *nf, des.* design studio

Над проектом обновленного музейного пространства работали **дизайн-студии**. (https://www.buro247.ru/news/culture/14-oct-2019-moma-after-renovation.html, 2019)

ДИЗА́ЙН-ЦЕНТР *nm, des.* design center

7 ноября в московском **дизайн-центре** Casa Ricca Expo состоится благотворительный показ коллекций известных дизайнеров и модный аукцион. (https://regnum.ru/news/2765221.html, 2019)

ДИ́ЛЕР *nm, bsn.* dealer

Ребята познакомились с новыми профессиями, такими как **дилер**, аудитор, аквизитор. (http://www.izh.ru/i/promo/35089.html, 2019). **Дилерский** (*adj*).

ДИ́ЛИНГ *nm, bsn.* dealing

Компания, утратив возможность заниматься форекс-**дилингом**, может беспрепятственно продолжать деятельность в другой области. (https://tass.ru/ekonomika/6142108, 2019). **Дилинговый** (*adj*).

ДИ́ММЕР *nm, tech.* dimmer

Свет регулируется **диммером**. (https://www.interior.ru/design/name/34-zhan-nuvel-arkhitektor-dizajner-khudozhnik.html, 2019)

ДИРЕ́КТ-КО́СТИНГ *nm, fin.* direct costing

Отражение косвенных затрат зависит от модели, которую выберет стройкомпания – стандарт-костинг или **директ-костинг**. (https://www.glavbukh.ru/art/98136-kakoy-metod-ucheta-vybrat-chtoby-ne-oshibitsya-v-raschete-sebestoimosti-rabot, 2019)

ДИРЕ́КТ-МАРКЕ́ТИНГ *nm, mark.* direct marketing

Люди также стали чаще сталкиваться с **директ-маркетингом**: это навязчивые звонки от квазифинансовых организаций с предложением кредитов и других инвестиционных услуг, рекламой, а также мошеннические звонки якобы из банков. (https://www.vedomosti.ru/technology/articles/2019/07/22/807016-rossiyane-personalnih, 2019)

ДИРЕ́КТ-МЕЙЛ *nm, ad.* direct mail

Ричард Вигери, пионер **директ-мейла**, который, как никто другой, умел использовать прямой маркетинг. (https://snob.ru/entry/176096/, 2019)

ДИРЕКТО́РИЯ *nf, comp.* directory

После прикрепления документов к обращению они оказываются в отдельной **директории** на сервере прокуратуры, которая открыта для доступа из интернета. (https://www.kommersant.ru/doc/4143672, 2019)

ДИСБАЛА́НС *nm, fin.* disbalance

Правительство Ленинградской области обозначило приоритетность сокращения **дисбаланса** между объемами ввода жилья и социальных объектов в ближайшие несколько лет. (https://tass.ru/nedvizhimost/7093232, 2019). **Дисбалансный** (*adj*).

ДИ́СК *nm, comp.* disk

Лазер изменяет саму структуру стекла, поэтому данные могут сохраняться веками, в то время как срок хранения на жёстких **дисках** равен 5–7 годам. (https://regnum.ru/news/2773098.html, 2019). **Дисковый** (*adj*).

ДИСКА́УНТЕР, ***ДИСКО́НТЕР** *nm, bsn.* discounter (*store*)

Уже в 2011 году с сетью из 250 **дискаунтеров** "Магнит" стал лидером российского рынка по количеству точек. (https://www.forbes.ru/newsroom/milliardery/387017-milliarder-andrey-andreev-prodal-svoyu-dolyu-v-servise-znakomstv-badoo, 2019)

ДИСКВАЛИФИКА́ЦИЯ *nf, sport.* disqualification

Тренер подтвердил, что продолжал работу со спортсменами, несмотря на **дисквалификацию**. (https://www.sports.ru/athletics/1080057528.html, 2019). **Дисквалификационный** (*adj*). **Дисквалифицировать** (*v*).

ДИСК-ЖОКЕ́Й *nm, music.* disc jockey (DJ)

Джорджо Мородер вел себя как заправский **диск-жокей** старой школы. (https://www.kommersant.ru/doc/3967870, 2019)

ДИ́СКМЕН *nm, tech.* Discman

Дискмен – это портативный проигрыватель компактдисков. (https://complex_words.academic.ru)

ДИ́СКО *nn, indecl, music.* disco

Шоу представляет собой смесь модного дефиле, кабаре и театрального спектакля под **диско** и панк-музыку с участием актеров, танцовщиков, артистов цирка. (https://snob.ru/news/184956/, 2019)

ДИ́СКО-БАР *nm, music.* disco bar

На лайнере даже есть собственная небольшая католическая часовня, соседство которой с **диско-баром** немного удивило. (https://www.dv.kp.ru/daily/27042/4106917/, 2019)

ДИСКОГРА́ФИЯ *nf, music.* discography

Дискография Градкого насчитывает более трех десятков альбомов. (https://www.m24.ru/news/mehr-Moskvy/03112019/95807, 2019)

ДИ́СКОКЛУБ *nm, music.* disco club

После экспериментов педагоги и директора некоторых школ решили не превращать учебные заведения в **дискоклуб** и вернули традиционный школьный звонок. (https://www.m24.ru/articles/obshchestvo/24102019/156113, 2019)

ДИСКОМФО́РТ *nm, misc.* discomfort

Женщины отметили, что это естественный процесс, при этом можно выбирать одежду, которая не доставляет **дискомфорт** ни матери, ни окружающим. (https://lenta.ru/news/2019/11/10/breast_feeding/, 2019). **Дискомфортный** (*adj*).

ДИ́СКО-ШО́У *nn, indecl, music.* disco show

Клубный проект S11 покажет, настоящее ультрасовременное **диско-шоу**. (http://ng72.ru/news/view/26313, 2019)

ДИСПЕ́НСЕР *nm, tech.* dispenser

В кабинах туалетов будут установлены унитазы, раковины, **диспенсеры** для бумаги, мыла и полотенец, светильники, розетки и звонок вызова. (https://nevnov.ru/region/Syktyvkar/738672-v-syktyvkare-poyavitsya-kruglogodichnyi-tualet, 2019). **Диспенсерный** (*adj*).

ДИСПЕ́ТЧЕР *nm, misc.* dispatcher

"Тревожная кнопка" – телефон с экстренной функцией вызова, на другом конце которого отвечает **диспетчер**, работает круглосуточно. (https://www.mk.ru/social/2019/11/10/rozhdennye-v-1919m.html, 2019). **Диспетчерский** (*adj*).

ДИСПЛЕ́Й *nm, comp.* display

Среди достоинств внешнего вида этой модели был отмечен безрамочный дизайн экрана: **дисплей** занимает 91,53% внешней панели. (https://regnum.ru/news/2773243.html, 2019). **Дисплейный** (*adj*).

ДИССИПА́ЦИЯ *nf, misc.* dissipation

Благодаря открытию китайских ученых новое волокно можно будет использовать для **диссипации** энергии и снижения вибрации. (https://www.pravda.ru/news/eureka/1455327-china/, 2019).

ДИСТРА́КТОР *nm, med.* distractor

Нейрохирург сказал, что девочке понадобится несколько операций и первую нужно делать как можно скорее: разделить затылочные кости и установить специальный аппарат, **дистрактор**. (https://www.kommersant.ru/doc/4081588, 2019)

ДИСТРЕ́СС *nm, med.* distress

Врачи поставили своим пациентам диагноз "острый респираторный **дистресс**-синдром". (https://nplus1.ru/news/2019/10/03/vaper-illness-biopsy, 2019)

ДИСТРИБУТИ́В *nm, comp.* distributive

Процессор "Байкала" универсален – он может работать как на стационарных машинах (приоритет – **дистрибутивы** Linux), так и на планшетах на базе Android. (https://rueconomics.ru/vse-novosti, 2019). **Дистрибутивный** (*adj*).

ДИСТРИБУ́ЦИЯ *nf, bsn.* distribution

Компания уже заключила семь соглашений с его потенциальными резидентами, готовыми занять 10 тыс. кв. м для производства и **дистрибуции** медтехники и фармацевтических препаратов. (https://www.kommersant.ru/doc/4154222, 2019). **Дистрибуционный** (*adj*).

ДИСТРИБЬЮ́ТОР *nm, bsn*. distributor

Половину суммы забрали себе кинотеатры, а солидный процент остатка – **дистрибьютор** "Централ Партнершип". (https://lenta.ru/articles/2019/11/11/hero/, 2019). **Дистрибьюторский** (*adj*).

ДОГХА́НТЕР *nm, prof*. dog hunter

Безнадзорные животные становятся жертвами коммунальщиков, **догхантеров**, случайных людей. (https://lenta.ru/articles/2019/11/08/gradinarova/, 2019)

ДО́КЕР *nm, prof*. docker

На Чукотке требуются инженеры, электромеханики, электросварщики, **докеры** – механизаторы и медицинские работники. (https://regnum.ru/news/2760699.html, 2019). **Докерский** (*adj*).

ДОКУМЕ́НТ *nm, misc*. document

После прикрепления **документов** к обращению они оказываются в отдельной директории на сервере прокуратуры, которая открыта для доступа из интернета. (https://www.kommersant.ru/doc/4143672, 2019). **Документный** (*adj*). **Документировать** (*v*).

ДО́ЛЛАР *nm, fin*. dollar

Создатель квеста "Дом с приведениями" пообещал отдать 20 тысяч **долларов** тому, кто сможет пройти игру до конца. (https://www.kp.ru/online/news/3652919/, 2019). **Долларовый** (*adj*).

ДОЛЛАРИЗА́ЦИЯ *nf, fin*. dollarization

Уровень **долларизации** и просроченных кредитов в банковской системе все еще остается значительным, что ограничивает кредитную активность и эффективность. (http://interfax.az/view/783279?lang=ru, 2019). **Долларизированный** (*adj*). **Долларизировать** (*v*).

ДОМЕ́Н *nm, comp*. domain

Между тем, некоторые жители сибирских регионов утверждали, что хуже работали сайты на англоязычных или других иностранных **доменах**, а с русскоязычными проблем не возникало. (https://echo.msk.ru/news/2535101-echo.html, 2019). **Доменный** (*adj*).

ДО́ПИНГ *nm, med*. doping

Олимпийское движение очень обеспокоено тем, как будет применяться "акт Родченкова", как он может влиять на систему борьбы с **допингом**. (https://tass.ru/sport/7090833, 2019). **Допинговый** (*adj*).

ДО́ПИНГ-КОНТРО́ЛЬ *nm, med*. doping control

В 2018 году инспекторами **допинг-контроля** РУСАДА было организовано 8497 допинг-тестов и взято у спортсменов 9540 проб. (https://tass.ru/sport/7092092, 2019)

ДО́ПИНГ-ТЕСТ *nm, med*. doping test

В 2018 году инспекторами допинг-контроля РУСАДА было организовано 8497 **допинг-тестов** и взято у спортсменов 9540 проб. (https://tass.ru/sport/7092092, 2019)

ДОРВЕ́Й *nm, comp.* doorway

Дорвеи – это страницы и ресурсы, перенаправляющие трафик. (https://kuban.aif.ru/science/v_vuzah_takomu_ne_uchat_kak_stat_seo-specialistom, 2019)

ДРАГ-КВИ́Н *nf, soc.* drag queen

Трансгендерных женщин изображают как что-то среднее между мужиками-фетишистами и **драг-квин**, как нечто экзотическое, комичное и одновременно довольно отталкивающее. (https://lenta.ru/articles/2019/09/16/lgbt/, 2019)

ДРА́ГСТЕР *nm, sport.* dragster

После гонки пилоты раскритиковали покрытие в зоне безопасности последнего поворота, которое является трассой для соревнований **драгстеров**. (https://www.championat.com/auto/news-3813899-podborka-vyletov-v-poslednem-povorote-trassy-na-gran-pri-germanii.html, 2019)

ДРАЙВ *nm, misc.* drive

Мои герои – те, кому больше всех надо, кто в детстве был гадким утенком и смог превратить свои травмы в **драйвы**. (https://www.forbes.ru/forbeslife/386835-donkihoty-protiv-robotov-kak-na-vinzavode-issleduyut-budushchee, 2019)

ДРА́ЙВЕР *nm, soc.* driver

Рынком нефти обычно движет целый ряд динамических **драйверов**: геополитика, политика и фундаментальные факторы. (http://elitetrader.ru/index.php?newsid=484513, 2020). **Драйверный** (*adj*).

ДРА́ЙВ-ИН *nm, indecl, misc.* drive-in

В штаб-квартире Tezenis в Италии прошел показ летней коллекции нижнего белья и купальников. Его посвятили Лос-Анджелесу 1950-х и ресторанам **драйв-ин**. (http://www.sobaka.ru/fashion/stuff/90413, 2019)

ДРА́МЕДИ *nf, indecl, media.* dramedy

Детектив про Петербург XIX века "Девятая", красивая антиутопия "Райские холмы" и **драмеди** "Во всё тяжкое" про умирающего от рака профессора. (http://www.sobaka.ru/city/cinema/99236, 2019)

ДРАФТ *nm, sport.* draft

До этого Чипчура, выбранный "Монреалем" в первом раунде **драфта** НХЛ в 2004 году, выступал за "Канадиенс", "Анахайм" и "Аризону". (https://matchtv.ru/hockey/matchtvnews_NI1109402_Severstal_zakluchila_kontrakty_s_dvuma_legionerami, 2019). **Драфтовый** (*adj*).

ДРЕГРЕ́ЙСЕР *nm, sport.* drag racer

Драгрейсеры, дрифтеры и обычные уличные гонщики Курска собрались на площадке Картодрома. (https://tass.ru/sport/70901833, 2019)

ДРЕ́ГСТЕР *nm, sport.* dragster

Эксперты отмечают, что **дрегстер** способен разгоняться до 274 км/ч, а расстояние в четверть мили проходить быстрее чем за 10 секунд. (https://tass.ru/sport/70901833, 2019)

ДРЕ́ДЛОКС, ***ДРЭ́ДЛОКС** *nm, misc.* dreadlocks

Само название придумали в 50-ых годах прошлого века ямайские растафари (они же растаманы), считавшие, что дреды (другое название "**дредлоксы**" – с английского "жуткие локоны") придают силы и мужества. (https://vm.ru/society/641965-poluchit-li-devushka-s-dredami-titul-miss-vselennaya-etogo-goda, 2019)

ДРЕ́ДЫ, ***ДРЭ́ДЫ** *mostly npl, slang.* dreadlocks

Само название придумали в 50-ых годах прошлого века ямайские растафари (они же растаманы), считавшие, что **дреды** (другое название "дредлоксы" – с английского "жуткие локоны") придают силы и мужества. (https://vm.ru/society/641965-poluchit-li-devushka-s-dredami-titul-miss-vselennaya-etogo-goda, 2019)

ДРЕ́ССИНГ *nm, food.* dressing

В новом меню появились креветки карабинеро с соевым **дрессингом**, лосось слоу кук с японским яичным соусом, шорт риб с соусом якитори и санчо-перцем. (https://www.buro247.ru/lifestyle/eda/25-oct-2019-moscow-food.-weekly.html, 2019)

ДРЕСС-КО́Д *nm, prof.* dress code

Но фишкой субботней вечеринки станет **дресс-код**: всем, кто придёт в бар полностью в чёрном, организаторы сделают подарок от заведения – подарят фирменный коктейль. (https://momenty.org/afisha/6102, 2019)

ДРИ́БЛЕР *nm, sport.* dribbler

Он был отличным разыгрывающим, действительно хорошим **дриблером** и плеймейкером, очень быстрым. (https://www.sports.ru/tribuna/blogs/devotion/2619935.html, 2019)

ДРИ́БЛИНГ *nm, sport.* dribbling

Ему надо работать над бросками, над атакой в "краске", заниматься в зале, работать над **дриблингом**. (https://www.sports.ru/tribuna/blogs/sviridov/2630218.html, 2019)

ДРИФТ *nm, auto.* drift

"Игора Драйв" – комплекс, который разместился на территории около 100 га и включает одновременно 10 профессиональных трасс: для шоссейно-кольцевых гонок, **дрифта**, ралли-кросса, мотокросса, эндуро, картинга, супермото и парных гонок, трассу внедорожников, центр контраварийной подготовки. (https://www.fontanka.ru/2019/10/03/141/, 2019). **Дрифтовать** (*v*).

ДРИ́ФТЕР *nm, sport.* drifter

Драгрейсеры, **дрифтеры** и обычные уличные гонщики Курска собрались на площадке Картодрома. (https://tass.ru/sport/70901833, 2019)

ДРИ́ФТИНГ *nm, auto.* drifting

В Челябинске состоится кубок "Боевой Классики" по **дрифтингу**. (https://www.chel.kp.ru/daily/27041.7/4105366/, 2019)

ДРИФТ-РЕ́ЙСИНГ *nm, auto.* drift racing

Дрифт-рейсинг представляет собой соревнование на очень извилистой широкой трассе, хотя длина дистанции может быть достаточно короткой. (https://www.chel.kp.ru/daily/27041.7/4105366/, 2019)

ДРОН *nm, tech.* drone

Большинство потребителей признались, что готовы общаться с компаниями через чат-ботов, столько же ждут, когда продукты им начнут доставлять **дроны** и беспилотники. (https://rg.ru/2019/10/27/obshchenie-kompanij-s-klientami-skoro-budet-prohodit-na-70-cherez-botov.html, 2019)

ДРОПБО́КС *nm, comp.* Dropbox

Зашифрованные чаты в мессенджерах, неназванные источники, защищенные **дропбоксы** каждый день используют сотни корреспондентов в поисках сенсаций и эксклюзивов. (https://ria.ru/20190418/1552786591.html, 2019)

ДРЭГ-РЕ́ЙСИНГ *nm, sport.* drag racing

900-сильный двигатель сочетается с 6-ступенчатой механической коробкой передач Getrag MT82 в версии Calimer, адаптированной для **дрэг-рейсинга**. (https://www.kommersant.ru/doc/4149743, 2019)

ДУ́ДЛИНГ *nm, psych.* doodling

Дудлинг – бессознательный рисунок, который помогает снять напряжение. (https://www.goodhouse.ru/home/DIY/marbling-dudling-kastomajzing-i-eshche-10-interesnyx-novyx-xobbi-o-kotoryx-vy-eshche-ne-znaete/, 2019)

ДУ́ПЛЕКС *nm, misc.* duplex

Архитекторы Павел Железнов и Татьяна Борисова реконструировали мансарду площадью 100 кв. метров в Москве, превратив ее в современный **дуплекс**. (https://www.interior.ru/kitchen-bath/bathrooms/7292-zerkalo-v-vannoj-komnate-40-primerov.html, 2019)

ДЬЮТИ-ФРИ́ *nm, indecl, bsn.* duty-free

Еще одним приятным сюрпризом для туристов станут специальные скидки в **дьюти-фри** аэропорта Мэйлань и центре беспошлинной торговли "Жиюэ". (https://tass.ru/obschestvo/7100776, 2019)

ДЭНСХО́ЛЛ *nm, music.* dancehall

Реггетон же привезли в Доминикану с соседнего острова Пуэрто-Рико. Там этот стиль сформировался в конце 1990-х под влиянием регги, **дэнсхолла** и хип-хопа. (https://lenta.ru/articles/2019/10/07/domini/, 2019)

ДЭТ-МЕТА́Л *nm, music.* death metal

Например, человек слушает супертехничный **дэт-метал** – это такой стиль экстремального метала, в котором гитарист исполняет сложные техничные партии. (https://meduza.io/feature/2019/10/27/kritikuyut-vseh-kak-perestat-boyatsya-kritiki, 2019)

Е

ЕВРОДО́ЛЛАР *nm, fin.* Eurodollar

Евродоллар, естественно, сразу перешёл к росту, так что давно ожидаемый разворот стал приобретать реальные очертания. (http://elitetrader.ru/index.php?newsid=473889, 2019)

ЕВРОКРА́Т *nm, pol.* Eurocrat (*European bureaucrat*)

Неизвестно, насколько сильно российское лобби среди **еврократов**. Однако, данные однозначно указывают на то, что Россия является очевидным бенефициарием евросоюзной политики борьбы с выбросами двуокиси углерода. (https://regnum.ru/news/economy/2754484.html, 2019)

ЕВРОФИ́Л *nm, pol.* Europhile

Беркоу спутал карты и правительству Джонсона, рассчитывавшему сменить спикера, считающегося **еврофилом**, на спикера-евроскетика. (https://tass.ru/mezhdunarodnaya-panorama/6867642, 2019)

ЕМЕ́ЙЛ, ***ИМЕ́ЙЛ** *nm, comp, slang.* e-mail (*electronic mail*)

Чтоб не оказалось, что за этим **емейлом** стоит какой-то другой человек и, соответственно, наносится ущерб либо организации, либо физлицу. (https://riafan.ru/1225357-elektronnoe-zayavlenie-na-otpusk-predlozhili-snabdit-sistemoi-identifikacii-sotrudnikov, 2019)

Ж

ЖОКЕ́Й *nm, sport.* jockey

Главная героиня – Мишель Пэйн, первая женщина-**жокей**, выигравшая престижнейшие скачки Австралии – Кубок Мельбурна. (https://regnum.ru/news/2769982.html, 2019). **Жокейский** (*adj*).

ЖОКЕ́Й-КЛУБ *nm, sport.* jockey club

Также в среду отменили скачки в гонконгском **жокей-клубе** из-за "реальной угрозы беспорядков или возможности насильственных действий на ипподроме. (https://www.interfax.ru/world/676974, 2019)

З

ЗИПЛА́ЙН *nm, tour.* zipline

В сосновом лесу открыт парк приключений с трассами разного уровня сложности, **зиплайном** и велодорожками. (https://style.rbc.ru/impressions/5db08f3e9a79476759550ef1, 2019)

ЗИПЛА́ЙНИНГ *nm, tour.* ziplining

За последние несколько лет **зиплайнинг** вошел в топ экстремальных развлечений, но в Цахкадзоре появился всего год назад. (https://mir24.tv/news/16287676/potrogat-ararat-i-poletat-nad-ushchelem-pyat-prichin-posetit-cahkadzor, 2019)

ЗО́МБИ *nc, indecl, misc.* zombie

Пожалуй, самое ожидаемое событие кинофестиваля – "парад **зомби**". (https://style.rbc.ru/impressions/5d8d22ec9a7947247fa14d6f, 2019)

ЗООПА́РК *nm, anim.* zoo park

В течение дня можно будет поиграть в боулинг, поездить на лошадях и посетить контактный **зоопарк**. (https://momenty.org/afisha/6102, 2019). **Зоопарковый** (*adj*).

ЗОРБ *nm, sport.* zorb

Детей тоже можно будет пристроить: организаторы продумали игровые интерактивные площадки, тир и картинг, водные **зорбы**, батуты и мастер-классы. (https://calendar.fontanka.ru/events/12521, 2019)

ЗО́РБИНГ *nm, sport.* zorbing

Хотелось бы предложить гостям такие аттракционы, как родельбан, **зорбинг**, верёвочный парк, гигант-тюбинг и прочее. (https://kuzbass.aif.ru/society/gory_more_yeti_vlasti_planiruyut_razvivat_sferu_turizma_v_regione, 2019)

ЗУМ *nm, tech.* zoom

Цифровой **зум** может увеличить изображение до 10 раз. (https://hitech.vesti.ru/article/1240705/, 2019)

ЗУ́МБА *nf, sport.* zumba

Лейсан стала первым в России сертифицированным инструктором **зумбы** с синдромом Дауна. (https://style.rbc.ru/people/5ddd98b09a79477468ccfd33, 2020)

И

ИВЕ́НТ-МЕ́НЕДЖЕР *nm, prof.* event manager

На такой шаг **ивент-менеджеры** пошли после того, как поняли, что зрители опаздывают на большую часть концерта, если он начинается в семь вечера. (https://momenty.org/city/5229, 2019)

ИВЕ́НТ-МЕ́НЕДЖМЕНТ *nm, bsn.* event management

Обучение проходило по семи направлениям: инновационная и грантовая деятельность библиотек, **ивент-менеджмент**. (https://tass.ru/kultura/7066308, 2019)

ИДЕНТИФИКА́ЦИЯ *nf, misc.* identification

Держатели реестра смогут поручать проведение **идентификации** и обновление информации о лицах, которым открыты счета в реестре, не только кредитным организациям, но и другим профучастникам рынка ценных бумаг, выполняющим функции трансфер-агентов в соответствии с законодательством о рынке ценных бумаг. (http://econcrime.ru/investitsionny-h-sovetnikov-mogut-vy-vesti-iz-pod-dejstviya-antiotmy-vochnogo-zakona/, 2019). **Идентификационный** (*adj*). **Идентифицировать** (*v*).

И́МИДЖ *nm, misc.* image

Президент Индонезии Джоко Видодо попросил продумать рекламные шаги, которые могли бы укрепить туристический **имидж** государства в глазах всего мира, сообщает Antara. (https://regnum.ru/news/2773966.html, 2019). **Имиджевый** (*adj*).

И́МИДЖ-КОНСУЛЬТА́НТ *nm, prof.* image consultant

Бывший **имидж-консультант** и визажист, Уэстбрук решила выпускать витамины для поддержания женской красоты. (https://lenta.ru/articles/2019/05/29/predal/, 2019)

ИМИДЖМЕ́ЙКЕР *nm, prof.* imagemaker

Стилисты и **имиджмейкеры** рассказали Москве 24, как не попасть под влияние "черных" пятниц и приобрести вещи с реальной скидкой, не покупая лишнего. (https://www.m24.ru/news/obshchestvo/11112019/96556, 2019). **Имиджмейкерский** (*adj*).

ИМИДЖМЕ́ЙКИНГ *nm, mark.* image making

Анжелика Левицкая – куратор программы "Стайлинг и **имиджмейкинг**". (https://www.goodhouse.ru/krasota/ne-propusti/v-lofte-di-telegraph-proydet-market-sovremennoy-odezhdy-futura-marketplace/, 2019)

ИММОБИЛА́ЙЗЕР *nm, tech.* immobilizer

На втором месте **иммобилайзеры** (устройство, блокирующее некоторые из модулей автомобиля) – спрос увеличился на 47 процентов. (https://lenta.ru/news/2019/10/23/avto/, 2019). **Иммобилизировать** (*v*).

ИМПИ́ЧМЕНТ *nm, pol.* impeachment

Более половины американцев поддерживают начатую демократами в Конгрессе процедуру **импичмента** президента США Дональда Трампа. (https://tass.ru/mezhdunarodnaya-panorama/7078332, 2019)

ИМПЛА́НТ *nm, med.* implant

Кардиостимулятор, ушной **имплант** или даже “умный” протез глаза давно воспринимаются как норма. (https://aif.ru/society/science/sverhcheloveki_sredi_nas_lyudi-kiborgi_budut_sostoyat_iz_protezov_i_chipov, 2019). **Имплантационный** (*adj*). **Имплантировать** (*v*).

ИМПЛАНТА́ЦИЯ *nf, med.* implantation

Имплантация факичных интраокулярных линз (ФИОЛ) – это **имплантация** в глаз особой линзы через минимальный прокол в 2 мм. (https://kanobu.ru/articles/tehnologii-dlya-glaz-kak-prozret-po-nastoyaschemu-374619/, 2019). **Имплантационный** (*adj*). **Имплантировать** (*v*).

ИМПЛЕМЕНТА́ЦИЯ *nf, misc.* implementation

Путин и Меркель отметили, что в первую очередь это касается **имплементации** “формулы Штайнмайера” в законодательство Украины и разведения сил и средств на согласованных. (https://tass.ru/politika/7101317, 2019). **Имплементировать** (*v*).

И́МПОРТ *nm, bsn.* import

Россия за 9 месяцев этого года по сравнению с аналогичным периодом прошлого года резко увеличила **импорт** молочной продукции. (http://www.finmarket.ru/news/5113823, 2019). **Импортный** (*adj*). **Импортировать** (*v*).

ИМПОРТЁР *nm, bsn.* importer

Сейчас экспортеры несут и административную, и уголовную ответственность за невозврат в страну валютной выручки, получаемой от **импортеров**. (https://tass.ru/ekonomika/7098878, 2019). **Импортировать** (*v*).

ИМПРИ́НТ *nm, tech.* imprint

Эксклюзивные фрагменты из грядущих новинок будут регулярно публиковаться в официальных сообществах издательства “Эксмо” и **импринта** Фазон. (https://www.kp.ru/daily/26934.7/3984339/, 2019)

ИМПРИ́НТЕР *nm, tech.* imprinter (*credit card imprinter*)

На 1 июля для проведения безналичных операций в организациях торговли и услуг установлено 28 020 банкоматов, **импринтеров**, платёжных и электронных терминалов. (https://www.vladimir.kp.ru/daily/27041.5/4106185/, 2019)

ИМПРИ́НТИНГ *nm, bio.* imprinting

Чтобы отличить **импринтинг** от генетически обусловленных предпочтений, авторы подменили икринки у части древолазов, чтобы их растила и кормила приемная мать. (https://nplus1.ru/news/2019/10/07/kwakwa, 2019)

И́МПУЛЬС *nm, misc.* impulse

По словам Пашиняна, новый **импульс** армяно-российским отношениями придали перемены, произошедшие после смены власти в Армении. (https://regnum.ru/news/2773797.html, 2019). **Импульсный**, **импульсивный** (*adj*).

ИНАУГУРА́ЦИЯ *nf, pol.* inauguration

Специально для первой **инаугурации** Моралес заказал у боливийского дизайнера свитер-пиджак в этническом стиле, а позднее эта часть гардероба стала его каждодневной одеждой. (https://lenta.ru/articles/2019/11/12/evo_morales/, 2019). **Инаугурационный** (*adj*). **Инаугурировать** (*v*).

ИНБРИ́ДИНГ *nm, bio.* inbreeding

В некоторых изолированных и малочисленных популяциях все чаще наблюдается **инбридинг** или близкородственное скрещивание. (https://nplus1.ru/news/2019/10/21/puma, 2019)

ИНВЕСТИ́ЦИЯ *nf, fin.* investment

Депутаты, опираясь на положения о защите **инвестиций**, предложили считать "Северный поток-2" фактически построенным до мая 2019 года. (https://lenta.ru/news/2019/11/11/nord_stream/, 2019). **Инвестиционный** (*adj*). **Инвестировать** (*v*).

ИНВЕ́СТОР *nm, prof.* investor

В феврале под давлением международной группы поддержки Марии Лазаревой средства были разморожены и поступили на счета **инвесторов**. (https://www.kommersant.ru/doc/4155615, 2019). **Инвесторский** (*adj*). **Инвестировать** (*v*).

ИНВО́ЙС *nm, bsn.* invoice

Инвойс – в международной коммерческой практике документ, предоставляемый продавцом покупателю и содержащий перечень товаров, их количество и цену, по которой они будут поставлены покупателю. (https://dic.academic.ru/dic.nsf/ruwiki/317700, 2019). **Инвойсный** (*adj*).

ИНГАЛЯ́ТОР *nm, med.* inhalator

Были созданы "умные" **ингаляторы** с поддержкой Bluetooth для лечения астмы. (https://www.pravda.ru/health/1450168-izobreteniya/, 2019). **Ингаляторный** (*adj*).

ИНГИБИ́ТОР *nm, misc.* inhibitor

Есть антидепрессанты, основанные на селективных **ингибиторах** об ратного захвата серотонина. (https://www.pravda.ru/zoo/1425547-dog_depression/, 2019). **Ингибиторный** (*adj*).

ИНДА́СТРИАЛ-МЕТА́Л *nm, music.* industrial metal

Альбом "F&M" в стиле **индастриал-метал** будет представлен 22 ноября. (https://rg.ru/2019/10/28/reg-ufo/rostovchanin-narisoval-oblozhku-dlia-alboma-lidera-gruppy-rammstein.html, 2019)

ИНДА́СТРИАЛ-РОК *nm, music.* industrial rock

Легенды **индастриал-рока** встряхнули Москву. (https://iz.ru/904410/video/v-moskve-proshel-kontcert-nemetckoi-gruppy-rammstein, 2019)

ИНДА́СТРИАЛ-ТЕ́ХНО *nn, indecl, music.* industrial techno

В программе: австралийский авант-поп, американская семплоделика, британская панк-электроника, индонезийский дарк-фолк, иранский авангард, казачий киберпанк, сибирский эмбиент, финская психоделия, черкесская народная музыка, шведское **индастриал-техно**, японский глитч-рейв и не только. (http://www.chaskor.ru/article/russkoe_pole_eksperimentov_45124, 2019)

И́НДЕКС БИГМА́КА *nm, fin.* Big Mac index

Индекс бигмака основан на теории паритета покупательной способности, по которой валютный курс должен уравнивать стоимость корзины товаров в разных странах, только вместо корзины берется один стандартный бургер, выпускаемый компанией McDonald's повсеместно. (https://ru.wikipedia.org/wiki/)

ИНДЕКСА́ЦИЯ *nf, fin.* indexation

Профицит бюджета растет, ФНБ пухнет, как на дрожжах, а денег в стране не хватает – ни на **индексацию** пенсий, ни на достойную зарплату бюджетникам. (https://regnum.ru/news/2774162.html, 2019). **Индексационный** (*adj*). **Индексировать** (*v*).

И́НДЕКС-ДЕФЛЯ́ТОР *nm, bsn.* index deflator

Индекс-дефлятор – это коэффициент, применяемый для приведения с тоимостных

показателей, выраженных в текущих ценах, к ценам базисного период а. (https://dic.academic.ru/dic.nsf/business/5292)

ИНДИКА́ТОР *nm, misc.* indicator

Митинги в Москве стали **индикатором** недостатков в избирательной системе. (https://inosmi.ru/politic/20191112/246202358.html, 2019). **Индикаторный** (*adj*).

И́НДИ-МУ́ЗЫКА *nf, music.* indie music

Они находят исполнителей в деревнях и городах, выпускают альбомы с их песнями и развивают местную **инди-музыку**. (https://meduza.io/feature/2019/08/07/vsem-kazhetsya-chto-ispolnitel-traditsionnoy-muzyki-eto-starichok-iz-vysokogornogo-aula-eto-ne-tak, 2019)

И́НДИ-ПОП *nm, music.* indie pop

Врезающиеся в саундтрек индустриализированной буколики хип-хоп, **инди-поп** и рок-н-ролл эффектно вырывают из временных рамок фигуру Эмили и ее историю на клочках бумаги, спрятанной в письменный стол. (https://style.rbc.ru/impressions/5dc122f59a7947a96c95cf32, 2019)

И́НДИ-РОК *nm, music.* indie rock

Американская группа Pixies, одни из основоположников **инди-рока** и коллектив, популяризировавший альтернативный рок, впервые выступит в России. (http://www.sobaka.ru/city/music/99211, 2019)

ИНДОКТРИНА́ЦИЯ *nf, pol.* indoctrination

Тут они копируют советский опыт, когда исключительное внимание уделялось **индоктринации** с детского сада и даже с яслей. (https://ria.ru/20191110/1560737385.html, 2019). **Индокринационный** (*adj*). **Индокринировать** (*v*).

ИНДУСТРИ́Я *nf, bsn.* industry

Оргкомитет пригласил для участия ведущие интернет-издания, представителей туристических агентств, кино и телевидения, аниместудий, развлекательной **индустрии** из Китая и зарубежных стран. (https://tass.ru/obschestvo/7105727, 2019). **Индустриальный** (*adj*).

ИНЖИНИ́РИНГ *nm, tech.* engineering

"Юнипро"занимается производством и продажей электрической энергии и мощности. Компания также представлена на рынках распределенной генерации и **инжиниринга** в РФ. (https://ria.ru/20191112/1560846828.html, 2019). **Инжиниринговый** (*adj*).

ИНКЛЮЗИ́ВНОСТЬ *nf, soc.* inclusivity

Где провести черту между **инклюзивностью** для трансгендерных спортсменов и справедливостью для цисгендерных спортсменов – вопрос этический. (https://inosmi.ru/social/20191109/246177681.html, 2019). **Инклюзивный** (*adj*).

ИНКОРПОРА́ЦИЯ *nf, law.* incorporation

Фонды могут быть зарегистрированы как в порядке редомициляции, так и в порядке **инкорпорации**. (http://www.finmarket.ru/news/5114376, 2019). **Инкорпорационный** (*adj*). **Инкорпорировать** (*v*).

ИНКРО́ССИНГ *nm, agr.* incrossing

Инкро́ссинг – это скрещивание двух инбредных, хорошо сочетающихся линий одной породы животных для получения высокопродуктивного потомства. (https://dic.academic.ru/)

ИНКУБА́ТОР *nm, misc.* incubator

В публикации отмечается, что такие губки являются идеальными **инкубаторами**

для бактерий. (https://www.mk.ru/social/2019/11/09/eksperty-sravnili-gubki-dlya-mytya-posudy-s-unitazom.html, 2019). **Инкубаторский** (*adj*). **Инкубировать** (*v*).

И́ННИНГ *nm, bsball.* inning

Матч длится девять раундов, которые называются **иннингами**. (https://lenta.ru/articles/2019/05/22/baseball/, 2019)

ИННОВА́ТОР *nm, misc.* innovator

Гораздо важнее – создать экосистему для **инноваторов**. Часто им нужны не столько деньги, сколько поддержка. (https://snob.ru/entry/184127/, 2019). **Инноваторский** (*adj*).

ИННОВА́ЦИЯ *nf, misc.* innovation

Статус "Формулы-1" как самого передового вида автомобильных **инноваций** дает серии платформу для ускорения прогресса и развития технологий. (https://tass.ru/sport/7104624, 2019). **Инновационный** (*adj*).

ИНСА́ЙД *nm, misc.* inside

Следующий год может стать прорывным в игровой индустрии: по крайней мере, на это дают надежду трейлеры и **инсайды**. (https://www.championat.com/cybersport/article-3873465-luchshie-igry-2020-goda--last-of-us-cyberpunk-watch-dogs-3-i-drugie.html, 2019)

ИНСА́ЙДЕР *nm, misc.* insider

Согласно сведениям **инсайдера**, новинка сможет похвастаться емким аккумулятором и экраном AMOLED, где предусмотрен вырез под фронтальную камеру. (https://dni24.com/exclusive/244836-preemnik-smartfona-samsung-galaxy-m40-poluchit-snapdragon-712.html, 2019). **Инсайдерский** (*adj*).

ИНСА́ЙТ *nm, psych.* insight

"**Инсайт**" – это изменение проблемной ситуации, которое сопровождается, как озарение, пиковым переживанием, когда мир вдруг становится другим. (https://www.forbes.ru/forbeslife/386835-donkihoty-protiv-robotov-kak-na-vinzavode-issleduyut-budushchee, 2019)

ИНСОЛЯ́ЦИЯ *nf, tech.* insolation

Выбор регионов обуславливается и наличием ветрового потенциала или **инсоляции**, логистики, помощи региональных властей в плане налоговых льгот, обширных земельных участков. (http://www.ng.ru/energy/2019-11-11/9_7723_rostov.html, 2019). **Инсоляционный** (*adj*).

ИНСО́РСИНГ *nm, bsn.* insourcing

Если компании пойдут на вывод части производства из Китая, это может стать продолжением тенденции, обозначившейся еще в начале десятилетия под названием "**инсорсинг**". (https://www.kommersant.ru/doc/4019369, 2019)

И́НСТА *nf, slang.* Insta (*Instagram*)

Если нет влога, нет **Инсты** – сиди в пещере и не высовывайся, лузер. (https://www.mk.ru/politics/2019/09/25/da-pridut-antikhristy-shvedskuyu-shkolnicu-gretu-tunberg-sravnili-s-buzovoy.html, 2019)

ИНСТАГРА́М *nm, int.* Instagram

Фотографию с новым стрит-артом художник выложил в свой **инстаграм**, сопроводив его комментарием: "Нас всех так и подмывает". (https://spb.mk.ru/social/2019/11/12/na-meshkakh-podpirayushhikh-naberezhnuyu-kanala-griboedova-poselilsya.html, 2019). **Инстаграмный** (*adj*). **Инстаграмить** (*v*).

ИНСТАЛЛЯ́ТОР *nm, misc.* installation artist

Отдельные художники-**инсталляторы** работают с переработанными материалами и мусором. (https://style.rbc.ru/impressions/5dc486ea9a79476b9e09bee8, 2019)

ИНСТАЛЛЯ́ЦИЯ *nf, art.* installation

В парке Новой Голландии экспонируются крупные скульптуры, арт-объекты и **инсталляции**. (https://regnum.ru/news/2775690.html, 2019). **Инсталлировать** (*v*).

ИНСТРУМЕНТА́Л *nm, music.* instrumental

Очень хочется отметить хореографию японца и выбор его музыки – загадочный и экспрессивный **инструментал**, неожиданные подпрыгивания на месте. (https://www.gazeta.ru/sport/2019/10/17/a_12762110.html, 2019). **Инструментальный** (*v*).

ИНСТРУМЕНТАЛИ́ЗМ *nm, music.* instrumentalism

Отдельная особенность этих концертов – подзвучка: фестиваль сотрудничает с лучшими московскими звукорежиссерами, но легкие барочные голоса и ажурный ансамблевый **инструментализм**, жильные струны, деревянные гобои и лютни в динамиках звучат все же чуть прямолинейней, чем это привычно. (https://www.kommersant.ru/doc/4072922, 2019)

ИНСТРУМЕНТАЛИ́СТ *nm, music.* instrumentalist

Участниками фестиваля становятся **инструменталисты**, вокалисты, танцевальные и хоровые коллективы, цирковые студии, художники. (https://tass.ru/kultura/7103850, 2019)

ИНТЕГРА́ТОР *nm, tech.* integrator

Уже в 1943 году Джон Мокли и Джон Эккерт приступили к работе над электронным числовым **интегратором** и вычислителем ENIAC. (https://naukatv.ru/articles/628, 2019)

ИНТЕГРА́ЦИЯ *nf, misc.* integration

Украина готова к тому, что рано или поздно санкции будут сняты, заявил вице-премьер по вопросам европейской и евроатлантической **интегра ции** Дмитрий Кулеба. (https://www.rbc.ru/politics/12/11/2019/5dca6a269a7947b7cfee68bd, 2019). **Интегративный** (*adj*). **Интегрировать/ся** (*v*).

ИНТЕЛЛЕ́КТ-КА́РТА *nf, ed.* intellect card

Интеллект-карты – это зашифрованные в картинках слова, словосочетания и предложения, которые помогают запоминать сложный материал, передавать информацию. (https://www.dv.kp.ru/daily/26980/4039144/, 2019)

ИНТЕРАКТИ́В *nm, misc.* interactive

Для гостей готовятся мастер-классы и экскурсии, **интерактивы** и выставки. (https://regnum.ru/news/2774402.html,2019). **Интерактивный** (*adj*).

ИНТЕРАКТИ́ВНОСТЬ *nf, misc.* interactivity

При всей своей **интерактивности** наша постановка бессмертного романа Тургенева классическая, соответствует первоисточнику. (https://vm.ru/news/761412-otcy-i-deti-snova-postavyat-v-den-rozhdeniya-turgeneva, 2019). **Интерактивный** (*adj*).

ИНТЕРА́КЦИЯ *nf, misc.* interaction

Матч набрал 1,09 млрд пользовательских **интеракций**, к ним относят лайки, репосты, комментарии и просмотры видео. (https://sport.rbc.ru/news/5d7f4ab79a79473, 2019). **Интеракционный** (*adj*).

ИНТЕРВЬЮ́ *nn, indecl, misc.* interview

Известный блогер Юрий Дудь взял **интервью** у астрофизика Константина Батыгина, который преподает в Калифорнийском технологическом университете. (https://www.mk.ru/science/2019/11/12/dud-pogovoril-s-avtorom-teorii-o-devyatoy-planete.html, 2019). **Интервьюировать** (*v*).

ИНТЕРВЬЮ́ЕР *nm, misc.* interviewer

Юрий Дудь – один из лучших **интервьюеров** нашей страны. (https://sm-news.ru/5-intervyu-dudya-gde-govoryat-o-devyanostyx-49987/, 2019). **Интервьюировать** (*v*).

ИНТЕРВЬЮ́ИРОВАНИЕ *nn, misc.* interviewing

Кроме того, ежемесячно в школе будут проходить блог-обзоры с выявлением недочетов, критикой, **интервьюированием**. (https://www.kp.ru/daily/27044.5/4109270/, 2019). **Интервьюировать** (*v*).

ИНТЕРНАЛИЗА́ЦИЯ *nf, misc.* internalization

Интернализация потоков наиболее эффективна при большом потоке встречных заявок. Наиболее развит такой механизм по валюте, и внедряют его банки. (https://www.kommersant.ru/doc/4141344, 2019)

ИНТЕРНЕ́Т *nm, int.* Internet

После прикрепления документов к обращению они оказываются в отдельной директории на сервере прокуратуры, которая открыта для доступа из **интернета**. (https://www.kommersant.ru/doc/4143672, 2019). **Интернетный** (*adj*).

ИНТЕРНЕ́Т-АДДИ́КЦИЯ *nf, psych.* Internet addiction

Эти аспекты связаны с социопатией, **интернет-аддикцией**, а также многозадачностью, в условиях которой существует поколение "Z". (https://www.gazeta.ru/social/2018/03/22/11692345.html, 2018)

ИНТЕРНЕ́Т-БА́НКИНГ *nm, fin.* Internet banking

Интернет-банкинг – комплекс средств для управления банковскими счетами через Интернет. (https://www.banki.ru/wikibank/internet-bank/, 2019)

ИНТЕРНЕ́Т-БИ́ЗНЕС *nm, bsn.* Internet business

Крупнейшее событие российского **интернет-бизнеса** – Неделя Российского Интернета 2019 пройдет в Москве 12 и 13 декабря в Центре Международной торговли. (https://www.mk.ru/economics/2019/11/06/stal-izvesten-glavnyy-trend-nedeli-rossiyskogo-interneta-2019.html, 2019)

ИНТЕРНЕ́Т-БОТ *nm, comp.* Internet bot

Напомним, ранее в предвыборном штабе господина Беглова заявили о том, что не тратят деньги на услуги **интернет-ботов**. (https://www.kommersant.ru/doc/4039540, 2019)

ИНТЕРНЕ́Т-БРО́КЕР *nm, fin.* Internet broker

МВД раскрыло банду липовых **интернет-брокеров**. (https://aif.ru/money/mvd_raskrylo_bandu_lipovyh_internet-brokerov, 2019)

ИНТЕРНЕ́Т-БРО́КЕРИДЖ *nm, fin.* Internet brokerage

Сам Бернштам в интервью "Интерфаксу" признавал, что попытка превратить этот бизнес в **интернет-брокеридж** не удалась, и в 2014 году кредитный брокер закрылся. (https://www.rbc.ru/magazine/2016/11/580770769a7947ec0550ce25, 2019)

ИНТЕРНЕ́Т-ИНДУСТРИ́Я *nf, int.* Internet industry

Я считаю, что в принципе возможность недискриминационного доступа она важна не только для конкретной страны, но и для развития **интернет-индустрии** в целом, для всего мира. (https://www.gazeta.ru/tech/news/2019/11/05/n_13660412.html, 2019)

ИНТЕРНÉТ-ИНКУБÁТОР *nm, bsn.* Internet incubator

Проект "Купибонус" входил в **интернет-инкубатор** Fast Lane Ventures. (https://www.kommersant.ru/doc/2827589, 2019)

ИНТЕРНÉТ-КАФÉ *nn, indecl, int.* Internet cafe

На сегодняшний день одним из самых грязных объектов, даже грязнее, чем ободок унитаза в общественном заведении, является клавиатура в **интернет-кафе**. (https://echo.msk.ru/programs/beseda/2528127-echo/, 2019)

ИНТЕРНÉТ-МАРКÉТИНГ *nm, int.* Internet marketing

Несколько сотен сотрудников крупнейших холдингов страны определяли, кто из них лучший, в полусотне компетенций: от сварочного и сметного дела до квантовых технологий и **интернет-маркетинга**. (https://www.kp.ru/daily/27052/4118594/, 2019)

ИНТЕРНÉТ-МЕМ *nm, int.* Internet meme

Некоторые пользователи тут же принялись делать **интернет-мемы** и различные фотожабы. (https://mir24.tv/news/16385450/polzovateli-socsetei-ispugalis-karpa-s-chelovecheskimi-licom, 2019)

ИНТЕРНÉТ-ОПЕРÁТОР *nm, int.* Internet operator

Сегодня мы стали свидетелями развития острой конкуренции между **интернет-операторами** и операторами сотовой связи по всему миру. (https://inosmi.ru/economic/20191112/246209855.html, 2019)

ИНТЕРНÉТ-ПОРТÁЛ *nm, int.* Internet portal

Документ опубликован во вторник на официальном **интернет-портале** правовой информации. (https://tass.ru/ekonomika/7107068, 2019)

ИНТЕРНÉТ-ПРОВÁЙДЕР *nm, int.* Internet provider

"Ростелеком" – государственный **интернет-провайдер** и оператор, который называет себя крупнейшим в стране. (https://www.rbc.ru/technology_and_media/10/11/2019/5dc8327f9a7947835e172462, 2019)

ИНТЕРНÉТ-ПРОВÁЙДИНГ *nm, int.* Internet providing

Этот законопроект затронет практически всех пользователей и любой интернет-бизнес, в первую очередь рынок операторов связи и **интернет-провайдинга**. (http://elitetrader.ru/index.php?newsid=448622, 2019)

ИНТЕРНÉТ-ПРОÉКТ *nm, int.* Internet project

Лучше снять несколько ярких роликов с участием звезды, известной не только **интернет-проектами**. (https://www.kommersant.ru/doc/4155200, 2019)

ИНТЕРНÉТ-ПРОТОКÓЛ *nm, int.* Internet protocol

С 1 января 2020 года все провайдеры Беларуси будут обязаны поддерживать **интернет-протокол** IPv6. (https://habr.com/ru/news/t/468569/, 2019)

ИНТЕРНÉТ-РЕКРУ́ТМЕНТ *nm, int.* Internet recruitment

Крупнейшая российская компания **интернет-рекрутмента** Head-Hunter поделилась статистикой, описывающей актуальную ситуацию на петербургском рынке труда. (https://vecherka-spb.ru/2019/11/11/kakie-professii-nuzhny-v-peterburge/, 2019)

ИНТЕРНЕ́Т-РЕСУ́РС *nm, int.* Internet resource

Ведомство со своей стороны обещало предложить различные варианты решения этой проблемы, связанные с блокировкой **интернет-ресурсов**. (https://tass.ru/obschestvo/7102892, 2019)

ИНТЕРНЕ́Т-САЙТ *nm, int.* Internet site

Российский пользователь предоставляет свои данные в среднем в 15 местах: госсистемам, операторам связи, банкам, **интернет-сайтам** и др. (https://www.rbc.ru/technology_and_media/12/11/2019/5dca80f29a7947c2d9928a9c, 2019)

ИНТЕРНЕ́Т-СЕ́РВЕР *nm, int.* Internet server

Резервная инфраструктура обеспечит бесперебойную работу интернета, если российские операторы связи не смогут подключиться к зарубежным корневым **интернет-серверам**. (https://lenta.ru/news/2019/11/01/runet/, 2019)

ИНТЕРНЕ́Т-СЕ́РВИС *nm, int.* Internet service

Появившись в Ростове-на-Дону в августе 2018 года, крупные **интернет-сервисы** доставки еды стремительно набирают популярность. (https://rg.ru/2019/11/12/reg-ufo/kak-dostavka-edy-izmenila-rostovskij-obshchepit.html, 2019)

ИНТЕРНЕ́Т-ТРЕ́ЙДИНГ *nm, int.* Internet trading

Наконец, "**интернет-трейдинг**" вошел в массы, что еще больше открыло двери "Уолл-стрит Казино" для масс. (http://elitetrader.ru/index.php?newsid=464607, 2019)

ИНТЕРНЕ́Т-ТРОЛЛЬ *nm, int.* Internet troll

В США Пригожину предъявлено обвинение за причастность к "фабрике" **интернет-троллей**, которая пыталась повлиять на президентские выборы 2016 года. (https://inosmi.ru/military/20191106/246166232.html, 2019)

ИНТЕРНЕ́Т-ФО́РУМ *nm, int.* Internet forum

Документ предусматривает ответственность за призывы к массовым беспорядкам и вандализму на **интернет-форумах**, в социальных сетях и мессенджерах, таких как Telegram. (https://tass.ru/mezhdunarodnaya-panorama/7066904, 2019)

ИНТЕРНЕ́Т-ШО́ПИНГ *nm, int.* Internet shopping

Оба типа, страдая зависимостью от киберсекса или **интернет-шопинга**, заражаются болезнью суррогата человеческих отношений и "радости". (https://rg.ru/2018/07/04/pochemu-cifrovaia-igromaniia-opasnee-igromanii-i-alkogolizma.html, 2019)

ИНТЕРПОЛЯ́ЦИЯ *nf, tech.* interpolation

Многие современные телевизоры поддерживают **интерполяцию** видео для сглаживания визуального ряда. (https://tass.ru/opinions/6983261, 2019). **Интерполяционный** (*adj*).

ИНТЕРФЕ́ЙС *nm, comp.* interface

Также востребованы разработчики **интерфейсов** с учетом пользовательского опыта – UI/UX-дизайнеры. (https://regnum.ru/news/2774810.html, 2019). **Интерфейсный** (*adj*).

ИНТЕРФЕРЕ́НЦИЯ *nf, misc.* interference

Из-за этого происходит конструктивная **интерференция** полей излучения электронов, в результате чего на порядки повышается мощность излучения. (https://www.kommersant.ru/doc/4134753, 2019). **Интерферирующий** (*adj*). **Интерферировать** (*v*).

ИНТЕРФО́Н *nm, tech.* interphone

Как сообщили бельгийские СМИ, рано утром два человека позвонили по **интерфону** в отель, который расположен близ исторического центра города. (https://echo.msk.ru/news/1162666-echo.html, 2019)

ИНТРАНЕ́Т *nm, comp.* intranet

Удивляет меня лишь то, что в Кремле почему-то свято уверены, что перевод россиян на рельсы суверенного **интранета** пройдет так же гладко, как монетизация льгот или пенсионная реформа. (https://www.kommersant.ru/doc/4133123, 2019)

ИНФИ́ЛДЕР *nm, bsball.* infielder

Инфилдер – игрок защищающейся стороны, находящийся в игровом поле. (https://tass.ru/sport/5731070, 2019)

ИНФЛЮЕ́НСЕР *nm, misc.* influencer

Виктория Бэкхем утверждает, что щелочная диета это ее способ оставаться ресурсной, жонглируя четырьмя ролями одновременно – матери, жены, **инфлюенсера** и бизнесвумен. (https://style.rbc.ru/beauty/5d8cd9e69a794773faff8ebc, 2019)

ИНФЛЯ́ЦИЯ *nf, fin.* inflation

Замедление **инфляции** и заявления о росте располагаемых доходов привели к тому, что потребительские настроения улучшились по всем показателям, из которых складывается индекс. (https://1prime.ru/state_regulation/20191113/830539157.html, 2019). **Инфляционный** (*adj*).

ИНФОГРА́ФИКА *nf, tech.* infographics

Инфографика – это прием, который в последнее время становится все более популярным. (https://fb.ru/article/296444/infografika-kak-delat-shablonyi-primeryi, 2019)

ИНФОРМА́ТИКА *nf, inf.* informatics

Рособрнадзор рассматривает возможность перевода сдачи ЕГЭ в онлайн-формат, в следующем году будет введен компьютерный экзамен по **информатике**. (https://tass.ru/obschestvo/7105137, 2019)

ИНФОТЕ́ЙНМЕНТ *nm, media.* infotainment

В мире, где господствует "**инфотейнмент**" – развлекательное потребление информации – кто еще расскажет про самые острые, злободневные проблемы? (https://chel.mk.ru/social/2019/08/07/izvestnyy-chelyabinskiy-zhurnalist-rasskazal-pro-socialnuyu-otvetstvennost-smi.html, 2019)

ИНФРАСТРУКТУ́РА *nf, misc.* infrastructure

Кроме транспортной **инфраструктуры** в границах узла планируется возвести торгово-офисный центр, многофункциональный комплекс и аутлет-центр. (https://realty.ria.ru/20191003/1559391770.html, 2019). **Инфраструктурный** (*adj*).

ИСТЕ́БЛИШМЕНТ *nm, pol.* establishment

И хотя Трамп антиглобалист, вашингтонский **истеблишмент**, конгресс и бюрократия внешнеполитических ведомств, в первую очередь из Госдепа, настроены глобалистки. (https://rueconomics.ru/vse-novosti, 2019)

ИТ (информационные технологии) *abbr, comp.* IT (Information Technology)

ИТ-сообщество Омской области предложило коллегам из Казахстана совместную тендерную площадку для поставщиков и заказчиков. (https://regnum.ru/news/2776036.html, 2019)

ИТ-АУТСО́РСИНГ, *IT-**АУТСО́РСИНГ** *nm, bsn.* IT outsourcing

ИТ-аутсорсинг позволяет обеспечить многоуровневую поддержку всей ИТ-инфраструктуры и оперативный контроль при выполнении всех работ с точным фиксированием понесенных затрат. (https://ivit.pro/blog/chto-takoe-it-autsorsing/, 2019)

ИТЕРА́ЦИЯ *nf, cybersp.* iteration

Итерация – это повторение определенного шага с учетом опыта предыдущего. (http://alvin-almazov.ru/vocabulary/iteraciya/). **Итерационный** (*adj*).

ИТ-ИНТЕГРА́ТОР, *IT-**ИНТЕРГА́ТОР** *nm, comp.* IT integrator

В мероприятии в качестве спонсора также примут участие крупный **ИТ-интегратор** в России – группа компаний "Паладин" совместно с одним из ведущих лидеров. (https://www.cnews.ru/news/line/2019-10-16_gk_paladin_primet_uchastie, 2019)

ИТ-ИНФРАСТУКТУ́РА, *IT-**ИНФРАСТУКТУ́РА** *nf, tech.* IT infrastructure

В облако провайдера перенесена **ИТ-инфраструктура** бюро, задействованная в проектировании нового гражданского вертолета. (https://www.cnews.ru/news/line/2019-11-12_rossijskij_vertolet_vrt500, 2019)

ИТ-КОМПА́НИЯ, *IT- **КОМПА́НИЯ** *nf, misc.* IT company

Мужчина также поделился мыслями о том, что нужно делать местным **ИТ-компаниям**, чтобы принять участие в крупных региональных ИТ-проектах. (https://www.tumen.kp.ru/online/news/3663704/, 2019)

ИТ-КОНСА́ЛТИНГ, *IT-**КОНСА́ЛТИНГ** *nm, bsn.* IT consulting

В качестве партнера по внедрению системы была выбрана команда ГК "Корус консалтинг" с с богатым опытом в **ИТ-консалтинге** и сотрудничестве с крупными дистрибуторами. (https://corp.cnews.ru/news/line/2019-02-05_korus_konsalting_sozdal_kommunikatsionnuyu_ploshchadku, 2019)

ИТ-МÉНЕДЖЕР, *IT-**МÉНЕДЖЕР** *nm, prof.* IT manager

Дмитрий Зеленков из Росатома также пополнил команду **ИТ-менеджеров** Минздрава, и теперь возглавляет "Центр компетенции по цифровой медицине", созданный в мае этого года. (https://pharmvestnik.ru/content/news/V-komande-IT-zdravoohraneniya-proizoshli-kluchevye-perestanovki.html, 2019)

ИТ-ПЛАТФÓРМА, *IT-**ПЛАТФÓРМА** *nf, int.* IT platform

Основными задачами ИТ-стратегии на 2020 год определены дальнейшее развитие **ИТ-платформ** на базе микросервисной архитектуры. (http://ng72.ru/news/view/26344, 2019)

ИТ-ПРОÉКТ, *IT-**ПРОÉКТ** *nm, misc.* IT project

Мужчина также поделился мыслями о том, что нужно делать местным ИТ-компаниям, чтобы принять участие в крупных региональных **ИТ-проектах**. (https://www.tumen.kp.ru/online/news/3663704/, 2019)

ИТ-СТРАТÉГИЯ, *IT-**СТРАТÉГИЯ** *nf, bsn.* IT strategy

Основными задачами **ИТ-стратегии** на 2020 год определены дальнейшее развитие ИТ-платформ на базе микросервисной архитектуры. (http://ng72.ru/news/view/26344, 2019)

Й

ЙО́ГУРТ *nm, food*. yogurt

На одной из деловых встреч Безос заказал для себя средиземноморского осьминога с картошкой, беконом, **йогуртом** из зеленого чеснока и яйцом-пашот. (https://www.forbes.ru/newsroom/biznes/387239-steyk-haus-solyanogo-povara-mogut-ocenit-v-1-mlrd, 2019). **Йогуртный** (*adj*).

ЙО́-ЙО́ *nm, indecl, game*. yo-yo

К запуску бренд выпустил капсульную коллекцию Valentino Daydream, в которую вошли блокноты, зажигалки, игрушки **йо-йо** и набор для игры в Маджонг. (https://www.buro247.ru/news/lifestyle/8-nov-2019-valentino-couture-show-beijing.html, 2019)

К

КА́ВЕР *nm, music.* cover

В их репертуаре есть как **каверы** известных хитов, так и свои собственные композиции. (https://vm.ru/interview/762341-pevec-anton-ivanov-krasivee-i-chishe-moskovskogo-metro-net, 2019)

КА́ВЕР-ВЕ́РСИЯ *nf, music.* cover version

Уральские музыканты якобы нарушили авторские права, исполнив **кавер-версию** гимна России. (https://www.ural.kp.ru/daily/27054/4120597/, 2019)

КАВИТА́ЦИЯ *nf, misc.* cavitation

Кавитацией называют процесс образования и последующего схлопывания пузырьков в потоке жидкости, которые могут содержать разреженный пар. (http://elitetrader.ru/index.php?newsid=463324, 2019). **Кавитационный** (*adj*).

КАДЖУ́Н *nm, cult.* Cajun

Каджуны – крупнейшее этноязыковое меньшинство в Луизиане, и сам Дастин гордится своим происхождением. (https://www.championat.com/boxing/article-3842887-dastin-pore---biografija-bojca-mma-statistika-pobedy-i-porazhenija.html, 2019). **Каджунский** (*adj*).

КАЙТ *nm, sport.* kite

С самого детства я занимался спортивным скалолазанием и альпинизмом, поднялся на Эльбрус, затем перешел на сноуборд, горный велосипед, зимний **кайт**. (https://hab.mk.ru/social/2019/11/08/sportsmen-iz-vladivostoka-preodolel-tatarskiy-proliv-na-saporde.html, 2019)

КАЙТБО́РД *nm, sport.* kiteboard

В 2011 г. Новожеев пересёк на **кайтборде** Берингов пролив. (https://aif.ru/society/people/kak_ekstremaly_peresekayut_prolivy, 2019)

КАЙТБО́РДЕР *nm, sport.* kiteboarder

Российский **кайтбордер** установил мировой рекорд: многократный чемпион России по кайтбордингу Евгений Новожеев первым в мире преодолел пролив Лаперуза на кайтборде. (https://russian.rt.com/sport/news/682003-novozheev-kaitbording-mirovoi-rekord, 2019)

КАЙТБО́РДИНГ *nm, sport.* kiteboarding

Сноукайтинг – это разновидность **кайтбординга**. Он наверняка понравится поклонникам парусного спорта, которые зимой скучают по водной стихии. (https://style.rbc.ru/impressions/5deff1a99a79476e1c290ef0, 2020)

КА́ЙТЕР *nm, sport.* kiter

У нас есть рукопашники, снайпера-охотники, высокогорники-альпинисты, парашютисты, **кайтеры**, водители всех видов транспорта. (https://sm-news.ru/chto-segodnya-interesnogo-v-mire-55724/, 2019)

КА́ЙТИНГ *nm, sport.* kiting

Кайтсерфинг, или **кайтинг**, – это молодой вид спорта, который заключается в катании на доске по волнам за воздушным змеем. (https://sm-news.ru/chto-segodnya-interesnogo-v-mire-55724/, 2019)

КАЙТСЁРФЕР *nm, sport.* kite surfer

Сахалин является идеальным местом для тренировок **кайтсерферов**, в том числе к Олимпийским играм 2024 года в Париже. (https://tass.ru/sport/7052802, 2019)

КАЙТСЁРФИНГ *nm, sport.* kite surfing

В программу входили пляжные борьба, каратэ, волейбол 4х4, гандбол, теннис, пляжный футбол, вейкбординг, водные лыжи, **кайтсёрфинг**, плавание на 5 км, сёрфинг, аквафлон, баскетбол 3х3, боулдеринг, скейтбординг. (https://gorod48.ru/news/1885588/, 2019)

КАЛЛАНЕ́ТИКА *nf, sport.* Callanetics

Калланетика – это система статических упражнений, развивающих гибкость и способствующих повышению эластичности мышц. (https://studfiles.net/preview/1865352/page:14/)

КАЛОРИ́МЕТР *nm, tech.* calorimeter

С 1990 года Джанотти специализировалась на жидкоаргонных **калориметрах**. (https://nauka.tass.ru/nauka/7085531, 2019). **Калориметрический** (*adj*).

КАЛЬКУЛЯ́ТОР *nm, tech.* calculator

Сергей Собянин также написал, что стоимость поездок с использованием диаметров уже сейчас можно рассчитать с помощью онлайн-**калькулятора**. (https://rg.ru/2019/11/13/reg-cfo/nazvany-sroki-otkrytiia-pervyh-dvuh-linij-mcd.html, 2019). **Калькуляторный** (*adj*). **Калькулировать** (*v*).

КАЛЬКУЛЯ́ЦИЯ *nf, fin.* calculation

Калькуля́ция – это вычисление покупной и продажной стоимости товара. (https://dic.academic.ru/dic.nsf/ushakov/829918). **Калькуляционный** (*adj*). **Калькулировать** (*v*).

КАМБЭ́К *nm, soc.* comeback

Трент признался, что не особо верил в возможность **камбэка**: надо было просто выйти и постараться забить пару мячей – вылететь с высоко поднятой головой. (https://www.sports.ru/tribuna/blogs/untidyfootball/2630422.html, 2019)

КА́МИНГ-А́УТ *nm, soc.* coming out

Есть **каминг-аут**, когда ты рассказываешь о себе, а есть аутинг, когда я рассказываю, что ты такой-то. (https://www.pravmir.ru/ekaterina-shulman-sovremennaya-molodezh-samoe-pravilnoe-iz-vseh-pokoleniy-kakie-tolko-mozhno-sebe-predstavit/, 2019)

КАМКО́РДЕР *nm, tech.* camcorder

В аудиториях проводятся сеансы дистанционного обучения с участием преподавателя и группы слушателей методом многокамерной съемки с использованием двух **камкордеров**. (https://www.cnews.ru/news/line/2019-11-13_beltel_vnedril_reshenie, 2019)

КА́МПУС *nm, ed.* campus

Столкновения антиправительственных демонстрантов с полицией произошли в Гонконге на территории **кампусов** Гонконгского университета. (https://tass.ru/mezhdunarodnaya-panorama/7099433, 2019). **Кампусный** (*adj*).

КАНО́Э *nn, indecl, sport.* canoe

На курорте можно заниматься всеми водными видами спорта: гребля на **каноэ**, байдарках, катание на водных велосипедах, плавание и ныряние с маской, виндсерфинг. (https://www.buro247.ru/lifestyle/travel/16-oct-2019-travel-otel-maldives.html, 2019)

КА́НТРИ *nn, indecl, music.* country (*music*)

Американский Forbes опубликовал рейтинг 20 самых высокооплачиваемых исполнителей музыки в стиле **кантри**, которые за год вместе заработали почти $500 млн. (https://www.forbes.ru/newsroom/obshchestvo/387311-forbes-nazval-20-samyh-vysokooplachivaemyh-ispolniteley-v-stile-kantri, 2019)

КА́НТРИ-БЛЮЗ *nm, music.* country blues

Гостями вечера стали музыканты из российского джаз-фьюжн трио Романа Мирошниченко и американский исполнитель **кантри-блюза** Тим Истон. (https://ria.ru/20190913/1558637745.html, 2019)

КА́НТРИ-КЛУБ *nm, misc.* country club

26 мая Абэ и Трамп сыграли в гольф в одном из **кантри-клубов** в городе Мобара префектуры Тиба в компании известного спортмена Исао Аоки. (https://rg.ru/2019/05/27/imperator-iaponii-prinial-donalda-trampa.html, 2019)

КА́НТРИ-МУ́ЗЫКА *nf, music.* country music

Стиль рок-н-ролл зародился в США в конце 40-х – начале 50-х годов XX века из смеси музыки афроамериканских жанров – джаза, блюза, джамп-блюза, ритма, буги-вуги – и **кантри-музыки** с ее поджанрами вестерн-свинг и блуграсс. (https://vm.ru/stars/629792-uchastniki-proekta-muzyka-v-metro-rasskazali-vm-chto-slushayut-gorozhane-v-stolichnoj-podzemke, 2019)

КА́НТРИ-ПОП *nm, music.* country pop

Американская **кантри-поп**, исполнительница Тейлор Свифт получила статуэтку за клип к песне "Me!" и была признана лучшей певицей года в США. (https://www.gazeta.ru/culture/2019/11/04/a_12794636.html, 2019)

КА́НТРИ-РОК *nm, music.* country rock

Альт-кантри, поп-фолк, **кантри-рок** – качество музыки, вложенная в нее душа и желание сделать мир лучше, сделали коллектив популярным. (https://www.the-village.ru/village/food./food.-guide/357889-gastronom-ekb, 2019)

КАПИТА́Л *nm, fin.* capital

Верховный суд России усилил защиту предпринимателей, подавших декларации в рамках закона об амнистии **капиталов**. (https://tass.ru/ekonomika/7108811, 2019). **Капитальный** (*adj*). **Капитализировать** (*v*).

КАПИТАЛИЗА́ЦИЯ *nf, fin.* capitalization

Саудовский кронпринц Мохаммед надеется, что в результате IPO **капитализация** Saudi Aramco о достигнет $2 трлн., и компания станет самой дорогой в мире. (https://1prime.ru/energy/20191113/830544350.html, 2019). **Капитализированный** (*adj*). **Капитализировать** (*v*).

КАПИТАЛИ́ЗМ *nm, pol.* capitalism

У австралийского **капитализма** XXI века такие же волчьи законы, как полтора столетия тому назад. (https://aif.ru/society/people/zalozhniki_mascot_towers_kak_avstraliya_sozdala_stroitelnyy_lohotron, 2019). **Капиталистический** (*adj*). **Капитализировать** (*v*).

КАПИТАЛИ́СТ *nm, pol.* capitalist

Венчурные **капиталисты** и брокеры создали десятки специализированных фондов, которые позволяют опосредованно проводить сделки с акциями Airbnb. (https://www.vedomosti.ru/business/articles/2019/11/10/815866-horosh-airbnb, 2019). **Капиталистический** (*adj*).

КАПКЕ́ЙК *nm, food.* cupcake

В Нью-Йорке работают ряд веганских пекарен и кондитерских, где продают маффины, **капкейки**, а также пончики без ингредиентов животного происхождения. (https://tass.ru/plus-one/6042839, 2019)

КА́ПЧА *nf, comp.* CAPTCHA

Робот "Федор" не смог воспользоваться поиском в Google из-за того, что честно не поставил галочку напротив **капчи** "Я не робот". (https://ren.tv/news/v-rossii/473037-fedor-ne-smog-vospolzovatsia-google-iz-za-proverki-na-robotov, 2019)

КАРАО́КЕ-БАР *nm, music.* karaoke bar

В ролике певица рассекает по курорту вместе с другими байкерами, пьет коктейли, поет в **караоке-баре** и плавает в море прямо в платье. (https://regnum.ru/news/2753294.html, 2019)

КА́РДЕР *nm, law.* carder (*credit card fraud*)

Так что в скором времени можно ожидать появления нового гигантского маркетплейса **кардеров**. (https://habr.com/ru/news/t/471710/, 2019)

КАРДИГА́Н *nm, cloth.* cardigan

Кардиган лидера американской рок-группы Nirvana Курта Кобейна продали на аукционе за $334 тыс. (https://www.rbc.ru/rbcfreenews/5db50a999a794755665e3a42, 2019)

КА́РДИНГ *nm, law.* carding (*credit card fraud*)

Широкое распространение получило мошенничество с платежными картами (**кардинг**), мошенничество с помощью служб знакомств, мошенничество с материнским капиталом. (https://fedpress.ru/news/77/society/2377622, 2019)

КАРДИОГРА́ММА *nf, med.* cardiogram

Кардиоанализатор не только снимает показания, но и сам делает предварительный анализ, выделяя для медиков подозрительные участки на **кардиограмме**. (https://aif.ru/society/science/uchenyy_iz_penzy_razrabotal_unikalnyy_kardioanalizator, 2019). **Кардиограммный** (*adj*).

КАРДИОСТИМУЛЯТОР *nm, med.* cardiostimulator

Кардиостимулятор, ушной имплантат или даже "умный" протез глаза давно воспринимаются как норма. (https://aif.ru/society/science/sverhcheloveki_sredi_nas_lyudi-kiborgi_budut_sostoyat_iz_protezov_i_chipov, 2019). **Кардиостимулировать** (*v*).

КАРДИОСТИМУЛЯ́ЦИЯ *nf, med.* cardiostimulation

В этом вертолете диэлектрический пол, что позволяет прямо в воздухе проводить реанимацию, например, дефибрилляцию, **кардиостимуляцию**. (https://rg.ru/2019/09/03/reg-cfo/v-moskve-otkryli-novuiu-ploshchadku-dlia-vertoletov-sanaviacii.html, 2019). **Кардиостимуляционный** (*adj*). **Кардиостимулировать** (*v*).

КАРПУ́ЛИНГ *nm, auto.* carpooling

К законопроекту о легализации **карпулинга** (райдшеринга), подготовленному Минтрансом, появились замечания у ФСБ, МВД, ФАС, Минэкономики и Минкомсвязи. (https://www.fontanka.ru/2019/11/08/010/, 2019)

КА́РТИНГ *nm, sport.* karting

В клубе практикуются многие экстремальные виды спорта: альпинизм, агрессив-скейтинг, маунтинбайк, сноубординг, горные лыжи, каякинг, рафтинг, дайвинг, паркур, скалодром, **картинг**, пейнтбол, спелеология, а также пешие и водные походы. (https://www.hse.ru/news/life/129978574.html, 2014)

КАРТОМА́ЙЗЕР *nm, tech.* cartomizer (*electronic cigarette*)

В Ирландии и Франции Logic Pro лидирует в сегменте электронных сигарет с **картомайзерами**. (https://www.kommersant.ru/doc/3297110, 2019)

КАРТРИ́ДЕР *nm, tech.* card reader

Медики получили онлайн-доступ к электронным медицинским картам пациентов. Систему используют врачи, медсестры, на их компьютерах установили ПО и **картридеры**. (https://riafan.ru/region/msk/1225714-effektivnost-emias-ocenili-v-morozovskoi-bolnice-v-moskve, 2019)

КА́РТРИДЖ *nm, tech.* cartridge

Как следует из данных производителя, шокер выполнен в виде дубинки и способен "стрелять" **картриджем** на дистанцию до 4,5 метра. (https://ria.ru/20191113/1560899265.html, 2019). **Картриджный** (*adj*).

КАРШЕ́РИНГ *nm, auto.* carsharing

Еще одна яркая тенденция – это активное развитие рынка **каршеринга** на Урале, отметили в "Европлане". (https://www.kommersant.ru/doc/4156862, 2019). **Каршеринговый** (*adj*).

КАСКА́ДИНГ *nm, eco.* cascading (*of waters*)

Каскадинг ведет к другому процессу – апвеллингу, то есть подъему глубинных вод океана к поверхности. (https://tass.ru/v-strane/6925897, 2019)

КАССЕ́ТА *nf, tech.* cassette

Вместе с 19-летним приятелем-меломаном Владимир нашел поставщиков и начал торговать **кассетами** в том же помещении на “Новокузнецкой”. (https://www.forbes.ru/karera-i-svoy-biznes/385811-lanch-ot-ignashevicha-kak-trener-torpedo-i-sovladelec-seti-kofeport, 2019). **Кассетный** (*adj*).

КА́СТИНГ *nm, ent.* casting

Британка ходит на **кастинги** с 12 лет и посетила несколько сотен проб, но получила работу только однажды. (https://lenta.ru/news/2019/11/13/toothintoothick/, 2019). **Кастинговый** (*adj*).

КА́СТИНГ-АГЕ́НТ *nm, prof.* casting agent

Он собирает, актёров, преимущественно европейских, и лучших кастинг-директоров, **кастинг-агентов** со всего мира. (https://russian.rt.com/nopolitics/article/579027-mcituridze-intervyu, 2019)

КА́СТИНГ-АГЕ́НТСТВО *nn, prof.* casting agency

Бондарчук также отметил, что организаторы киношколы “Индустрия” задумываются об открытии **кастинг-агентства** для отбора актеров в кино. (https://tass.ru/kultura/6663143, 2019)

КА́СТИНГ-ДИРЕ́КТОР *nm, prof.* casting director

Он собирает, актёров, преимущественно европейских, и лучших **кастинг-директоров**, кастинг-агентов со всего мира. (https://russian.rt.com/nopolitics/article/579027-mcituridze-intervyu, 2019)

КА́СТИНГ-МЕ́НЕДЖЕР *nm, prof.* casting manager

На театральных представлениях студентов третьего курса школы присутствуют как обычные зрители, которые покупают билеты, так и люди из индустрии – **кастинг-менеджеры**. (https://www.gazeta.ru/culture/2019/07/18/a_12507697.html, 2019)

КАСТО́ДИАН *nm, law.* custodian

В конце прошлого года State Street, один из крупнейших институциональных **кастодианов** в мире, заявил, что не торопится создавать сервис по хранению криптовалютных активов. (http://elitetrader.ru/index.php?newsid=475022, 2019)

КАСТОМА́ЙЗЕР *nm, auto.* customizer

В Минске живет замечательный **кастомайзер** Юра Шиф, который построил когда-то для меня специальный мотоцикл. (https://mir24.tv/articles/16379172/bratya-krestovskie-uma-turman-lepila-nam-pelmeni-eksklyuziv, 2019)

КАСТОМА́ЙЗИНГ *nm, misc.* customizing

ЭкоБУМ открыл ЭКОШКОЛУ, где волонтеры начали заниматься **кастомайзингом** одежды с детьми, а параллельно – изучать мировой опыт. (https://www.kp.ru/daily/27050.1/4116323/, 2019)

КАСТОМИЗА́ЦИЯ *nf, mark.* customization

Кастомизация – адаптация массового продукта под запросы конкретного потребителя путем частичного изменения продукции под конкретный запрос. (https://www.marketch.ru/marketing_dictionary/marketing_terms_k/customization/). **Кастомизированный** (*adj*).

КАУЧСЁРФИНГ *nm, tour.* couch surfing

Я часто пользуюсь **каучсерфингом** – это сервис, позволяющий познакомиться с гражданами разных стран. (https://ria.ru/20191102/1560425611.html, 2019)

КАЯ́К *nm, sport.* kayak

Из развлечений для любителей активного отдыха – катание на водных лыжах или **каяках**, вейкбординг, рыбалка в течение всего дня, также есть два теннисных корта и фитнес-центр. (https://www.kommersant.ru/doc/4148342, 2019). **Каячный** (*adj*).

КАЯ́КИНГ *nm, sport.* kayaking

Миллионер обещает прогулки, рыбалку, шопинг, **каякинг**, наблюдение за животными и птицами. (https://realty.vesti.ru/zhile/nemeckiy-millioner-ischet-zhelayuschih-pozhit-s-nim-na-prekrasnoy-ferme, 2019)

КАЯ́К-КРОСС *nm, sport.* kayak cross

Участникам регаты предстоит попробовать себя в сплавном слаломе на каяках, **каяк-кроссе**, гребном слаломе, слаломе на катамаранах, командной эстафете. (https://murmansk.mk.ru/sport/2019/07/09/v-murmanskoy-oblasti-sostoitsya-turnir-po-vodnym-vidam-sporta.html, 2019)

КВАДРОКО́ПТЕР *nm, sport.* quadrocopter

Добровольцы работали с **квадрокоптерами**, выходили на катерах в открытое море, рискуя своей жизнью. (https://www.dv.kp.ru/daily/27053/4120139/, 2019)

КВАДРОЦИ́КЛ *nm, sport.* quadricycle

Кроме "Славира-6" на вооружении службы спасения имеются снегоболотоход, **квадроциклы**, лодки и другая специализированная техника. (https://regnum.ru/news/2776122.html, 2019)

КВАЗА́Р *nm, astr.* quasar

Астрономы уже фиксировали присутствие этого газа, но по косвенным признакам: либо по искажению вида более далеких галактик, либо по поглощению излучения ярких **квазаров**. (https://nplus1.ru/news/2019/10/04/lss-filaments, 2019). **Квазарный** (*adj*).

КВЕСТ *nm, media.* quest

Создатель **квеста** "Дом с приведениями" пообещал отдать 20 тысяч долларов тому, кто сможет пройти игру до конца. (https://www.kp.ru/online/news/3652919/, 2019). **Квестовый** (*adj*).

КВИ́ДДИЧ *nm, sport.* quidditch

Правила игры в **квиддич** просты, но требуют от поклонников умения запоминать много названий. (https://fb.ru/article/308104/kviddich---eto-kviddich-osobennosti-pravila-igryi-i-chempionat)

КВИЗ *nm, ed.* quiz

В Москве впервые пройдет **квиз** "Конкурент-мотиватор" для студентов. (https://www.m24.ru/news/obshchestvo/13112019/97161, 2019)

КВИКСТЕ́П *nm, dance.* quickstep

Около 1000 спортсменов станцуют медленный вальс, самбу, **квикстеп**, джайв и ча-ча-ча, – отметили в министерстве физической культуры и спорта. (https://www.kuban.kp.ru/online/news/3670621/, 2019)

КВИЛТ *nm, art.* quilt

В квилтинге лоскутки также создают рисунок или орнамент, но кроме этого **квилты** могут содержать вышивку, аппликацию и обязательно стежки, которые могут быть сами по себе декоративными, создавать причудливые узоры. (https://fb.ru/article/260724/kreyzi-kvilt-dlya-nachinayuschih-tehnika-ispolneniya-osobennosti-i-rekomendatsii)

КВИ́ЛТИНГ *nm, art.* quilting

Лоскутное шитье, пэчворк, **квилтинг**, текстильная мозаика – все это виды рукоделия, которые основаны на одном принципе – создание единой композиции из отдельных лоскутков. (https://fb.ru/article/260724/kreyzi-kvilt-dlya-nachinayuschih-tehnika-ispolneniya-osobennosti-i-rekomendatsii)

КВИР *nm, soc.* queer

Квир – обобщающий термин для обозначения всех сексуальных и гендерных меньшинств. (http://a-z-gender.net/biodeterminizm.html)

КВОТЕРБЕ́К *nm, football.* quarterback

Тори Крюг, вообще рос очень долго – три сезона в студентах, один в АХЛ – зато в результате "Бостон" получил одного из лучших **квотербеков** лиги. (https://www.sports.ru/tribuna/blogs/hokkeinosti/2634256.html, 2019)

КВОТЕРПА́ЙП *nm, snowbrd.* quarter pipe

Их было немного, но они скоро соорудили себе несколько площадок для трюков: хафпайп, **квотерпайп** и стену. (https://www.sports.ru/tribuna/blogs/streamofconsciousness/2632205.html, 2019)

КЕВЛА́Р *nm, tech.* Kevlar

Автомобиль полностью окрашен в черный цвет, при этом тюнеры установили на него брутальный боди-кит, компоненты которого выполнены из карбона и **кевлара**. (https://mag.auto.ru/article/flankerf driftspb/, 2020). **Кевларовый** (*adj*).

КЕГ *nm, tech.* keg

Срок хранения разливного пива в **кегах** весьма длителен. (https://aif.ru/food./products/skolko_mozhno_hranit_pivo, 2019)

КЕ́ДДИ, ***КЭ́ДДИ** *nm, indecl, sport.* caddy

По данным организаторов, в качестве **кедди** (помощник игрока в гольфе) в этом году выступили студенты. (http://www.interfax-russia.ru/Ural/photo.asp?id=1044724, 2019)

КЕ́ДЫ *npl, shoes.* Keds

У этих людей была своя атрибутика – сумка через плечо, значки на одежде, яркие браслеты на руках, напульсники, разноцветные **кеды**. (https://sm-news.ru/verni-mne-moj-2007-10-smeshnyx-fotografij-emo-40540/, 2019)

КЕЙП *nm, cloth.* cape

Джинсовый **кейп** с отложным воротником из искусственного меха может стать самой необычной и модной вещью осеннего гардероба.

(https://lisa.ru/moda/586282-samyj-teplyj-trend-sezona-7-modnyh-kejpov-i-poncho/, 2019)

КЕЙС *nm, misc.* case

Фабулой конкурсного **кейса** этого года стала блокировка иностранных социальных сетей за распространение незаконного контента. (https://www.fontanka.ru/2019/11/14/079/, 2019)

КЕЙС-ИНТЕРВЬЮ́ *nn, indecl, misc.* case interview

Ситуационное интервью, или **кейс-интервью**, при собеседовании стремительно набирает популярность. (https://www.forbes.ru/karera-i-svoy-biznes/370295-korol-situacii-kak-proyti-keys-intervyu, 2019)

КЕЙС-МЕ́ТОД *nm, ed.* case method

В ходе дискуссий педагоги обсудили основные сложности, с которыми они сталкиваются, и разобрали **кейс-методы** решения проблем. (https://tass.ru/v-strane/7095505, 2019)

КЕ́ЙТЕРИНГ *nm, bsn.* catering

Хороший **кейтеринг** на светских мероприятиях отличается возможностью перекусить быстро и незаметно, не прерывая светскую беседу. (https://www.buro247.ru/personality/karera/5-nov-2019-event-industry-experts.html, 2019). **Кейтеринговый** (*adj*).

КЕ́МПЕР *nm, trans.* camper

Кузов **кемпера** окрашен в спокойный перламутрово-серый цвет. (https://www.zr.ru/content/news/920308-ehtot-kemper-na-baze-mercedes-b/, 2019)

КЕ́МПИНГ *nm, tour.* camping

Многие стараются передвигаться экологичным способом, например, на велосипеде или на поезде; для проживания выбирают семейные гестхаусы, **кемпинги**, квартиры. (https://snob.ru/entry/183626/, 2019). **Кемпинговый** (*adj*).

КЕ́НТЕР *nm, sport.* canter

Современные лошади имеют три основных аллюра: шаг, рысь и **кентер**, то есть медленный галоп. (https://polit.ru/article/2019/01/12/ps_williams/, 2019)

КЕРАТИ́Н *nm, tech.* keratin

Для пушистых, плохо держащих форму прядей подойдет средство в форме спрея с добавлением **кератина**, для сухих и поврежденных волос – крем. (https://www.goodhouse.ru/krasota/uhod-za-volosami/20-laifhakov-dlya-krasivyh-i-zdorovyh-volos/, 2019). **Кератиновый** (*adj*).

КЁРЛИНГ *nm, sport.* curling

15 ноября в шведском Хельсингборге стартует чемпионат Европы по **керлингу**. (https://www.vesti.ru/doc.html?id=3209871, 2019). **Керлинговый** (*adj*).

КЁРНИНГ *nm, comp.* kerning

Кернинг – это уменьшение или увеличение расстояния между буквами слова. (https://rb.ru/opinion/ubijcy-konversii/, 2019)

КЕ́РРИ-БЛЮ-ТЕРЬЕ́Р *nm, anim.* Kerry blue terrier

Реже всего в столице заводят голдаст йорков, американских голых терьеров, киргизскую борзую, **керри-блю-терьеров**, норфолк-терьеров.

(https://riafan.ru/region/msk/1163360-nazvany-samye-populyarnye-sredi-moskvichei-porody-sobak, 2019)

КЕ́ТГУТ *nm, med.* catgut

Кроме того, на вооружении хирургов до сих пор имеется и **кетгут** – нить, изготавливаемая из стенки кишки барана. (https://argumenti.ru/health/2018/10/588544?typelink=openlink, 2019). **Кетгутовый** (*adj*).

КЕ́ТЧЕР *nm, bsball.* catcher

В школе Линтон он проявил себя как сильный **кетчер** в бейсболе, основной квотербек в футболе и доминирующий форвард в баскетболе. (https://www.sports.ru/tribuna/blogs/sviridov/622549.html, 2019)

КЕ́ТЧУП *nm, food.* ketchup

Готовые соусы – майонез, **кетчуп** и заправки для салата – буквально перенасыщены добавленным сахаром. (https://www.goodhouse.ru/health/zdorovye/menshe-sahara-6-sovetov-kotorye-pomogut-est-menshe-sladkogo-i-ne-stradat/, 2019). **Кетчуповый** (*adj*).

КЕШБЭ́К *nm, bsn.* cashback

Все держатели карты получают **кешбэк** за совершенные покупки при оплате смартфоном в партнерской сети. (https://www.banki.ru/news/lenta/?id=10910579, 2019)

КЕ́ШЬЮ *nn, indecl, plant.* cashew

Кешью, лесной и грецкий орехи, арахис, кедровые орехи и миндаль являются самыми полезными среди прочих видов орехов. (https://www.rbc.ru/rbcfreenews/5da80a559a79477bcf25c571, 2019)

КИБЕРАТА́КА *nf, cybersec.* cyberattack

Согласно ежегодному отчету Microsoft, в котором анализируются основные типы **кибератак**, фишинг является самой распространенной и самой быстрорастущей сетевой угрозой. (https://tass.ru/obschestvo/7001881, 2019)

КИБЕРБУ́ЛЛИНГ *nm, int.* cyberbullying

Больше половины или 58 процентов отечественных интернет-пользователей сталкиваются с **кибербуллингом**. (https://rg.ru/2019/11/11/bolee-poloviny-internet-polzovatelej-stalkivaiutsia-s-kiberbullingom.html, 2019)

КИ́БЕР-ГОТ *nm, soc.* cyber goth

Готы делятся на множество подтипов: антикварные, ренессансные, викторианские, **кибер-готы**, глиттерготы, корпоративные готы, вампиры и многие другие. https://naked-science.ru/article/history/goty-kak-narod-i-subkultura-na, 2015)

КИБЕРИНФРАСТРУКТУ́РА *nf, cybersec.* cyber infrastructure

Киберинфраструктура – совокупность людей, процессов (в том числе управляющих), и систем, составляющих киберпространство. (https://digital.report/cybersecurity-terminology/)

КИБЕРКОНТРАТА́КА *nf, cybersec.* cyber counter-attack

Киберконтратака – использование кибероружия с целью нанесения вреда определенной цели в ответ на атаку. (https://digital.report/cybersecurity-terminology/)

КИБЕРКОНФЛИКТ *nm, cybersec.* cyber conflict

Киберконфликт – напряженная ситуация между и/или среди государств и/или политически организованных групп, при которой враждебные кибератаки приводят к ответным действиям. (https://digital.report/cybersecurity-terminology/)

КИБЕРМО́ББИНГ *nm, cybersec.* cyber mobbing

Кибербуллинг и **кибермоббинг** – этими не очень привычными российскому обывателю словами описывается реальная угроза, с которой может столкнуться любой пользователь сети. (https://ugra-tv.ru/news/society/yugorskikh_roditeley_obuchili_kak_ne_zaputatsya_vo_vsemirnoy_pautine/, 2019)

КИБЕРНЕ́ТИКА *nf, cyber.* cybernetics

В работе принимали участие сотрудники факультета вычислительной математики и **кибернетики** МГУ им. М. В. Ломоносова, Института вычислительной математики им. Г. И. Марчука РАН. (https://ria.ru/20191113/1560890750.html, 2019). **Кибернетический** (*adj*).

КИБЕРОПЕРА́ЦИЯ *nf, cybersec.* cyber operation

Кибероперация – организованная деятельность в киберпространстве по сбору и накоплению, подготовке, распространению, ограничению в доступе, обработке информации для достижения поставленной цели. (https://digital.report/cybersecurity-terminology/)

КИБЕРПА́НК *nm, music.* cyberpunk

В программе: австралийский авант-поп, американская семплоделика, британская панк-электроника, индонезийский дарк-фолк, иранский авангард, казачий **киберпанк**, сибирский эмбиент, финская психоделия, черкесская народная музыка, шведское индастриал-техно, японский глитч-рейв и не только. (http://www.chaskor.ru/article/russkoe_pole_eksperimentov_45124, 2019)

КИБЕРСЕ́КС *nm, sex.* cybersex

Оба типа, страдая зависимостью от **киберсекса** или интернет-шопинга, заражаются болезнью суррогата человеческих отношений и "радости". (https://rg.ru/2018/07/04/pochemu-cifrovaia-igromaniia-opasnee-igromanii-i-alkogolizma.html, 2019)

КИБЕРСЕРВИСЫ *mostly npl, cybersec.* cyber services

Киберсервисы (услуги, службы) – различные виды обмена данными в киберпространстве для прямой или косвенной пользы людям. (https://digital.report/cybersecurity-terminology/)

КИБЕРСКВО́ТТЕР *nm, cyber.* cybersquatter

Многие из них называют себя **киберсквоттерами**: это те, кто осознанно регистрирует доменное имя, созвучное с каким-либо брендом. (https://www.banki.ru/news/lenta/?id=10784423, 2019)

КИБЕРСПО́РТ *nm, cybersp.* cyber sport

16 и 17 ноября 2019 года пройдут игры плей-офф этапа Открытого Кубка России по **киберспорту** 2019. (https://regnum.ru/news/2779914.html, 2019)

КИБЕРТЕРРОРИ́ЗМ *nm, cybersec.* cyberterrorism

Кибертерроризм – использование киберпространства в террористических целях, которые определяются в качестве таковых национальным или международным законодательством. (https://digital.report/cybersecurity-terminology/). **Кибертеррористический** (*adj*).

КИБЕРТЕРРОРИ́СТ *nm, cybersec.* cyberterrorist

Источниками кибератак являются сотрудники органов, хорошо организованные преступные группировки, **кибертеррористы**. (https://regnum.ru/news/2771285.html, 2019). **Кибертеррористический** (*adj*).

КИБЕРШПИОНА́Ж *nm, cybersec.* cyber espionage

Кибершпионаж – кибероперация по получению неавторизованного доступа к чувствительной информации скрытыми методами. (https://digital.report/cybersecurity-terminology/)

КИБЕРЭКСФИЛЬТРА́ЦИЯ *nf, cybersec.* cyber exfiltration

Киберэксфильтрация – тип кибероперации, связанный с копированием или изъятием каких-либо данных. (https://digital.report/cybersecurity-terminology/)

КИ́БОРГ *nm, sci.* cyborg (*cybernetic organism*)

Счастливчики из новой расы людей-**киборгов** будут иметь суперсилы, о которых мы сегодня можем лишь мечтать: беспредельную "облачную" память, способность перемещаться на огромных скоростях, ночное и инфракрасное зрение, "умные" бионические протезы и т. д. (https://aif.ru/society/science/sverhcheloveki_sredi_nas_lyudi-kiborgi_budut_sostoyat_iz_protezov_i_chipov, 2019). **Киборговый** (*adj*).

КИДНЕ́ППИНГ *nm, law.* kidnapping

Мы учим ребят, как не стать жертвами того или иного преступления – от **киднеппинга** до нарушения интеллектуальных прав. (https://nn.aif.ru/society/persona/pravo_bez_skuki_zachem_detyam_izuchat_normy_zakonov, 2019)

КИКБО́КСЕР *nm, sport.* kickboxer

Тренировка вместе с главным **кикбоксером** страны – платная. (https://mir24.tv/news/16385595/belyi-volk-24-kratnyi-chempion-mira-po-kikboksingu-mamedov-otkryl-svoyu-shkolu, 2019)

КИКБО́КСИНГ *nm, sport.* kickboxing

Аргентинец Майдана встретится с 47-летним экс-чемпионом мира по **кикбоксингу** Хорхе Кали. (https://www.championat.com/boxing/news-3901125-majdana-vozobnovit-kareru-i-provedjot-boj-v-pervom-tjazhjolom-vese.html, 2019)

КИКБО́РД *nm, sport.* kickboard

Кикборд является гибридом самоката и скейта, а также находкой для любителей активного отдыха. (http://www.bolshoyvopros.ru/questions/1728873-chem-kikbord-otlichaetsja-ot-samokata.html, 2019)

КИКСКУ́ТЕР *nm, sport.* kick scooter

Соревнования проходили в пяти номинациях: BMX, скейтбординг, паркур, воркаут, **кикскутер**. (https://nevnov.ru/region/Syktyvkar/695273-v-vorkute-proshli-sorevnovaniya-sredi-cenitelei-ekstremalnogo-sporta, 2019)

КИКСТА́РТЕР *nm, tech.* kickstarter

Меган Грассел в этом же возрасте собрала на **кикстартере** 42 тыс. долларов, чтобы организовать производство нижнего белья для девочек. (https://knife.media/genz-and-technology/, 2019)

КИКФЛИ́П *nm, skatebrd.* kickflip

Кикфлип – крутой и очень приятный трюк в скейтбординге, основанный на трюке олли. (https://ru.wikihow.com)

КИ́ЛЛЕР *nm, law.* killer

От отчаяния она нашла **киллера**, чтобы отмстить за убийство единственного сына. (https://www.kommersant.ru/doc/4162543, 2019). **Киллерский** (*adj*).

КИЛОБА́ЙТ *nm, tech.* kilobyte

Например, базы знаний, с которыми работают чат-боты, могут измеряться десятками **килобайт**. (https://plus.rbc.ru/news/5db9637d7a8aa9f562d8c77a, 2019)

КИЛОБИ́Т *nm, tech.* kilobit

Сейчас на глубине 200 метров скорость интернета – примерно 2 **килобита** в секунду, а мы хотим добиться тех же показателей на километровой глубине. (https://rg.ru/2019/10/28/reg-ufo/v-sochi-otkrylsia--sammit-uchenyh-i-inzhenerov.html, 2019)

КИНГ-СА́ЙЗ *nm, indecl, cloth.* king-size

Разумеется, есть и душ, и огромная кровать **кинг-сайз** с регулируемым углом положения матраса, а также конференц-зал и личный кабинет. (https://style.rbc.ru/items/5db1880a9a79473437a7a471, 2019)

КИНГ-ЧАРЛЬЗ-СПАНИЕЛЬ *nm, anim.* King Charles spaniel

На международной кинологической выставке, которая проходила в Москве 23-24 ноября, шпицы, мастифы, джек-рассел-терьеры, **кинг-чарльз-спаниели**, цвергшнауцеры участвовали в модных дефиле, показали себя во фристайле и выступлениях поисково-спасательных служб. (https://ria.ru/20191125/1561545536.html, 2019)

КИНЕСТЕ́ТИКА *nf, sci.* kinesthetics

Интеллект **кинестетика** присущ тем, кто работает в движении, находя в этом и удовольствие, и смысл жизни. (https://naked-science.ru/article/psy/gumanitarij-ili-tehnar-kto-ty-budesh-takoj, 2019). **Кинестетический** (*adj*).

КИНОТЕРАПИ́Я *nf, med.* cinematherapy

Приезжающим в "детский сад" пенсионерам доступны экскурсии, мастер-классы, музыкальные капустники, **кинотерапия**, помощь психологов и врачей. (https://rg.ru/2019/10/10/reg-cfo/pervyj-detsad-dlia-pensionerov-otkrylsia-v-kostrome.html, 2019)

КЛА́ББЕР *nm, slang.* clubber

Стиль техно со всеми своими производными переживает очередной виток популярности, которая не снилась **клабберам** со стажем даже в самых смелых снах. (http://www.woman.ru/rest/music/article/233378/, 2019)

КЛАБ-СЭ́НДВИЧ *nm, food.* club sandwich

Для журналистов в пресс-центре традиционно работает буфет, где подают шашлычки из красной рыбы в травах, шашлычки из курицы, бургеры с бараниной, **клаб-сэндвичи**, пирожки, печенье. (https://tass.ru/politika/7031611, 2019)

КЛАРИФИКА́ЦИЯ *nf, psych.* clarification

Психоаналитический термин **кларификация** обозначает возникновение сильного чувства, внутренней уверенности в том, что со всей многозн ачностью илипротиворечивостью покончено и человек твердо знает, что именно он должен делать дальше. (https://dic.academic.ru/dic.nsf/enc_psychotherapeutic/127)

КЛА́СТЕР *nm, misc.* cluster

Опыт Перми по реконструкции промышленной зоны на территории бывшего завода в культурный **кластер** необходимо использовать в других регионах страны. (https://tass.ru/v-strane/7130841, 2019). **Кластерный** (*adj*).

КЛАТЧ *nm, cloth.* clutch (*purse*)

На размещенных в сети снимках она запечатлена в нежно-розовом оверсайз-блейзере, свободных брюках с высокой талией и золотистых босоножках, в ее руках – **клатч**. (https://lenta.ru/news/2019/11/15/ivankapijama/, 2019)

КЛИЕ́НТ *nm, misc.* client

В компании отметили, что объекты недвижимости сами решают, какие устанавливать цены, а в ответ Booking.com только привлекает для них **клиентов** со всего мира. (https://tass.ru/ekonomika/7454061, 2019). **Клиентский** (*adj*).

КЛИЕ́НТ-СЕ́РВЕР *nm, comp.* client-server

Примечательно также то, что все общение **клиент-сервер** происходит в зашифрованном виде на уровне отправляемых пакетов. (http://elitetrader.ru/index.php?newsid=465949, 2019)

КЛИК *nm, comp. slang.* click

Как отметил министр культуры РФ, сегодня "редко встретишь журналистов, которые измеряют эффективность качеством материалов, а не количеством **кликов**". (https://tass.ru/kultura/7133597, 2019). **Кликать/кликнуть** (*v, slang*).

КЛИ́КЕР *nm, tech.* clicker

Приложение содержит скрытый **кликер**. Тайный модуль в фоновом режиме загружал рекламу, кликал по ней, что позволяло мошенникам зарабатывать. (https://ria.ru/20191107/1560691093.html, 2019)

КЛИ́МАТ-КОНТРО́ЛЬ *nm, tech.* climate control

Под экраном информационно-развлекательной системы расположен блок управления **климат-контролем** и сенсорный ползунок для изменения громкости аудиосистемы. (https://www.zr.ru/content/news/920304-skoda-opublikovala-ehskizy-salo/, 2019)

КЛИ́НЕКС *nm, misc.* Kleenex

Пусть это не так патетично, как рыдать в **клинекс**, лежа на диване, зато бодрит. (https://www.elle.ru/otnosheniya/lubov-i-seks/bud-svoim-valentinom-kak-provesti-den-vlyublennyih-esli-vyi-odinoki/, 2019)

КЛИ́НЕР *nm, prof.* cleaner

18 процентов респондентов согласны трудиться в качестве **клинеров**. (https://vm.ru/news/756430-rossiyanki-rasskazali-kakie-professii-vybirayut-v-kachestve-podrabotki, 2019)

КЛИ́НИНГ *nm, prof.* cleaning

За время карантина в школе проведут усиленную дезинфекцию и специальный **клининг**. (https://regnum.ru/news/2779284.html, 2019). **Клининговый** (*adj*).

КЛИНЧ *nm, box.* clinch

Максимум, что ему противопоставил американец – бесперспективный **клинч** у сетки. (https://www.sport-express.ru/martial/mma/reviews/asa-101-daniel-omelyanchuk-denis-smoldarev-video-nokauta-obzor-turnira-1611141/, 2019)

КЛИП *nm, music.* clip

Состоялась премьера **клипа** Лева Лещенко на свою знаменитую песню "Соловьиная роща". (https://regnum.ru/news/2780349.html, 2019)

КЛИП-А́РТ *nm, comp.* clip art

Canva for Work для iOS также дает безлимитный доступ к фотобанку снимков, иконок и **клипартов** из огромной онлайн-библиотеки в более чем 2 млн изображений на различные темы. (https://www.cnews.ru/news/line/2019-04-17_canva_dopolnila_svoe_iosprilozhenie_dlya_intuitivnogo, 2019)

КЛИПМЕ́ЙКЕР *nm, prof.* clip maker

Это уже третья коллаборация группы с **клипмейкером** из Украины. (http://www.sobaka.ru/ufa/entertainment/music/99591, 2019)

КЛИ́ППИНГ *nm, misc.* clipping

Клиппинг – копирование материалов СМИ, в которых упоминается название фирмы или товара. (https://partners.academic.ru/dic.nsf/ruwiki/173258, 2019)

КЛИ́РЕНС *nm, tech.* clearance

При похожих с конкурентом габаритах новинка получила дифференциал с электронным управлением, увеличенный **клиренс** и солидный запас мощности. (https://dni24.com/exclusive/245351-nazvan-top-5-samyh-neobychnyh-vnedorozhnikov-2019-goda.html, 2019)

КЛИ́РИНГ *nm, fin.* clearing

Ассоциация ADAM была сформирована в ноябре 2018 года для стандартизации правил работы в сферах криптовалютного трейдинга, хранения, **клиринга** и расчетов. (http://elitetrader.ru/index.php?newsid=477310, 2019). **Клиринговый** (*adj*).

КЛИ́РИНГ-БАНК *nm, fin.* clearing bank

Кли́ринг-банк – это банк, основная деятельность которого состоит в реализации системы безналичных расчетов между компаниями, фирмами за товары, ценные бумаги и оказанные услуги, основанной на зачете взаимных требований. (https://dic.academic.ru/dic.nsf/business/)

КЛИРОМА́ЙЗЕР *nm, tech.* clearomizer (*electronic cigarette*)

Боксмод используется как дополнение к электронной сигарете, благодаря ему потребитель может использовать различные **клиромайзеры** для приятного курения. (https://fb.ru/article/284105/boksmod-chto-eto-takoe-kak-ego-ispolzovat)

КЛИФДА́ЙВИНГ *nm, sport.* cliff diving

Конкуренцию американкам может составить опытная немка Анна Бадер, успешно выступающая в Мировой серии по **клифдайвингу**. (https://www.sport-express.ru/NikonMeetFINA2015/swimming/reviews/903420/, 2019)

КЛИФХЭ́НГЕР *nm, misc.* cliffhanger

Первый сезон, вышедший в 2018-м, быстро собрал вокруг себя фан-базу – и закончился на драматичном **клиффхэнгере**. (https://lenta.ru/articles/2019/09/04/sersept/, 2019)

КЛОН *nm, med.* clone

В биологии **клон** – это популяция клеток или организмов, которые произошли от одного общего предка путем бесполого размножения. (https://fb.ru/article/438884/chto-takoe-klon-znachenie-slova). **Клоновый** (*adj*). **Клонировать** (*v*).

КЛОНИ́РОВАНИЕ *nn, med.* cloning

Клонирование создаст базу для единства на генетическом уровне, но все равно будут мутации. (https://www.kommersant.ru/doc/4117700, 2019). **Клонированный** (*adj*). **Клонировать** (*v*).

КЛОНОТИ́П *nm, med.* clonotype

Каждый **клонотип** уникален, они несут свои рецепторы, определяющие специфичность. (https://www.gazeta.ru/science/news/2017/10/31/n_10759070.html, 2019)

КЛО́УН *nm, misc.* clown

В магию театрального пространства вовлек зал **клоун** Леонид Лейкин, заставив всех по своему указанию то хлопать, то замолкать. (https://tass.ru/kultura/7131963, 2019). **Клоунский** (*adj*).

КЛУБ *nm, misc.* club

В серии буллитов победу "Авангарду" принес Сергей Широков. Итоговый счет по броскам – 40:18 в пользу омского **клуба**. (https://www.sports.ru/hockey/1080270248.html, 2019). **Клубный** (*adj*).

КОБРЕ́НДИНГ *nm, bsn.* cobranding

Кобрендинг между автомобильными и часовыми компаниями дает автовладельцам еще одну возможность продемонстрировать лояльность к любимому бренду. (https://www.kommersant.ru/doc/4118315, 2019)

КОВБО́Й *nm, cult.* cowboy

Супергерои – это сегодняшние гангстеры, **ковбои** и искатели космического пространства. (https://www.buro247.ru/news/culture/21-oct-2019-james-gunn-about-superhero-movies.html, 2019). **Ковбойский** (*adj*).

КОВЕРКО́Т *nm, cloth.* covercoat

Коверкот – это короткое однобортное пальто с внутренними карманами и отложным воротником с бархатной отделкой. (https://housekeeping.academic.ru/436/, 2019)

КОВО́РКИНГ *nm, bsn.* coworking

Объемы площадей, которые не будут сданы ритейлерам, начнут занимать общественные и рекреационные объекты, например, **коворкинги** или сервисные центры. (https://www.kommersant.ru/doc/4162255, 2019). **Коворкинговый** (*adj*).

КОВО́РКИНГ-ЦЕНТР *nm, bsn.* coworking center

С 18 по 23 ноября в **коворкинг-центрах** "Точка кипения" пройдут тренинги молодежного клуба. (https://vm.ru/news/762898-stolichnyh-shkolnikov-nauchat-navykam-uspeshnoj-karery, 2019)

КОДГРА́БЕР *nm, tech.* code grabber

В случае угона иномарок премиум-сегмента злоумышленники пользуются специальным "**кодграббером**". (https://www.forbes.ru/forbeslife-photogallery/381835-zhertvy-na-kolesah-kakie-avtomobili-chashche-vsego-ugonyayut-v-etom, 2019)

КО́ДЕК *nm, comp.* codec

IT-гигант попытался оспорить патентные права, пытаясь избежать выплаты авторских отчислений за использование своего **кодека** ProRes RAW. (https://regnum.ru/news/2774294.html, 2019)

КОД-ШЕ́РИНГ *nm, avia.* code sharing

Код-шеринг – соглашение о совместной эксплуатации авиалинии двумя авиакомпаниями, одна из которых является стороной-оператором, а другая стороной-партнером. (https://dic.academic.ru/dic.nsf/business/)

КОЙО́Т *nm, anim.* coyote

Камеры видеонаблюдения зафиксировали неравную схватку: три **койота** попытались напасть на кота и даже не могли предположить, что получат достойный отпор. (https://www.kp.ru/daily/27077/4149066/, 2020).

КОКА́ЙН *nm, drug.* cocaine

Но с 2021 года всем придётся придерживаться нового кодекса WADA, в котором снижена ответственность спортсменов за употребление **кокаина**. (https://russian.rt.com/sport/news/687629-rusada-wada-kokain, 2019). **Кокаиновый** (*adj*).

КО́КА-КО́ЛА *nf, bev.* Coca-Cola

Ранее бизнесмен представлял гитару, украшенную бриллиантами, туфли из 10 тысяч розовых бриллиантов, сумочку в виде бутылки от **кока-колы**. (https://snob.ru/news/184901/, 2019)

КО́КЕР-СПАНИЕ́ЛЬ *nm, anim.* cocker spaniel

В поисковой работе заняты не только лабрадоры и овчарки, но и английские **кокер-спаниели**. (https://vm.ru/interview/762055-samyj-luchshij-telohranitel-vospitannyj-pes, 2019)

КОКТЕ́ЙЛЬ *nm, bev.* cocktail

Стационарный блендер идеален для любителей смузи, **коктейлей** и супов-пюре. (https://lifehacker.ru/kak-vybrat-blender/, 2019). **Коктейльный** (*adj*).

КО́КУС *nm, pol.* caucus

Старт предвыборной кампании в США будет дан 3 февраля в штате Айова, где пройдут первые в стране **кокусы** – собрания партийных активистов. (https://tass.ru/mezhdunarodnaya-panorama/7111761, 2019)

КО́ЛА *nf, bev.* cola

Электронные сигареты часто содержат привлекательные для молодежи вкусовые добавки, имитирующие вкус конфет, фруктов, сливок, **колы**. (https://www.gazeta.ru/business/2019/11/16/12815744.html, 2019)

КОЛИ́ВИНГ *nm, soc.* co-living

Сегодня мы видим множество субформатов для размещения гостей: хостелы, глэмпинги, капсульные отели, **коливинги**. (https://style.rbc.ru/people/5d94cbf99a79473671a300a6, 2019)

КОЛЛАБОРА́ТОР *nm, misc.* collaborator

В главных ролях – Ульяна Фомичева из "Пьяных" Андрея Могучего и **коллаборатор** Цоя и Курехина, основатель техно-группа "Новые композиторы" Валерий Алахов. (http://www.sobaka.ru/entertainment/weekend/99969, 2019). **Коллабораторский** (*adj*). **Коллаборировать** (*v*).

КОЛЛАБОРА́ЦИЯ *nf, misc.* collaboration

Это уже третья **коллаборация** группы с клипмейкером из Украины. (http://www.sobaka.ru/ufa/entertainment/music/99591,2019).**Коллаборационный** (*adj*). **Коллаборировать** (*v*).

КОЛЛАГЕ́Н *nm, bio.* collagen

Коллаген – основной белок животной соединительной ткани. (https://www.gazeta.ru/science/news/2019/11/15/n_13701044.html, 2019). **Коллагеновый** (*adj*).

КОЛЛА́ЙДЕР *nm, tech.* collider

В рамках исследований предполагается модернизировать протонный суперсинхротрон SPS, а также построить новый ускоритель, который уже называют кольцевым **коллайдером** будущего. (https://ren.tv/news/v-rossii/624415-kurchatovskii-institut-ispytaet-sverkhprovodniki-dlia-kollaidera-budushchego, 2019). **Коллайдерный** (*adj*).

КОЛЛА́ПС *nm, misc.* collapse

На многих улицах Гонконга с понедельника не прекращался хаос, протестующие создали настоящий транспортный **коллапс**. (https://ria.ru/20191116/1561015330.html, 2019)

КО́ЛЛЕДЖ *nm, misc.* college

Оборонный **колледж** НАТО составил доклад, в котором предлагается изменить политику альянса в связи с изменением природы конфликтов, а также с появлением "гибридных угроз". (https://www.gazeta.ru/politics/2019/11/16_a_12816284.html, 2019). **Колледжный** (*adj*).

КОЛЛЕКТИ́В *nm, soc.* collective

В нашем городе самобытный **коллектив**, исполняющий "гибрид уральского хип-хоп андеграунда, дабстепа, бигбита, панка и тёмного Карибского этноса", представит новый альбом. (https://sgpress.ru/news/165630, 2019). **Коллективный** (*adj*). **Коллективизировать** (*v*).

КОЛЛЕ́КТОР *nm, fin.* collector

Цивилизованных **коллекторов**, вина которых только в том, что они угрожают вам судебным иском – минимум. (http://www.ng.ru/economics/2019-11-14/4_7727_credit.html, 2019). **Коллекторский** (*adj*).

КО́ЛЛИ *nf, indecl, anim.* collie

Длинношерстная **колли** – одна из самых красивых и популярных пород собак. (https://fb.ru/article/242521/dlinnosherstnaya-kolli-opisanie-porodyi-harakter-sobaki-foto, 2019)

КОЛЛ-ОПЦИО́Н *nm, fin.* call option

Проблема заключается в том, что приложение неправильно суммирует стоимость **колл-опционов** с депозитом пользователя. (http://elitetrader.ru/index.php?newsid=476688, 2019)

КОЛЛ-ЦЕ́НТР *nm, bsn.* call center

Ранее в **колл-центре** кредитной организации ТАСС сообщили, что ряд клиентов банка по всей России могли испытывать трудности с проведением операций в ночь с пятницы на субботу. (https://tass.ru/ekonomika/7133679, 2019)

КОЛОНИАЛИ́ЗМ *nm, pol.* colonialism

Если Россия возвратит хоть метр захваченной территории законным историческим владельцам, то получит счет за триста лет **колониализма**. (https://inosmi.ru/social/20191113/246219810.html, 2019). **Колониальный** (*adj*). **Колонизировать** (*v*).

КОЛО́Р-ПОЙНТ *nm, anim.* colorpoint (*cat*)

Кошки окраса **колор-пойнт** принесут хозяину долгожительство, а также привлекут в дом успех и счастье. (https://sm-news.ru/chto-prineset-v-dom-cvet-vashej-koshki-44599/, 2019)

КОЛУМНИ́СТ *nm, prof.* columnist

Мнение **колумнистов** может не совпадать с точкой зрения редакции "Вечерней Москвы". (https://vm.ru/opinion/763187-vashi-pasporta-v-internete-ne-nuzhny, 2019)

КОМБА́ЙН *nm, misc.* combine

В 1923 году завод стал носить название "Красный Аксай", а в 1929 году из его ворот выехал первый русский **комбайн** "Колхоз". (https://rostov.aif.ru/society/details/po_vekovoy_bruschatke_ekskursiyu_na_zaproshennuyu_melnicu_provodyat_v_rostove, 2019). **Комбайновый** (*adj*).

КОМБИДРЕ́СС *nm, cloth.* combidress

Комбидресс сшит из особой ткани, которая создана по последним технологиям и пропитана специальным составом, влияющим положительно на процесс похудения и сжигающим жировые отложения. (https://fb.ru/article/272189/kombidress-slim-shapewear-otzyivyi-razmeryi-kombidress-dlya-korrektsii-figuryi)

КО́МБОNN *indecl, misc.* combo

В предыдущие годы на джазовый праздник съезжались артисты, вокальные ансамбли, **комбо** составы из разных уголков нашей страны и многие зарубежные джазисты. (https://er.ru/news/187571/, 2019)

КО́МИКС *nm, media.* comics

Драма "Джокер" вышла в прокат 4 октября 2019 года. Фильм стал самым прибыльным из всех картин, основанных на **комиксах**. (https://ria.ru/20191116/1561023872.html, 2019). **Комиксный** (*adj*).

КО́ММЕНТ *nm, slang.* comment

У нас есть гипотеза, что они показывают максимально разный контент, чтобы понять, откуда идут отклик, лайки и **комменты**. (https://www.buro247.ru/technology/trends/13-nov-2109-youngzterz-tiktok.html, 2019)

КОММЕРЦИАЛИЗА́ЦИЯ *nf, bsn.* commercialization

Различные религии в мире также могут идти в ногу со временем, устранять секуляризацию, **коммерциализацию**, политизацию и гонку за средствами. (https://rg.ru/2019/11/15/vadzhra-guru-czinke-siuanlej-molius-za-mir-na-vsej-zemle.html, 2019). **Коммерциализировать** (*v*).

КОММУНИКА́ЦИЯ *nf, ling.* communication

В ходе форума пройдут тренинги по эффективной **коммуникации**, состоится презентация программы Ассоциации волонтерских центро в. (http://lg.lpgzt.ru/aticle/volontery-obmenyayutsya-opytom-.htm, 2019). **Коммуникационный** (*adj*).

КОМПА́ЙЛЕР *nm, comp.* compiler

Просто в этом случае ты как бы более защищен, чем в случае, если ты просто арендуешь свое место на сервере и там ты сам себе сисадмин, сам себе программист и сам себе **компайлер**. (https://echo.msk.ru/programs/tochka/959788-echo/, 2019). **Компилировать** (*v*).

КОМПА́КТ-ДИ́СК *nm, tech.* compact disc

Дискмен – это портативный проигрыватель **компакт-дисков**. (https://complex_words.academic.ru)

КОМПА́КТ-КАССЕ́ТА *nf, tech.* compact cassette

Даже когда были выпущены более современные **компакт-кассеты**, винил все еще доминировал на рынке. (https://sm-news.ru/nazad-v-budushhee-vozvrashhenie-vinilovyx-plastinok-40958/, 2019)

КОМПА́УНД *nm, tech.* compound

Наиболее распространенным типом термоинтерфейса являются теплопроводящие пасты – термопасты и **компаунды**. (https://ru.wikipedia.org/wiki/). **Компаундный** (*adj*).

КОМПА́УНДИНГ *nm, fin.* compounding

Компаундинг – рост во времени вложенной денежной суммы в результате реинвестирования получаемых на нее процентов. (https://dic.academic.ru/dic.nsf/business/)

КОМПЕТЕ́НЦИЯ *nf, prof.* competence

Власти Воронежской области планируют внедрять на предприятиях региона и в структуре госуправления модели профессиональных **компетенций**. (https://tass.ru/ekonomika/7134387, 2019). **Компетентный** (*adj*).

КОМПИЛЯ́ТОР *nm, comp.* compiler

В тех областях, где нет технологического барьера, к примеру, в разработке алгоритмов, **компиляторов** и софта, концентрация усилий позволит нам быстро выйти на мировой уровень. (https://nauka.tass.ru/nauka/7086608, 2019). **Компиляторный** (*adj*).

КОМПРЕ́ССОР *nm, misc.* compressor

Для каждого септика в инструкции подробно прописан способ консервации: нужно отключить электропитание; снять и почистить насос и **компрессор**. (https://realty.ria.ru/20191115/1560986419.html, 2019). **Компрессорный** (*adj*). **Компрессовать** (*v*).

КОМПЬЮ́ТЕР *nm, comp.* computer

В третьем квартале 2019 года в Индии было продано на 15,8% больше персональных **компьютеров**, чем за аналогичный период предыдущего года. (https://regnum.ru/news/2780194.html, 2019). **Компьютерный** (*adj*).

КОМПЬЮТЕРИЗА́ЦИЯ *nf, comp.* computerization

Этот непростой демографический период приходится уже на XXI век, когда жизнь круто изменилась в лучшую сторону благодаря техническому прогрессу и **компьютеризации**. (https://regnum.ru/news/2777604.html, 2019). **Компьютеризированный** (*adj*). **Компьютеризировать** (*v*).

КОМФО́РТ *nm, misc.* comfort

Мы полностью изменим расписание движения остальных судов с учетом **комфорта** и потребностей граждан. (https://tass.ru/ekonomika/7134291, 2019). **Комфортный** (*adj*).

КОМЬЮ́НИТИ *nn, indecl, soc.* community

В соцсетях началась дискуссия, появились отзывы, что произошла "культурная разморозка", появилось профессиональное междисциплинарное **комьюнити**. (https://tass.ru/novosti-partnerov/7132155, 2019)

КОНВЕ́ЙЕР *nm, tech.* conveyor

Конвейер работает не первый год. (https://www.pravda.ru/society/1452820-vedomosti/, 2019). **Конвейерный** (*adj*).

КОНВЕ́РТЕР *nm, fin.* converter

Конвертер валют онлайн – инструмент, который позволит вам рассчитать соотношения актуальных курсов денежных средств всего мира на сегодня. (https://cash.rbc.ru/converter.html, 2019). **Конвертированный** (*adj*). **Конвертировать** (*v*).

КОНГРЕ́СС *nm, pol.* congress

И хотя Трамп антиглобалист, вашингтонский истеблишмент, **конгресс** и бюрократия внешнеполитических ведомств, в первую очередь из Госдепа, настроены глобалистки. (https://rueconomics.ru/vse-novosti, 2019). **Конгрессный** (*adj*).

КОНГРЕССВУ́МЕН *nf, pol.* congresswoman

Когда **конгрессвумен** Окасио-Кортес поинтересовалась, означает ли это, что Цукерберг готов публиковать явную ложь за деньги, миллиардер ответил уклончиво. (https://www.gazeta.ru/tech/2019/10/31/12787142/no_politics.html, 2019)

КОНГРЕССМЕ́Н *nm, pol.* congressman

Будучи **конгрессменом**, он блокировал попытки финансировать лечение ВИЧ-инфекции без выделения денег на кампанию по пропаганде гетеросексуализма. (https://lenta.ru/articles/2016/11/17/trump_administration/, 2019)

КОНГРЕ́СС-ХОЛЛ *nm, misc.* congress hall

Таким образом участники форума, деловая часть которого прошла именно в **конгресс-холле**, смогли не только изучить здание изнутри, но и оценить объект в целом. (https://ural.aif.ru/society/mesto_gde_reshaetsya_sudba_nacproektov, 2019)

КОНГРЕ́СС-ЦЕНТР *nm, misc.* congress center

В этом году открыли современнейший **конгресс-центр**. (https://ural.aif.ru/culture/kak_pushkin_stal_chastyu_nacproekta_kultura_obedinyaet_goroda_i_narody, 2019)

КОНДИЦИОНЕ́Р *nm, cosm, tech.* conditioner

1 (*cosm*) При пересушенных прядях необходим очищающий **кондиционер** для волос, который справится и с ролью шампуня. (https://fb.ru/article/207260/zachem-nujnyi-konditsioneryi-dlya-volos-tipyi-konditsionerov-dlya-volos-i-ih-primenenie) 2 (*tech*) Большим комфортом отличаются так называемые бутик-хостелы, в которых можно найти почти все, вплоть до бассейна, мини-бара, ресторана, бесплатного Wi-Fi, **кондиционера**, спутникового ТВ, прачечной, аренды велосипеда и даже библиотеки. (https://rg.ru/2019/03/11/v-italii-postoialcam-hostela-predlozhili-samim-ocenit-stoimost-prozhivaniia.html, 2019). **Кондиционерный** (*adj*). **Кондиционировать** (*v*).

КОНДОМИ́НИУМ *nm, misc.* condominium

Дизайнер Аамир Кхандвала оформил интерьер для семьи из четырех человек в **кондоминиуме** в Вест-Виллидже. (https://www.interior.ru/place/7381-zerkalo-v-prikhozhej-55-primerov.html, 2019)

КОНКЕ́ЙВ *nm, sport.* concave

Наши доски сделаны из семи слоев канадского клена, у них глубокий **конкейв** (изгиб доски) и сдержанный дизайн – прямиком из 90-х. (https://www.buro247.kz/lifestyle/sport/kak-razvivaetsya-skeytboarding-v-almaty.html, 2019)

КОНСА́ЛТИНГ *nm, bsn.* consulting

Также в ТЦ проводятся разнообразные мероприятия – мастер-классы, выставки, конкурсы, концерты, семинары, отметила директор по **консалтингу** и развитию инвестиционной компании. (https://iz.ru/942940/mariia-perevoshchikova/ne-dlia-prodazhi-rossiia-vdvoe-otstaet-ot-evropy-po-kolichestvu-ttc, 2019). **Консалтинговый** (*adj*).

КОНСИ́ЛЕР *nm, cosm.* concealer

Корректируя покраснения и прыщи, используйте **консилер**, точно совпадающий с тоном кожи, до нанесения тонального крема. (https://www.goodhouse.ru/krasota/uhod-za-licom-i-telom/makiyazh-dlya-selfi-samye-effektivnye-sovety-vizazhistov/, 2019)

КОНСОЛИДА́ТОР *nm, misc.* consolidator

Мы должны быть **консолидатором**, примирителем между странами и предоставлять свою площадку, чтобы посадить за стол переговоров страны. (https://regnum.ru/news/2748776.html, 2019). **Консолидировать/ся** (*v*).

КОНСОЛИДА́ЦИЯ *nf, misc.* consolidation

Американские СМИ неоднократно сообщали о стремлении Вашингтона помешать **консолидации** активов "Мотор Сич" в руках граждан и компаний КНР. (https://russian.rt.com/ussr/article/687731-ssha-audit-ukraina-oboronka, 2019). **Консолидированный** (*adj*). **Консолидировать/ся** (*v*).

КОНСО́ЛЬ *nf, misc.* console

За девять месяцев этого года россияне купили около 400 тыс. игровых **консолей**, потратив на это примерно 7,3 млрд руб. (https://www.kommersant.ru/doc/4162567, 2019). **Консольный** (*adj*).

КОНСУЛЬТА́НТ *nm, prof.* consultant

По словам инвестиционного **консультанта** "БКС Премьер" Яна Мельничука, в целом интерес к инвестициям в золото проявляет небольшая категория консервативных инвесторов. (https://www.kommersant.ru/doc/4162658, 2019). **Консультантский** (*adj*). **Консультировать/ся** (*v*).

КОНСУЛЬТА́ЦИЯ *nf, misc.* consultation

В Дели проходят **консультации** специальных представителей по пограничным вопросам между Китаем и Индией. (https://regnum.ru/news/2813805.html, 2019). **Консультационный** (*adj*). **Консультировать** (*v*).

КОНСЬЮМЕРИ́ЗМ, ***КОНСУМЕРИ́ЗМ** *nm, bsn.* consumerism

Покупая дешевые и некачественные вещи, которые легче выбросить, чем починить, мы поддерживаем **консьюмеризм**, недобросовестную торговлю, быструю моду и throw-away-society. (https://www.the-village.ru/village/people/good-habbit/362683-remontirovat, 2019)

КОНТА́КТ *nm, misc.* contact

Ты сам должен решить, какой информацией ты хочешь делиться: фотографиями, геотегами, **контактами**. (https://tass.ru/ekonomika/7030044. 2019). **Контактный** (*adj*). **Контактировать** (*v*).

КОНТА́КТ-ЦЕНТР *nm, bsn.* contact center

Для повышения скорости и эффективности обслуживания клиентов в **контакт-центре** реализована функция идентификации на этапе роутинга. (https://corp.cnews.ru/news/line/2019-02-04_step_lodzhik_moderniziroval_kontakttsentr_kompanii, 2019)

КОНТЕ́ЙНЕР *nm, misc.* container

Во всех детсадах города волонтеры установили яркие **контейнеры** и в игровой форме объясняют малышам, как важно беречь природу. (https://www.kp.ru/daily/27056.5/4123299/, 2019). **Контейнерный** (*adj*).

КОНТЕ́НТ *nm, int.* content

В маркетинге появилось такое понятие, как виральность или стремительность распространения **контента** среди пользователей. (https://www.kommersant.ru/doc/4095925, 2019). **Контентный** (*adj*).

КОНТЕ́НТ-АНА́ЛИЗ *nm, comp.* content analysis

Магистранты кафедры журналистики регулярно проводят **контент-анализ** федеральных и региональных изданий по вопросу освещения семейной тематики в СМИ. (https://rg.ru/2019/11/07/reg-cfo/tirazhiruemye-v-smi-obrazy-mogut-serezno-povliiat-na-demografiiu.html, 2019)

КОНТЕ́НТ-ГЕНЕРА́ТОР *nm, comp.* content generator

Компания организовала прямые стыки с самыми популярными **контент-генераторами** в Стокгольме и Франкфурте (Facebook, Twitch, Apple и т.д.), а также с Amazon в Санкт-Петербурге, что гарантирует качество предоставления сервисов для клиентов. (http://www.sobaka.ru/prm/city/internet/93973, 2019)

КОНТЕ́НТ-ПРОВА́ЙДЕР *nm, int.* content provider

Традиционные драйверы сегодня – ритейл, банки и финансы, **контент-провайдеры**, потребление ими облачных услуг будет расти и дальше. (https://www.cnews.ru/articles/2019-09-26_ekspertiza_nuzhen_li_rossii_dostup, 2019)

КОНТРА́КТ *nm, misc.* contract

Россия и Саудовская Аррвия обсуждают условия выполнения **контракта** на поставку Эр-Рияду зенитных ракетных систем С-400. (https://tass.ru/armiya-i-opk/7136757, 2019). **Контрактный** (*adj*).

КОНТРАЦЕПТИ́В *nm, med.* contraceptive

Как показывает статистика, образованные женщины, имеющие доступ к **контрацептивам**, имеют меньше детей и способны о них лучше заботиться. (https://www.forbes.ru/forbeslife/386771-nash-dolg-pered-afrikoy-pochemu-izbytochnoe-potreblenie-stalo-postydnym, 2019). **Контрацептивный** (*adj*).

КОНТРАЦЕ́ПЦИЯ *nf, med.* contraception

Аборты перестали быть нормальным средством **контрацепции**, как это было в советское время. (https://www.pravmir.ru/im-v-golovu-vbity-gotovye-otvety-na-vse-voprosy-pochemu-molodye-lyudi-chasto-ne-ponimayut-chego-hotyat/, 2019). **Контрацепционный** (*adj*).

КОНТРДА́НС *nm, dance.* country dance

Дамы и кавалеры, одетые в костюмы лермонтовской эпохи, исполнят **контрдансы**, кадрили, вальсы, польки и мазурки. (https://www.kem.kp.ru/daily/27043/4108406/, 2019)

КОНТРО́ЛЛЕР *nm, tech.* controller

Компактный аппарат объединяет целый набор устройств – **контроллер**, коммутатор, аудиомикшер и приемник-передатчик сигналов. (http://www.hifinews.ru/article/details/2019-03-26/28460.htm)

КОНТРСА́НКЦИЯ *nf, pol.* counter-sanction

Продовольственные **контрсанкции** отнимают у российских потребителей около 445 млрд рублей в год в ценах 2013 года. (https://www.gazeta.ru/business/2019/10/29/12783074.html, 2019). **Контрсанкционный** (*adj*).

КОНФЕРЕ́НЦ-КОЛЛ *nm, misc.* conference call

Конференц-колл с менеджментом Детского мира не принес сюрпризов: менеджмент подтвердил планы по развитию маркетплейса в 2020 г. и мобильного приложения "Детский мир". (http://elitetrader.ru/index.php?newsid=476604, 2019)

КОНФИГУРА́ТОР *nm, comp.* configurator

Интересно, что 46% тех, кто воспользовался **конфигуратором**, в итоге купили именно ту машину, которую собирались. (https://www.zr.ru/content/news/919968-stalo-ponyatno-kak-rossiyane-vy/, 2019)

КОНЦЕНТРА́Т *nm, food, tech.* concentrate

Сухой **концентрат** молока содержит в себе оксистеролы: в их основе лежит холестерин, с которым и взрослый организм не всегда справляется. (https://rg.ru/2019/12/19/pediatr-rasskazala-chto-ni-v-koem-sluchae-nelzia-davat-mladencu.html, 2019). **Концентратный** (*adj*). **Концентрировать/ся** (*v*).

КОНЦЕНТРА́ТОР *nm, tech.* concentrator

На сегодняшний день уже поставлено оборудование для домашнего пользования: портативные кислородные **концентраторы**, небулайзеры, инсуфляторы-аспираторы. (https://tass.ru/ekonomika/7102513, 2019). **Концентрировать/ся** (*v*).

КОНЦЕ́ПТ-АРТ *nm, art.* concept art (conceptual art)

Художник Райан Мендеринг, ранее предоставивший множество **концепт-артов** для последних частей "Человека-паука", показал новый. (https://kanobu.ru/news/chelovek-pauk-srazhaetsya-ssovsem-drugim-gidromenom-nakontsept-arte-vdali-otdoma-418961/, 2019)

КОНЦЕПТУАЛИ́ЗМ *nm, misc.* conceptualism

Вобрав все черты московского **концептуализма**, роман стал не только энциклопедией советской жизни, но совершил-таки революцию. (https://thecity.m24.ru/articles/1432, 2019). **Концептуальный** (*adj*).

КООРДИНА́ТОР *nm, misc.* coordinator

Представляя доклад, **координатор** исследования Центра Джойс Команья заявила, что 87% трудящихся не знают трудового законодательства и не могут их назвать. (https://regnum.ru/news/2780071.html, 2019). **Координаторский** (*adj*).
Координировать (*v*).

КООРДИНА́ЦИЯ *nf, misc.* coordination

Путин и ас-Сиси обсудили **координацию** действий для стабилизации обстановки в Ливии. (https://tass.ru/politika/7438041, 2019). **Координационный** (*adj*).
Координировать (*v*).

КОПИПА́СТ *nm, comp.* copy-paste (copy and paste)

Еще одна типичная ошибка – публикуя объявления, эйчары просто **копипастом**
вставляют туда обязанности из должностной инструкции, причем сначала идут именно обязанности. (https://rg.ru/2019/10/29/reg-urfo/kak-gotoviatsia-uralskie-rabotodateli-k-prihodu-pokoleniia-z.html, 2019). **Копипастить** (*v*).

КОПИ́Р *nm, tech.* copier

В каждой лаборатории должен быть автоматический метеорологический комплекс, спутниковый навигатор, не менее трех промышленных компьютеров, многофункциональное устройство (сканер, принтер и **копир**). (https://www.kommersant.ru/doc/4157444, 2019)

КОПИРА́ЙТ *nm, misc.* copyright

По оценке независимых экспертов, подавляющая часть школьной учебной литературы под **копирайтом** российских издательств, реализуемой в оптово-розничной сети Киргизии, является контрафактной. (https://regnum.ru/news/polit/2748825.html, 2019). **Копирайтный** (*adj*).

КОПИРА́ЙТЕР *nm, prof.* copywriter

Согласно исследованию, самые распространенные специализации среди фрилансеров – веб-разработчик, дизайнер и **копирайтер**. (https://rb.ru/news/freelance-research/, 2019). **Копирайтерский** (*adj*).

КОПИРА́ЙТИНГ *nm, prof.* copywriting

Мультицентр объединит представителей дизайна, урбанистики, архитектуры, IT, моды, рекламы, **копирайтинга**, изобразительного искусства и стрит-арта. (https://www.tumen.kp.ru/online/news/3674534/, 2019)

КОПРОДУ́КЦИЯ *nf, media.* co-production

Изначально фонд занимался разными направлениями, в том числе дистрибуцией, но потом решили что большая часть ресурсов должна идти на **копродукцию**. (https://www.interfax.ru/russia/684389, 2019)

КО́РНХОЛ *nm, game.* cornhole

Кроме того, участники слёта сыграют в настольные спортивные игры: это кульбутто, шаффлборд, тейбл эластик, **корнхол**, джакколо. (https://regnum.ru/news/2700052.html, 2019)

КОРОНАВИ́РУС *nm, med.* coronavirus

МЧС России в условиях пандемии **коронавируса** рекомендует отказаться от ношения защитных масок на улице. (https://coronavirus-monitor.ru/ru/novosti/v-mchs-nazvali-bespoleznym-nosheniem-masok-na-ulice, 2020). **Короновирусный** (*adj*).

КОРПОРАТИ́В *nm, soc.* corporate party

Услуги ведущего, музыканта и фотографа на **корпоративе** в Москве по самым скромным подсчетам обойдутся заказчикам в 10 тыс. рублей. (https://tass.ru/obschestvo/7124985, 2019). **Корпоративный** (*adj*).

КОРРЕ́КЦИЯ *nf, misc.* correction

В целом на большинстве валютных площадках развивающихся рынков к окончанию дня наблюдалась **коррекция** доллара к локальным валютам. (https://www.interfax.ru/russia/684377, 2019). **Коррекционный** (*adj*). **Корректировать** (*v*).

КОРТ *nm, sport.* court

Из развлечений для любителей активного отдыха – катание на водных лыжах или каяках, вейкбординг, рыбалка в течение всего дня, также есть два теннисных **корта** и фитнес-центр. (https://www.kommersant.ru/doc/4148342, 2019)

КОСПЛЕ́ЕР *nm, ent.* cosplayer

Специально для наших зрителей мы проведем онлайн-трансляцию самой красивой части программы – дефиле **косплееров**. (https://www.m24.ru/news/Moskva-onlajn/14112019/97311, 2019)

КОСПЛЕ́Й, ***КО́СПЛЕЙ** *nm, ent.* cosplay

У молодёжи появилось новое веяние моды – **косплей**. (https://sm-news.ru/kosplej-v-xidzhabe-kak-sovmeshhayut-religiyu-i-tvorchestvo-v-malajzii-55724/, 2019)

КОСПО́НСОР *nm, bsn.* cosponsor

Россия – один из основных **коспонсоров** Конституционного комитета среди других государств, как европейских, так и США. (https://www.kommersant.ru/doc/4142266, 2019)

КОТТЕ́ДЖ *nm, misc.* cottage

Один из очевидцев также отметил, что самолет летел над **коттеджами** и пытался избежать падения на дома. (https://www.rbc.ru/rbcfreenews/5dcfecd69a794736169edaa7, 2019). **Коттеджный** (*adj*).

КОТТО́Н *nm, cloth.* cotton

Коттон – это обширная группа хлопчатобумажных тканей. (https://protkan.com/tkani/terminy/tkan-kotton.html). **Коттоновый** (*adj*).

КО́УЧ *nm, prof.* coach

Коуч – это профессионал, который сопровождает людей на пути к их жизненным целям. (https://daily.afisha.ru/archive/gorod/changes/evangelist-fikser-i-basboy-kto-eto-takie/, 2019)

КО́УЧИНГ *nm, prof.* coaching

По словам депутатов, рынок **коучинга** давно сформирован, однако в нем царит полный хаос. (https://www.m24.ru/news/obshchestvo/28102019/94920?utm_source=CopyBuf, 2019)

КО́ФЕ-БРЕЙК *nm, misc.* coffee break

Кроме панельной дискуссии и сессий у нас будет ещё время на **кофе-брейк**, где обычно и обсуждают самое важное. (http://www.interfax-russia.ru/NorthWest/news.asp?sec=1679&id=1081494, 2019)

КОФЕИ́Н *nm, misc.* caffeine

Самое необычное было другое: оказывается, мормоны не употребляют **кофеин**. (https://lenta.ru/articles/2019/11/18/italy/, 2019). **Кофеиновый** (*adj*).

КОФЕМАШИ́НА *nf, tech.* coffee machine

Если еще десять лет назад в офисе было достаточно чайника, микроволновки и **кофемашины** среднего качества. (https://realty.rbc.ru/news/5dcaa8bf9a7947d64c97dcf7, 2019)

КОХА́УЗИНГ *nm, soc.* cohousing

Почти все коливинги и **кохаузинги** проводят отбор претендентов, с тем чтобы интересы и представления о совместном проживании жильцов совпадали. (https://www.forbes.ru/forbeslife/386481-dom-po-podpiske-kak-novoe-pokolenie-vybiraet-zhile-v-epohu-post-luxury, 2019)

КОЭНЗИ́М *nm, bio.* coenzyme

Также защиту организма от окислительного стресса поддерживают селен и **коэнзим** Q10. (https://style.rbc.ru/life/5d9c8dd49a7947bac8286156, 2019). **Коэнзимный** (*adj*).

КРАБКЕ́ЙК *nm, food.* crabcake

Сюда приходят за **крабкейками** с бататом, тыквенной панакоттой с лемонграссом и модным асаи боулом. (https://style.rbc.ru/impressions/5da858f19a79471c9d963382, 2019)

КРАМБЛ *nm, food.* crumble (*pie*)

Крамбл – традиционный английский десерт из фруктов, запеченных под корочкой из крошек песочного теста. (https://www.povarenok.ru/recipes/tag/3101/, 2019)

КРАУДИНВЕ́СТИНГ *nm, fin.* crowd investing

Это не краудфандинг, а **краудинвестинг**, потому что в первом случае дарят, а во втором – получают долю в бизнесе. (https://hightech.fm/2019/09/20/unickiy, 2019)

КРАУДСО́РСИНГ *nm, misc.* crowdsourcing

В рамках финального этапа участники проголосуют за лучшие идеи. Это уже двадцатый **краудсорсинг** проект. (https://tass.ru/moskva/7107853, 2019)

КРАУДФА́НДИНГ *nm, fin.* crowdfunding

Это не **краудфандинг**, а краудинвестинг, потому что в первом случае дарят, а во втором – получают долю в бизнесе. (https://hightech.fm/2019/09/20/unickiy, 2019)

КРАШ-СИНДРО́М *nm, med.* crush syndrome

Ребенок был в тяжелом состоянии, с **краш-синдромом** правой и левой рук, множественными ушибами и травмами. (https://www.m24.ru/news/proisshestviya/31102019/95529, 2019)

КРЕАТИ́В *nm, misc, slang.* creative (*creativity*)

Зрителям покажут программу из самых лучших образцов мирового **креатива**. (https://www.vrn.kp.ru/daily/27055/4122226/, 2019). **Креативный** (*adj*). **Креативить** (*v*).

КРЕАТИ́ВНОСТЬ *nf, misc.* creativity

Специалист описал несколько разработанных им эффективных упражнений для развития **креативности** и памяти. (https://dni24.com/

exclusive/245303-nejrobiolog-lorens-kac-razrabotal-uprazhnenija-dlja-razvitija-pamjati-i-kreativnosti.html, 2019). **Креативный** (*adj*). **Креативить** (*v*).

КРЕДИ́Т *nm, fin.* credit

В 2019 году сократилось число заемщиков, которые закрывают **кредит ы** досрочно. (https://www.rbc.ru/finances/16/11/2019/5dc2d9859a794756324f8fe8, 2019). **Кредитный** (*adj*). **Кредитовать** (*v*).

КРЕДИТО́Р *nm, fin.* creditor

При этом закон не обязывает **кредитора** предоставлять заемщику на выбор несколько способов формирования графика платежей. (https://lenta.ru/articles/2019/11/18/insurance/, 2019). **Кредиторский** (*adj*). **Кредитовать** (*v*).

КРЕ́КЕР *nm, food.* cracker

Участники эксперимента, просмотревшие снимки чипсов, **крекеров** и бургеров, не ощущали чувства голода и отказывались от перекуса. (https://ria.ru/20191101/1560455083.html, 2019). **Крекерный** (*adj*).

КРЕ́КИНГ *nm, tech.* cracking

Завод будет ежегодно производить 4 тыс. тонн катализаторов гидроочистки, 2 тыс. тонн катализаторов гидрокрекинга и 15 тыс. тонн катализаторов каталитического **крекинга**. (https://www.kp.ru/daily/27052/4119077/, 2019)

КРЕМ *nm, cosm., food.* cream

Кроме того, специалист отнесла к числу вредных сладости из теста, торты с большим количеством **крема** и шоколадные батончики. (https://www.rbc.ru/rbcfreenews/5dd0c45a9a794770d0fb8c1a, 2019). **Кремовый** (*adj*).

КРЕМ-СУ́П *nm, food.* cream soup

Дегустировать решено было следующие блюда: томатный **крем-суп** с итальянским фокаччо, закуску из маринованных овощей, спагетти болоньезе и тибон-стейк прожарки "медиум". (https://www.mk.kg/articles/2014/12/24/po-polnoy-programme.html, 2014)

КРИ́КЕТ *nm, sport.* cricket

Члены королевской семьи также сыграли в дартс и **крикет** с местными ребятами. (https://www.buro247.ru/news/lifestyle/21-oct-2019-kate-middleton-instagram.html, 2019)

КРИОБИОЛО́ГИЯ *nf, bio.* cryobiology

Полученные данные, по словам ученых, имеют как фундаментальное значение для **криобиологии**, так и прикладную практическую ценность. (https://www.kommersant.ru/doc/3926049, 2019)

КРИОТЕРАПИ́Я *nf, med.* cryotherapy

Процедура криолифт не использует сверхнизких температур, поэтому, в отличие от классической **криотерапии** жидким азотом, является гораздо более бережной и щадящей процедурой. (https://www.cosmo.ru/beauty/news/12-11-2019/lechenie-holodom-pochemu-krioterapiya-sdelaet-tebya-prekrasnoy/, 2019)

КРИПТОГРА́ММА *nf, tech.* cryptogram

Эдгар По, безусловно, знал толк в криптографии. Будучи корреспондентом одной из газет, он предложил всем желающим присылать ему **криптограммы**
собственного изготовления. (https://aif.ru/culture/person/zagadki_edgara_po_pridumannaya_zhizn_i_neprikayannaya_smert_pisatelya, 2019)

КРИПТО́ГРАФ *nm, tech.* cryptograph

Криптографы и представители криптокомьюнити тут же задумались о сохранении существующих монет. (https://2bitcoins.ru/mir-gotovitsya-k-kvantovym-vychislenijam/, 2019). **Криптографический** (*adj*).

КРИПТОГРА́ФИЯ *nf, tech.* cryptography

Эдгар По, безусловно, знал толк в **криптографии**. (https://aif.ru/culture/person/zagadki_edgara_po_pridumannaya_zhizn_i_neprikayannaya_smert_pisatelya, 2019). **Криптографический** (*adj*).

КРИПТОКОМЬЮ́НИТИ *nn, indecl, int.* cryptocommunity

Криптографы и представители **криптокомьюнити** тут же задумались о сохранении существующих монет. (https://2bitcoins.ru/mir-gotovitsya-k-kvantovym-vychislenijam/, 2019)

КРОКЕ́Т *nm, sport.* croquet

Взрослые смогли не только попробовать свои силы в гольфе, но и сыграть в **крокет**. (https://golf.ru/news/v_rossii/pervyy_otkrytyy_klubnyy_chempionat_golf_kluba_gelendzhik_golf_rezort/, 2019). **Крокетный** (*adj*).

КРО́КСЫ *npl, shoes.* Crocs

В настоящее время в модельней линейке Crocs есть не только привычные **кроксы**, но также мужская, женская и детская обувь разного типа – всего около 5 млн пар обуви в год. (http://elitetrader.ru/index.php?newsid=475780, 2019)

КРОЛЬ *nm, swim.* crawl

Кроль – это один из видов спортивного плавания, при котором руки поочередно выбрасываются над водой. (https://kartaslov.ru/)

КРОСС *nm, sport.* cross

Когда я приступил к тяжёлым тренировкам, начал бегать 10-километровые **кроссы**, пошли спарринги, травмы, на этом хайп закончился, началась работа. (https://russian.rt.com/sport/news/688065-koklyaev-emelyanenko-boi, 2019)

КРОССБРИ́ДИНГ *nm, anim.* crossbreeding

Оказывается, азиатских шакалов кинологи Аэрофлота используют для так называемого **кроссбридинга** – то есть с целью улучшения потомства служебных собак. (https://www.kp.ru/daily/26428.4/3300390/, 2019)

КРОССВО́РД *nm, game.* crossword

Пенсионеры разгадывали **кроссворды**, параллельно знакомясь с законодательством, современными уловками аферистов, а также учились, как избежать общения с мошенниками. (https://www.ural.kp.ru/online/news/3673247/, 2019). **Кроссвордный** (*adj*).

КРОССДРЕ́ССЕР *nm, sex.* cross-dresser

Ожидали прибытия и победительницы прошлого года Кончиты Вурст – певца-**кроссдрессера** Томаса Нойвирта, обеспечившего Австрии победу в конкурсе Евровидение. (https://www.gazeta.ru/culture/photo/rossiiskaya_pre-party_konkursa_evrovidenie_2015.html, 2019)

КРОССДРЕ́ССИНГ *nm, sex.* cross-dressing

Анонимный хакер, который для затравки ловит чиновника ультрапуританских взглядов на страсти к **кроссдрессингу**. (https://rg.ru/2018/11/22/naciia-ubijc-ocherednoj-pristup-trampofobii-v-kino.html, 2019)

КРО́ССИНГ *nm, fin.* crossing

Кроссинг – сделка купли-продажи ценных бумаг или товара на бирже, заключенная дилером с самим собой или дружественным лицом по такой цене, которая может воздействовать на ценовую ситуацию на бирже, в результате привести цены к величине, близкой к кроссинговой цене. (https://dic.academic.ru/dic.nsf/business/)

КРОСС-КА́НТРИ *nn, indecl, sport.* cross-country

На самых экстремальных уклонах лога были намечены трассы для тюбинга, фристайла, мини-слалома, сноуборда, горного велосипеда, **кросс-кантри**, параллельного слалома и байкер-кросса, велотриала. (https://gorod48.ru/news/1866021/, 2019)

КРОСС-КРЕДИТОВА́НИЕ *nn, fin.* cross-crediting

Кросс-кредитование европейских банков будет постепенно сворачиваться, и в конце концов ЕЦБ, хочет этого Германия или нет, все-таки ожидает участь кредитора последней инстанции. (http://elitetrader.ru/?newsid=135824, 2019)

КРОССО́ВЕР *nm, auto.* crossover

Женщинам по вкусу автомобили гольф-класса и полноразмерные **кроссоверы** спокойных цветов МИФ 2. (https://www.zr.ru/content/news/920209-kak-igrushki-nazvany-samye-zhen/, 2019)

КРОССПО́СТИНГ *nm, comp.* crossposting

Кросспостинг – публикация одного и того же контента в разных социальных сетях. (https://rb.ru/opinion/smm-services/, 2019)

КРОССФИ́Т *nm, sport.* crossfit

Кроссфит – высокоинтенсивные тренировки, когда за небольшой промежуток времени выполняется набор разнообразных упражнений из спортивной гимнастики, тяжёлой атлетики и кардиотренировок. (https://aif.ru/sport/sportin/luzhniki_zhdut_tebya_provedi_vyhodnoy_v_rezhime_zdorovya, 2019)

КРУИ́З *nm, tour.* cruise

Герои новой мелодрамы "Начнем все сначала" отправились в романтический **круиз**, чтобы оживить былые чувства. (https://www.kp.ru/daily/27056/4123870/, 2019). **Круизный** (*adj*).

КРУЙЗ-КОНТРО́ЛЬ *nm, trans.* cruise control

В оснащение нового кроссовера входят панорамная крыша длиной 1,15 метра, адаптивный **круиз-контроль**, бесключевой доступ, камеры кругового обзора. (https://mag.auto.ru/article/hyundaiix25cvt/, 2019)

КРУ́НЕР *nm, music.* crooner

Самым популярным стало исполнение легендарного американского **крунера** Энди Уильямса, именно оно звучало на ранних советских дискотеках. (https://www.kommersant.ru/doc/3793498, 2019)

КРЭК *nm, drug, slang.* crack

Эпидемия **крэка**, опустошившая афроамериканские общины в Детройте и Нью-Йорке, только-только достигла Чикаго, но ее разрушительные последствия уже набирали обороты. (https://www.forbes.ru/forbes-woman/385199-stat-pervoy-ledi-mishel-obama-vypustila-knigu-o-neprostom-puti-k-belomu-domu, 2019)

КРЭШ-КУ́РС *nm, misc.* crash course

Эта трасса весьма популярна: с самого утра сюда съезжаются автолюбители, желающие пройти этот "**крэш-курс**" и научиться азам езды по бездорожью. (https://inosmi.ru/social/20170128/238618562.html, 2019)

КСЕРОКО́ПИЯ *nf, tech.* Xerox copy

Везде одна и та же картина: у больных требуют **ксерокопии** полиса и паспорта. (https://regnum.ru/news/2770227.html, 2019). **Ксерокопировальный** (*adj*). **Ксерокопировать/отксерокопировать** (*v*).

КСЕ́РОКС *nm, tech.* Xerox

Первое время у него не было даже **ксерокса**, поэтому секретные отчеты приходилось носить в соседний копировальный центр. (https://lenta.ru/articles/2019/11/14/narain/, 2019). **Ксероксный** (*adj*). **Ксерить/отксерить** (*v*).

КУ́ЛЕР *nm, misc.* cooler

Оформление пространства вестибюля подземки напоминало типичный российский офис: вдоль подиума разместили **кулеры** с водой, а в зоне бекстейджа оборудовали рабочие места со всеми атрибутами – стикерами, скрепками, блокнотами, телефонами и факсами. (https://www.buro247.ru/lifestyle/photo-reports/23-oct-2019-section-show.html, 2019)

КУЛЬТИВА́ТОР *nm, agr.* cultivator

В регион уже поступили семь единиц специализированной техники, в том числе лесопатрульный комплекс, плуги и **культиваторы**. (https://ria.ru/20191113/1560893786.html, 2019). **Культиваторный** (*adj*). **Культивировать** (*v*).

КУРА́ТОР *nm, prof.* curator

Куратор выставки, эксперт в комитете Марка Шагала в Париже Екатерина Селезнева рассказала в интервью ТАСС о "шекспировской театральности" художника. (https://tass.ru/interviews/7135345, 2019). **Кураторский** (*adj*). **Курировать** (*v*).

КУРСО́Р *nm, comp.* cursor

Следующий этап – анализ движения **курсора** по монитору, но и тут робот показал высокий результат. (https://www.rbc.ru/trends/innovation/5db855269a7947f38c871317, 2019). **Курсорный** (*adj*).

КЭБ *nm, trans.* cab (*taxi*)

В Лондоне, как известно, старые телефонные будки являются узнаваемым брэндом, как двухэтажные красные автобусы-даблдекеры или чёрные **кэбы**. (https://arh.mk.ru/social/2019/10/28/v-arkhangelske-ustanovili-vtoruyu-budku-dlya-bukkrossinga.html, 2019)

КЭ́ДДИ, ***КЕ́ДДИ** *nm, indecl, sport.* caddy

По данным организаторов, в качестве **кедди** (помощник игрока в гольфе) в этом году выступили студенты. (http://www.interfax-russia.ru/Ural/photo.asp?id=1044724, 2019)

КЭ́ЖУАЛ *nm, cloth.* casual

Глэм-рок, **кэжуал**, голливудский стиль – это стили от Веры Брежневой. (https://sm-news.ru/5-foto-obrazov-ot-very-brezhnevoj-56477/, 2019)

КЭШБЕ́К *nm, fin.* cashback

Персональные предложения клиенты видят в банкоматах – например, **кэшбек** за покупки в категориях, в которых по этой карте больше всего трат. (https://rg.ru/2019/10/27/obshchenie-kompanij-s-klientami-skoro-budet-prohodit-na-70-cherez-botov.html, 2019)

КЭШ-ЭНД-КЭ́РРИ *nm, indecl, bsn.* cash and carry

Кем только я сама не работала в своей жизни! Стояла в первых открывающихся в нашей стране магазинах **кеш-энд-керри** и раздавала анкеты покупателям. (https://www.pravmir.ru/ya-smenila-20-rabot-i-ni-ob-odnoj-ne-pozhalela-pochemu-poprobovat-vse-ne-tak-ploho-kak-kazhetsya/, 2019)

Л

ЛАБРАДО́Р *nm, anim.* Labrador

А из всех пород собак наиболее склонны к набору веса **лабрадоры**, мопсы, таксы, болонки, далматинцы и бассет-хаунды. (https://vm.ru/animals/656597-koshki-i-sobaki-tolsteyut-ot-nashej-lyubvi-veterinar-rasskazal-kak-pravilno-kormit-svoih-pitomcev, 2019)

ЛАБРАДО́Р-РЕТРИ́ВЕР *nm, anim.* Labrador retriever

Лабрадор-ретривер по кличке Мажор является единственным полицейским псом в Линейном отделе полиции на станции Джанкой. (https://crimea.mk.ru/social/2019/11/15/po-klichke-mazhor-labradorretriver-sledit-za-poryadkom-v-dzhankoe.html, 2019)

ЛАБРАДУ́ДЕЛЬ *nm, anim.* Labradoodle

Название "**лабрадудель**" появилось в 1955 году, когда сэр Дональд Кэмпбелл добавил в свою книгу описание породы, которая представляет собой помесь лабрадора и пуделя. (https://veter.academic.ru/dic.nsf/ruwiki/1817560)

ЛАВ-СТО́РИ *nf, indecl, slang.* love story

28-летняя Алена до сих пор переживает крушение своей красивой **лав-стори**. (https://www.mk.ru/social/2019/11/15/ya-priznalas-muzhu-v-izmene-lichnyy-opyt.html, 2019)

ЛА́ЗЕР *nm, misc.* laser

Сущность лазерной эпиляции заключается в воздействии **лазера** на репродуктивную систему волос – волосяные луковицы, являющиеся источником роста волос. (https://www.pravda.ru/beauty/229000-nogi/, 2019). **Лазерный** (*adj*).

ЛАЙК *nm, int.* like

Дизайн со скрытым количеством "**лайков**" уже тестируется в некоторых странах, включая Бразилию, Канаду и Японию. (https://regnum.ru/news/2772903.html, 2019). **Лайкать/лайкнуть** (*v, slang*).

ЛА́ЙКРА *nf, cloth.* Lycra

Сегодня специалисты по термобелью советуют остановить выбор на синтетике – в частности вещах из смеси полиэстера, спандекса, нейлона и **лайкры**. (https://www.gazeta.ru/lifestyle/style/2019/11/a_12833066.shtml, 2019)

ЛАЙМ *nm, plant.* lime

Лайм, в отличие своего "побратима" лимона, имеет более мягкую и податливую кожуру, семян столь приятный цитрусовый и вовсе не содержит. (https://fb.ru/article/177666/frukt-laym-poleznyie-svoystva-layma-kak-est-laym, 2019). **Лаймовый** (*adj*).

ЛАЙНБЕ́КЕР *nm, football.* linebacker

Тиллмана отлично знали игроки и фанаты Национальной футбольной лиги (НФЛ) – чемпионата страны по американскому футболу, потому что он был одним из самых талантливых молодых **лайнбекеров**. (https://lenta.ru/articles/2019/07/19/tillman/, 2019)

ЛА́ЙНЕР *nm, trans.* liner

Круизный **лайнер** "Мустай Карим" станет первым судном подобного класса, построенным и переданным заказчику на отечественной верфи за последние 60 лет. (https://tourism.interfax.ru/ru/news/articles/64103, 2019). **Лайнерный** (*adj*).

ЛАЙТ-ШО́У *nn, indecl, ent.* light show

Во время живых выступлений группа использует психоделическое **лайт-шоу**, и концерт в Москве не станет исключением. (https://www.the-village.ru/village/weekend/weekend-plans/349099-vyhodnye, 2019)

ЛАЙФ-КО́УЧ *nm, prof.* life coach

Лайф-коуч помогает выстроить отношения с людьми, добиться реализации жизненных проектов, целей. (https://daily.afisha.ru/archive/gorod/changes/evangelist-fikser-i-basboy-kto-eto-takie/, 2019)

ЛАЙФ-КО́УЧИНГ *nm, prof.* life coaching

Если бизнес-коуч помогает добиться успеха в бизнесе, то **лайф-коучинг** помогает выстроить отношения с людьми, добиться реализации жизненных проектов, целей. (https://daily.afisha.ru/archive/gorod/changes/evangelist-fikser-i-basboy-kto-eto-takie/, 2019)

ЛАЙФХА́К *nm, soc.* life hack

Опытные российские водители поделились **лайфхаками**, которые помогут заменить повреждённый буксировочный трос. (https://car.ru/news/automobili/62065-eiekspertyi-rasskazali-o-neobyichnyih-zamenah-buksirovochnogo-trosa/, 2020)

ЛАЙФХА́КЕР *nm, soc.* lifehacker

Используя **лайфхакер**, можно сделать значительно больше за меньшее количество времени. (https://fb.ru/article/136091/chto-takoe-layfhak-neskolko-poleznyih-primerov-layfhakov)

ЛАЙФХА́КИНГ *nm, soc.* lifehacking

Лайфхакинг по сути является набором полезных и зачастую коротких советов, позволяющих с меньшими затратами и/или более быстро решать различные жизненные и бытовые задачи. (https://car.ru/news/automobili/62065-eiekspertyi-rasskazali-o-neobyichnyih-zamenah-buksirovochnogo-trosa/, 2020)

ЛАКРО́СС *nm, sport.* lacrosse

Лакросс – это спортивная игра, которая уходит корнями в древность индейской культуры. (https://fb.ru/article/352536/lakross-chto-eto-takoe-istoriya-opisanie-vidyi)

ЛАМБЕРСЕКСУА́Л *nm, soc.* lumbersexual

Слово "**ламберсексуал**" происходит от слияния двух английских слов: "ламберджек" (lumberjack), что переводится как "лесоруб", и знакомого всем термина "метросексуал". (https://www.adme.ru/svoboda-kultura/14-novyh-slov-kotorye-slyshali-vse-no-nikto-tochno-ne-znaet-chto-oni-oznachayut-1767965/)

ЛАМИНА́Т *nm, tech.* laminate

Если дерево рассыпается, поменяйте покрытие на **ламинат** или плитку под дерево светлых тонов. Такие материалы опрятно и стильно смотрятся, и им требуется минимум ухода. (https://realty.rbc.ru/news/5daf6b9c9a7947ef45a23645, 2019). **Ламинатный** (*adj*).

ЛАМИНА́ТОР *nm, tech.* laminator

В магазинах "Карандаш" есть всё от **ламинаторов** и брошюраторов до штемпельной продукции и пломбираторов, от демосистем до сабельных резаков. (https://gorod24.online/feodosiya/news/113839-magazin_kantstovarov_karandash.html, 2019). **Ламинировать** (*v*).

ЛАНЧ *nm, food.* lunch

Здесь предлагают легкие закуски и коктейли, а также сытные **ланчи** и обеды на основе французской кухни. (https://style.rbc.ru/impressions/5dc2e55c9a79475ab290cb23, 2019)

ЛАНЧ-БО́КС *nm, food.* lunch box

Каждый может прийти или приехать к любимой кухне и перекусить прямо в машине или взять пищу с собой в **ланч-боксе**. (https://vecherka-spb.ru/2019/11/18/fud-traki-spasayut-biznes/, 2019)

ЛА́ТЕКС *nm, tech.* latex

Например, начать со стиля: миксовать **латекс** и черную кожу с желтым золотом – в таком случае вас заметят. (https://www.elle.ru/moda/trendy/mastera-epatazha-ukrasheniya-i-aksessuary-iz-lateksa-kozhi-i-zolota-id6845734/, 2019). **Латексный** (*adj*).

ЛЕ́ГИНСЫ *npl, cloth.* leggings

Я просыпаюсь в 5:30 утра, надеваю майку, **легинсы**, разогревочные гетры, толстовку и кепку. (http://www.sobaka.ru/health/health/99789, 2019)

ЛЕГИТИ́МНЫЙ *adj, misc.* legitimate

Как отметила политолог, содиректор Центра гуманитарных программ Лиана Кварчелия, наиболее **легитимным** выходом из сложившейся ситуации было бы проведение новых выборов после решения суда, который рассматривает жалобу оппозиции на итоги выборов президента. (https://tass.ru/mezhdunarodnaya-panorama/7492015, 2020)

ЛЕ́ГО *nn, indecl, game.* Lego

Маленькие девочки просят куклы и колясочки, мальчишки мечтают о машинках и вертолетах на дистанционном управлении или о конструкторах **лего**. (https://riafan.ru/1227526-na-pochte-deda-moroza-rasskazali-kak-pravilno-otpravit-emu-pismo, 2019)

ЛЕ́ДИ *nf, indecl, soc.* lady

Первая **леди** Украины Елена Зеленская рассказала, как отнеслась к решению мужа Владимира Зеленского баллотироваться в президенты. (https://www.gazeta.ru/lifestyle/news/2019/11/18/n_13712450.html, 2019)

ЛЕЙБЛ *nm, music.* label

Звукозаписывающий **лейбл** – это бренд или торговая марка, которая связана с записью аудио и съемкой видео. (https://fb.ru/article/425795/chto-takoe-leybl-v-muzyike-shou-biznes-iznutri)

ЛЕЙБОРИ́ЗМ *nm, pol.* laborism

Одним из главных оппонентов британского премьера Бориса Джонсона стал лидер лейбористов Джереми Корбин, которого даже сторонники **лейборизма** считают слишком радикальным. (https://www.gazeta.ru/politics/2019/11/07_a_12799418.html, 2019)

ЛЕЙБОРИ́СТ *nm, pol.* laborist

Одним из главных оппонентов британского премьера Бориса Джонсона стал лидер **лейбористов** Джереми Корбин, которого даже сторонники лейборизма считают слишком радикальным. (https://www.gazeta.ru/politics/2019/11/07_a_12799418.html, 2019). **Лейбористский** (*adj*).

ЛЕМОНГРА́СС *nm, plant.* lemongrass

Сюда приходят за крабкейками с бататом, тыквенной панакоттой с **лемонграссом** и модным асаи боулом. (https://style.rbc.ru/impressions/5da858f19a79471c9d963382, 2019)

ЛЕНД-А́РТ *nm, art.* land art

Ленд-арт – это искусство на земле. (https://style.rbc.ru/impressions/5dc486ea9a79476b9e09bee8, 2019)

ЛЕНД-ЛИ́З *nm, pol.* land lease

Ленд-лиз – система передачи взаймы или в аренду вооружения, боеприпасов, стратегического сырья, продовольствия, товаров и услуг странам-союзникам. (https://dic.academic.ru/dic.nsf/business/)

ЛЕОТА́РД *nm, cloth.* leotard

Балерина Анастасия Волочкова сняла для поклонников видео в черном **леотарде** – спортивном купальнике. (https://ren.tv/news/shou-biznes/402128-video-anastasiia-volochkova-obratilas-k-poklonnikam-v-chernom-sportivnom-kupalnike, 2019)

ЛИ́ДЕР *nm, misc.* leader

Уже в 2011 году с сетью из 250 дискаунтеров "Магнит" стал **лидером** российского рынка по количеству точек. (https://www.forbes.ru/newsroom/milliardery/387017-milliarder-andrey-andreev-prodal-svoyu-dolyu-v-servise-znakomstv-badoo, 2019). **Лидерский** (*adj*). **Лидировать** (*v*).

ЛИ́ЗИНГ *nm, bsn.* leasing

В октябре глава ВЭБ РФ Игорь Шувалов сообщил журналистам, что госкорпорация развития профинансирует поставки "Аэрофлоту" в **лизинг** 100 самолетов SSJ. (https://tass.ru/ekonomika/7139701, 2019). **Лизинговый** (*adj*).

ЛИКВИДА́ТОР *nm, misc.* liquidator

В банк назначена временная администрация, которая будет действовать до момента назначения конкурсного управляющего либо **ликвидатора**. (https://tass.ru/ekonomika/7125037, 2019). **Ликвидаторский** (*adj*). **Ликвидировать** (*v*).

ЛИКВИ́ДНОСТЬ *nf, fin.* liquidity

Главным предпочтением в инвестициях, уточнили в министерстве, станет **ликвидность** проектов, чтобы была возможность быстро выйти из них. (https://www.rbc.ru/finances/18/11/2019/5dd221eb9a79474c2bda9c5f, 2019). **Ликвидный** (*adj*).

ЛИ́НЕР *nm, art.* liner

Линер – это незаменимая вещь в арсенале каждого художника. Это не ручка, не фломастер и не кисть, но рисовать он может всеми тремя видами. (https://fb.ru/article/261212/chto-takoe-liner-i-s-chem-ego-edyat, 2019)

ЛИНО́ЛЕУМ *nm, tech.* linoleum

Розали Гаскойн из Новой Зеландии привлекала внимание к проблеме потребления, используя дорожные знаки, ящики, коробки и обрезки **линолеума** – то, что принято выбрасывать. (https://style.rbc.ru/impressions/5dc486ea9a79476b9e09bee8, 2019). **Линолеумный** (*adj*).

ЛИНОТИ́П *nm, tech.* linotype

Например, практически полностью исчезли линотиписты – операторы типографских **линотипов**. (https://vm.ru/opinion/740942-nauchites-uchitsya, 2019). **Линотипный** (*adj*).

ЛИПОСА́КЦИЯ *nf, med.* liposuction

В пластической хирургии изменился подход к **липосакции**. (https://www.goodhouse.ru/krasota/uhod-za-licom-i-telom/mozhno-li-upravlyat-svoim-vozrastom-kak-obresti-figuru-mechty-i-sdelat-vzglyad-molodym-otvechayut-eksperty/, 2019)

ЛИПОФИ́ЛИНГ *nm, cosm.* lipofilling

Липофилинг – это инъекции собственного жира в ту область лица или тела, где жировой прослойки не хватает. (https://www.goodhouse.ru/family_and_children/istorii-lyudey/vremennaya-grud-i-podtyagivanie-moshonki-samye-strannye-plasticheskie-operacii/, 2019)

ЛИФЛЕ́Т *nm, ad.* leaflet

Волкова на основе Путеводителя по бюджету Москвы создала **лифлет**, где отражены основные параметры городского бюджета и прогноз социально-экономического развития. (https://regnum.ru/news/2722454.html, 2019)

ЛИФТ *nm, tech.* lift

Лифт – разновидность грузоподъёмной машины, предназначенная для вертикального или наклонного перемещения грузов на специальных платформах, передвигающихся по жёстким направляющим. (https://dik.academic.ru/dic.nsf/ruwiki/5076). **Лифтовый** (*adj*).

ЛИ́ФТИНГ *nm, cosm.* lifting

Тут мы можем предположить такие процедуры, как нитевой **лифтинг**, а возможно, ультразвуковой **лифтинг** на аппаратах безоперационной подтяжки лица. (https://style.rbc.ru/beauty/5da71d6a9a79472aab22c598, 2019). **Лифтинговый** (*adj*).

ЛИ́ЧЕР *nm, comp slang.* leecher (*file sharing in torrents*)

Личер – это пользователь интернета, пользующийся ресурсами, предоставляемыми другими, но не предлагающий ничего взамен. (https://dic.academic.ru/dic.nsf/ruwiki/206004)

ЛО́ББИ *nn, indecl, pol.* lobby

Проамериканское **лобби** и общественные настроения в пользу США весьма сильны в Корее, возрастая по мере увеличения уровня зажиточности конкретных корейцев. (https://rg.ru/2019/11/17/mun-chzhe-in-otverg-trebovaniia-ssha-prodlit-sotrudnichestvo-s-iaponiej.html, 2019). **Лоббировать/пролоббировать** (*v*).

ЛОББИ́РОВАНИЕ *nn, pol.* lobbying

Эксперты связывают эти решения с **лоббированием** интересов отдельных регионов. (https://echo.msk.ru/news/2539311-echo.html, 2019). **Лоббировать/пролоббировать** (*v*).

ЛОББИ́СТ *nm, pol.* lobbyist

Албанские **лоббисты** активно продвигали интересы Косово в ходе Косовской войны, что привело к бомбардировкам Сербии НАТО. (https://regnum.ru/news/2780549.html, 2019). **Лоббистский** (*adj*). **Лоббировать/пролоббировать** (*v*).

ЛО́БСТЕР *nm, food.* lobster

На Учжичжоу нужно попробовать морепродукты – здесь есть крабы, **лобстеры**, креветки и множество видов местных моллюсков. (https://ria.ru/20191118/1561081937.html, 2019)

ЛОГИ́Н *nm, comp.* login

Распознанное компьютером изображение лица служит аналогом **логина** и пароля одновременно. (https://www.popmech.ru/gadgets/news-504352-rossiyane-budut-torgovat-licom/, 2019)

ЛОГОТИ́П *nm, mark.* logotype

Студия "Союзмультфильм" проводит ребрендинг, в ходе которого впервые получит единый **логотип**, новые слоганы и шрифты. (https://www.kommersant.ru/doc/4118744, 2019). **Логотипный** (*adj*).

ЛО́ДИНГ *nm, fin.* looding

Лодинг – банковская премия за риск в дополнение к процентным и акцептным платежам, взимаемая банком в номинальной стоимости переводного векселя, предоставленного для дисконтирования. (https://dic.academic.ru/dic.nsf/business/)

ЛОКА́УТ *nm, sport.* lockout

Во время **локаута** 2012 года форвард Федоров возвращался в "Магнитку". (https://lenta.ru/news/2019/11/04/fedorov/, 2019)

ЛОНГБО́РД *nm, sport.* longboard

Если вы мечтаете летать по рампе и уверенно рассекать по набережной на скейте или **лонгборде**, то идите учиться скейтингу. (https://www.

the-village.ru/village/weekend/weekend-guide/367161-9-obrazovatelnyh-kursov-dlya-mestnyh-v-sochi, 2019)

ЛОНГБО́РДИНГ *nm, sport.* longboarding

Оба дня на фестивале работает "стрит-стайл" зона: соревнования по скейтбордингу, катанию на самокате, памп-треку, балансборду и **лонгбордингу**. (https://www.the-village.ru/village/weekend/wknd-news/356347-smf-ekb, 2019)

ЛОНГ-ЛИ́СТ *nm, media.* longlist

Как сообщила Маркова, в **лонг-лист** номинантов на "Золотой глобус" вошли 93 картины на иностранном языке из 65 стран. (https://www.rbc.ru/rbcfreenews/5dc639f49a7947015649b007, 2019)

ЛОРД *nm, soc.* lord

Косметолог, который унаследовал титул **лорда**, готовил к "королевским" ролям в сериале не только Оливию Колман, но и Хелен Бонем Картер. (https://ria.ru/20191119/1561092437.html, 2019)

ЛОТ *nm, bsn.* lot

Среди прочих **лотов** – минеральные камни и даже наградные значки. (https://www.tumen.kp.ru/online/news/3675345/, 2019)

ЛОУКО́СТЕР *nm, avia.* lowcoster (*airline*)

Входящий в группу "Аэрофлот" **лоукостер** "Победа" неоднократно вызывал нарекания со стороны надзорных органов. (https://regnum.ru/news/2781713.html, 2019). **Лоукостерный** (*adj*).

ЛОУРА́ЙДЕР *nm, auto.* lowrider

Пятьдесят третья улица была центром ночной суеты, оживленной автострадой для **лоурайдеров** с незаглушенными выхлопными трубами. (https://tass.ru/mezhdunarodnaya-panorama/7006912, 2019)

ЛО́ФЕР *nm, shoes.* loafer(s)

Лоферы с мехом стали настоящим открытием, которое не так давно взорвало мир моды и быстро перешло в массы. (https://novate.ru/blogs/111019/52047/, 2019)

ЛОФТ *nm, dsn.* loft

Для меня это концепт современного ретро, винтаж, индустриальный **лофт**, спорт, активный образ жизни. (https://style.rbc.ru/items/5db1b0aa9a79474a80068937, 2019)

ЛУБРИКА́ТОР *nm, tech.* lubricator

Лубрикатор предназначен для проведения ремонтных, исследовательских или геофизических работ в скважине, находящейся под давлением. (https://studopedia.ru/4_3471_lubrikator.html)

ЛУ́ЗЕР *nm, slang.* loser

Если нет влога, нет Инсты – сиди в пещере и не высовывайся, **лузер**. (https://www.mk.ru/politics/2019/09/25/da-pridut-antikhristy-shvedskuyu-shkolnicu-gretu-tunberg-sravnili-s-buzovoy.html, 2019). **Лузерский** (*adj*).

ЛЭПТО́П *nm, comp.* laptop

На конференции в Пекине компания Lenovo анонсировала первый в мире **лэптоп** с гибким экраном ThinkPad X1. (https://kanobu.ru/news/lenovo-pokazala-thinkpad-x1-pervyij-vmire-noutbuk-soskladnyim-ekranom-419119/, 2019)

ЛЮМИНА́ЙЗЕР *nm, cosm.* luminizer

По своим свойствам **люминайзер** напоминает хайлайтер, но отличается от него легкостью и прозрачностью, что позволяет избавиться от ощущения плотной маски на лице. (https://www.adme.ru/svoboda-avtorskie-kolonki/10-sekretov-ot-vizazhista-kotoraya-znaet-kak-sdelat-gollivudskij-makiyazh-za-schitannye-minuty-2186715/, 2019)

M

МАЙНДМЭ́П *nm, bsn.* mind map

В таком раскладывании по полочкам помогает **майндмэп**, или ментальная карта, которую часто используют рекламщики, дизайнеры, проджект-менеджеры. (https://www.buro247.ru/fashion/buronewera/22-oct-2018-cool-apps-to-make-life-better.html, 2019)

МАЙНДМЭ́ППИНГ *nm, bsn.* mind mapping

Разработчик больше 30 методик экспресс-обучения, среди которых: "Скорочтение для детей", "Детский майнд- фитнес", "**Майндмэппинг** для детей и подростков" и др. (https://www.vologda.kp.ru/daily/26805/3844227/, 2018)

МА́ЙНЕР *nm, int.* miner

К примеру, **майнеры** уже игнорируют транзакции с комиссией в 1 сатоши за байт или 0.06 цента за транзакцию. (https://2bitcoins.ru/u-bitcoin-cash-bolshie-problemy/, 2019)

МА́ЙНИНГ *nm, int.* mining

У большей части программного обеспечения для **майнинга** имеется внутреннее ограничение по размеру блока, которое зачастую по умолчанию выставлено на 2 мегабайта. (https://2bitcoins.ru/u-bitcoin-cash-bolshie-problemy/, 2019). **Майнинговый** (*adj*). **Майнить** (*v*).

МА́ЙНИНГ-ПУЛ *nm, fin.* mining pool

Большинство майнеров, среди которых даже несколько крупнейших **майнинг-пулов**, почему-то не увеличивают лимит. (https://2bitcoins.ru/u-bitcoin-cash-bolshie-problemy/, 2019)

МАКДО́НАЛЬДС *nm, bsn.* McDonald's

Когда мир хотят превратить в "**Макдональдс**" – это ужасно. Питаться дешево, но вредно – неправильно: вы будете сыты, но больны. (https://tass.ru/kultura/7135097, 2019)

МАККАФЕ́ *nn, indecl, bsn.* McCafé

Игрок обустраивает ресторан и развивает шесть ключевых позиций: здание, вывеску, "МакАвто", робо-персонал, посадочные места в "**МакКафе**" и сезонные предложения. (https://rb.ru/news/vk-astromac/, 2019)

МАКМА́ФФИН *nm, food.* McMuffin

По словам эксперта Пиппы Кэмпбелл, можно есть на завтрак **макмаффин** с беконом и яйцом, так как в нем всего 348 калорий. (https://riafan.ru/1207240-malysheva-obyasnila-kak-chelovek-mozhet-pokhudet-na-burgerakh, 2019)

МАКНА́ГГЕТС *nm, food.* McNuggets

Спикер Госдумы Вячеслав Володин раскритиковал вывеску с рекламой наггетсов на главном проспекте Саратова. В частности, ему не понравилась надпись "чикен **макнаггетс**". (https://ria.ru/20191109/1560753758.html, 2019)

МАКРОВИ́РУС *nm, comp.* macro virus

Многие помнят знаменитый **макровирус** Melissa, который появился в марте 1999 года и заразил сотни тысяч компьютеров по всему миру. (https://xakep.ru/2019/03/21/threat-research-camp/, 2019)

МАКРОПРОЦЕ́ССОР *nm, comp.* macro processor

Макропроце́ссор (также макрогенера́**тор**) – программа, выполняющая преобразование входного текста в выходной при помощи задаваемых ей правил замены последовательностей символов, называемых правилами макроподстановки. (https://ru.wikipedia.org/wiki). **Макропроцессорный** (*adj*).

МА́КРОС *nm, inf.* macros

Макрокоманда, макроопределение или **макрос** – программный алгоритм действий, записанный пользователем. (https://ru.wikipedia.org/wiki)

МАКРОЭКОНО́МИКА *nf, econ.* macroeconomics

Ранее директор по анализу финансовых рынков и **макроэкономики** ИК "Инстант Инвест" Александр Тимофеев в беседе с ФАН рассказал о перспективах курса рубля. (https://russian.rt.com/business/news/687078-ekspert-ekonomika-rossiya, 2019). **Макроэкономический** (*adj*).

МАКСИМА́ЙЗЕР *nm, tech.* maximizer

Максимайзер – это прибор динамической обработки, повышающий уровень звукового сигнала при мастеринге. (https://ru.wikipedia.org/wiki)

МАКСИМИЗА́ЦИЯ *nf, mark.* maximization

Основополагающим критерием модели управления акционерным капиталом является критерий **максимизации** и поддержания собственного капитала на высоком уровне рентабельности. (http://elitetrader.ru/index.php?newsid=478024, 2019). **Максимизировать** (*v*).

МАКЧИ́КЕН *nm, food.* McChicken

Заказать **макчикен** с доставкой в офис или домой можно на официальном сайте Макдоналдс в России. (https://mcdonalds.ru/product/mcchiken)

МАММОГРА́ММА *nf, med.* mammogram

После 50 лет женщинам рекомендуется проходить **маммограмму** не реже, чем каждый два года. (https://www.goodhouse.ru/health/zdorovye/8-mifov-o-rake-grudi-kotorye-ne-imeyut-nichego-obshchego-s-realnostyu/, 2019)

МАММО́ГРАФ *nm, med.* mammograph

В филиалах также оборудуют **маммографы**, рентген-аппараты, аппараты УЗИ, оборудование функциональной диагностики. (https://www.m24.ru/news/gorod/19112019/97881, 2019)

МАММОГРА́ФИЯ *nf, med.* mammography

Перед **маммографией** не следует пользоваться антиперспирантами, так как в них содержится алюминий. (https://volg.mk.ru/social/2019/11/15/ne-nado-tak-delat-pered-poseshheniem-vracha.html, 2019)

МАММОПЛА́СТИКА *nf, med.* mammoplasty

Поэтому **маммопластика** и подтяжка груди (мастопексия) являются одними из популярных операций после потери веса. (https://vm.ru/society/763717-kak-privesti-telo-v-poryadok-posle-silnogo-pohudeniya, 2019)

МАММОРЕДУ́КЦИЯ *nf, med.* mammoreduction

Мамморедукция – уменьшение груди за счет удаления жировой и железистой ткани, растянутой кожи. (https://vm.ru/society/763717-kak-privesti-telo-v-poryadok-posle-silnogo-pohudeniya, 2019)

МА́НЧКИН *nm, anim.* munchkin (*cat*)

Кинкалоу – это порода получилась в результате скрещивания американского керла и **манчкина**, получив в наследство коротенькие лапки и закруглённые, как у медвежат, ушки. (https://sm-news.ru/kinkalou-udivitelnye-koshki-s-medvezhimi-ushkami-47095/, 2020).

МАПИ́РОВАНИЕ *nn, comp.* mapping (*data*)

Мапирование – определение соответствия данных между потенциально различными семантиками одного объекта или разных объектов. (https://dic.academic.ru/dic.nsf/ruwiki/1826161)

МА́РБЛИНГ *nm, art.* marbling

В интернете огромное количество мастер-классов и видео-уроков по **марблингу**, что не удивительно, ведь и сам процесс, и результат абсолютно завораживают. (https://www.goodhouse.ru/home/DIY/marbling-dudling-kastomajzing-i-eshche-10-interesnyx-novyx-xobbi-o-kotoryx-vy-eshche-ne-znaete/, 2019)

МАРГИНА́Л *nm, soc.* marginal

Поскольку поддержка либеральной оппозиции не слишком высока в обществе, то ее представители давно уже стали маяками для разного рода **маргиналов** и фриков. (https://www.eg.ru/society/806711-popavshiysya-na-upotreblenii-narkotikov-reznik-pytaetsya-171spryatat187-domogavshegosya-k-studentkam-vishnevskogo-084352/,2019). **Маргинальный** (*adj*). **Маргинализировать** (*v*).

МАРГИНАЛИЗА́ЦИЯ *nf, soc.* marginalization

К **маргинализации** русской общины были приложены немалые усилия эстонских властей, признала евродепутат. (https://riafan.ru/1227409-vpervye-v-evroparlamente-ozadachilis-sudboi-russkikh-smi-v-pribaltike-i-na-ukraine, 2019). **Маргинализированный** (*adj*). **Маргинализировать** (*v*).

МА́РКЕР *nm, med, off.* marker

С 22 ноября для получения справки понадобятся дорогие лабораторные исследования мочи на психоактивные вещества и крови на **маркеры** злоупотребления алкоголем. (https://www.chel.kp.ru/online/news/3677327/, 2019)

МА́РКЕТ *nm, bsn.* market

Лишь 30% населения имеют сбережения, пояснил генеральный директор финансового **маркета** "Юником24" Юрий Кудряков. (https://iz.ru/942477/vadim-arapov/v-nerasplatnom-dolgu-kazhdyi-chetvertyi-zaemshchik-vyshel-na-defolt-po-kreditu, 2019)

МАРКЕ́ТИНГ, ***МА́РКЕТИНГ** *nm, mark.* marketing

В **маркетинге** появилось такое понятие как виральность или стремительность распространения контента среди пользователей. (https://www.kommersant.ru/doc/4095925, 2019). **Маркетинговый** (*adj*).

МАРКЕТО́ЛОГ *nm, prof.* marketologist

Более трети (34%) **маркетологов** планируют внедрить голосовые технологии к концу 2020 года. (https://www.sostav.ru/publication/golosovye-assistenty-adv-future-of-media-40437.html, 2019)

МА́РКЕТПЛЕЙС *nm, bsn.* marketplace

Так что в скором времени можно ожидать появления нового гигантского **маркетплейса** кардеров. (https://habr.com/ru/news/t/471710/, 2019)

МАРШМЕ́ЛЛОУ *nm, indecl, food.* marshmallow

Из напитков можно выбрать лавандовый раф, какао с **маршмеллоу**, смузи, фреши и авторские чаи типа апельсинового с корицей. (https://www.the-village.ru/village/food./opening/365199-new-lobby, 2019)

МАССЛА́ЙКИНГ *nm, int.* mass liking

Взаимный обмен аудиториями далеко не единственный способ привлечь новых подписчиков. В числе популярных методов так называемые массфолловинг и **масслайкинг**. (https://www.forbes.ru/biznes/381081-uzhe-ne-vtorayaposleputina-skolko-zarabatyvayut-v-instagram-olga-buzova-nastya-ivleeva, 2019)

МАСС-МА́РКЕТ *nm, bsn.* mass market

Продюсер объяснил, что такие кардинальные изменения позволят лейблу превратиться из компании **масс-маркета** в "очень емкую компанию с ограниченным входом". (https://www.rbc.ru/rbcfreenews/5db985f59a794761580fdf9b, 2019)

МАССМЕ́ДИА *npl, indecl, media.* mass media

Власть хочет внедрить законы о "стандартизации" **массмедиа** из опасений, что в ближайший год могут состояться досрочные парламентские выборы. (https://riafan.ru/1228093-ukrainu-zhdet-totalnaya-cenzura-v-smi-i-ukrainizaciya-dazhe-pornosaitov, 2019). **Массмедийный** (*adj*).

МАССФО́ЛЛОВИНГ *nm, int.* mass following

Взаимный обмен аудиториями далеко не единственный способ привлечь новых подписчиков. В числе популярных методов так называемые **массфолловинг** и масслайкинг. (https://www.forbes.ru/biznes/381081-uzhe-ne-vtorayaposleputina-skolko-zarabatyvayut-v-instagram-olga-buzova-nastya-ivleeva, 2019)

МА́СТЕР-КЛАСС *nm, misc.* master class

Гости познакомились с чудесами техники, приняли участие в научных экспериментах, играх и экскурсиях, а также посетили лекции, тренинги и **мастер-классы**. (https://nversia.ru/news/festival-nauki-v-sgtu-posetili-bolee-chetyreh-tysyach-shkolnikov/, 2019)

МА́СТЕР-РА́ЛЛИ *nn, indecl, sport.* master rally

Какая победа была для вас самой важной или какая больше всего запомнилась? Это 1996 год, вот эта длинная гонка, **мастер-ралли** "Париж-Ульяновск-Улан-Батор". (https://echo.msk.ru/programs/razbor_poleta/2308969-echo/, 2019)

МАТЧ *nm, sport.* match

Матч длится девять раундов, которые называются иннингами. (https://lenta.ru/articles/2019/05/22/baseball/, 2019). **Матчевый** (*adj*).

МАТЧБО́Л *nm, tennis.* match ball

Кроме того, проигрыш Рафаэлю Надалю с 5:1 в третьей партии и **матчбола** наверняка стал моральным ударом по Медведеву и выбил его из колеи. (https://www.championat.com/tennis/article-3900741-daniil-medvedev-ne-spravilsja-s-aleksandrom-zverevym-v-londone.html, 2019)

МАТЧ-ПО́ЙНТ *nm, tennis.* match point

Россиянин выиграл еще одну свою подачу и снова зарубился на чужой, добравшись до **матч-пойнта**. (https://www.gazeta.ru/sport/2019/11/13/a_12811088.html, 2019)

МАУНТИНБА́ЙК *nm, sport.* mountain bike

В клубе практикуются многие экстремальные виды спорта: альпинизм, агрессив-скейтинг, **маунтинбайк**, сноубординг, горные лыжи, каякинг, рафтинг, дайвинг, паркур, скалодром, картинг, пейнтбол, спелеология, а также пешие и водные походы. (https://www.hse.ru/news/life/129978574.html, 2014)

МАУНТИНБО́РД *nm, sport.* mountain board

Маунтинборд – представляет собой доску, по виду напоминающую сноуборд и скейтборд, предназначенную для езды по пересеченной ме стности в летний период времени. (https://partners.academic.ru/dic.nsf/ruwiki/146065)

МАУНТИНБО́РДИНГ *nm, sport.* mountain boarding

Основными видами дисциплин являются мотофристайл, паркур, **маунтинбординг**, воркаут, роллерспорт, дрифтинг, велотриал, фристайл на снегоходах. (https://riafan.ru/1043411-proryv-2018-v-sk-olimpiiskii-proshel-festival-ekstremalnogo-sporta-fan-tv, 2019)

МА́ФФИН *nm, food.* muffin

В Нью-Йорке работают ряд веганских пекарен и кондитерских, где продают **маффины**, капкейки, а также пончики без ингредиентов животного происхождения. (https://tass.ru/plus-one/6042839, 2019)

МЕГАБА́ЙТ *nm, comp.* megabyte

У большей части программного обеспечения для майнинга имеется внутреннее ограничение по размеру блока, которое зачастую по умолчанию выставлено на 2 **мегабайта**. (https://2bitcoins.ru/u-bitcoin-cash-bolshie-problemy/, 2019)

МЕГАБИ́Т *nm, tech.* megabit

Тест показал, что средняя скорость загрузки оказалась около 1000 **мегабит** в секунду. (https://regnum.ru/news/2780567.html, 2019)

МЕГАПИ́КСЕЛЬ *nm, tech.* megapixel

В **мегапикселях** измеряется одна из важных характеристик цифро вого фотоаппарата – разрешение матрицы. (https://biograf.academic.ru/dic.nsf/ruwiki/1583971/biograf.academic.ru/dic.nsf/ruwiki/230967). **Мегапиксельный** (*adj*).

МЕГАПЛЕ́КС *nm, ent.* megaplex

Киносеть "Каро" планирует в конце 2020 года открыть 13-зальный **мегаплекс** в торговом центре "Мега Адыгея-Кубань". (https://rg.ru/2019/11/14/kina-ne-budet-zakryvaetsia-solovej-na-krasnoj-presne.html, 2019)

МЕ́ДИА *npl, indecl, media.* media

В 2019 году были инвестированы средства в проекты в сфере авиации, инфраструктурного строительства, телекоммуникаций, **медиа** и технологий. (https://tass.ru/politika/7156353, 2019). **Медийный** (*adj*).

МЕДИАБИ́ЗНЕС *nm, bsn.* media business

Создав новую сферу **медиабизнеса**, вещатели предоставили аудитории возможность получать сотни новых телепрограмм. (https://www.sostav.ru/publication/natsionalnaya-premiya-v-oblasti-sputnikovogo-kabelnogo-i-internet-televideniya-40462.html, 2019)

МЕДИАГРУ́ППА *nf, media.* media group

Российская **медиагруппа** "Патриот" готова предоставить бесплатные юридические услуги студентам, которых вынуждают замалчивать истории с домогательствами со стороны преподавателей. (https://rueconomics.ru/vse-novosti, 2019)

МЕДИАДИРЕ́КТОР *nm, prof.* media director

Аньес занимала пост **медиадиректора** телевизионной компании Totalvision. (https://aif.ru/dontknows/file/novyy_rukovoditel_bolivii_zhanin_anes_dose, 2019)

МЕДИАИМПЕ́РИЯ *nf, media.* media empire

С 2000 года **медиаимперия** Гусинского заработала более 500 миллионов долларов. (https://inosmi.ru/politic/20191012/246019820.html, 2019)

МЕДИАИНДУСТРИ́Я *nf, media.* media industry

В проекте Роскомнадзора и **медиаиндустрии** пока нет четкого понимания, какие сайты должны предоставлять данные уполномоченной организации. (https://habr.com/ru/news/t/476400/, 2019)

МЕДИАКОНТЕ́НТ *nm, ad.* media content

Растущий тренд на потребление **медиаконтента** везде и в любой момент создает огромные возможности для цифровых медиа, важным компонентом которых являются подкасты. (https://www.kommersant.ru/doc/4150781, 2019)

МЕДИАМЕ́НЕДЖЕР *nm, prof.* media manager

В своем микроблоге **медиаменеджер** показала страницы первой главы романа, который написан от руки. (https://dni24.com/exclusive/245743-shestiletnjaja-doch-margarity-simonjan-nachala-pisat-roman-na-anglijskom-jazyke.html, 2019)

МЕДИАПРА́ЙМИНГ *nm, media.* media priming

Теория **медиапрайминга** гласит, что образы, используемые СМИ, могут использоваться для манипуляции общественным сознанием путём стимулирования у аудитории мыслей, так или иначе связанных с посылаемыми. (https://kartaslov.ru/)

МЕДИАСЕ́РВЕР *nm, comp.* media server

Для этого на российском сегменте МКС установлен **медиасервер** с фильмами, музыкой и книгами на любой вкус. (https://ria.ru/20191104/1560551037.html, 2019)

МЕДИАФА́ЙЛ *nm, comp.* media file

Кроме того, программа запрашивает доступ к нетипичным для клавиатурных приложений данным – **медиафайлам**, переписке, контактам, электронной почте. (https://www.kp.ru/online/news/3665342/, 2019)

МЕДИАФО́РУМ *nm, comp.* media forum

В Екатеринбурге прошел X Уральский **медиафорум**, который собрал журналистов и экспертов со всей России. (https://rg.ru/2019/11/19/reg-urfo/kak-slozhilas-sudba-geroev-iz-spektaklia-po-publikaciiam-rg.html, 2019)

МЕДИАХО́ЛДИНГ *nm, bsn.* media holding

Медиахолдинг News Corp, которому принадлежит 70% газет в Австралии, дает возможность высказаться ярым противникам ислама. (http://www.ng.ru/problems/2019-11-19/12_476_muslims.html, 2019)

МЕДИАЦЕ́НТР *nm, media.* media center

19 ноября в **медиацентре** "Заповедное посольство" парка "Зарядье" пройдет пресс-конференция, посвященная открытию зимнего сезона в парках. (https://www.m24.ru/news/press-konferenciya/18112019/97735, 2019)

МЕЙКА́П *nm, cosm.* makeup

Вот уж кого по-настоящему красит нюдовый **мейкап**, так это Селену Гомес. (http://www.woman.ru/fashion/medley3/article/233994/, 2019)

МЕЙЛ-А́РТ *nm, art.* mail art

Вторая часть экспозиции – вещи из коллекций восьми неординарных собирателей-одиночек: оттепельный дизайн, магнитофонные записи джазовой музыки, **мейл-арт**. (https://thecity.m24.ru/articles/1172, 2019)

МЕЙН-КУ́Н *nm, anim.* Maine coon

На фото **мейн-кун** отдыхает с американским короткошерстным котом, разница в размерах просто удивительная. (https://sm-news.ru/top-15-yarkix-sravnenij-kotorye-izmenyat-vash-vzglyad-na-zhizn-40958/, 2019)

МЕЙНСТРИ́М *nm, misc.* mainstream

Такой подход (народное платье) во всем мире становится популярным именно потому, что он идет вопреки **мейнстриму**, в противовес масс-маркету и большим домам моды. (https://www.forbes.ru/forbeslife-photogallery/385931-narodnoe-plate-kak-rossiyskih-dizaynerov-vdohnovlyaet-sever, 2019). **Мейнстримный** (*adj*).

МЕМ *nm, cult.* meme

Топ-менеджер украинской компании разместил в фейсбуке **мем** с надписью: "Посмотрите-ка на все эти недоставленные сообщения". (https://ria.ru/20191118/1561092945.html, 2019)

МЕМЕ́ТИКА *nf, sci.* memetics

Согласно дисциплине **меметике**, претендующей на статус официальной науки, мемы представляют собой единицы культурной информации. (https://www.mk.ru/social/2018/09/03/3-sentyabrya-mikhaila-shufutinskogo-v-chem-sekret-populyarnosti-pesni.html, 2019)

МЕМОРАБИ́ЛИЯ *nf, misc.* memorabilia

Среди экспонатов – **меморабилия** пивной из Нижнего Манхэттена, который кураторы назвали "первым гей-баром Нью-Йорка". (https://www.svoboda.org/a/30072572.html, 2019)

МЕ́МПЛЕКС *nm, cult.* memeplex

Мемплекс – группа мемов, в которой развились взаимоподдерживающие и симбиотические отношения. (https://dic.academic.ru/dic.nsf/ruwiki/141837, 2019)

МЕМПУ́Л *nm, fin.* mempool

За последние несколько дней в **мемпуле** – то есть хранилище неподтверждённых транзакций – сети Bitcoin Cash скопилось 270 тысяч таких транзакций. (https://2bitcoins.ru/u-bitcoin-cash-bolshie-problemy/, 2019)

МЕМРИ́СТОР *nm, tech.* memristor

Под действием электрического управляющего сигнала такой **мемристор** может изменять электрическое сопротивление и эффективность пропускания сигнала. (https://russian.rt.com/science/article/686593-dyomin-kurchatovskii-institut-intervyu, 2019)

МЕ́НЕДЖЕР *nm, prof.* manager

Среди задач **менеджера** по персоналу указаны "координация работы по укомплектованию магазинов базовым персоналом" и подбор офисного персонала. (http://www.interfax-russia.ru/NorthWest/main.asp?id=1082806, 2019). **Менеджерский** (*adj*).

МЕ́НЕДЖМЕНТ *nm, bsn.* management

Все общение с **менеджментом** или владельцем как во время поиска квартиры, так и после заселения фиксируйте в письменном виде. (https://style.rbc.ru/life/5e04cbd59a794784cfd5315f, 2020)

МЕ́НТОР *nm, prof.* mentor

Менторы – это люди, обладающие мудростью, информацией или навыками, которые способны помочь вам стать кем-то большим. (https://www.forbes.ru/forbes-woman/386995-zhiznennyy-urok-u-kogo-uchatsya-sovremennye-zhenshchiny-lidery, 2019). **Менторский** (*adj*).

МЕ́НТОРИНГ *nm, bsn.* mentoring

Первым этапом в профессиональной жизни молодого учителя является **менторинг** или наставничество. (http://www.ng.ru/education/2019-10-30/8_7715_conflicts.html, 2019)

МЕРЧАНДА́ЙЗЕР *nm, bsn.* merchandizer

Точно так же становятся топ-менеджерами те, кто начинал **мерчандайзерами**: это планомерная работа в определенной сфере. (http://www.sobaka.ru/fashion/heroes/96071, 2019)

МЕРЧАНДА́ЙЗИНГ *nm, bsn.* merchandizing

В 2016 году продажи компании составили $4,8 млрд. В том же году Under Armour покинули директор по **мерчандайзингу** и директор по цифровой трансформации. (https://www.forbes.ru/biznes/386243-oshibki-otstavki-i-strip-kluby-pochemu-osnovatel-under-armour-uhodit-s-posta-ceo, 2019). **Мерчандайзинговый** (*adj*).

МЕ́ССЕДЖ *nm, slang.* message

В ПАРНАСе и Партии перемен, по всей видимости, пытаются понять, может ли их **месседж** получить массовый отклик. (http://www.ng.ru/editorial/2019-11-18/2_7729_editorial.html, 2019)

МЕ́ССЕНДЖЕР *nm, int.* messenger

Документ предусматривает ответственность за призывы к массовым беспорядкам и вандализму на интернет-форумах, в социальных сетях и **мессенджерах**, таких как Telegram. (https://tass.ru/mezhdunarodnaya-panorama/7066904, 2019)

МЕТА́ЛКОР *nm, music.* metal core

Состоящая из четырех участников группа Enter Shikari была основана в 2003 году. В своем творчестве они объединяют хардкор и транс, пост-хардкор и **металкор**. (https://lenta.ru/news/2019/11/14/enter/, 2019)

МЕТА́ЛЛИК *nm, tech.* metallic (*color*)

Кроме уже привычной цветовой палитры кузова, автомобиль доступен в новом цвете "Темно-серый **металлик**". (https://echo.msk.ru/programs/auto/2539201-echo/, 2019)

МЕТАПРОГРАММИ́РОВАНИЕ *nn, inf.* metaprogramming

Даже программирование сейчас идет от алгоритмизации к **метапрограммированию**, когда роботы выполняют за разработчика какие-то элементы кода. (https://hightech.plus/2018/12/19/u-visshih-uchebnih-zavedenii-bolshe-net-monopolii-na-znaniya, 2019)

МЕТРОСЕКСУА́Л *nm, soc.* metrosexual

Настоящий **метросексуал**, он умеет элегантно одеться, модель его айфона поступит в продажу только завтра, а на стрижку он тратит больше вас. (https://www.goodhouse.ru/family_and_children/psihologiya/vnutrennyaya-zhenshchina-vashego-muzhchiny-chego-zhdat/, 2019). **Метросексуальный** (*adj*).

МЕТРОСЕКСУА́ЛЬНОСТЬ *nf, soc.* metrosexuality

Можно сказать, что в относительно повседневный обиход в Европе и Америке юбку вернули тренд к **метросексуальности** и мужская самоирония. (https://lenta.ru/articles/2019/07/16/meninskirts/, 2019). **Метросексуальный** (*adj*).

МИКРОБЛЕ́ЙДИНГ *nm, cosm.* microblading

Микроблейдинг – это разновидность татуажа, когда на коже делается микронадрез, в который вводится пигмент. (https://www.goodhouse.ru/krasota/trend/zachem-laminirovat-brovi-otvechaet-ekspert/)

МИКРОБЛО́Г *nm, int.* microblog

Теперь в их **микроблоге** Instagram появились забавные кадры с детьми, которые решили обрадовать маму и папу "музыкальным номером". (https://dni24.com/exclusive/245878-synovja-dmitrija-dibrova-podgotovili-dlja-roditelej-muzykalnoe-vystuplenie.html, 2019)

МИКРОБЛО́ГИНГ *nm, int.* microblogging

Сервис **микроблогинга** "Твиттер" объявил о возобновлении работы после масштабного сбоя. (https://vm.ru/news/696909-rabota-tvittera-vozobnovlena-posle-masshtabnogo-sboya, 2019)

МИКРОИВЕ́СТОР *nm, fin.* micro investor

В 2018 году на первичный рынок жилья Москвы и Подмосковья после трехлетнего затишья стали возвращаться **микроинвесторы**. (https://realty.rbc.ru/news/5beed6e79a79470cf643a737, 2019)

МИКРОКЛИ́МАТ *nm, misc.* microclimate

Проект обводнения очень важен и для экологии региона, так как улучшит **микроклимат** агломерации и Волгограда, и Волжского. (http://vv-34.ru/dmitrii-medvedev-posetil-volgogradskii-stend-na-agrovystavke-v-moskve.html, 2019). **Микроклиматический** (*adj*).

МИКРОКОМПЬЮ́ТЕР *nm, comp.* microcomputer

Устройство оснащено **микрокомпьютером** Arduino, двумя акустическими объективами, созданными с помощью с 3D-печати, а также динамиком и веб-камерой. (https://hightech.fm/2019/08/07/proektor, 2019). **Микрокомпьютерный** (*adj*).

МИКРОКОНФЛИ́КТ *nm, misc.* microconflict

Рабочие споры неизбежны, но Неймару важно чувствовать, что преодоления и **микроконфликты** идут ему на пользу как игроку. (https://www.sports.ru/tribuna/blogs/dyshite_glubzhe/1899212.html, 2019)

МИКРОМАРКЕ́ТИНГ *nm, mark.* micromarketing

Крылов лучше знает местный рынок, клиентов этой конкретной станции, может заниматься **микромаркетингом**. (https://www.kommersant.ru/doc/3312534, 2019)

МИКРОМЕ́НЕДЖМЕНТ *nm, econ.* micromanagement

Перестаньте заниматься **микроменеджментом**: работы много всегда, и сделать все самостоятельно – невозможно. (https://rb.ru/opinion/uspet-vse/, 2019)

МИКРОПРО́БА *nf, med.* microprobe

Операция по анализу вещества выглядит вроде бы традиционно: на метаматериал помещают маркер, затем **микропробу** вещества. (https://rg.ru/2019/10/08/uchenye-sozdali-pribor-dlia-vyiavleniia-dopinga.html, 2019)

МИКРОПРОГРА́ММА *nf, inf.* microprogram

Достижение этого требует сочетания мер макрополитики по содействию национальному развитию и **микропрограмм**, направленных на устранение конкретных недостатков. (https://inosmi.ru/economic/20191116/246245202.html, 2019)

МИКРОПРОЦЕ́ССОР *nm, tech.* microprocessor

В октябре 2019 г. концерн “Автоматика” представил прототип отечественного планшета на базе **микропроцессора** “Эльбрус-1С+”. (https://www.cnews.ru/news/top/2019-11-11_bank_rosteha_dal_520_millionov, 2019). **Микропроцессорный** (*adj*).

МИКРОСФЕ́РА *nf, bio.* microsphere

Согласно подсчетам, на рассеивание **микросфер** понадобится около пяти миллиардов долларов США. (https://lenta.ru/news/2019/10/28/beams/, 2019). **Микросферный** (*adj*).

МИКРОТА́РГЕТИНГ *nm, mark.* microtargeting

Основными инструментами воздействия на умы и сердца отдельных социальных единиц в эпоху постинформационала становятся следующие – окно Овертона, **микротаргетинг** и управляемый хаос, но подробнее об этом чуть позже. (https://www.gazeta.ru/comments/2019/06/08_a_12391003.html, 2019)

МИКРОФИ́БРА *nf, cloth.* microfiber

В хозяйственный магазин, который располагается прямо у меня под домом, завезли тряпки из **микрофибры** разных цветов. (https://sm-news.ru/pochemu-nekotorye-lyudi-moyut-pol-krasnoj-tryapkoj-47655/, 2019)

МИКРОФЛО́РА *nf, bio.* microflora

Международная группа ученых выявила бактерии в составе кишечной **микрофлоры** человека, имеющие способность замедлять процессы старения и положительно влиять на здоровье. (https://ren.tv/news/v-mire/626205-uchenye-vyiavili-sposobnye-ostanavlivat-starenie-bakterii, 2019)

МИКРОЧИ́П *nm, tech.* microchip

Поставщик оборудования для производства **микрочипов** заявил о значительном росте спроса на свою продукцию. (http://elitetrader.ru/index.php?newsid=478020, 2019)

МИКРОЭКОНО́МИКА *nf, econ.* microeconomics

Деятельность государства принято описывать с позиций макроэкономики, предприятия изучаются в **микроэкономике**. (http://www.ng.ru/economics/2019-10-15/1_7702_pessimism.html, 2019). **Микроэкономический** (*adj*).

МИКРОЭКОНОМИ́СТ *nm, prof.* microeconomist

А в 2015 году премию присудили известному **микроэкономисту** Ангу су Дитону – “за его анализ потребления, бедности и богатства”. (https://www.mk.ru/economics/2017/10/09/nobelevskuyu-premiyu-prisudili-za-vklad-v-ponimanie-psikhologii-ekonomiki.html, 2019)

МИКС *nm, misc.* mix

Открыла фестивальный марафон группа “Круиз”, представив поклонникам **микс** хард-рока, новой волны, блюз-рока и арт-рока. (http://pravda-kmv.ru/i-imya-emu-rok-ot-gor/, 2019). **Миксовать** (*v*).

МИ́КСЕР *nm, misc.* mixer

Чтобы ингредиенты лучше растворились, взбейте их **миксером**. (https://sm-news.ru/prostoj-i-effektnyj-tort-bez-vypechki-bitoe-steklo-44834/, 2019). **Миксерный** (*adj*).

МИ́КШЕР *nm, tech.* mixer (*sound*)

Микшер – это устройство, позволяющее проводить запись или сведение сигналов, поступающих от нескольких различных источников. (https://studopedia.ru/2_92412_lektsiya--miksherniy-pult.html, 2019). **Микшировать** (*v*).

МИЛЛЕ́НИАЛ *nm, soc.* millennial

Отличительная особенность **миллениалов**, общая для всех стран, – глубокая вовлеченность в цифровые технологии, поскольку именно в период их взросления началась диджитализация общества, а вся их сознательная жизнь проходила уже в эпоху интернета. (https://aif.ru/society/people/kto_takie_millenialy, 2019)

МИМИКРИ́Я *nf, anim, psych.* mimicry

Если собеседник чутко реагирует на малейшие изменения выражения вашего лица и на ваши движения посредством подсознательной **мимикрии** (имитирования), значит, очень хочет вам понравиться. (https://www.mk.ru/social/2019/12/06/rasshifrovan-yazyk-zhenskogo-tela.html, 2019). **Мимикрийный** (*adj*). **Мимикрировать** (*v*).

МИ́НИ-БАЙК *nm, trans.* minibike

Больше всего и участникам, и зрителям запомнились заезды на **мини-байках** и соревнования "колясочников" – заезды на мотоциклах советской эпохи "Иж Юпитер-4" и "Урал". (https://nevnov.ru/region/Syktyvkar/672448-nesmotrya-na-kaprizy-pogody-v-syktyvkare-sostoyalos-otkrytie-motosezona, 2019)

МИ́НИБАР *nm, misc.* minibar

Большим комфортом отличаются так называемые бутик-хостелы, в которых можно найти почти все, вплоть до бассейна, **минибара**, ресторана, бесплатного Wi-Fi, кондиционера, спутникового ТВ, прачечной, аренды велосипеда и даже библиотеки. (https://rg.ru/2019/03/11/v-italii-postoialcam-hostela-predlozhili-samim-ocenit-stoimost-prozhivaniia.html, 2019)

МИ́НИ-БИКИ́НИ *nn, indecl, cloth.* mini bikini

В общем-то, для экс-балерины, любящей оголяться и позировать в **мини-бикини**, этот снимок даже можно назвать приличным. (https://www.eg.ru/showbusiness/806683-perestavshaya-est-volochkova-blesnula-torchashchimi-soskami/, 2019)

МИНИВЭ́Н *nm, auto.* minivan

В конце августа в Красноармейском районе Волгоградской области водитель **минивэна** не справился с управлением, съехал в кювет. (https://www.rbc.ru/rbcfreenews/5dd429fe9a79472266a20809, 2019)

МИ́НИ-ГОЛЬФ *nm, golf.* mini golf

Программа рассчитана на 8-часовой присмотр за детьми с обучающими мастер-классами и спортивными развлечениями: **мини-гольф**, квесты и игры на пляже. (https://www.buro247.ru/lifestyle/travel/16-oct-2019-travel-otel-maldives.html, 2019)

МИНИДИ́СК *nm, tech.* minidisk

Как сообщили музыканты, на днях их "взломали хакеры" и заявили, что украли **минидиски** с архивными записями времен альбома OK Computer. (https://www.mk.ru/culture/2019/06/12/radiohead-vylozhili-zapisi-za-kotorye-u-nikh-vymogali-150-tysyach.html, 2019)

МИНИКОМПЬЮ́ТЕР *nm, comp.* minicomputer

Миникомпьютеры в сравнении с ноутбуками, настольными ПК или планшетами, настолько специфичная и малочисленная категория устройств, что ее можно признать почти неизвестной. (https://www.kommersant.ru/doc/4019506, 2019)

МИНИМАЛИ́ЗМ *nm, des.* minimalism

Минимализм как общий тренд для многих сфер жизни, от моды до интерьера – это веяние, в котором во главу угла встает практичность, универсальность, комфорт и высокое качество. (https://lisa.ru/moda/596772-minimalizm-v-odezhde-chto-eto-za-stil-i-kak-emu-sledovat/, 2019). **Минималистический** (*adj*). **Минимализировать** (*v*).

МИНИМАЛИ́СТ *nm, misc.* minimalist

Убежденный **минималист**, архитектор Дмитрий Петров, спроектировал пентхаус в Кишиневе. (https://www.interior.ru/design/7292-zerkalo-v-vannoj-komnate-40-primerov.html, 2019). **Минималистский** (*adj*).

МИНИМА́РКЕТ *nm, misc.* mini market

В **минимаркете** сотрудники службы контроля столкнулись с более серьезными проблемами – просроченными товарами из разных категорий. (https://www.mk-yamal.ru/incident/2019/09/24/v-poselke-yagelnyy-nashli-magazin-s-prosrochkoy.html, 2019)

МИНИРЕЦЕ́ССИЯ *nf, econ.* mini recession

В результате, по мнению основателя центра Дугласа Маквильямса, **минирецессия** в Британии после "Брексита" практически неизбежна. (https://www.kommersant.ru/doc/3738283, 2019)

МИ́НИ-СЛА́ЛОМ *nm, sport.* mini slalom

На самых экстремальных уклонах лога были намечены трассы для тюбинга, фристайла, **мини-слалома**, сноуборда, горного велосипеда, кросс-кантри, параллельного слалома и байкер-кросса, велотриала. (https://gorod48.ru/news/1866021/, 2019)

МИ́НИ-ФУТБО́Л *nm, sport.* mini football

В команду голкиперов пригласили вратарей из других игровых видов спорта: гандбола, хоккея, хоккея с мячом, водного поло, мотобола и **мини-футбола**. (https://aif.ru/sport/football/muzykalnyy_gol_v_moskve_proshyol_festival_art-futbol-rossiya_2019, 2019)

МИСС *nf, indecl, misc.* miss

Обладательница титула "**Мисс** Россия-2019" Алина Санько не будет участвовать в конкурсе "**Мисс** Вселенная", который пройдет в США в декабре 2019 года. (https://www.rbc.ru/rbcfreenews/5dd2b7fc9a79479299 4cb73b, 2019)

МИ́СТЕР *nm, misc.* mister

Главную награду кинофестиваля получил фильм американского кинорежиссера Фрэнка Капры "**Мистер** Смит едет в Вашингтон". (https://regnum.ru/news/2782175.html, 2019)

МИТБО́Л *nm, food.* meatball

Компания Beyond Meat делает продукты – котлеты, **митболы**, сосиски и фарш – из изолята горохового белка, рапсового и кокосового масла и рисового белка. (https://www.the-village.ru/village/food./food.-news/366077-azbuka-vkusa, 2019)

МИ́ТИНГ *nm, soc.* meeting

После **митингов** было задержано более тысячи активистов, некоторые из них стали фигурантами уголовных дел. (https://lenta.ru/news/2019/10/11/otkazalsia/, 2019). **Митингующий** (*adj*). **Митинговать** (*v*).

МО́ББИНГ *nm, psych.* mobbing

Моббинг – форма психологического насилия в виде травли сотрудника в коллективе, как правило, с целью его последующего увольнения. (https://dic.academic.ru/dic.nsf/ruwiki/159561)

МО́ГУЛ *nm, ski.* mogul

Согласно календарю, чемпионат России по разным дисциплинам пройдет в разных регионах: в Миассе пройдет чемпионат страны по ски-кроссу, в Сочи разыграют медали по слоуп-стайлу и биг-эйру, место проведения национального первенства по **могулу**, акробатике и хаф-пайпу будет определено позднее. (http://ffr-ski.ru/news/92/22001/, 2019)

МО́ДЕЛИНГ *nm, comp.* modeling

Но в экспозиции, получившей название Transgression, можно будет увидеть и 2D и 3D картины, а также digital-art в технике **моделинга**, скульптинга, текстуринга и рендеринга. (http://www.sobaka.ru/ufa/entertainment/art/84415, 2019)

МОДЕЛИ́РОВАНИЕ *nn, misc.* modelling

TNG50 – первый цифровой симулятор, сочетающий **моделирование** огромного объема пространства с очень высокой детализацией. (https://ria.ru/20191108/1560728198.html, 2019). **Моделирующий** (*adj*). **Моделировать** (*v*).

МОДЕ́М *nm, tech.* modem

Эти процессы называются модуляцией и демодуляцией соответственно. Отсюда и слово "**модем**" – это устройство, которое может выполнять обе задачи. (https://www.vedomosti.ru/technology/articles/2019/10/02/812665-ot-modema-do-vai-faya, 2019). **Модемный** (*adj*).

МОДЕРА́ТОР *nm, int.* moderator

Модераторы сайта проведут "первичную фильтрацию" обращения для того, чтобы оно соответствовало требованиям для его дальнейшей отправки в центральный аппарат того или иного правоохранительного органа. (https://www.rbc.ru/economics/19/11/2019/5dd3c0569a7947eeb2987a6b, 2019). **Модераторский** (*adj*). **Модерировать** (*v*).

МОКАСИ́Н *nm, shoes.* moccasin

Именно язык поухатан считается источником таких заимствований, как "томагавк", "**мокасин**" и "опоссум". (https://polit.ru/news/2019/11/13/ps_arrokoth/, 2019)

МОКЬЮМЕ́НТАРИ *nm, indecl, media.* mockumentary

Пьеса "Антарктида" написана в 2016 году в жанре **мокьюментари** – псевдодокументалистики, когда, основываясь на реальных событиях, автор даёт простор собственному воображению. (https://kamchatka.aif.ru/culture/theatre/zhiteli_kamchatki_uvidyat_premernuyu_polyarnuyu_ekspediciyu_antarktida, 2019)

МО́ЛДИНГ *nm, tech.* molding

Гипсовый декор: **молдинги** и плинтусы применили в помещениях с правильной геометрией, а на втором этаже создали простую и функциональную обстановку с минимумом декора. (https://www.interior.ru/place/7254-pavel-zheleznov-i-tatyana-borisova-mansarda-na-polyanke.html, 2019)

МОЛЛ *nm, bsn.* mall

Мы сидим в кафе в одном из московских торговых **моллов**. (https://www.mk.ru/social/2019/09/29/rossiyu-zakhlestnula-epidemiya-shopogolizma.html, 2019)

МОНИТО́Р *nm, tech.* monitor

Подключение к **монитору**, клавиатуре и мышке прошли легко. (https://www.kommersant.ru/doc/4019506, 2019). **Мониторный** (*adj*).

МОНИТО́РИНГ *nm, misc.* monitoring

В телекоммуникационной отрасли есть спрос на услуги самозанятых по созданию системы **мониторинга** передачи данных, разработка веб-сервисов. (https://tass.ru/msp/7065236, 2019). **Мониторинговый** (*adj*). **Мониторить** (*v*).

МОНОБЛО́К *nm, tech.* monoblock

Смартфон открывается с помощью вертикального флипа, таким образом превращаясь в более привычный **моноблок** с большим экраном. (https://dni24.com/exclusive/245322-jeksperty-sostavili-top-5-smartfonov-raskladushek-na-android.html, 2019). **Моноблочный** (*adj*).

МОНОИНФЕ́КЦИЯ *nf, med.* monoinfection

Больные с **моноинфекцией**, вызванной каким-то одним видом микробов, лечатся за счет бюджетов субъектов РФ. (https://www.mk.ru/social/health/2018/05/24/infekcionnye-biovoyny-chto-ugrozhaet-chelovechestvu.html, 2018). **Моноинфекционный** (*adj*).

МОНОПО́Д *nm, tech.* monopod

Селфи – разновидность автопортрета, созданного с использованием фотоаппарата при помощи зеркала, **монопода** или фронтальной камеры.

(https://vm.ru/history/757146-portret-na-fone-kremlya-sozdatel-pistoleta-tt-izobrel-fotoapparat, 2019)

МОНОТИ́П *nm, sport.* monotype (*yacht*)

В регате выступает большинство классов яхт, представленных в Петербурге. Здесь участвуют крейсерские яхты, килевые гоночные **монотипы** и парусные доски. (https://www.vesti.ru/doc.html?id=3187187, 2019). **Монотипный** (*adj*).

МОНСТР *nm, misc.* monster

Японские ученые обнаружили на плато Наска в Перу 143 новых геоглифа, на некоторых из них изображены загадочные "**монстры**". (https://iz.ru/944061/2019-11-17/uchenye-obnaruzhili-monstrov-na-plato-naska-v-peru, 2019)

МО́РФИНГ *nm, art.* morphing

Характерные признаки визуального языка STFNV – это сочетание форм и объектов, находящихся в реальном мире с характерными рельефными особенностями и цифровой эстетикой: глитч, **морфинг** форм и оптические иллюзии. (http://www.sobaka.ru/entertainment/art/94215, 2019)

МОТЕ́ЛЬ *nm, tour.* motel

Платить новый налог будут не сами туристы, а объекты размещения – гостиницы, **мотели**, апартаменты, гостевые дома и кемпинги. (https://rg.ru/2019/10/28/turciia-vvedet-novyj-nalog-na-prozhivanie-turistov-v-oteliah.html, 2019). **Мотельный** (*adj*).

МОТИВА́ТОР *nm, misc.* motivator

Род Бриндамор отличный **мотиватор** и психолог, которому игроки безоговорочно верят. (https://www.championat.com/hockey/article-3903505-kak-trener-rod-brindamor-vytjanul-karolinu-iz-bolota-zaurjadnosti.html, 2019). **Мотиваторский** (*adj*).

МОТИВА́ЦИЯ *nf, misc.* motivation

По словам Кудрина, главной **мотивацией** для развития экономики является конкуренция, которой в настоящий момент недостаточно. (https://ria.ru/20191120/1561150552.html, 2019). **Мотивационный** (*adj*). **Мотивировать** (*v*).

МОТОБО́Л *nm, sport.* motoball

В команду голкиперов пригласили вратарей из других игровых видов спорта: гандбола, хоккея, хоккея с мячом, водного поло, **мотобола** и мини-футбола. (https://aif.ru/sport/football/muzykalnyy_gol_v_moskve_proshyol_festival_art-futbol-rossiya_2019, 2019). **Мотобольный** (*adj*).

МОТОКРО́СС *nm, sport.* motocross

Заниматься в клубе смогут представители таких видов спорта, как скейтбординг, кикскутеринг (это экстремальное катание на самокате), велосипедный **мотокросс**, роллинг. (https://www.alt.kp.ru/online/news/3677857/, 2019). **Мотокроссный** (*adj*).

МОТОРА́ЛЛИ *nn, indecl, sport.* motorally

Борис Синельников участвовал в **мотоpалли**, рейдах и гонках на первых отечественных снегоходах, стартовал в экоралли – как спортсмен, организатор и, разумеется, журналист. (https://www.zr.ru/content/articles/910222-proshchaemsya-s-byvalym/, 2019)

МОТОФРИСТА́ЙЛ *nm, sport.* moto freestyle (freestyle motocross)

Это будет традиционный мотопробег, фирменный салют от команды Байк-центра, шоу спецэффектов, **мотофристайл**, стантрайдинг, а также различные мотоконкурсы. (https://iz.ru/928241/2019-10-03/moskovskie-baikery, 2019)

МОТОЦИ́КЛ *nm, trans.* motocycle

А театральная идея – "Маркс и Энгельс" – точно в духе постмодернизма, там учителя мирового пролетариата катаются на **мотоциклах** по вертикальной стене. (http://www.ng.ru/poetry/2019-11-21/13_1007_urban.html, 2019). **Мотоциклетный** (*adj*).

МУЛЬТИБРЕ́НД *nm, mark.* multi-brand

Мультибренд – это растяжение одной марки на товарную линию и предложение разных выгод (вкуса, качества, количества, внешнего вида и упаковки и т. д.) (https://www.sports.ru/tribuna/blogs/devotion/2606579.html, 2019). **Мультибрендовый** (*v*).

МУЛЬТИКУЛЬТУРАЛИ́ЗМ *nm, soc.* multiculturalism

На Западе идея плавильного котла – аутбридинга – сменилась концепцией **мультикультурализма**. (https://lenta.ru/articles/2015/09/22/ponaehali/, 2015). **Мультикультурный** (*adj*).

МУЛЬТИЛАТЕРАЛИ́ЗМ *nm, pol.* multilateralism

Мультилатерализм – принцип построения отношений между государствами, основанный на механизме многосторонних соглашений, позволяющих каждому государству пользоваться привилегиями в отношениях со всеми партнерами. (https://dic.academic.ru/dic.nsf/business/8002). **Мультилатеральный** (*adj*).

МУЛЬТИМА́РКЕТ *nm, bsn.* multimarket

Мультимаркет – это торгово-развлекательный комплекс, объединяющий магазины, рестораны и кафе, кинозалы, залы игровых автоматов и т.п. (https://complex_words.academic.ru/1410/)

МУЛЬТИМЕ́ДИА *npl, indecl, comp.* multimedia

Мультимедиа – это не только развлечение, это еще удобство, функциональность, эффективность и безопасность бизнеса. (https://www.kp.ru/guide/mul-timediinye-tekhnologii.html, 2019). **Мультимедийный** (*adj*).

МУЛЬТИПЛЕ́КС *nm, ent.* multiplex (*cinema*)

Институт развития интернета поддерживает законопроект о создании общероссийской системы интернет-трансляций телеканалов первого и второго **мультиплексов**. (https://ria.ru/20191112/1560848966.html, 2019). **Мультиплексный** (*adj*).

МУЛЬТИПЛЕ́КСОР *nm, tech.* multiplexor

Выход предупреждения на всех телеканалах первого и второго **мультиплексоров** в Тверской области был вызван технической ошибкой. (http://www.interfax-russia.ru/Center/news.asp?sec=1671&id=1028602, 2019)

МУЛЬЧА́ *nf, agr.* mulch

Измельчитель отходов в саду и огороде перемалывает органический мусор (в шредер можно отправлять небольшие ветви, листья, траву, ботву, органическую **мульчу**, оставшиеся растительные материалы после пикировки и т. д.), превращая его в удобрение. (https://aif.ru/dacha/construction/sadovo-parkovaya_moda_iz_germanii_kakoy_tehniki_ne_hvataet_na_vashey_dache, 2019). **Мульчировать** (*v*).

МУЛЬЧИ́РОВАНИЕ *nn, agr.* mulching

Многие дачники используют опавшие листья для **мульчирования** – укрытия теплолюбивых растений, защищающего корневую систему от холода. (https://aif.ru/dacha/garden/dlya_komposta_i_biogumusa_delaem_iz_listvy_chudo-udobreniya, 2019). **Мульчировать** (*v*).

МУРА́Л *nm, art.* mural

Пользователи соцсетей решили, что Тунберг на **мурале** напоминает президента России. (https://style.rbc.ru/repost/5dca6a249a7947b79ab37313, 2019)

МУСТА́НГ *nm, anim.* mustang

Кстати, чтобы собрать табун **мустангов** для эффектных кадров, лошадей сгоняли со всего Крыма. "Всадник без головы" стал безусловным лидером советского кинопроката. (https://gorod24.online/belogorsk/news/102470-top5_filmov_kotoryie_snimali_pod_belogorskom.html, 2019)

МУТА́НТ *nm, bio.* mutant

Возбуждение нейронов, напротив, приблизило наступление смерти даже у долгоживущих **мутантов**. (https://nplus1.ru/news/2019/10/17/rest-lifespan, 2019). **Мутантный** (*adj*). **Мутировать** (*v*).

МЮ́ЗИКЛ *nm, music.* musical

Премьера картины запланирована на 20 декабря 2019 года. В её основу лёг известный **мюзикл** британского композитора Эндрю Ллойда Уэббера. (https://regnum.ru/news/cultura/2783105.html, 2019)

МЮ́ЗИК-ХОЛЛ *nm, music.* music hall

Мюзик-холл – это вид эстрадного театра. (https://dic.academic.ru/dic.nsf/enc_music/5325/, 2019)

МЮ́ЛИ *npl, shoes.* mules

Белый пиджак можно носить с городскими кроссовками, текстильными ботильонами или атласными **мюлями**. (https://lisa.ru/moda/595852-s-chem-nosit-belyj-zhenskij-pidzhak-aktualnye-modeli-i-43-krutyh-obraza/, 2019)

Н

НАВИГА́ТОР *nm, tech.* navigator

В каждой лаборатории должен быть автоматический метеорологический комплекс, спутниковый **навигатор**, не менее трех промышленных компьютеров, многофункциональное устройство (сканер, принтер и копир). (https://www.kommersant.ru/doc/4157444, 2019). **Навигаторский** (*adj*). **Навигировать** (*v*).

НАВИГА́ЦИЯ *nf, tech.* navigation

Альянс намерен использовать эту группировку для поддержки наземных вооруженных сил в качестве средств связи, **навигации**, целеуказания и раннего предупреждения. (https://tass.ru/mezhdunarodnaya-panorama/7166245, 2019). **Навигационный** (*adj*). **Навигировать** (*v*).

НА́ГГЕТС *nm, food.* nuggets

Спикер Госдумы Вячеслав Володин раскритиковал вывеску с рекламой **наггетсов** на главном проспекте Саратова. В частности, ему не понравилась надпись "чикен макнаггетс". (https://ria.ru/20191109/1560753758.html, 2019)

НАНОКОМПОЗИ́Т *nm, tech.* nanocomposite

Авторы считают, что их работа позволит разработать новые **нанокомпозиты**, которые будут легче и прочнее современных, а также не требовать экстремальных условий для получения. (https://nplus1.ru/news/2019/10/24/sweet-mother-of-pearl, 2019). **Нанокомпозитный** (*adj*).

НАНОКОМЬЮ́ТЕР *nm, comp.* nanocomputer

Ученые давно занимаются изучением возможности создания клеточного **нанокомпьютера**, который бы работал через переключатели генов. (https://hightech.fm/2019/04/18/bios, 2019). **Нанокомпьютерный** (*adj*).

НАНОМАТЕРИА́Л *nm, tech.* nanomaterial

Но сейчас стоит вопрос о том, чтобы печатать не только однородные материалы, но и **наноматериалы**, вещества со сложной структурой. (https://ria.ru/20191119/1561102950.html, 2019)

НАНОМЕ́ТР *nm, tech.* nanometer

Болометр состоит из нанопроволоки из сплава золота и платины длиной около микрометра, двести **нанометров** в ширину и всего пару десятков **нанометров** в толщину. (https://nplus1.ru/news/2019/10/14/bolometer, 2019). **Нанометровый** (*adj*).

НАНООБЪЕ́КТ *nm, tech.* nano-object

Важнейшей задачей, по мнению ученых, является – установить природу этих **нанообъектов** и механизм влияния внешних воздействий на состав и свойства растворов. (https://regnum.ru/news/2754471.html, 2019)

НАНОПЛА́СТИКА *nf, cosm.* nanoplastics

Специалисты из Канады сообщили, что при заваривании одного чайного пакетика в воду попадает огромное количество частиц микро- и

нанопластика. (https://dni24.com/exclusive/238663-specialisty-pri-zavarivanii-chajnyh-paketikov-v-vodu-popadajut-mikrochasticy-plastika.html, 2019). **Нанопластический** (*adj*).

НАНОРЕА́КТОР *nm, tech.* nanoreactor

Они поместили молекулы в **нанореактор**, где столкнувшиеся частицы образовали новые молекулы – основные строительные блоки белков и рибонуклеиновых кислот. (https://russian.rt.com/science/article/657000-himicheskaya-evolyuciya-nanoreaktor, 2019). **Нанореакторный** (*adj*).

НАНОРО́БОТ *nm, tech.* nanorobot

Это станет возможным, потому что "умные" **нанороботы** будут эффективнее, чем сегодняшние медицинские технологии. (https://www.rbc.ru/trends/industry/5db17ef79a79472fa54cada7, 2019)

НАНОТЕХНОЛО́ГИЯ *nf, sci.* nanotechnology

Основными направлениями деятельности центра станут биомедицина, фармацевтика, **нанотехнологии**, информационные технологии, робототехника. (https://tass.ru/obschestvo/7152333, 2019). **Нанотехнологический** (*adj*).

НАНОЭЛЕКТРО́НИКА *nf, sci.* nanoelectronics

Российские специалисты в области **наноэлектроники** создали действующий прототип сенсора для определения наличия в продуктах питания плесени и токсинов, которые она выделяет. (https://russian.rt.com/science/article/673443-plesen-produkty-sensor, 2019). **Наноэлектронный** (*adj*).

НАРКОТРА́ФИК *nm, law.* narco-traffic

Оба государства активно сотрудничают в вопросах противодействия международному терроризму, экстремизму, **наркотрафику**, транснациональной преступности. (https://tass.ru/politika/7167049, 2019)

НАРРАТИ́В *nm, ling.* narrative

Можно пережить что угодно и не быть травмированным – если пережитое укладывается в какой-то понятный рассказ, **нарратив**. (https://www.gazeta.ru/comments/column/melamed/12819974.html, 2019). **Нарративный** (*adj*).

НАТУРАЛИЗА́ЦИЯ *nf, law.* naturalization

В Голландскую Службу иммиграции и **натурализации** пригласят 300 новых сотрудников. (https://regnum.ru/news/2783423.html, 2019). **Натурализированный** (*adj*). **Натурализировать/ся** (*v*).

НЕБУЛА́ЙЗЕР *nm, med.* nebulizer

В комплектацию "Газели" входят дефибриллятор, аппарат искусственной вентиляции легких, акушерский набор, глюкометр, компрессорный **небулайзер**, и другое сложное оборудование. (https://www.yamal.kp.ru/online/news/3655471/, 2019). **Небулайзерный** (*adj*).

НЕЙЛ-А́РТ *nm, cosm.* nail art

Новый тренд в **нейл-арте** – ногти с дизайном, имитирующим пену или пузырьки шампанского. (https://www.eg.ru/trend/807921-pennyy-manikyur-nabiraet-populyarnost-084465/, 2019)

НЕЙРОИНТЕРФЕ́ЙС *nm, comp*. neurointerface

Кроме того, в 2018 году исследователи показали, что, используя **нейроинтерфейс**, люди могут одновременно выполнять разные задачи своими руками и подключенной роборукой. (https://nplus1.ru/news/2019/11/11/robotic-hands, 2019)

НЕЙРОКИБЕРНЕ́ТИКА *nf, sci*. neurocybernetics

Сейчас Дашкевич активно занимается анализом музыки в контексте **нейрокибернетики**. (https://www.mk.ru/culture/2019/08/19/vladimir-dashkevich-nazval-kompozitorov-mutantami-spasayushhimi-mir-ot-zla.html, 2019). **Нейрокибернетический** (*adj*).

НЕЙРОКОМПЬЮ́ТЕР *nm, comp*. neurocomputer

Мемристор является базовым компонентом **нейрокомпьютеров**, который пропускает либо блокирует нервные импульсы. (https://www.m24.ru/news/nauka/29082019/87993, 2019). **Нейрокомпьютерный** (*adj*).

НЕЙРОКОМПЬЮ́ТИНГ *nm, comp*. neurocomputing

В **нейрокомпьютинге** постепенно созревает новое направление, основанное на соединении биологических нейронов с электронными элементами. (https://dic.academic.ru/dic.nsf/ruwiki/180742)

НЕЙРОМАРКЕ́ТИНГ *nm, mark*. neuromarketing

Один из самых успешных приемов **нейромаркетинга** – использование принципа авторитета. (https://www.adme.ru/zhizn-nauka/8-hitryh-priemov-nejromarketologov-iz-za-kotoryh-my-pokupaem-veschi-protiv-svoej-voli-2246365/, 2019)

НЕЙРОПСИХОЛО́ГИЯ *nf, sci*. neuropsychology

Нейропсихология – отрасль психологической науки, возникшая на стыке психологии, медицины и физиологии. (https://studopedia.ru/9_207621_tema--neyropsihologiya-opredelenie-problemi-metodologicheskie-osnovi.html, 2019). **Нейропсихологический** (*adj*).

НЕЙРОФА́НК *nm, music*. neurofunk

Специально для "Снов спящей красавицы" музыку создали идерландское трио, играющее драм-н-бэйс, брейкбит, **нейрофанк** и бростеп. (http://www.sobaka.ru/entertainment/theatre/91028, 2019)

НЕЙРОЧИ́П *nm, tech*. neurochip

В США, например, уже создали **нейрочип**, который дал возможность женщине, парализованной после инсульта, подносить ко рту стакан воды искусственной рукой с помощью мысленного приказа. (https://aif.ru/society/science/sverhcheloveki_sredi_nas_lyudi-kiborgi_budut_sostoyat_iz_protezov_i_chipov, 2019)

НЕКТАРИ́Н *nm, plant*. nectarine

Сербские фермеры везут яблоки, клубнику, вишню, персики и **нектарины**. (https://www.gazeta.ru/business/2019/10/24/12775286.html, 2019). **Нектариновый** (*adj*).

НЕОГЛОБАЛИ́ЗМ *nm, pol*. neoglobalism

Неоглобализм – это стремление великой державы к мировому господству. (https://dic.academic.ru/dic.nsf/ogegova/124506, 2019). **Неоглобальный** (*adj*).

НЕОГЛОБАЛИ́СТ *nm, pol.* neoglobalist

Мы наблюдаем за внутривидовой борьбой американских элит, за сражением **неоглобалистов** с консерваторами. (https://regnum.ru/news/2736182.html, 2019). **Неоглобалистский** (*adj*).

НЕОКОНСЕРВАТИ́ЗМ *nm, pol.* neoconservative

В современной России эта система взглядов называется русским **неоконсерватизмом** или путинизмом. (https://inosmi.ru/politic/20191117/246247938.html, 2019). **Неоконсервативный** (*adj*).

НЕОКОНСЕРВА́ТОР *nm, pol.* neoconservative

Несмотря на давление американских **неоконсерваторов**, которые хотели добиться принятия Украины в НАТО, здравомыслящие политики отвергли эту идею. (https://inosmi.ru/politic/20191116/246243737.html, 2019)

НЕОЛИБЕРА́Л *nm, pol.* neoliberal

Западные **неолибералы** понимают под своими ценностями вседозволенность, но российские ценности – добро, справедливость и правда. (https://tass.ru/politika/7073159, 2019). **Неолиберальный** (*adj*).

НЕОЛИБЕРАЛИ́ЗМ *nm, pol.* neoliberalism

Мы пережили постмодернизм, мы живём в **неолиберализме** – по сути дела, именно он становится идеологией современного государства. (https://echo.msk.ru/programs/personalno/2535961-echo/, 2019). **Неолиберальный** (*adj*).

НЕОМЕРКАНТИЛИ́ЗМ *nm, econ.* neomercantilism

Более того, **неомеркантилизм** заставляет бизнес увидеть деньги там, где он их раньше не желал видеть. Пример – поставки российского сена в Японию. (https://aif.ru/money/economy/poznayotsya_v_ede_k_chemu_privela_stranu_pyatiletka_produktovyh_sankciy, 2019)

НЕОПА́НК *nm, soc.* neopunk

У нас неформатный фестиваль, у нас возможны и русские народные песни, и этнические, и классические, и панк, и **неопанк**, и хардрок. (https://momenty.org/city/i177588/, 2019)

НЕОРЕАЛИ́ЗМ *nm, art.* neorealism

Бунюэль признавался, что фильм вдохновлен идеями итальянского **неореализма**. (https://www.goodhouse.ru/family_and_children/fun/pyat-luchshih-filmov-xx-veka-po-versii-andreya-konchalovskogo/, 2019). **Неореалистический** (*adj*).

НЕОРЕАЛИ́СТ *nm, art.* neorealist

Когда **неореалистам** не на что было снимать кино, они брали камеру и шли на улицу. (https://echo.msk.ru/programs/odin/2491057-echo/, 2019). **Неореалистический** (*adj*).

НЁРД *nm, slang.* nerd

Айтишник – это больше не тот стереотипный замкнутый **нерд**. Теперь он выступает на презентациях и умеет убеждать коллег и заказчиков. (https://tass.ru/ekonomika/6835697, 2019)

НЕТБУ́К *nm, comp.* netbook

Сегодня практически у каждого в кармане есть смартфон, в сумке планшет, на столе **нетбук**. (https://stav.aif.ru/society/person/gruppy_smertnikov_i_otravlennyy_nazivin_kto_i_zachem_zapuskaet_feyki, 2019)

НЕТВО́РКИНГ *nm, soc.* networking

Ключевые характеристики акселерационной программы – интерактивный формат бизнес тренингов, межмодульное сопровождение и **нетворкинг**. (https://www.rbc.ru/trends/education/5dd40df89a7947179744fc4b, 2019)

НЕ́ТИКЕТ *nm, comp.* netiquette

В европейских школах есть уроки так называемого **нетикета**, правильного поведения в Интернете, – они необходимы и нашим школьникам. (https://argumenti.ru/society/2019/11/637199, 2019)

НОВА́ЦИЯ *nf, misc.* novation

Важная **новация** касается введения коэффициента, ограничивающего ежегодный предельный рост земельного налога 10% по сравнению с предшествующим годом. (https://rg.ru/2019/11/20/komu-polozheny-federalnye-nalogovye-lgoty.html, 2019). **Новационный** (*adj*).

НОКА́УТ *nm, box.* knockout

В Лас-Вегасе боксер проиграл Альваресу **нокаутом** в 11-м раунде. (https://rsport.ria.ru/20191120/1561180222.html, 2019). **Нокаутировать** (*v*).

НОКДА́УН *nm, box.* knockdown

Встреча соперников завершилась в третьем раунде **нокдауном**. (https://ren.tv/news/sport/626382-zadavil-massoi-kak-datsik-nokautiroval-kikboksera-kirsanova, 2019)

НОМОФО́БИЯ *nf, psych.* nomophobia

Зависимость от гаджетов, или **номофобия**, – новая напасть, которая сейчас грозит россиянам. (https://www.m24.ru/articles/nauka/18112019/156185, 2019)

НО́НСЕНС *nm, slang.* nonsense

Если владение квартирой, машиной и дачей еще можно как-то рационализировать, то один человек, владеющий авиакомпанией, – это **нонсенс**. (https://snob.ru/entry/185230/, 2019)

НО́РВИЧ-ТЕРЬЕ́Р *nm, anim.* Norwich terrier

Учёные сравнили геномы 400 **норвич-терьеров**. (https://news.ru/science/shumnoe-dyhanie-buldogov-obyasnili-gennoj-mutaciej/, 2019)

НО́РФОЛК-ТЕРЬЕ́Р *nm, anim.* Norfolk terrier

Реже всего в столице заводят голдаст йорков, американских голых терьеров, киргизскую борзую, керри-блю-терьеров, **норфолк-терьеров**. (https://riafan.ru/region/msk/1163360-nazvany-samye-populyarnye-sredi-moskvichei-porody-sobak, 2019)

НОУТБУ́К *nm, comp.* notebook

Мини-компьютеры в сравнении с **ноутбуками**, настольными ПК или планшетами, настолько специфичная и малочисленная категория устройств, что ее можно признать почти неизвестной. (https://www.kommersant.ru/doc/4019506, 2019)

НО́У-ХА́У *nn, indecl, tech.* know-how

Ведь планы РФ строит не только на продажу и добычу сырья на месторождениях континента, но и на привнесение наших способностей и **ноу-хау** для создания центров производства. (https://rueconomics.ru/vse-novosti, 2019)

НУДИ́ЗМ *nm, soc.* nudism

Нудизм был чуть ли не единственной свободой, доступной гражданам ГДР. (https://www.kommersant.ru/doc/4150539, 2019). **Нудистский** (*adj*).

НУДИ́СТ *nm, soc.* nudist

В 2017 году сообщалось, что суд встал на сторону британского **нудиста** Роберта Дженнера, нагота которого смущала подглядывавших за ним соседей. (https://lenta.ru/news/2019/11/12/topless/, 2019). **Нудистский** (*adj*).

НЬЮ-ВЕ́ЙВ *nm, music.* new wave

Команда выступала в жанре **нью-вейв**, а ее самыми знаменитыми композициями стали треки Drive и My Best Friend's Girl. (https://24smi.org/news/175700-umer-muzykant-rik-okasek.html, 2019)

НЬЮ-МЕТА́Л *nm, music.* new metal

Американская **нью-метал** группа Korn выпустила свой тринадцатый студийный альбом "The Nothing". (https://regnum.ru/news/2722484.html, 2019)

НЬЮСМЕ́ЙКЕР *nm, soc.* newsmaker

То, что в ближайшие месяцы "Тоттенхэм" станет одним из главных **ньюсмейкеров** английской Премьер-лиги – факт неоспоримый. (https://www.kommersant.ru/doc/4164923, 2019). **Ньюсмейкерский** (*adj*).

НЬЮФА́УНЛЕНД *nm, anim.* Newfoundland dog

Среди собак, притягивающих любовь, ретриверы, лабрадоры, **ньюфаундленды**, бернские зенненхунды, бульмастифы, цвергшнауцеры, сеттеры, колли, хаски, сенбернары. (https://riafan.ru/region/msk/1163360-nazvany-samye-populyarnye-sredi-moskvichei-porody-sobak, 2019)

НЬЮ-Э́ЙДЖ *nm, indecl, music.* new age

Лайнап фестиваля включал около 30 музыкантов, которые работают в разных жанрах: от постпанка, **нью-эйджа**, трип-хопа, техно и хауса до удмуртского фольклора и экспериментальной электроники. (https://daily.afisha.ru/news/31261-v-mutabor-proydet-vecherinka-vdohnovlennaya-finno-ugorskoy-mifologiey-i-shamanskimi-ritualami/, 2019)

О

ОВЕРБЕ́ТТИНГ *nm, cybersp.* overbetting

Овербеттингом называют чрезмерно большие ставки, которые обычно делаются для того, чтобы отыграться за прошлые поражения. (http://alvin-almazov.ru/vocabulary/overbetting/)

ОВЕРДРА́ЙВ *nm, auto.* overdrive

Также автомобиль будет оснащаться 4-х ступенчатой коробкой передач с функцией **овердрайва**. (https://echo.msk.ru/programs/auto/2481189-echo/, 2019)

ОВЕРДРА́ФТ *nm, fin.* overdraft

Овердрафт может выдаваться без обеспечения, а также под залог. Кредит гасится при поступлении денег на счёт. (https://aif.ru/my_business/school_market/dengi_dlya_biznesa_kogda_i_kakoy_kredit_nuzhen_predprinimatelyu, 2019)

ОВЕРТА́ЙМ *nm, sport.* overtime

На 54-й минуте "Витязь" сравнял счёт, заброшенной шайбой отметился форвард Алексей Бывальцев. Встреча перешла в **овертайм**. (https://www.championat.com/hockey/news-3904663-kravec-nichja-s-takoj-komandoj-kak-cska-dolzhna-dat-uverennosti.html, 2019)

ОЗОНО́МЕТР *nm, tech.* ozonometer

Для составления карты озонового слоя Земли спутники будут использовать

озонометры – приборы, которые улавливают отраженный от поверхности планеты солнечный свет. (https://hightech.fm/2019/08/21/ozon-layer-map, 2019). **Озонометрический** (*adj*).

ОЗОНОМЕ́ТРИЯ *nf, tech.* ozonometry

В ходе плавания сезонным составом Российской антарктической экспедиции и научно-технической службой "Академика Федорова" проведен большой объем попутных научных исследований по океанологии, гидробиологии, **озонометрии**, гидрографии, ледоведению и другим направлениям наук о Земле. (https://nauka.tass.ru/nauka/4269662, 2019). **Озонометрический** (*adj*).

О́ЛЛИ *nm, indecl, skatebrd.* ollie

Кикфлип – крутой и очень приятный трюк в скейтбординге, основанный на трюке **олли**. (https://ru.wikihow.com)

ОМНИБО́КС *nm, int.* omnibox

Омнибокс – это адресная строка с расширенной функциональностью в современных моделях браузеров. (http://www.bolshoyvopros.ru/questions/438791-chto-takoe-omniboks-i-zachem-on-nuzhen.html, 2019)

ОНЛА́ЙН *nm, int.* online

Сервис включает **онлайн** упражнения для эффективной подготовки к тестам. (https://nauka.tass.ru/nauka/7141401, 2019). **Онлайновый** (*adj*).

ОНЛА́ЙН-А́КЦИЯ *nf, int.* online action

Одновременно проводится Всероссийская **онлайн-акция** "Народное голосование", в которой сможет принять участие каждый желающий из разработчиков проектов. (https://russian.rt.com/nopolitics/news/685284-priyom-zayavok-premiya-runet, 2019)

ОНЛА́ЙН-АУКЦИО́Н *nm, bsn.* online auction

Компания предоставляет различные сервисы, в том числе электронную почту,

онлайн-аукционы, прогнозы погоды, карты и т. д. (https://tass.ru/ekonomika/7139061, 2019)

ОНЛА́ЙН-БА́НКИНГ *nm, fin.* online banking

Эксперты напомнили, что при оплате услуг ЖКХ через **онлайн-банкинг**, банкоматы или терминалы следует указывать номер телефона или адрес электронной почты. (https://mir24.tv/news/16385959/pochemu-onlain-kvitancii-ob-oplate-uslug-zhkh-nuzhno-hranit-3-goda, 2019)

ОНЛА́ЙН-БИ́ЗНЕС *nm, bsn.* online business

Дропшиппинг становится с каждым днем все популярнее. И любой человек может начать свой **онлайн-бизнес**. (http://ng72.ru/news/view/26786, 2019)

ОНЛА́ЙН-КАЗИНО́ *nn, indecl, game.* online casino

Начинающие инвесторы часто воспринимают биржу как возможность сорвать куш – что-то вроде **онлайн-казино** или скачек на ипподроме. (https://www.kp.ru/daily/27058.3/4124569/, 2019)

ОНЛА́ЙН-КОНСУЛЬТА́НТ *nm, int.* online consultant

Еще один цифровой сервис от ПФР – **онлайн-консультант** на сайте фонда: пишешь обращение в специальном окошке и через некоторое время приходит ответ. (https://www.mk.ru/economics/2019/11/20/operaciya-cifrovizaciya.html, 2019)

ОНЛА́ЙН-КОНСУЛЬТА́ЦИЯ *nf, int.* online consultation

В рамках Недели сбережений во всех регионах пройдут бесплатные лекции, семинары и вебинары, очные и **онлайн-консультации** финансовых экспертов. (https://ria.ru/20191031/1560444453.html, 2019)

ОНЛА́ЙН-КОНФЕРЕ́НЦИЯ *nf, int.* online conference

В среду, 20 ноября, в пресс-центре "МК" прошла **онлайн-конференция** известного советского футболиста Михаила Гершковича. (https://www.mk.ru/video/2019/11/20/mikhail-gershkovich-ozvuchil-shansy-sbornoy-rossii-na-evro2020.html, 2019)

ОНЛА́ЙН-КУЛЬТУ́РА *nf, int.* online culture

Многие школьники тоже делают анти-селфи в качестве альтернативы перфекционизму селфи и **онлайн-культуре**. (https://360tv.ru/news/interesnoe/zhenschina-delaet-antiselfi-umiraja-u-znamenityh-dostoprimechatelnostej/, 2019)

ОНЛА́ЙН-КУРС *nm, ed.* online course

Популярность программ MBA в американских бизнес-школах в последние годы снижается – дает о себе знать распространение **онлайн-курсов**. (https://www.forbes.ru/biznes-photogallery/384079-gde-uchitsya-amerikanskaya-biznes-elita-reyting-luchshih-programm-mba-v, 2019)

ОНЛА́ЙН-ПЛАТФО́РМА *nf, int.* online platform

Образовательная **онлайн-платформа** успешно протестирована в школах сразу нескольких крупных городов страны. (https://nauka.tass.ru/nauka/7141401, 2019)

ОНЛА́ЙН-РИТЕ́ЙЛЕР *nm, bsn.* online retailer

Один из крупнейших в России **онлайн-ритейлеров** Lamoda в 2019 году впервые вышел на операционную прибыль. (https://www.kommersant.ru/doc/4164006, 2019)

ОНЛА́ЙН-СЕМИНА́Р *nm, int.* online seminar

По гранту центр будет работать до конца апреля 2020 года, после чего Щанова планирует развивать учреждение на свои деньги и организовывать **онлайн-семинары**. (https://tass.ru/sibir-news/6748401, 2019)

ОНЛА́ЙН-СЕ́РВИС *nm, bsn.* online service

Минфин России и Федеральная налоговая служба планируют распространить **онлайн-сервисы**, которыми сейчас могут пользоваться налогоплательщики. (https://www.interfax.ru/business/684925, 2019)

ОНЛА́ЙН-ТРЕ́ЙДИНГ *nm, bsn.* online trading

Поэтому аналитический отдел Finance Magnates запустил проект по созданию ежемесячных индексов, раскрывающих различные аспекты индустрии **онлайн-трейдинга**. (http://elitetrader.ru/index.php?newsid=474296, 2019)

ОНЛА́ЙН-ФОРМА́Т *nm, int.* online format

Рособрнадзор рассматривает возможность перевода сдачи ЕГЭ в **онлайн-формат**, в следующем году будет введен компьютерный экзамен по информатике. (https://tass.ru/obschestvo/7105137, 2019)

ОПЕРА́НД *nm, inf.* operand

Операнд в языках программирования – аргумент операции; данные, которые обрабатываются командой; грамматическая конструкция, обозначающая выражение, задающее значение аргумента операции. (https://dic.academic.ru/dic.nsf/ruwiki/82036)

ОРГАНА́ЙЗЕР *nm, off.* organizer

Максимальная из четырех комплектаций офисного пакета будет включать почтовое приложение, редакторы для текстов, таблиц и презентаций, ПО файлового менеджера, **органайзер**. (https://rg.ru/2019/11/18/minkomsviaz-zakupit-dlia-chinovnikov-otechestvennoe-po.html, 2019)

О́ФИС *nm, misc.* office

Буклеты с анонсами спектаклей доступны любому зрителю бесплатно в каждом театре города, а также в **офисе** туризма. (http://www.ng.ru/style/2019-10-29/8_7714_style.html, 2019). **Офисный** (*adj*).

О́ФИС-МЕ́НЕДЖЕР *nm, prof.* office manager

Профессию **офис-менеджера** часто путают с профессией секретаря. (https://fb.ru/article/172165/ofis-menedjer---kto-eto-doljnostnyie-obyazannosti-ofis-menedjera, 2019)

О́ФИС-МЕ́НЕДЖМЕНТ *nm, prof.* office management

В 35 лет она создала сервис удаленного **офис-менеджмента** для врачей, изначально сомневаясь в успехе предприятия. (https://www.rbc.ru/trends/education/5d78e6b69a7947b14a343999, 2019)

ОФЛА́ЙН *nm, comp.* offline

В России отобрали 100 финалистов **офлайн**-программы "Архитекторы.рф". (https://lenta.ru/news/2019/11/20/arhitektoi/, 2019). **Офлайновый** (*adj*).

ОФЛА́ЙН-БИ́ЗНЕС *nm, bsn.* offline business

Поэтому в новогоднюю ночь он решил делать "реальный" **офлайн-бизнес** и перевозить с помощью смартфонов не виртуальные, а физические товары. (https://www.forbes.ru/tehnologii/385421-uber-na-svoih-dvoih-kak-reklamshchik-iz-moskvy-pridumal-globalnyy-biznes-na-30-mln, 2019)

ОФСА́ЙД *nm, sport.* offside

Желание руководителей клубов лиги связано с применением видеоповтора, а также с тем, что нынешнее правило **офсайда** применяется не в пользу атакующих игроков. (https://tass.ru/sport/7162525, 2019)

ОФСЕ́Т *nm, pub.* offset

Фактически цифровая печать отвоевала долю рынка у **офсета** при изготовлении продукции тиражом до 500 экземпляров. (https://ria.ru/20191014/1559767883.html, 2019). **Офсетный** (*adj*).

ОФФ-ЛЕЙБЛ *nm, med.* off-label (*generic drug*)

Сам специалист заявил, что дело в использовании не одобренного Минздравом протокола лечения с применением препарата **офф-лейбл**. (https://riafan.ru/1228149-minzdrav-prokommentiroval-uvolnenie-detskogo-transplantologa-kaabaka, 2019)

ОФШО́Р *nm, fin.* offshore

По замыслу Минэкономразвития, анонимность будет обеспечена резидентам не только **офшоров**, но и территорий опережающего развития – таких в России более 80. (https://www.kommersant.ru/doc/4120083, 2019). **Офшорный** (*adj*).

П

ПАБ *nm, bsn.* pub

Когда откроются следующие заведения проекта владелец **паба** пока не рассказывает, зато охотно говорит о концепции: цель была сделать настоящий **паб**, с особенной атмосферой. (https://www.samara.kp.ru/daily/27056/4123882/, 2019)

ПА́БЛИК-А́РТ *nm, art.* public art

Паблик-арт способен стать частью сложной экосистемы городов и может быть использован для установления диалога, который предвидит и приветствует быстрые изменения. (https://www.interior.ru/art/7951-avtomobil'naya-probka-v-maiami-installyatsiya-leandro-el'riha.html, 2019)

ПАБЛИКБЕ́Т *nm, cybersp.* public bet

Пабликбет – это событие, в котором подавляющее большинство игроков делает ставки на самый очевидный исход. (http://alvin-almazov.ru/vocabulary/pablikbet/)

ПА́БЛИК-РИЛЕ́ЙШНЗ *nm, indecl, misc.*public relations

Паблик рилейшнз – это деятельность фирмы по установлению связей с общественностью, с необходимой социальной средой с целью сформировать общественное мнение, направить мысли, чувства и поведение определенных групп людей на решение задач фирмы. (https://studopedia.ru/3_27087_pablik-rileyshnz.html, 2019)

ПАБЛИ́СИТИ *nf, indecl, mark.* publicity

Паблисити – это популярность, известность, разрекламированность компании, фирмы. (https://dic.academic.ru/dic.nsf/business/)

ПАЗЛ *nm, game.* puzzle

Есть много современных средств, которые можно использовать для реабилитации: **пазлы**, видеоигры, различные приложения в смартфонах. (https://ulan.mk.ru/social/2019/11/20/bolnogo-insultom-mozhno-spasti-esli-pervye-45-chasa-okazat-emu-vrachebnuyu-pomoshh.html, 2019)

ПА́ЛМИНГ, ***ПА́ЛЬМИНГ** *nm, med.* palming

Предложенные Бейтсом упражнения, такие как **палминг** (положить ладони на закрытые глаза) для расслабления, покачивание, моргание, чтобы увлажнить глаз, или движения, которые изменяют направление и дальность взгляда, чтобы поддерживать эластичность хрусталика, очень часто воспроизводятся в других авторских методиках. (https://dic.academic.ru/dic.nsf/ruwiki/227632)

ПАЛМТО́П *nm, comp.* palmtop

Палмтопы – самые маленькие устройства, которые могут дать вам ощущение работы за полноценным компьютером. (https://polit.ru/news/2019/07/19/vopros/, 2019)

ПА́МПЕРС *nm, misc.* Pampers

Санитарки меняют постельное белье, проводят влажную уборку помещений и ухаживают за больными, которые не могут позаботиться о себе сами, – моют их, меняют одежду и **памперсы**. (http://www.ng.ru/health/2019-11-19/8_7730_staff.html, 2019). **Памперсный** (*adj*).

ПАНАМЕ́РИКАНИЗМ *nm, pol.* pan-Americanism

Россия и Китай экономически вошли в Венесуэлу, и Америка, взявшая курс на возрождение **панамериканизма**, почувствовала себя уязвленной. (https://riafan.ru/1160554-ekspert-obyasnil-pochemu-ssha-ne-smogut-prevratit-venesuelu-v-irak, 2019). **Панамериканский** (*adj*).

ПАНК *nm, cult.* punk

В нашем городе самобытный коллектив, исполняющий “гибрид уральского хип-хоп андеграунда, дабстепа, бигбита, **панка** и тёмного Карибского этноса”, представит новый альбом. (https://sgpress.ru/news/165630, 2019). **Панковский** (*adj*).

ПАНК-АНАРХИ́ЗМ *nm, pol.* punk anarchism

В осенне-зимней коллекции Gucci, к примеру, каракулями исписаны топы и футболки – совсем как в славные времена **панк-анархизма**. (https://lenta.ru/articles/2017/08/02/writeitdown/, 2019)

ПАНК-ГРУ́ППА *nf, music.* punk group

Эта набирающая обороты **панк-группа** стала символом борьбы за права человека. Феминистки Pussy Riot защищают права ЛГБТ-сообщества и животных. (https://inosmi.ru/social/20191115/246239937.html, 2019)

ПАНКЕ́ЙК *nm, food.* pancake

Просторная переговорная может превращаться по утрам и вечерам в зал для йоги или пилатеса, а офисная кухня – в место для проведения кулинарных мастер-классов или совместной готовки **панкейков**. (https://style.rbc.ru/life/5d7b72349a79471e22be7474, 2019)

ПАНК-КУЛЬТУ́РА *nf, cult.* punk culture

Последняя коллекция бренда вдохновлена улицами Лондона и изобилует отсылками к **панк-культуре**. (https://style.rbc.ru/items/5dada3979a794744e52ce48d, 2019)

ПАНК-МУ́ЗЫКА *nf, music.* punk music

Шоу представляет собой смесь модного дефиле, кабаре и театрального спектакля под диско и **панк-музыку** с участием актеров, танцовщиков, артистов цирка. (https://snob.ru/news/184956/, 2019)

ПАНК-РО́К *nm, music.* punk rock

Специально для “РБК Стиль” Павел Осовцов побывал в лондонском доме Евгения Чичваркина, где поговорил с ним о стиле, **панк-роке**, тренировках по боксу и любимом пальто. (https://style.rbc.ru/people/5db6e5f09a794766b21e67bd, 2019)

ПАНК-ЭЛЕКТРО́НИКА*nf, music.* punk electronics

В программе: австралийский авант-поп, американская семплоделика, британская **панк-электроника**, индонезийский дарк-фолк, иранский авангард, казачий киберпанк, сибирский эмбиент, финская психоделия, черкесская народная музыка, шведское индастриал-техно, японский глитч-рейв и не только. (http://www.chaskor.ru/article/russkoe_pole_eksperimentov_45124, 2019)

ПАРАГЛА́ЙДЕР *nm, sport.* paraglider

Перед отелем большое поле, куда мягко приземляются **параглайдеры**. (https://www.kommersant.ru/doc/3954180, 2019)

ПАРАГЛА́ЙДИНГ *nm, sport.* paragliding

К числу потенциально травматичных видов спорта также относится становящийся все более модным у туристов-экстремалов **параглайдинг**. (https://aif.ru/health/life/kak_ne_okazatsya_v_bolnice_pri_zanyatiyah_ekstremalnymi_vidami_sporta, 2019)

ПАРАЛИМПИА́ДА *nf, sport.* Paralympics

Самой запоминающейся командировкой для Лучшего спасателя России – 2019 ставропольца Антона Хашабаева стала работа на Олимпиаде и **Паралимпиаде** в Сочи в 2014 году. (https://stav.aif.ru/society/person/luchshego_spasatelya_rossii_antona_hashabaeva_vdohnovlyayut_paralimpiycy, 2019). **Паралимпийский** (*adj*).

ПАРАМЕ́ДИК *nm, prof.* paramedic

Им на месте помогли **парамедики**: вышедшим предоставили одеяла из фольги, чтобы они могли согреться. (https://ria.ru/20191119/1561101651.html, 2019). **Парамедицинский** (*adj*).

ПАРАСЕ́ЙЛ *nm, sport.* parasail

Футболист развлекает дочь купанием в бассейне, катанием на водном мотоцикле, полетами на **парасейле** и другими видами досуга. (https://argumenti.ru/showbiz/2019/06/618952, 2019)

ПАРАСЕ́ЙЛИНГ *nm, sport.* parasailing

Это экстремальное развлечение, **парасейлинг**, вовсю предлагают на турецких пляжах. (https://www.kp.ru/daily/27036/4101068/, 2019)

ПАРК *nm, sport.* park (*skateboarding*)

Основными стилями катания являются флэтленд (трюки на ровных поверхностях), стрит (трюки на улице), верт (трюки в рампе), **парк** (в скейт-парках с различными препятствиями). (https://www.mk.ru/sport/2019/06/27/mok-izmenil-programmu-olimpiyskikh-igr-2024-goda.html, 2019). **Парковый** (*adj*).

ПА́РКА *nf, cloth.* parka

Парка – это зимняя куртка, для которой характерен простой покрой и прямой силуэт. (https://fb.ru/article/62497/chto-takoe-parka-i-kakovo-ee-prednaznachenie)

ПА́РКИНГ *nm, trans.* parking

Пока оплачивать парковку водителям предлагают через СМС, паркомат или через личный кабинет на сайте московского **паркинга**. (https://echo.msk.ru/news/2541983-echo.html, 2019). **Паркинговый** (*adj*).

ПАРКУ́Р-ШО́У *nn, indecl, sport.* parkour show

Подготовлены также выступления джамперов, чирлидерш, а также **паркур-шоу**. (https://www.kommersant.ru/doc/4134628, 2019)

ПА́ТИ *nf, indecl, slang.* party (*a social gathering*)

Дети здесь проводят дни рождения, а в начале театрального сезона у нас компот-**пати**. Мы варим компот, всех угощаем и поздравляем с открытием. (https://www.mk.ru/culture/2019/10/09/vypusknik-gitisa-uekhal-iz-stolicy-radi-sobstvennogo-teatra-v-kaluzhskoy-oblasti.html, 2019)

ПА́ТТЕР *nm, golf.* putter (*golf club*)

На третьей лунке, как рассказал журналистам его партнёр по флайту Мартин Каймер, Эдди даже не стал брать **паттер** и забивал очередной богги при помощи веджа. (https://golf.ru/news/v_mire/zhestyanoy_kubok_turkish_airlines_open_diskvalifikatsiya/, 2019)

ПА́ТТЕРН *nm, misc.* pattern

Оказалось, что флуктуации в **паттернах** движений повышают риск возникновения старческой слабости и немощи, а также риск смерти от всех причин. (https://nplus1.ru/news/2019/10/30/random-fluctuations, 2019)

ПА́ТТИНГ-ГРИН *nm, golf.* putting green

Финальный патт можно тренировать как на гольф-симуляторе, так и на in-door **паттинг-грине** с 7 лунками. (https://golf.ru/news/v_rossii/indoor_golf_simulyator_v_pine_creek_golf_resort/, 2019)

ПАТЧ *nm, comp.* patch

До 2019 г. самой нестабильной iOS была iOS 11 образца 2017 г. – под нее вышло рекордное количество **патчей**. (https://www.cnews.ru/news/top/2019-11-22_apple_skazala_net_glyuchnoj, 2019)

ПАУЭРЛИ́ФТЕР *nm, sport.* powerlifter

29 ноября в Москве на "ВТБ Арене" пройдет бой по правилам бокса, в котором Емельяненко в четырех раундах по три минуты сразится с **пауэрлифтером**

Михаилом Кокляевым. (https://www.gazeta.ru/sport/news/2019/11/21/n_13723544.html, 2019)

ПАУЭРЛИ́ФТИНГ *nm, sport.* powerlifting

В программу фестиваля включены следующие виды соревнований: гонки на колясках; армрестлинг; дартс; бочча; **пауэрлифтинг**; настольный теннис; "Веселые старты". (https://rzn.mk.ru/social/2019/11/22/v-ryazani-proydet-sportivnoozdorovitelnyy-festival-grazhdan-s-ovz.html, 2019)

ПЕ́ЙДЖЕР *nm, tech.* pager

1 октября в Японии **пейджеры**, которые начали использовать в стране полвека назад, издали последний звуковой сигнал, прежде чем кануть в Лету. (https://regnum.ru/news/2734986.html, 2019). **Пейджерный** (*adj*).

ПЕ́ЙДЖИНГ *nm, tech.* paging

Сегодня единственный провайдер **пейджинга** Tokyo Telemessage окончательно прекратил обслуживание этих устройств. (https://regnum.ru/news/2734986.html, 2019). **Пейджинговый** (*adj*).

ПЕЙНТБО́Л *nm, sport.* paintball

В клубе практикуются многие экстремальные виды спорта: альпинизм, агрессив-скейтинг, маунтинбайк, сноубординг, горные лыжи, каякинг, рафтинг, дайвинг, паркур, скалодром, картинг, **пейнтбол**, спелеология, а также пешие и водные походы. (https://www.hse.ru/news/life/129978574.html, 2014). **Пейнтбольный** (*adj*).

ПЕНА́ЛЬТИ *nm, indecl, sport.* penalty

В матче было назначено три **пенальти**, два из них в ворота "Ростова". (https://sport24.ru/news/football/2019-11-23-karpin-vtoroy-penalti-v-vorota-rostova---eto-smekh-smeyalis-dazhe-futbolisty-dinamo, 2019)

ПЕНТХА́УС *nm, misc.* penthouse

Убежденный минималист, архитектор Дмитрий Петров, спроектировал **пентхаус** в Кишиневе. (https://www.interior.ru/design/7292-zerkalo-v-vannoj-komnate-40-primerov.html, 2019). **Пентхаусный** (*adj*).

ПЕ́ПСИ *nf, indecl, bev.* Pepsi

В 1970-е "**Пепси**" получила монопольное право на продажу и производство колы в Советском Союзе. (https://inosmi.ru/social/20191123/246273979.html, 2019)

ПЕ́ПСИ-КО́ЛА *nf, bev.* Pepsi-cola

"**Пепси-кола**" появилась в СССР в восьмидесятые годы и тут же стала молниеносно популярной. (https://inosmi.ru/social/20191123/246273979.html, 2019)

ПЕРФО́РМАНС *nm, media.* performance

Организаторы также представят интересную дополнительную программу, включающую музыку, **перформансы** и еду, а после гостей ждут афтепати в клубах. (https://style.rbc.ru/impressions/5d779cdb9a79473477ef3379, 2019)

ПЕРФО́РМЕР *nm, misc.* performer

Актеры, хотя лучше их назвать **перформерами**, доносят историю и философию хлеба не с помощью речи, а с помощью движений, танца. (https://thecity.m24.ru/articles/1301, 2019)

ПЕТАБА́ЙТ *nm, comp.* petabyte

В заявке упоминается хранилище данных на 1300 дисков по 6–10 терабайт; ёмкость массива – почти 9 **петабайт**. (https://habr.com/ru/news/t/476632/, 2019)

ПЕТ-ТЕРАПИ́Я *nf, med.* pet therapy

"**Пет-терапия**" часто применяется в многих медицинских направлениях для того, чтобы улучшить психическое и физическое состояние человека. (https://sm-news.ru/foto-domashnix-lyubimcev-dlya-podnyatiya-nastroeniya-55009/, 2019)

ПЕ́ТТИНГ *nm, sex.* petting

Многим супругам помогает даже самая обыкновенная взаимная мастурбация, не говоря уже о различных экспериментах с прелюдиями, а это, между прочим, тоже **петтинг**. (https://fb.ru/article/120500/entsiklopediya-seksa-chto-takoy-peting)

ПИА́Р *nm, misc.* PR (*public relations*)

Пиар-директор покойной певицы Юлии Началовой Анна Исаева анонсировала выпуск неизданных песен артистки. (https://ria.ru/20191123/1561500738.html, 2019). **Пиарный** (*adj*). **Пиарить/ся** (*v*).

ПИА́Р-АГЕ́НТСТВО, ***PR-АГЕ́НТСТВО** *nn, comp.* PR agency

Как рассказал газете менеджер одного из **пиар-агентств**, слухи о падении рынка корпоративов в России в этом году оказались сильно преувеличены. (https://www.eg.ru/showbusiness/806489-sofiya-rotaru-vozvrashchaetsya-v-rf-na-zarabotki/, 2019)

ПИА́Р-ДИРЕ́КТОР, ***PR-ДИРЕ́КТОР** *nm, prof.* PR director

Пиар-директор покойной певицы Юлии Началовой Анна Исаева анонсировала выпуск неизданных песен артистки. (https://ria.ru/20191123/1561500738.html, 2019)

ПИА́Р-КАМПА́НИЯ, ***PR-КАМПА́НИЯ** *nf, misc.* PR campaign

Сама Леди Гага позже заявила, что они с коллегой намеренно изображали "нежные чувства" в рамках **пиар-кампании** фильма. (https://www.mk.ru/social/2019/11/23/mikki-rurk-zakrutil-roman-s-russkoy-devushkoy-olgoy.html, 2019)

ПИА́Р-КОНСУЛЬТА́НТ, ***PR-КОНСУЛЬТА́НТ** *nm, prof.* PR consultant

Независимый **пиар-консультант** Анна Цкриалашвили считает, что оценить эффект от социально ответственной рекламы достаточно сложно. (https://www.kommersant.ru/doc/4154838, 2019)

ПИА́Р-МЕ́НЕДЖЕР, ***PR-МЕ́НЕДЖЕР** *nm, prof.* PR manager

Пиар-менеджеры компании уже начали работу над рекламной компанией "свежего" Redmi, и теперь можно ожидать появления тизеров и промо с дня на день. (https://dni24.com/exclusive/245035-stala-izvestna-data-oficialnoj-premery-novogo-redmi-k30.html, 2019)

ПИА́Р-МЕ́НЕДЖМЕНТ, ***PR-МЕ́НЕДЖМЕНТ** *nm, prof.* PR management

Липецкая область Липецкие Telegram-каналы критиковали **пиар-менеджмент**

команды главы региона Игоря Артамонова. (http://www.ng.ru/telegram/2019-04-18/100_telegram180419.html, 2019)

ПИА́Р-ПРОЕ́КТ, ***PR-ПРОЕ́КТ** *nm, misc.* PR project

У любого **пиар-проекта** есть спонсор. (https://mir24.tv/articles/16379887/greta-tunberg-messiya-zelenyh-ili-zhertva-piara, 2019)

ПИА́Р-СТРАТЕ́ГИЯ, ***PR-СТРАТЕ́ГИЯ** *nf, mark.* PR strategy

Музыкальный критик Александр Волков предположил, что конфликт между Максимом Фадеевым и Наргиз Закировой – это **пиар-стратегия**. (https://24smi.org/news/168772-muzykalnyi-kritik-schitaet-konflikt-mezhdu-fadeevy.html, 2019)

ПИА́Р-ТЕХНОЛО́ГИЯ, ***PR-ТЕХНОЛО́ГИЯ** *nf, mark.* PR technology

На эту тему уже давно сделан один общий вывод: **пиар-технологии** все больше подменяют реальную политику. (https://www.kommersant.ru/doc/4127769, 2019)

ПИ́ДЖИН *nm, ling.* pidgin

Нигерийский **пиджин** – это смесь английского, испанского, французского, португальского и языков Западной Африки. (https://inosmi.ru/social/20191111/246198086.html, 2019)

ПИК *nm, misc.* peak

Пик строительства космодрома придется на середину следующего года. (https://tass.ru/kosmos/7186843, 2019). **Пиковый** (*adj*).

ПИКА́П *nm, auto.* pickup (truck)

Основатель Tesla Илон Маск сообщил, что компания получила уже 146 тысяч заказов на новый электромобиль – **пикап** Cybertruck. (https://ria.ru/20191124/1561522254.html, 2019)

ПИ́КСЕЛЬ *nm, comp.* pixel

Внутри у телефона складной гибкий экран OLED с разрешением 2142x876 **пикселей**. (https://www.fontanka.ru/2019/11/14/112/, 2019). **Пиксельный** (*adj*).

ПИ́КСЕЛЬ-АРТ *nm, comp.* pixel art

В придачу к огромному арсеналу вас ждут зубодробительные перестрелки с самыми разнообразными противниками, выполненными в прекрасном **пиксель-арте**. (https://sm-news.ru/top-10-igr-dlya-vladelcev-slabyx-pk-44599/, 2019)

ПИКТОГРА́ММА *nf, misc.* pictogram

Однажды человек, бравший кредит в банке, подписался "смайликом". Дело дошло до суда, где это признали **пиктограммой**, и кредит парню в итоге не выдали. (https://www.m24.ru/articles/obshchestvo/22112019/156197, 2019). **Пиктограммный** (*adj*).

ПИЛА́ТЕС *nm, sport.* pilates

Для людей старшего возраста на базе учреждений Тюменской области организованы разнообразные тренировки: скандинавская ходьба, аэробика, танцы, шахматы, настольный теннис, суставная гимнастика, **пилатес**, цигун, аквааэробика, йога, бильярд. (http://fedpress.ru/news/72/nprojects/2334506, 2019)

ПИ́ЛИНГ *nm, cosm.* peeling

Многие девушки в холодное время года выбирают более жесткий **пилинг**, чтобы вернуть мягкость. (https://vm.ru/society/764323-kosmetolog-nazvala-5-oshibok-kotorye-dopuskayut-pri-uhode-za-kozhej-zimoj, 2019). **Пилинговый** (*adj*).

ПИНБО́Л *nm, sport.* pinball

В 1933 году **пинбол** электрифицировали – теперь при удачном попадании в лунку раздавался звонок, начинали мигать лампочки, а кикеры приводили в движение шарик. (https://www.kommersant.ru/doc/4119472, 2019). **Пинбольный** (*adj*).

ПИНГ-ПО́НГ *nm, sport.* ping-pong

Помимо этого, на площадке установили стол для игры в **пинг-понг**, щит бля игры в баскетбол и стену для тренировок навыков скалолазанья. (https://www.kuban.kp.ru/online/news/3682053/, 2019)

ПИН-КО́Д *nm, fin.* PIN code

Уже не первый год по социальным сетям гуляет совет: если вы снимаете наличные в банкомате, а вас пытаются ограбить, надо ввести на клавиатуре свой **пин-код** наоборот. (https://aif.ru/money/mymoney/dengi-2019_glavnye_finansovye_voprosy_goda, 2019)

ПИНПА́Д *nm, comp.* PIN pad

Зачастую цифры клавиатуры на **пинпаде** генерируются в случайном порядке, чтобы мошенники не вычислили пин-код карты по отпечаткам пальцев на стекле. (https://www.kommersant.ru/doc/3997305, 2019)

ПИП-ШО́У *nn, indecl, sex.* peepshow

Глава семейства работает на стройке, жена – в прачечной, дочь – в **пип-шоу**. (https://www.kommersant.ru/doc/3786175, 2019)

ПИ́РИНГ *nm, int.* peering

Пиринг – это соглашение интернет-операторов об обмене трафиком между своими сетями, а также техническое взаимодействие, реализующее данное соглашение: соединение сетей и обмен информацией о сетевых маршрутах по протоколу BGP. (https://dic.academic.ru/dic.nsf/ruwiki/52714). **Пиринговый** (*adj*).

ПИ́РСИНГ *nm, cosm.* piercing

Одна из самых современных и предпочтительных технологий – одноразовые системы для **пирсинга**. (https://lisa.ru/moy-rebenok/596642-v-kakom-vozraste-luchshe-prokalyvat-ushi-devochke-kogda-uzhe-pora/, 2019). **Пирсинговый** (*adj*).

ПИТБУ́ЛЬ *nm, anim.* pit bull

Несчастный **питбуль** пытался найти хозяев среди пассажиров автобуса, а затем вышел на остановке "Трансагентство" в центре Уфы. (https://www.ufa.kp.ru/online/news/3682221/, 2019)

ПИТБУЛЬТЕРЬЕ́Р *nm, anim.* pit bull terrier

Можно заметить, что люди часто используют в качестве самых эффективных собак-защитников **питбультерьеров**. (https://sm-news.ru/vysokij-uroven-bezopasnosti-fotografii-pokazyvayushhie-kak-bezopasno-snyat-dengi-s-bankomata-45424/, 2019)

ПИ́ТЧЕР *nm, bsball.* pitcher

Питчер ("бросающий") подает его кетчеру ("ловцу"), а игрок нападения ("бэттер"), который стоит между питчером и кетчером, старается отбить мяч битой. (https://lenta.ru/articles/2019/05/22/baseball/, 2019)

ПЛАГИ́Н *nm, comp.* plug-in

В качестве программного обеспечения авторы выбрали свободную систему управления акустическими левитаторами Ultraino, а также дописали к ней **плагин**. (https://nplus1.ru/news/2019/10/23/leviprops, 2019)

ПЛА́КИНГ *nm, anim.* plucking

Стрижка машинкой или ножницами для поддержания равномерной длины шерсти – флэтвек, короткая стрижка с помощью машинки-клиппверкер, прическа для конкурсов – шоу-трим, щипка шерсти указательным и большим пальцами – **плакинг** и др. (https://mir24.tv/articles/16383127/sobachya-usluga, 2019)

ПЛА́СТИК *nm, misc.* plastic

Организация организует благотворительную акцию по сбору бумаги, **пластика** и алюминия. (https://nevnov.ru/region/Vologda/745835-vologzhan-prosyat-pomoch-bezdomnym-zhivotnym, 2019). **Пластиковый** (*adj*).

ПЛАТФО́РМЕР *nm, game.* platformer

Платформер – это жанр компьютерных игр, в которых основной чертой игрового процесса является прыгание по платформам, лазанье по лестницам, собирание предметов, обычно необходимых для завершения уровня. (https://dic.academic.ru/dic.nsf/ruwiki/106975, 2019)

ПЛЕ́ЕР *nm, tech.* player

Если телефон свернуть, то получится гаджет с 2,7-дюймовым дисплеем со стеклянным покрытием, где отображаются уведомления, музыкальный **плеер** и режим селфи-камеры. (https://www.buro247.ru/news/technology/14-nov-2019-motorola-razr-sensor.html, 2019)

ПЛЕЙБО́Й *nm, sex.* playboy

Третьим мужем Брижит был фотограф Гунтер Сакс, миллионер и **плейбой**. (https://www.goodhouse.ru/stars/zvezdnye-istorii/brizhit-bardo-zhivu-kogda-lyublyu/, 2019)

ПЛЕЙЛИ́СТ *nm, media.* playlist

Редакторы Apple составляют **плейлисты** в различных жанрах, а PlayNetwork выбирает из них треки так, чтобы создать музыкальную стратегию и собственное звучание для бренда. (https://1prime.ru/telecommunications_and_technologies/20191121/830580991.html, 2019)

ПЛЕЙ-О́ФФ *nm, comp.* playoff

16 и 17 ноября 2019 года пройдут игры **плей-офф** этапа Открытого Кубка России по киберспорту 2019. (https://regnum.ru/news/2779914.html, 2019)

ПЛИМСО́ЛЛЫ *npl, shoes.* plimsolls

Еще в 18 веке люди носили нечто похожее на современные **плимсоллы**: это была обувь на резиновой подошве, довольно грубая и неудобная. (https://lisa.ru/moda/547032-postoyannaya-peremennaya-belye-krossovki-i-s-chem-nosit-/, 2019)

ПОДКА́СТ *nm, media.* podcast

Растущий тренд на потребление медиаконтента везде и в любой момент создает огромные возможности для цифровых медиа, важным компонентом которых являются **подкасты**. (https://www.kommersant.ru/doc/4150781, 2019)

ПОДКА́СТЕР *nm, media.* podcaster

В "ВКонтакте", запустившем сервис "Подкасты" в сентябре 2018 года, сейчас около 2 тыс. **подкастеров**, которые выпустили более 50 тыс. эпизодов. (https://www.kommersant.ru/doc/4150491, 2019)

ПОДКАСТИ́НГ *nm, media.* podcasting

Подкастинг или шоу в аудиоформате набирает популярность. (https://volg.mk.ru/social/2019/09/29/5-modnykh-khobbi-dlya-snyatiya-stressa-u-volgogradcev.html, 2019)

ПО́КЕР *nm, game.* poker

Лишь 11 процентов украинцев выступили за то, чтобы **покер**, казино и автоматы наконец признали законными развлечениями. (https://fedpress.ru/news/ukraine/society/2371898, 2019). **Покерный** (*adj*).

ПОКЕРФЕ́ЙС *nm, game.* poker face

Бывает, когда гость с **покерфейсом** стоит у бара по 15-20 минут, пока ты бегаешь отдаешь заказы, а потом спрашивает: «молодой человек, а чего вы ко мне не подходите? (https://www.gazeta.ru/lifestyle/style/2019/12/a_12892178.shtml, 2019)

ПОКЕТБУ́К *nm, pub.* pocketbook

Вот этот аккуратный **покетбук** Казанского авиационного института, изданный крошечным тиражом в 350 экземпляров в Казани, – самый настоящий маленький шедевр полиграфического искусства. (http://www.ng.ru/science/2018-12-25/14_7473_isaac.html, 2019)

ПОЛАРТЕ́К *nm, cloth.* Polartec

К предметам экипировки второго слоя относятся изделия из флиса или **полартека**. (https://www.championat.com/lifestyle/article-3865547-chto-nadet-na-probezhku-osenju-ekipirovka-dlja-bega-v-holodnoe-vremja-goda.html, 2019)

ПОЛИАТЛО́Н *nm, sport.* polyathlon

Полиатлон – это комплексное спортивное многоборье. (https://dic.academic.ru/dic.nsf/ruwiki/1601396, 2019)

ПОЛИЭ́СТЕР *nm, tech.* polyester

Третья группа – синтетический текстиль, состоящий из нитей, полученных химическим путем: **полиэстера**, нейлона, капрона, лавсана, полиэфира и других. (https://style.rbc.ru/items/5daf2a169a7947d884db8bf5, 2019). **Полиэстровый** (*adj*).

ПОЛИЭТИЛЕ́Н *nm, tech.* polyethylene

Единственный в России производитель катеров с корпусом из **полиэтилена** высокой плотности "РИФ" ведет переговоры с Военно-морским флотом (ВМФ) России о поставке катеров большой вместимости. (https://tass.ru/armiya-i-opk/7184135, 2019). **Полиэтиленовый** (*adj*).

ПОЛТЕРГЕ́ЙСТ *nm, misc.* poltergeist

Уточняю: страх мировой истории и противопоставление ей суверенной русской истории с уклоном в мистику: наш отечественный **полтергейст**. (http://www.ng.ru/before/2019-11-21/12_1007_cat.html, 2019)

ПОЛЯРО́ИД *nm, tech.* polaroid

Выставка к 180-летию изобретения фотографии фокусируется на трех революционных технологиях в истории фотографического дела: первое фотоизображение, первая цветная фотография и первый моментальный отпечаток – **поляроид**. (https://www.kommersant.ru/doc/4149721, 2019). **Поляроидный** (*adj*).

ПО́НИ *nm, indecl, anim.* pony

Лошади, **пони** окружают наших детей буквально с пеленок: они смотрят на нас со страниц детских книжек, из мультиков, с аллей парков. (https://www.mk.ru/social/2019/11/18/roditeli-rasskazali-kak-loshadi-spasli-ikh-detey.html, 2019)

ПОП-А́РТ *nm, art.* pop art

Каждому выпал один из трех вариантов: **поп-арт**, сюрреализм, арт-деко. (https://travelinsider.ru/luchiya-montanelli-ctala-pobeditelnicej-mezhdunarodnoj-barmenskoj-programmy-beluga-signature-2019/, 2019)

ПОП-ГРУ́ППА *nf, music.* pop group

Легендарная **поп-группа** "Альянс", известная своими хитами "На заре" и "Дайте огня", выпустила клип на свой новый сингл "Эй, мен, супермен!". (https://daily.afisha.ru/news/32107-gruppa-alyans-vypustila-klip-ey-men-supermen-vyglyadit-psihodelichno/, 2019)

ПОП-И́ДОЛ *nm, music.* pop idol

Екатеринбуржцы организовали эксклюзивную онлайн-трансляцию в социальной сети "ВКонтакте" бесплатного сольного концерта российского **поп-идола** Димы Билана. (https://ural.aif.ru/culture/person/uralcy_spasli_pevca_dimu_bilana_ot_poricaniya_i_pozora, 2019)

ПОПКО́РН *nm, food.* popcorn

В ТОП-5 дополнительных покупок в кино вошли **попкорн** в упаковке среднего размера, газированная и негазированная вода, начос с соусом и картофельные чипсы. (https://tass.ru/ekonomika/7174755, 2019). **Попкорновый** (*adj*).

ПОП-КУЛЬТУ́РА *nf, soc.* pop culture

Хотя в определенное время шоу Victoria's Secret и было событием для **поп-культуры**, но в последние несколько лет оно теряло зрителей. (https://tass.ru/obschestvo/7177819, 2019)

ПОП-МУ́ЗЫКА *nf, music.* pop music

В начале года певица выпустила дебютный альбом под названием "Heard It In a Past Life", в котором вдохновилась атмосферой **поп-музыки** 80-х. (https://www.gazeta.ru/culture/2019/11/22/a_12827336.html, 2019)

ПОП-ПА́НК *nm, music.* pop punk

На этот раз Крид выпустил трек в стиле сладкого подросткового **поп-панка**. (https://24smi.org/news/189451-egor-krid-prodolzhaet-muzykalnye-eksperimenty-v-no.html, 2019)

ПОП-РО́К *nm, music.* pop rock

Калужане аплодировали стоя известному оркестру и его дирижёру Fabio Pirola. В зале целых два часа царила атмосфера настоящего рока от **поп-рока** до грайндкора. (https://www.mkkaluga.ru/culture/2018/10/20/concord-orchestra-vzorval-kaluzhskiy-zal-simfonicheskimi-rokkhitami.html, 2018)

ПОП-РЭ́П *nm, music.* pop rap

Гибрид от объединения быстрого евроданса и американского **поп-рэпа** получился неотразимо притягательным и стал одним из самых продаваемых синглов в истории чартов. (https://www.vedomosti.ru/lifestyle/characters/2017/07/27/726469-lyudi-vozrasta, 2019)

ПОП-ФЕСТИВА́ЛЬ *nm, music.* pop festival

Молодая косплеерша из Сыктывкара по прозвищу Крошка Мю уже в третий раз пришла на **поп-фестиваль**. (https://www.komi.kp.ru/daily/27017.7/4079656/, 2019)

ПОП-ФО́ЛК *nm, music.* pop folk *(music)*

Альт-кантри, **поп-фолк**, кантри-рок – качество музыки, вложенная в нее душа и желание сделать мир лучше, сделали коллектив популярным. (https://www.the-village.ru/village/food./food.-guide/357889-gastronom-ekb, 2019)

ПОРНОИНДУСТРИ́Я *nf, sex.* porn (*pornography*) industry

Впервые услугами координатора интимных сцен воспользовались создатели фильма "Двойка", рассказывающего о **порноиндустрии** 1970-х годов. (https://www.gazeta.ru/culture/2019/11/23/a_12828764.html, 2019)

ПОРНОСА́ЙТ *nm, sex.* porn (*pornography*) site

Порносайт Pornhub опубликовал статистику поисковых запросов своих пользователей накануне Хеллоуина. (https://daily.afisha.ru/news/31737-harli-kvin-i-dzhoker-okazalis-samymi-populyarnymi-personazhami-na-pornhub-nakanune-hellouina/, 2019)

ПОРНОФИ́ЛЬМ *nm, sex.* porn (*pornography*) film

Врачи лондонской клиники Numan провели исследование и пришли к выводу, что просмотр **порнофильмов** вызывает импотенцию. (https://fedpress.ru/news/77/society/2372322, 2019)

ПОРТ *nm, misc.* port

1 *комп.* **Порт** - устройство, а также его разъём, с помощью которого компьютер соединяется с периферийным оборудованием (https://kartaslov.ru/). 2 *trans.* Инвесторы приступили к геологическим изысканиям на месте будущего **порта**

Индига в Ненецком автономном округе. (https://tass.ru/ekonomika/7186813, 2019). **Портовый** (*adj*).

ПОРТА́Л *nm, int.* portal

В столице можно встретить множество разнообразных животных, которые нуждаются в зимней подкормке, передает **портал** мэра и правительства Москвы. (https://www.m24.ru/news/gorod/24112019/98409, 2019). **Портальный** (*adj*).

ПОРТФО́ЛИО *nn, indecl, mark.* portfolio

Согласно проекту, для каждого из участников образовательного процесса будет заведено цифровое **портфолио**. (https://www.kommersant.ru/doc/4170238, 2019)

ПОСТ *nm, int.* post

Бьюти-блогер – это человек, который пишет **посты** на тему красоты, стиля и визажа. (https://fb.ru/article/269189/luchshie-byuti-blogeryi-rossii). **Постить/запостить** (*v*).

ПО́СТЕР *nm, ad.* poster

Компания Netflix создала официальный Инстаграм-аккаунт для сериала "Ведьмак", в нем появились **постер** и промофото первого сезона. (https://www.buro247.ru/news/culture/1-jun-2019-netflix-witcher-poster.html, 2019)

ПО́СТИНГ *nm, int.* posting

На разных этапах участники получат полезную информацию о частоте **постинга** и работе с виджетами. (https://omsk.mk.ru/social/2019/08/27/odnoklassniki-zapuskayut-konkurs-dlya-regionalnykh-smi.html, 2019). **Постить/запостить** (*v*).

ПОСТКРО́ССИНГ *nm, art.* Postcrossing

Посткроссинг – это проект, где люди обмениваются открытками со всего мира. (https://www.goodhouse.ru/home/DIY/marbling-dudling-kastomajzing-i-eshche-10-interesnyx-novyx-xobbi-o-kotoryx-vy-eshche-ne-znaete/, 2019)

ПОСТ-ПА́НК *nm, music.* post-punk

По информации российского новостного портала Афиша Daily, в категории "Рок" победителем стал белорусский коллектив, ветераны **пост-панка**, "Петля пристрастия". (https://regnum.ru/news/2780468.html, 2019)

ПОСТ-РО́К *nm, music.* post-rock

Swans заново обрели себя в 2010-х, скрестив **пост-рок** с бронебойным индустриальным металом – и запросто выдавая трёхчасовые концерты совершенно шаманского свойства. (https://rg.ru/2019/10/25/leaving-meaning-gruppa-swans-snova-proveriaet-slushatelej-na-prochnost.html, 2019)

ПРА́ЙМЕР *nm, cosm.* primer

Праймер решает некоторые проблемы кожи и тем самым придаёт ей красивый здоровый вид. (https://www.goodhouse.ru/krasota/makiyazh/zachem-vam-praimer-shest-otvetov-na-vopros-ot-zvezdnogo-vizazhista/, 2019)

ПРА́ЙМЕРИЗ *nm, pol.* primaries

В лидеры в штате Айова – где проходят первые демократические **праймериз** в начале февраля, на сегодняшний день – с огромным отрывом, вырвался 37-летний мэр из Индианы. (https://echo.msk.ru/news/2540525-echo.html, 2019)

ПРАЙМ-ТА́ЙМ *nm, media.* prime time

В настоящее время выпускается не менее 20 программ КВН за каждый телевизионный сезон, которые транслируются в **прайм-тайм**. (https://ria.ru/20191121/1561421401.html, 2019)

ПРАЙС-ЛИ́СТ *nm, bsn.* price list

Общая стоимость приобретаемых лайнеров, согласно **прайс-листу** производителя, составит около $16 млрд. (https://www.kommersant.ru/doc/4163201, 2019)

ПРАНК *nm, slang.* prank

Британский блогер Goubtube разыграл прохожих при помощи человека в костюме динозавра, видео с записью **пранка** стало вирусным. (https://lenta.ru/news/2019/11/21/dinoprank/, 2019)

ПРА́НКЕР *nm, slang.* pranker

Пранкеры Вован и Лексус рассказали, как звонили президенту Украины Владимиру Зеленскому и разыгрывали его. (https://riafan.ru/1228309-vovan-i-leksus-rasskazali-kak-razygryvali-zelenskogo, 2019)

ПРЕБИО́ТИК *nm, med.* prebiotic

Инулин играет роль **пребиотика**, который выводит из организма вредные микроорганизмы. (https://lisa.ru/zdorovye/595992-polza-i-vred-rastvorimogo-cikoriya-dlya-organizma-cheloveka/, 2019)

ПРЕВЬЮ́ *nn, indecl, media.* preview

Вебизоды – серии коротких видео, которые были выпущены в качестве **превью** второго, третьего и четвёртого сезонов телесериала "Ходячие мертвецы". (https://walkingdead.fandom.com/ru/wiki/)

ПРЕДИ́КТОР *nm, eco.* predictor

Предиктор – прогностический параметр; средство прогнозирования. (https://dic.academic.ru/dic.nsf/ruwiki/302122)

ПРЕЗЕ́НТ *nm, slang.* present

Здесь можно будет не только прикупить **презент**, но и утолить голод в лофт-баре, где составили полноценное меню для гостей ярмарки с любовью. (http://ng72.ru/afisha/view/478, 2019). **Презентовать** (*v*).

ПРЕЗЕНТА́ЦИЯ *nf, misc.* presentation

В ходе форума пройдут тренинги по эффективной коммуникации, состоится **презентация** программы Ассоциации волонтерских центро в. (http://lg.lpgzt.ru/aticle/volontery-obmenyayutsya-opytom-.htm, 2019). **Презентационный** (*adj*).

ПРЕПРЕ́СС *nm, pub.* prepress

Препресс является разработкой допечатной версии типографского издания. (https://fb.ru/article/383792/prepress-chto-eto-takoe-kak-i-gde-primenimo-razbiraemsya-poetapno)

ПРЕПРИ́НТ *nm, pub.* preprint

Препринт статьи с фотографиями и видео авторы выложили на bioRxiv. (https://nplus1.ru/news/2019/10/19/glowing-plants, 2019)

ПРЕСЕ́ЛЛИНГ *nm, ad.* preselling

Преселлинг – реклама товара до его появления в продаже; предварительная обработка рынка рекламой. (https://dic.academic.ru/dic.nsf/business/)

ПРЕСС-АГЕ́НТ *nm, prof.* press agent

Хьюз через своих **пресс-агентов** утверждал, что добивается прекращения испытаний, исходя из высоких интересов общества и защиты природной среды. (https://www.kommersant.ru/doc/4053681, 2019)

ПРЕСС-БРИ́ФИНГ *nm, media.* press briefing

Генеральный директор оргкомитета Евро-2020 в Санкт-Петербурге Алексей Сорокин проводит **пресс-брифинг** на тему подготовки к турниру. (https://www.sport-express.ru/doping/news/aleksey-sorokin-o-dopinge-i-sankciyah-vada-1611244/, 2019)

ПРЕ́ССИНГ *nm, misc.* pressing

"Единая Россия" находится под постоянным **прессингом**, принимая именно на себя удар и за любые социально-экономические проблемы, и за непопулярные решения. (https://argumenti.ru/politics/2019/11/638436, 2019). **Прессинговый** (*adj*). **Прессинговать** (*v*).

ПРЕСС-КОНФЕРЕ́НЦИЯ *nf, media.* press conference

Брифинг – это максимально краткая **пресс-конференция**, на которой излагается, высказывается позиция правительства по какому-либо вопросу. (https://fb.ru/article/64390/brifing---eto-diskussiya-ili-press-konferentsiya)

ПРЕСС-РЕЛИ́З *nm, media.* press release

Согласно **пресс-релизу**, в октябре 2020 года артистка Наталья Ветлицкая даст концерты в Санкт-Петербурге и Москве. (https://www.gazeta.ru/culture/2019/11/21/a_12825404.html, 2019)

ПРЕСС-СЕКРЕТА́РЬ *nm, prof.* press secretary

Пресс-секретарь президента РФ Дмитрий Песков в четверг спокойно отреагировал на подачу иска в отношении президента РФ. (https://tass.ru/obschestvo/7174587, 2019)

ПРЕСС-ЦЕ́НТР *nm, media.* press center

Для журналистов в **пресс-центре** традиционно работает буфет, где подают шашлычки из красной рыбы в травах, шашлычки из курицы, бургеры с бараниной, клаб-сэндвичи, пирожки, печенье. (https://tass.ru/politika/7031611, 2019)

ПРИВАТИЗА́ЦИЯ *nf, misc.* privatization

В постсоветский период мы прошли через этапы **приватизации** жилья, консьюмерский бум начала 2000-ных, период автокредитов и гигантского роста автовладения. (https://www.rbc.ru/trends/sharing/5dd53d9a9a79470711d74c79, 2019). **Приватизированный** (*adj*). **Приватизировать** (*v*).

ПРИ́КВЕЛ *nm, media.* prequel

Вопреки многолетним чаяниям геймеров, новая игра будет являться, по сути, **приквелом** – сюжет расскажет о событиях, произошедших между первой и второй частями Half-Life. (https://www.fontanka.ru/2019/11/21/167/, 2019)

ПРИ́К-ТЕСТ *nm, med.* prick test

Для некоторых аллергий необходимо делать кожную пробу – **прик-тест**. (https://vk-smi.ru/zdorove/163705, 2019)

ПРИНТ *nm, cloth.* print

Среди новинок этого сезона: твидовые пальто мужского кроя, двусторонние пуховики, мягкие джемпера с вышивкой и блузки с цветочным **принтом**. (https://style.rbc.ru/items/5dada3979a794744e52ce48d, 2019)

ПРИ́НТЕР *nm, tech.* printer

В каждой лаборатории должен быть автоматический метеорологический комплекс, спутниковый навигатор, не менее трех промышленных компьютеров, многофункциональное устройство (сканер, **принтер** и копир). (https://www.kommersant.ru/doc/4157444, 2019). **Принтерный** (*adj*).

ПРОБИО́ТИК *nm, med.* probiotic

Прием **пробиотиков** обычно рекомендуется для увеличения полезных бактерий в кишечнике, что улучшает иммунную систему и другие аспекты здоровья. (https://dni24.com/exclusive/246082-uchenye-probiotiki-mogut-navredit-kishechniku.html, 2019)

ПРОВА́ЙДЕР *nm, int.* provider

С 1 января 2020 года все **провайдеры** Беларуси будут обязаны поддерживать интернет-протокол IPv6. (https://habr.com/ru/news/t/468569/, 2019). **Провайдерский** (*adj*).

ПРОГРАММИ́СТ *nm, prof.* programmer

Российский **программист**, основатель сервиса Telegram Павел Дуров посоветовал пользователям удалить мессенджер WhatsApp из-за проблем с безопасностью. (https://russian.rt.com/nopolitics/news/689144-durov-vatsapp-sovet-udalit, 2019). **Программистский** (*adj*). **Программировать/запрограммировать** (*v*).

ПРОГРЕССИ́В-МЕТА́Л *nm, music.* progressive metal

Американская группа Tool, в равной степени относящаяся к альтернативному року и **прогрессив-металу**, выпустила первый за 13 лет альбом “Fear Inoculum” и мгновенно оказалась с ним на вершине чарта в США, а также в Австралии, Бельгии, Канаде и Норвегии. (https://www.kommersant.ru/doc/4094329, 2019)

ПРОГРЕССИ́В-РО́К *nm, music.* progressive rock

В творчестве Godspeed наблюдается влияние панка, классической музыки, **прогрессив-рока** и авангарда. (https://regnum.ru/news/2760095.html, 2019)

ПРОГРЕССИ́В-ТРА́НС *nm, music.* progressive trance

Прогрессив-транс – подстиль транса. Название жанра объясняется тем, что в музыкальных композициях, принадлежащих к данному жанру, присутствуют так называемые прогрессии, то есть множество спецэффектов. (https://dic.academic.ru/dic.nsf/ruwiki/1107585)

ПРО́ДАКТ-ПЛЕ́ЙСМЕНТ *nm, mark.* product placement

Не важно, кто будет играть этого персонажа в следующем фильме, главное останется неизменным – широкое использование “**продакт-плейсмента**”, столь характерное для всей джеймсбондовской франшизы, неизменной частью которой давно стали автомобили Aston Martin. (https://www.fontanka.ru/2019/11/20/154/, 2019)

ПРОДА́КШН *nm, media.* production

Любой **продакшн** задействует сотни людей: ассистентов, вторых операторов и звуковиков, актёров массовки. . . А это рабочие места, опыт и связи. (https://argumenti.ru/culture/2019/11/638224, 2019)

ПРОДА́КШН-КОМПА́НИЯ *nf, bsn.* production company

Предполагается, что **продакшн-компании** и самостоятельные блогеры будут представлять свои проекты на питчингах, подобным тем, что существуют в Фонде кино. (https://lenta.ru/articles/2019/11/18/molodej/, 2019)

ПРОДА́КШН-МЕ́НЕДЖЕР *nm, prof.* production manager

Приедет в Россию и Пер Хенри Борх – **продакшн-менеджер** таких проектов, как "Трансформеры: Последний рыцарь", "Гарри Поттер и Принц-полукровка" и других. (https://rg.ru/2019/08/12/predstaviteli-mirovoj-kinoindustrii-obsudiat-v-rf-rabotu-kinokomissij.html, 2019)

ПРОДА́КШН-СТУ́ДИЯ *nf, bsn.* production studio

Награду креативная **продакшн-студия** получила за ролик о туристическом бренде республики Башкортостан Terra Bashkiria. (http://www.sobaka.ru/ufa/city/city/98690, 2019)

ПРОДЮ́СЕР *nm, prof.* producer

Продюсер Илья Стюарт отметил, что речь в фильме пойдет о реальном маньяке, однако вся история будет вымышленная. (https://tass.ru/kultura/7149455, 2019). **Продюсерский** (*adj*). **Продюсировать** (*v*).

ПРОЕ́КТОР *nm, tech.* projector

К юбилею Ленинградского планетария в дополнение к старому аппарату "Планетарий" было установлено новое оборудование – система из 8-ми **проекторов** и видеосервера. (https://nevnov.ru/738758-leningradskii-planetarii-otmetil-60-letnii-yubilei, 2019). **Проекторный** (*adj*). **Проектировать** (*v*).

ПРОКРАСТИНА́ТОР *nm, psych.* procrastinator

При этом **прокрастинаторы** мучаются угрызениями совести из-за того, что тратят драгоценное время на перекусы, перекуры, чтение забавных постов в соцсетях - на что угодно, лишь бы не на действительно нужное. (https://www.vrn.kp.ru/daily/27035/4100215/, 2019)

ПРОКРАСТИНА́ЦИЯ *nf, psych.* procrastination

Если уважительных причин для нежелания работать нет, то, скорее всего, у вас **прокрастинация**. Если кратко, то это постоянное откладывание дел на потом. (https://www.vrn.kp.ru/daily/27035/4100215/, 2019). **Прокрастинирующий** (*adj*). **Прокрастинировать** (*v*).

ПРО́КСИ *npl, idecl, int.* proxy

Программист пришел к выводу, что трафик всех, кто подключается к Wi-Fi в "Сапсане", может быть перехвачен, поскольку он проходит через **прокси** компании. (https://www.cnews.ru/news/top/2019-11-18_wifi_v_sapsane_mozhno_vzlomat, 2019)

ПРО́КСИ-АГЕ́НТ *nm, int.* proxy agent

Исследователи пишут, что скомпрометированные сайты заражают веб-шеллом и малварью Linux.Ngioweb, являющейся **прокси-агентом**. (https://xakep.ru/2019/06/25/free-socks-in/, 2019)

ПРО́КСИ-СЕ́РВЕР *nm, int.* proxy server

Имиджборд также получил у компании услугу виртуального сервера, который, вероятно, используется как **прокси-сервер**, а весь контент сайта хранится в другом месте. (https://www.kommersant.ru/doc/4149167, 2019)

ПРОЛОНГА́ЦИЯ *nf, misc.* prolongation

Закон о **пролонгации** особых норм формирования тарифов на газ в Крыму Госдума приняла в третьем, итоговом чтении. (https://regnum.ru/news/2811145.html, 2019). **Пролонгированный** (*adj*). **Пролонгировать** (*v*).

ПРОМО *nn, indecl, mark.* promo (*promotion*)

В качестве **промо** к пластинке музыкант выпустил клип на песню "Бабки". (http://www.sobaka.ru/entertainment/music/100019, 2019)

ПРОМОА́КЦИЯ *nf, mark.* promo (*promotion*) action

Практика последних лет показывает, что достаточно много различных **промоакций** появляются к Новому году. (https://news.ru/society/v-rossii-vyrosla-populyarnost-shampanskogo/, 2019)

ПРОМОКАМПА́НИЯ *nf, mark.* promo (*promotion*) compaign

Первый канал наградили в номинации "Эфирный/неэфирный промоушн телепрограмм" за **промокампанию** "Чемпионат мира по футболу 2018 на Первом". (https://tass.ru/obschestvo/6957007, 2019)

ПРОМОСА́ЙТ *nm, mark.* promo (*promotion*) site

Покупатели продукции PROSTO посещали **промосайт** и с помощью конструктора собирали уникальный чемодан. (https://www.sostav.ru/publication/prosto-39781.html, 2019)

ПРОМО́УТЕР *nm, prof.* promoter

Промоутер российского боксёра Сергея Ковалёва Кэти Дува выразила мнение, что её клиент мог одержать победу над мексиканцем Саулем Альваресом. (https://russian.rt.com/sport/news/689517-duva-kovalyov-alvares, 2019). **Промоутерский** (*adj*).

ПРОМО́УШН *nm, indecl, mark.* promotion

Первый канал наградили в номинации "Эфирный/неэфирный **промоушн** телепрограмм" за промокампанию "Чемпионат мира по футболу 2018 на Первом". (https://tass.ru/obschestvo/6957007, 2019)

ПРОМО́УШН-А́КЦИЯ *nf, mark.* promotion action

Томми Тайер: "Это не попытка хайпа или **промоушн-акция**, это, действительно, последний тур" – Последний тур KISS называется "Конец пути". (https://calendar.fontanka.ru/articles/8319, 2019)

ПРОМО́УШН-ДИРЕ́КТОР *nm, prof.* promotion director

Также мимо Шнурова не прошли такие профессии, как дизайнер рекламного агентства, **промоушн-директор** на радио и ассистент на съемках клипов. (https://sm-news.ru/5-nikomu-ne-izvestnyx-faktov-o-sergee-shnurove-5621/, 2019)

ПРОМО́УШН-КАМПА́НИЯ *nf, mark.* promotion campaign

Многие потенциальные гости Петербурга еще не знают об электронной визе, ей нужна дополнительная **промоушн-кампания**. (https://iz.ru/927542/elnar-bainazarov/okno-iz-evropy-elektronnye-vizy-pozvoliat-piteru-zarabotat-1-mlrd, 2019)

ПРОФА́ЙЛ *nm, psych.* profile

В электронном **профайле** будут указаны данные о наименовании организации и период работы в ней, должность сотрудника и уровень его квалификации. (https://www.mk.ru/economics/2019/11/20/novaya-versiya-starykh-trudovykh.html, 2019)

ПРОФА́ЙЛЕР *nm, prof.* profiler

Профайлер – человек, владеющий определенными психологическими методами, благодаря которым ему удается прогнозировать поведение человека в той или иной ситуации. (https://fb.ru/article/210921/profayler---chto-eto-takoe-kak-stat-profaylerom, 2019)

ПРОФА́ЙЛИНГ *nm, psych.* profiling

Профайлинг – это методика “чтения людей”, основанная на технологиях спецслужб. (https://mir24.tv/articles/16382434/4-glavnyh-voprosa-o-detektore-lzhi-stoit-li-emu-verit, 2019)

ПРОФЕССИОНА́Л *nm, prof.* professional

Коуч – это **профессионал**, который сопровождает людей на пути к их жизненным целям. (https://daily.afisha.ru/archive/gorod/changes/evangelist-fikser-i-basboy-kto-eto-takie/, 2019). **Профессиональный** (*adj*).

ПРОФЕССИОНАЛИ́ЗМ *nm, misc.* professionalism

Успешную работу на посту гендиректора “КамАЗа” Когогин связывает, в первую очередь, с **профессионализмом** и сплоченностью его подчиненных, а еще – с патриотизмом. (https://riafan.ru/1228646-nash-zavod-sbornaya-strany-glava-kamaz-kogogin-o-tom-kak-dobitsya-uspekha-v-delakh, 2019). **Профессиональный** (*adj*).

ПРОЦЕ́ССИНГ *nm, misc.* processing

Планируемый ежемесячный оборот в рамках проекта составляет 400 млн руб. Для ВТБ большая честь обеспечить **процессинг** платежей для студентов МГУ. (https://www.cnews.ru/news/line/2019-11-22_vtb_obespechit_vozmozhnost, 2019). **Процессинговый** (*adj*).

ПРОЦЕ́ССОР *nm, comp.* processor

Honor V30 Pro получит флагманский **процессор** Kirin 990, имеющий модем для работы с сетями нового поколения 5G. (https://dni24.com/exclusive/246263-v-seti-opublikovali-pervoe-nochnoe-foto-honor-v30.html, 2019). **Процессорный** (*adj*).

ПСИХОДЕ́ЛИК-РОК *nm, music.* psychedelic rock

Раджа Рам изучал джаз и играл на флейте, но это было давно, впрочем, как и его **психоделик-рок**-группа Quintessence, отдающая индуизмом со всей свойственной атрибутикой. (https://sm-news.ru/velikovozrastnye-didzhei-55197/, 2019)

ПСИХОКИБЕРНЕ́ТИКА *nf, psych.* psychocybernetics

Психокибернетика – термин предложил Мальц для обозначения психотерапевтического подхода к изменению восприятия самого себя. (https://dic.academic.ru/dic.nsf/enc_psychotherapeutic/296/)

ПСИХОСОЦИОЛО́ГИЯ *nf, psych.* psychosociology

Фредерик Годар – преподаватель бизнес-школы INSEAD, специалист по социальным сетям и **психосоциологии** организаций. (https://inosmi.ru/world/20140403/219248280.html, 2019)

ПУ́ДЕЛЬ *nm, anim.* poodle

Название "лабрадудель" появилось в 1955 году, когда сэр Дональд Кэмпбелл добавил в свою книгу описание породы, которая представляет собой помесь лабрадора и **пуделя**. (https://veter.academic.ru/dic.nsf/ruwiki/1817560)

ПУЛ *nm, billiards.* pool

Временный бюджет дает отсрочку партиям конгресса для принятия более долговременного финансового закона, сообщает РИА Новости, ссылаясь на журналистов президентского **пула**. (https://rg.ru/2019/11/22/tramp-podpisal-ocherednoj-vremennyj-biudzhet.html, 2019)

ПУЛО́ВЕР *nm, cloth.* pullover

Яркая рубашка или эффектный **пуловер** также будут весьма уместны и отлично дополнят ваш демократичный наряд. (https://riafan.ru/1229072-v-chem-vstrechat-2020-god-krysy-aktualnye-sovety-dlya-vsekh-znakov-zodiaka, 2019). **Пуловерный** (*adj*).

ПУЛ-СКЕ́ЙТИНГ *nm, sport.* pool skating

Скейт-парк поделён на разные функциональные зоны – джампинг-зону, разгоночную, **пул-скейтинг** (пустой бассейн) и зоны для роллеров и скейтеров. (https://kavkaz.mk.ru/sport/2018/11/10/skeytpark-otkryli-v-nevinnomysske.html, 2019)

ПУЛЬСА́Р *nm, astr.* pulsar

Если свечение такого пятна периодически пересекает луч зрения земного наблюдателя, то такой объект наблюдается как **пульсар**. (https://nplus1.ru/news/2019/12/16/nicer-pulsar, 2020). **Пульсарный** (*adj*). **Пульсировать** (*v*).

ПУРИТАНИ́ЗМ *nm, rel.* puritanism

Трамп – человек, который впитал в себя традиционные ценности, свойственные Соединённым Штатам – это религиозность, отчасти **пуританизм**, традиционная семья. (https://russian.rt.com/world/article/684744-ssha-tramp-dempartiya-totalitarizm, 2019). **Пуританский** (*adj*).

ПУТ-ОПЦИО́Н *nm, fin.* put option

Если рынок уверен в росте, то премии на кол-опционы возрастут, на **пут-опционы** снизятся. (http://elitetrader.ru/index.php?newsid=478156, 2019)

ПЭ́ЧВОРК *nm, art.* patchwork

Лоскутное шитье, **пэчворк**, квилтинг, текстильная мозаика – все это виды рукоделия, которые основаны на одном принципе – создание единой композиции из отдельных лоскутков. (https://fb.ru/article/260724/kreyzi-kvilt-dlya-nachinayuschih-tehnika-ispolneniya-osobennosti-i-rekomendatsii)

Р

РАГАМА́ФФИН *nm, music.* ragamuffin

Проекту больше 20 лет, за время существования он вобрал в себя элементы любимых Мартином **рагамаффина**, дэнсхолла, нойза и грайма. (https://thecity.m24.ru/articles/912, 2019)

РАДА́Р *nm, tech.* radar

Российское океанографическое исследовательское судно "Янтарь" ранним утром 10 ноября 2019 года пропало с **радаров** в Карибском море. (https://regnum.ru/news/2785136.html, 2019). **Радарный** (*adj*).

РАДА́Р-ДЕТЕ́КТОР *nm, tech.* radar detector

Среди оснащения машины есть навигационная система, скрытый **радар-детектор** и аудиосистема. (https://mag.auto.ru/article/volvo960 ebaydragster/, 2019)

РАДИА́ТОР *nm, tech.* radiator

Mercedes-AMG GLS 63 получил особую решетку **радиатора**, спортивный аэродинамический обвес и кузовной декор с серебристыми элементами, а также 21-дюймовые колесные диски. (https://www.kommersant.ru/doc/4170012, 2019). **Радиаторный** (*adj*).

РА́ДИО *nn, indecl, misc.* radio

Жюри питчинга возглавил президент Евразийской академии телевидения и **радио**, продюсер, режиссер Валерий Рузин. (https://tass.ru/kultura/7179465, 2019)

РАДИОИНТЕРФЕ́ЙС *nm, tech.* radio interface

Информацию с чипа можно будет считать через контактную площадку на поверхности пластиковой карточки, а также бесконтактно, через **радиоинтерфейс**. (https://tass.ru/obschestvo/6722676, 2019)

РАДИОКАНА́Л *nm, tech.* radio channel

Как уже сообщало ИА REGNUM, в Забайкальском крае отключение аналогового вещания федеральных телевизионных и **радиоканалов** произошло с 14 сентября 2019 года. (https://regnum.ru/news/2769643.html, 2019). **Радиоканальный** (*adj*).

РАДИОКОММЕНТА́ТОР *nm, prof.* radio commentator

Голос знаменитого советского **радиокомментатора** Вадима Синявского, который вел репортаж о параде, услышал весь мир. (https://www.mk.ru/politics/2019/11/07/v-moskve-povtorili-parad-7go-noyabrya-1941-goda.html, 2019). **Радиокомментаторский** (*adj*). **Радиокомментировать** (*v*).

РАДИОЛОКА́ЦИЯ *nf, tech.* radiolocation

У радиозавода "Полет" – производителя систем **радиолокации** и радионавигации – более 30 государств-партнеров. (https://www.chel.kp.ru/online/news/3666281/, 2019). **Радиолокационный** (*adj*).

РАДИО́МЕТР *nm, tech.* radiometer

Также на борту "Хаябуса-2" находился десятикилограммовый спускаемый аппарат под названием MASCOT, оборудованный спектрометром, магнитометром,

радиометром и камерой. (https://www.mk.ru/science/2019/11/13/yaponskiy-zond-pobyvavshiy-na-asteroide-vozvrashhaetsya-na-zemlyu.html, 2019). **Радиометрический** (*adj*).

РАДИОНАВИГА́ЦИЯ *nf, tech.* radio navigation

У радиозавода "Полет" – производителя систем радиолокации и **радионавигации** – более 30 государств-партнеров. (https://www.chel.kp.ru/online/news/3666281/, 2019). **Радионавигационный** (*adj*).

РАДИОЭЛЕКТРО́НИКА *nf, tech.* radio electronics

Аспирант Томского госуниверситета систем управления и **радиоэлектроники** Сергей Фролов разработал алгоритм быстрого поиска аварийных участков на трубопроводах. (https://nauka.tass.ru/nauka/7179721, 2019). **Радиоэлектронный** (*adj*).

РА́ЙДЕР *nm, law.* rider (*a set of conditions*)

Наргиз планирует обратиться в суд с жалобой на клевету со стороны промоутера Сергея Лаврова, который ранее сообщил, что во время гастролей артистка требовала в **райдере** слишком роскошные условия размещения. (https://riafan.ru/1229050-treki-nargiz-popali-v-evropeiskii-top-chart-posle-rastorzheniya-kontrakta-s-fadeevym, 2019)

РАЙДШЕ́РИНГ *nm, auto.* ridesharing

К законопроекту о легализации карпулинга (**райдшеринга**), подготовленному Минтрансом, появились замечания у ФСБ, МВД, ФАС, Минэкономики и Минкомсвязи. (https://www.fontanka.ru/2019/11/08/010/, 2019)

РАКЕТБО́Л *nm, sport.* racquetball

В частности, он организовал в особняке тренажерный зал, танцпол с пилонами и корты для игры в **ракетбол**. (https://www.pravda.ru/news/realty/1411648-osobnyak/, 2019)

РА́ЛЛИ *nn, indecl, sport.* rally

В "Ситроене" подтвердили, что заводская команда французского производителя не будет выступать в следующем сезоне чемпионата мира по классическому **ралли**. (https://www.championat.com/auto/news-3904317-sitroen-oficialno-objavil-ob-uhode-iz-wrc-i-obvinil-v-etom-ozhe.html, 2019)

РА́МПА *nf, sport.* ramp

Основными стилями катания являются флэтленд (трюки на ровных поверхностях), стрит (трюки на улице), верт (трюки в **рампе**), парк (в скейт-парках с различными препятствиями). (https://www.mk.ru/sport/2019/06/27/mok-izmenil-programmu-olimpiyskikh-igr-2024-goda.html, 2019). **Рамповый** (*adj*).

РАНДОМА́ЙЗЕР *nm, comp.* randomizer

На языке программистов "**рандомайзер**" – это генератор случайных чисел. (https://www.mk.ru/social/2019/10/27/zashkvarno-agritsya-na-zhizu-kak-vzroslym-reagirovat-na-molodezhnyy-sleng.html, 2019)

РАСТАБА́ЙК *nm, sport.* rasta bike

Растабайк – это катание всех желающих на самодельных цирковых велосипедах. (https://aif.ru/sport/sportin/luzhniki_zhdut_tebya_provedi_vyhodnoy_v_rezhime_zdorovya, 2019)

РА́УНД *nm, sport.* round

Матч длится девять **раундов**, которые называются иннингами. (https://lenta.ru/articles/2019/05/22/baseball/, 2019)

РАФТ *nm, sport.* raft

14-летний сын рыбака соорудил с приятелями **рафт** из тракторных покрышек. (https://lenta.ru/articles/2019/10/31/masvidal/, 2019)

РА́ФТЕР *nm, sport.* rafter

У нас в регионе много профессиональных спортсменов – борцов, **рафтеров**, но важно также уделять внимание массовому спорту. (https://tass.ru/sibir-news/6912594, 2019)

РА́ФТИНГ *nm, sport.* rafting

Рафтинг – это экстремальный сплав по горным рекам на специальной резиновой лодке с прохождением опасных порогов, водоворотов и прочих сюрпризов. (https://www.kp.ru/daily/26114/3009226/, 2019)

РЕА́ЛИТИ-КВЕСТ *nm, ent.* reality quest

Надев 3D-очки, можно полностью погрузиться в **реалити-квест** по мотивам событий Великой Отечественной войны. (https://www.alt.kp.ru/daily/26977.4/4035334/, 2019)

РЕА́ЛИТИ-ШО́У *nn, indecl, ent.* reality show

Тройку лидеров замкнула Ольга Бузова, которая ведет российское популярное **реалити-шоу**, дает концерты, пишет книги и управляет собственными ресторанами. (https://www.rbc.ru/business/20/11/2019/5dd4d5c09a79475873a96568, 2019)

РЕБРЕ́НДИНГ *nm, mark.* rebranding

Студия "Союзмультфильм" проводит **ребрендинг**, в ходе которого впервые получит единый логотип, новые слоганы и шрифты. (https://www.kommersant.ru/doc/4118744, 2019)

РЕ́ГГИ *nm, indecl, music.* reggae

Пятерку лидеров замыкает король **регги** Боб Марли. (https://www.rbc.ru/technology_and_media/30/10/2019/5db9bcc59a79477aa4e18fa8, 2019)

РЕГТА́ЙМ *nm, music.* ragtime

Однако в отличие от старшего коллеги Крутой не отталкивался от джаза и **регтайма** и вообще не слишком оглядывался на музыкальный канон. (https://tass.ru/opinions/6706547, 2019)

РЕДЕВЕ́ЛОПМЕНТ *nm, const.* redevelopment

Это проект **редевелопмента** исторического здания в современный жилой комплекс бизнес-класса. (https://realty.rbc.ru/news/5d7ba8469a794739b107532c, 2019)

РЕЙМПОРТ *nm, bsn.* reimport

В сфере онлайн-торговли есть еще одна важная проблема, которая сдерживает ее развитие: невозможность **реимпорта** товара, проданного из России за рубеж. (https://tass.ru/msp/6846222, 2019). **Реимпортировать** (*v*).

РЕИНВЕСТИ́РОВАНИЕ *nn, fin.* reinvesting

Как указано в презентации, финансировать проект госкорпорация планирует за счет собственных средств, банковских кредитов и с пом ощью **реинвестирования** денежных потоков проекта. (https://tass.ru/ekonomika/7167589, 2019). **Реинвестировать** (*v*).

РЕИНВЕСТИ́ЦИЯ *nf, fin.* reinvestment

Огромные суммы скопились в созданных "успешными людьми" офшорах, лишь незначительная часть которых используется для **реинвестиций** в России. (http://www.ng.ru/ideas/2019-10-29/7_7714_primakov.html, 2019). **Реинвестировать** (*v*).

РЕИНЖЕНИ́РИНГ *nm, inf.* reengineering

В рамках данного направления оказываются консультативные услуги по цифровой трансформации бизнеса, постановке и **реинжинирингу** процессного управления. (https://www.cnews.ru/news/top/2019-11-05_ibs_pokupaet_u_aplany_biznes, 2019)

РЕИНТЕГРА́ЦИЯ *nf, bsn.* reintegration

Игорь Додон подписал Указ о назначении Василия Шовы советником президента по политическим вопросам и **реинтеграции**. (https://mk.kn.md/politics/2019/11/20/igor-dodon-ministry-dolzhny-obshhatsya-s-lyudmi.html, 2019). **Реинтегрировать** (*v*).

РЕЙВ *nm, music.* rave

Главные люди на **рейве** – это музыканты. (https://thecity.m24.ru/articles/1327, 2019)

РЕЙВ-КЛУ́Б *nm, music.* rave club

Кит Флинт родился 17 сентября 1969 года в Лондоне. В конце 1980-х он познакомился с диджеем Лиамом Хоулеттом в **рейв-клубе** и впечатлился его музыкой. (https://www.gazeta.ru/culture/2019/09/17/a_12656455.html, 2019)

РЕЙВ-КУЛЬТУ́РА *nf, cult.* rave culture

На грузинских выходных петербуржцы познакомятся с творчеством режиссера Отара Иоселиани и узнают о грузинской **рейв-культуре**. (https://nevnov.ru/735988-v-preddverii-festivalya-gruziyaplay-peterburzhcy-poznakomyatsya-s-gruzinskoi-kulturoi, 2019)

РЕЙД *nm, misc.* raid

Благодаря **рейдам** на дорогах приставы арестовали более 200 машин злостных неплательщиков. (https://www.samara.kp.ru/online/news/3681071/, 2019). **Рейдовый** (*adj*).

РЕ́ЙДЕР *nm, law.* raider

Слушания по уголовному делу о банде квартирных **рейдеров**, которые более десяти лет орудовали в столице, стартовали 20 ноября в

Савеловском суде Москвы. (https://www.mk.ru/incident/2019/11/20/v-moskve-sudyat-krupneyshuyu-bandu-chernykh-rieltorov-obirali-materey-s-detmi.html, 2019). **Рейдерский** (*adj*).

РЕ́ЙЛИНГ *nm, auto.* railing

Также пикап может похвастаться **рейлингами** на крыше. (https://mir24.tv/news/16386752/nuzhnaya-shtuka-dlya-hozyaistva-daewoo-matiz-prevratili-v-mini-pikap, 2019)

РЕ́ЙНДЖЕР *nm, misc.* ranger

До последнего времени оружие в распоряжении **рейнджеров** было старым и уступало вооружения браконьеров. (https://ria.ru/20191120/1561166088.html, 2019). **Рейнджерский** (*adj*).

РЕ́ЙТИНГ *nm, misc.* rating

Лидерами **рейтинга** были признаны компании, которые занимаются добычей ценных металлов. (https://russian.rt.com/russia/news/688502-forbs-reiting-luchshih-rabotodatelei, 2019). **Рейтинговый** (*adj*).

РЕКО́РД *nm, misc.* record (*achievement*)

Российская фигуристка Алена Косторная установила новый мировой **рекорд** в короткой программе в соревнованиях среди женщин в одиночном катании. (https://www.gazeta.ru/sport/news/2019/11/22/n_13727282.html, 2019). **Рекордный** (*adj*).

РЕКРУ́ТЕР *nm, prof.* recruiter

Рекрутеры не могут справиться с огромным потоком резюме, и автоматизированные системы значительно упрощают их работу. (https://regnum.ru/news/2786045.html, 2019). **Рекрутерский** (*adj*).

РЕКРУ́ТИНГ *nm, bsn.* recruiting

Маск заявил, что существующая система **рекрутинга** вызывает у него серьезное беспокойство. (https://www.fontanka.ru/2019/11/19/100/, 2019). **Рекрутинговый** (*adj*).

РЕКРУ́ТМЕНТ *nm, bsn.* recruitment

Также на конференции планируется разобрать реальные кейсы внедрения искусственного интеллекта в процесс **рекрутмента** различных компаний. (https://rb.ru/news/tceh-hr/, 2019)

РЕЛАКСА́ЦИЯ *nf, misc.* relaxation

Для полноценного физического развития в здании имеется спортзал с самым современным оборудованием, сауной и зоной **релаксации** или групповых занятий. (https://aif.ru/money/company/vyyti_iz_kabinetov_cifrovaya_transformaciya_trebuet_novyh_ofisov, 2019). **Релаксационный** (*adj*). **Релаксировать** (*v*).

РЕМЕ́ЙК *nm, media.* remake

На Пятом канале 25 ноября стартует новый сериал “Барс”, который является

ремейком зарубежного сериала “Касл”. (https://regnum.ru/news/2786238.html, 2019)

РЕМИ́КС *nm, media.* remix

Мы сами подбираем современные пьесы, делаем на них каверы, **ремиксы** с ударными инструментами. С ансамблем "Джаз Тайм" подготовили целое попурри. (https://www.mk-sakhalin.ru/culture/2019/11/20/segodnya-trekhstrunka-uzhe-ne-prosto-narodnyy-instrument.html, 2019)

РЕ́НДЕРИНГ *nm, comp.* rendering

Рендеринг – термин в компьютерной графике, обозначающий процесс получения изображения по модели с помощью компьютерной программы. (https://dic.academic.ru/dic.nsf/business/)

РЕНОВА́ТОР *nm, prof.* renovator

Охотника за драгоценными камнями из Санкт-Петербурга Александра Тензо можно назвать **реноватором** традиционного ювелирного ремесла, особенно в том, что касается гравировки. (https://www.kommersant.ru/doc/3969227, 2019)

РЕНОВА́ЦИЯ *nf, misc.* renovation

Программа **реновации** жилищного фонда была утверждена в августе 2017 года. (https://realty.interfax.ru/ru/news/articles/112284, 2019). **Реновационный** (*adj*).

Реновировать (*v*).

РЕПОРТЁР *nm, prof.* reporter

Репортёры программы "НашПотребНадзор" решили выяснить, какие напитки навсегда могут испортить зубы. (https://news.ru/health/nazvany-samye-opasnye-dlya-zubov-napitki/, 2019). **Репортерский** (*adj*).

РЕПО́СТ *nm, int.* repost

Матч набрал 1,09 млрд пользовательских интеракций, к ним относят лайки, **репосты**, комментарии и просмотры видео. (https://sportrbc.ru/news/5d7f4ab79a79473, 2019). **Репостить** (*v*).

РЕПРИ́НТ *nm, pub.* reprint

Кроме того, в течение двух дней можно будет приобрести **репринты** дореволюционных или советских почтовых открыток, подписать и отправить из Углича родным и друзьям. (https://yar.mk.ru/culture/2019/10/10/muzei-myshkina-pereslavlya-i-uglicha-podgotovili-novye-turisticheskie-predlozheniya-dlya-gostey-festivalya-muzeynyy-retrit.html, 2019)

РЕСЕ́ПШЕН *nm, misc.* reception (*reception area*)

Пункт выдачи онлайн-магазина ЦУМа в Краснодаре будет расположен в одном из жилых комплексов: на площади 121 кв. м будут открыты **ресепшен**, лаунж-зона и четыре примерочные. (https://www.rbc.ru/business/29/10/2019/5db6ebdc9a794769abcfcdf5, 2019)

РЕСИ́ВЕР *nm, tech.* receiver

Каждый **ресивер** имеет по две пары RCA-выходов для подключения отдельных усилителей, в каналах сабвуферов можно включить фильтр нижних частот. (https://www.zr.ru/content/articles/920539-novye-modeli-golovnykh-ustrojst/, 2019)

РЕСПЕ́КТ *nm, slang.* respect

Кстати, ранее репер Face выразил **респект** уральцам за наличие бутика Gucci. Он даже изменил слова своего трека под уральские реалии. (https://momenty.org/city/6439, 2019)

РЕСПОНДЕ́НТ *nm, misc.* respondent

Заранее к распродажам почти никто не готовится, но 60% **респондентов** просматривают в интернете выгодные предложения. (https://www.kommersant.ru/doc/4165963, 2019)

РЕСТА́ЙЛИНГ *nm, des.* restyling

Собственно, новая модификация "Нивы" представляет собой глубокий **рестайлинг** "Нивы" существующей. (https://car.ru/news/automobili/58243-glubokiy-restayling-prezhney-versii-chto-izvestno-o-novoy-chevrolet-niva-na-segodnyashniy-den/, 2019)

РЕ́СТЛЕР *nm, sport.* wrestler

По несколько раз в день Зак пересматривает старую видеокассету, где **рестлер** по прозвищу Salt Water Redneck рекламирует свою школу. (https://snob.ru/entry/183991/, 2019)

РЕ́СТЛИНГ *nm, sport.* wrestling

Фьюри, который недавно попробовал свои силы в **рестлинге**, спросили, какими ещё видами спорта ему было бы интересно заняться. (https://www.championat.com/boxing/news-3904373-v-espn-podshutili-nad-fjuri-kotoryj-skazal-chto-ne-vlezet-v-mashinu-formuly-1.html, 2019)

РЕТВИ́Т *nm, int.* retweet

Обрадор в своем твиттере также положительно охарактеризовал беседу с Трампом, причем американский лидер сделал **ретвит** этой записи. (https://www.interfax.ru/world/676136, 2019). **Ретвитнуть** (*v*).

РЕТЕ́ЙНЕР *nm, med.* retainer

Для этого на внутреннюю часть зубов устанавливаются специальные **ретейнеры**. (https://sm-news.ru/5-realnyx-prichin-reshitsya-na-brekety-posle-30-let-1211/, 2019)

РЕТРИ́ВЕР *nm, anim.* retriever

Золотистый **ретривер** – такие собаки являются верными спутниками жизни людей и хорошо находят общий язык с детьми. (https://sm-news.ru/podxodyashhie-porody-sobak-dlya-semi-s-detmi-55009/, 2019)

РЕТРОСЕКСУА́Л *nm, soc.* retrosexual

Сами музыканты называют себя **ретросексуалами** и играют стероидный ретророк без намека на современность. (https://www.the-village.ru/village/weekend/events-of-the-week/346901-ekb-events-8-14-april, 2019)

РЕФИНАНСИ́РОВАНИЕ *nn, fin.* refinancing

18 сентября Европейский центральный банк понизил ставку **рефинансирования** до нового исторического минимума: −0,5%. (https://realty.rbc.ru/news/5dd75cd59a7947dc270f6fe8, 2019). **Рефинансированный** (*adj*). **Рефинансировать** (*v*).

РЕФО́РМИНГ *nm, tech.* reforming

Уточняется, что из-за грязной нефти оказались повреждены установки первичной и вторичной переработки нефти, изомеризации, каталитического **риформинга**. (https://realnoevremya.ru/news/143667-samarskiy-sk-vozbudil-novoe-delo-o-gryaznoy-nefti-po-zhalobe-kuybyshevskogo-npz, 2019)

РЕЦИРКУЛЯ́ЦИЯ *nf, tech.* recirculation

Механизм **рециркуляции** межгалактического газа плохо изучен – в первую очередь, потому что он, в отличие от ярких галактик, практически не излучает свет. (https://hightech.fm/2019/11/22/between-galaxyes, 2019)

РЕЭ́КСПОРТ *nm, bsn.* reexport

18 ноября стало известно, что США продлили на 90 дней лицензию Huawei на экспорт и **реэкспорт** своих товаров на территории страны. (https://iz.ru/946054/2019-11-21/senatory-poprosili-trampa-priostanovit-vydachu-litcenzii-na-rabotu-s-huawei, 2019). **Реэкспортный** (*adj*). **Реэкспортировать** (*v*).

РЕЭМИГРА́ЦИЯ *nf, soc.* re-emigration

Цель общественного движения Latvija strādā способствовать **реэмиграции**. На сегодняшний день им удалось вернуть в Латвию 130 человек. (https://regnum.ru/news/society/2766623.html, 2019). **Реэмигрировать** (*v*).

РИ́ГГЕР *nm, prof.* rigger

Риггер – специалист, прошедший специальный курс обучения по укладке, обслуживанию и ремонту парашютной техники. (https://dic.academic.ru/dic.nsf/ruwiki/162403, 2019)

РИ́ДЕР *nm, tech.* reader

Xiaomi вышла на рынок электронных книг с недорогим **ридером**, оснащенным тачскрином и подсветкой. (https://www.cnews.ru/news/top/2019-11-19_xiaomi_vypustila_sverhdeshevuyu, 2019)

РИЕ́ЛТОР *nm, prof.* realtor

Риелторы называли рост числа новостроек с отделкой одной из главных тенденций на первичном рынке Москвы. (https://realty.rbc.ru/news/5dd795319a7947f133bbed61, 2019). **Риелторский** (*adj*).

РИНГТО́Н *nm, tech.* ringtone

Когда бум на **рингтоны** в Индии приближался к своему пику, T-Series обнаружила, что пиратские версии ее песен появляются в совершенно новом формате – на YouTube. (https://www.forbes.ru/newsroom/biznes/387535-magiya-bollivuda-kak-byl-sozdan-samyy-populyarnyy-youtube-kanal, 2019)

РИНК-ХОККЕ́Й *nm, sport.* rink hockey

В 1951 году Самаранч провел в Барселоне чемпионат Европы по **ринк-хоккею**

(хоккей с мячом на роликовых коньках). (https://lenta.ru/articles/2010/04/21/samaranch/, 2004)

РИСК-МЕ́НЕДЖМЕНТ *nm, bsn.* risk management

Это так называемая процедура **риск-менеджмента**, которая позволяет оценить риски банка при предоставлении займа. (https://www.kommersant.ru/doc/4162043, 2019)

РИТЕ́ЙЛ *nm, bsn.* retail

В следующем году планируется построить комплексную инфраструктуру в регионах, расширить сети сбора батареек в **ритейле** до 2500 пунктов, продолжить проведение школьных акций и недели сбора батареек в городах страны. (https://echo.msk.ru/programs/echonomica/2541257-echo/, 2019)

РИТЕ́ЙЛЕР *nm, bsn.* retailer

Объемы площадей, которые не будут сданы **ритейлерам**, начнут занимать общественные и рекреационные объекты, например, коворкинги или сервисные центры. (https://www.kommersant.ru/doc/4162255, 2019). **Ритейлерский** (*adj*).

РО́БОТ *nm, misc.* robot

Робот станет ассистентом главного тренера баскетбольного клуба "Парма", сообщила пресс-служба клуба. (https://polit.ru/news/2019/10/11/parma_robot/, 2019)

РО́ДСТЕР *nm, auto.* roadster

Ранее корпорация BMW сообщила, что электрический **родстер** прекратят производить в ближайшее время. (https://carsweek.ru/news/News_in_the_world/964636/, 2019)

РОК *nm, music.* rock

Для фанатов русского **рока** пройдет большой сольный концерт в петербургском "Космонавте" 22 ноября. (https://nevnov.ru/744977-22-noyabrya-v-klube-kosmonavt-vystupit-legendarnaya-rok-gruppa-bravo, 2019). **Роковый** (*adj*).

РОК-АЛЬБО́М *nm, music.* rock album

В других номинациях также немало интересного: например, награду за лучший **рок-альбом** может получить последняя пластинка The Cranberries In The End. (https://calendar.fontanka.ru/articles/8941, 2019)

РОК-ГИТАРИ́СТ *nm, music.* rock guitarist

Среди треков альбома – кавер-версия на композицию "Air" знаменитого **рок-гитариста** и создателя Cacophony Джейсона Беккера. (https://www.mk.ru/culture/2019/11/14/chem-kompozitor-konstantin-kokourov-vpechatlil-druga-boui.html, 2019)

РОК-ГРУ́ППА *nf, music.* rock group

Российская **рок-группа** "Браво" даст концерты в Москве и Санкт-Петербурге. (https://lenta.ru/news/2019/11/20/bravo/, 2019)

РО́КЕР *nm, music.* rocker

Американские **рокеры** решили устроить одно из самых эксцентричных выступлений. (https://sm-news.ru/unikalnyj-koncert-gruppy-kiss-dlya-belyx-akul-oni-ne-lyubyat-rok-n-roll-56622/, 2019). **Рокерский** (*adj*).

РОК-КАФЕ́ *nn, indecl, bsn.* rock cafe

Мы даже там сделали первый в стране частный ресторан – **рок-кафе** "Виктория", где, кстати, начинал известный сегодня ресторатор Аркадий Новиков. (https://vm.ru/interview/759123-stas-namin-v-nashih-pesnyah-ne-bylo-falshivogo-patriotizma-i-pafosa, 2019)

РОК-КОМПОЗИ́ЦИЯ *nf, music.* rock composition

С сентября у "Маруси" чаще просят **рок-композиции**, в основном – тяжелый металл. (https://regnum.ru/news/2780843.html, 2019)

РОК-МАРАФО́Н *nm, music.* rock marathon

Двухдневный ударный **рок-марафон** был посвящен празднованию 872-летия Москвы. (https://vm.ru/news/750318-monstry-roka-zhdut-telezritelej, 2019)

РОК-МУ́ЗЫКА *nf, music.* rock music

The Hatters – **феномен современной рок-музыки**. (https://www.m24.ru/news/kultura/21112019/98201, 2019)

РОК-МУЗЫКА́НТ *nm, music.* rock musician

Рок-музыкант Мэрилин Мэнсон выпустил кавер-версию песни The End группы The Doors. (https://iz.ru/946522/2019-11-23/merilin-menson-vypustil-kaver-na-pesniu-doors, 2019)

РОК-МЮ́ЗИКЛ *nm, music.* rock musical

Из всего им сочиненного не увидел свет лишь **рок-мюзикл** "Мастер и Маргарита": Градский работает над ним с 90-х. (https://aif.ru/culture/person/vsegda_ostavatsya_gradskim_kto_zastavil_pevca_porvat_s_proshlym, 2019)

РОК-Н-РОЛЛ *nm, music.* rock and roll

Стиль **рок-н-ролл** зародился в США в конце 40-х – начале 50-х годов XX века из смеси музыки афроамериканских жанров – джаза, блюза, джамп-блюза, ритма, буги-вуги – и кантри-музыки с ее поджанрами вестерн-свинг и блуграсс. (https://vm.ru/stars/629792-uchastniki-proekta-muzyka-v-metro-rasskazali-vm-chto-slushayut-gorozhane-v-stolichnoj-podzemke, 2019). **Рок-н-ролльный** (*adj*).

РОК-О́ПЕРА *nf, music.* rock opera

Еще на этой неделе Александр Градский отметит 70-летие концертом. Он писал **рок-оперы** и балеты. (https://thecity.m24.ru/articles/1385, 2019)

РО́ЛЛ *nm, food.* roll

Говоря о японской кухне, существовавшей в России до этого, большинство представляли традиционные рестораны, где подавали суши, **роллы** и сасими. (https://inosmi.ru/social/20191123/246296904.html, 2019)

РО́ЛЛЕР *nm, sport.* roller

Скейт-парк поделён на разные функциональные зоны – джампинг-зону, разгоночную, пул-скейтинг (пустой бассейн) и зоны для **роллеров** и скейтеров. (https://kavkaz.mk.ru/sport/2018/11/10/skeytpark-otkryli-v-nevinnomysske.html, 2019)

РОЛЛЕРБЛЕ́ЙДИНГ *nm, sport.* rollerblading

Среди дисциплин и площадок – пляжный волейбол, стритбол, скейтбординг, **роллерблейдинг** (катание на роликах с выполнением трюков), самокат, слеклайн (хождение по натянутой стропе), баланс-борд, унициклы, сап-серфинг, прыжки на батуте и многое другое. (https://calendar.fontanka.ru/articles/8566, 2019)

РОЛЛЕРДРО́М *nm, sport.* rollerdrome

Состязания пройдут на **роллердроме** ТК "Маяк-Молл", посмотреть их смогут все желающие – вход для зрителей бесплатный. (https://omsk.aif.ru/sport/omsk_primet_imenityh_rollerov, 2019)

РОМКО́М *nm, media.* romcom (*romantic comedy*)

В прокат вышла комедия "Давай разведемся", режиссерский полнометражный дебют сценариста фильмов Авдотьи Смирновой и автора клипов "Ленинграда" Анны Пармас. Как и ожидалось, это народный **ромком**, который обречен на популярность. (https://calendar.fontanka.ru/articles/8943, 2019)

РО́СТБИФ *nm, food.* roast beef

В том же, что касается еды рекомендуем выбирать блюда попроще: пинчос с перцем и анчоусами или маринованным в зелени **ростбифом**. (http://www.sobaka.ru/bars/opening/98527, 2019)

РО́СТЕР *nm, tech.* roaster

Ростер – это то же что и духовка, но более компактных параметров. (https://fb.ru/article/278111/roster---eto-chto-takoe-toster-ili-roster---v-chem-raznitsa, 2019)

РО́УМЕР *nm, comm.* roamer

Роумер – это мобильная станция, которая приписана к одной системе или сети связи, но временно работающая в другой. (https://technical_translator_dictionary.academic.ru/216159/)

РО́УМИНГ *nm, comm.* roaming

Как сообщало ИА REGNUM, в ноябре 2019 года Госдума приняла в первом чтении правительственный законопроект об отмене "внутрибанковского **роуминга**". (https://regnum.ru/news/2783687.html, 2019). **Роуминговый** (*adj*).

РОУПДЖА́МПИНГ *nm, sport.* jumping rope (rope jumping)

Алексей Пыхов – основатель хабаровского **роупджампинга**. (https://www.hab.kp.ru/daily/27056/4123437/, 2019)

РО́УП-СКИ́ППИНГ *nm, sport.* rope skipping (skipping rope)

Сейчас **роуп-скиппинг** – или прыжки на скакалке – это настоящий вид спорта. (https://www.kp.ru/daily/27056/4123715/, 2019)

РО́УТЕР *nm, comp.* router

Специальные знаки-наклейки будут указывать на опасность гаджетов, таких как смартфоны, планшеты, компьютеры и **роутеры**. (https://vm.ru/news/763953-sovfed-zayavil-o-podgotovke-zakona-reglamentiruyushego-elektromagnitnye-izlucheniya, 2019). **Роутерный** (*adj*).

РО́УТИНГ *nm, comp.* routing

Для повышения скорости и эффективности обслуживания клиентов в контакт-центре реализована функция идентификации на этапе **роутинга**. (https://corp.cnews.ru/news/line/2019-02-04_step_lodzhik_moderniziroval_kontakttsentr_kompanii, 2019)

РО́ЯЛТИ *nn, indecl, prof.* royalty

Даже спустя десять лет после смерти Джексон продолжит и дальше зарабатывать на **роялти** от звукозаписывающего лейбла Sony и цирка Cirque du Soleil. (https://www.forbes.ru/milliardery/386511-pervyy-posle-smerti-kak-maykl-dzhekson-zarabotal-24-mlrd-za-10-let-posle-konchiny, 2019)

РУ́НГЛИШ *nm, cult.* Runglish

Безупречная техника, скромность и симпатичный **рунглиш** – Забит очаровал публику как в Америке, так и в России. (https://lenta.ru/articles/2019/11/10/ufc_moscow/, 2019)

РУТКИ́Т *nm, comp.* rootkit

Руткит – это программа или набор программ для скрытия следов присутствия злоумышленника или вредоносной программы в системе. (https://dic.academic.ru/dic.nsf/ruwiki/1131015)

РУ́ФЕР *nm, sport.* roofer

Потасовку с охранниками на 58-м этаже башни "Империя" в Москва-Сити устроили **руферы**, пытавшиеся желали пройти на крышу. Секьюрити задержали семь человек, остальные ударились в бега. (https://www.mk.ru/moscow/2019/11/18/okhrannik-siti-o-drake-s-ruferami-krayne-naglye.html, 2019). **Руферский** (*adj*).

РУ́ФИНГ *nm, sport.* roofing

Руфинг понимали как новую молодежную субкультуру, суть которой сводится к проникновению на крыши разных зданий и строений, обычно труднодоступных. (https://iz.ru/940773/mariia-rubnikovich/dvizhenie-vverkh-kto-takie-rufery-i-chto-s-nimi-delat, 2019)

РЭГДО́ЛЛ *nm, anim.* ragdoll (*cat*)

Рэгдолл – эта порода кошек отличается спокойным и тихим темпераментом. Они не любят прыгать и бегать. (https://sm-news.ru/kinkalou-udivitelnye-koshki-s-medvezhimi-ushkami-47095/, 2020).

РЭГТА́ЙМ *nm, music.* ragtime

Само слово "Джаз" употребляется с начала XX века, применительно к маленьким ансамблям в составе трубы, кларнета, тромбона и ритм-секции. Они толковали музыку спиричуэлов, **рэгтаймов**, блюзов и известных песен. (http://ng72.ru/news/view/26878, 2019)

РЭ́КЕТ *nm, law.* racket (*crime*)

Время хлеба "по талонам" и **рэкета**, 90-е годы характеризуются затяжным экономическим кризисом, дефицитом продуктов, появлением **рэкета**, братков и элитных проституток. (https://sm-news.ru/nostalgiya-po-90-m-10-atmosfernyx-fotografij-iz-proshlogo-55857/, 2019)

РЭКЕТИ́Р *nm, law.* racketeer

Победили мы и бесчинствующие банды убийц и **рэкетиров**, терроризировавших города и целые регионы, и ставшее наследием "лихих 90-х" недоверие к людям в форме. (https://vm.ru/opinion/761869-geroi-nevidimyh-srazhenij, 2019). **Рэкетирский** (*adj*).

РЭП *nm, music.* rap

Также в интервью было много вопросов про **рэп**: по мнению Шабельникова, самые лучшие российские рэперы – Лок-Дог, Рем Дигга и Смоки Мо. (https://daily.afisha.ru/news/32310-parodiya-na-kseniyu-sobchak-17-y-nezavisimyy-i-teatr-satyr-stal-geroem-shou-vpiska/, 2019)

РЭП-АЛЬБО́М *nm, music.* rap album

В 1997 году Комбс записал дебютный альбом "No Way Out", семь раз ставший "платиновым" по продажам в США и ставшим лучшим **рэп-альбомом** по версии "Грэмми". (https://www.gazeta.ru/culture/photo/sean-combs-50.html, 2019)

РЭП-БА́ТТЛ *nm, music.* rap battle

Жанр **рэп-баттла** предполагает взаимные пикировки в стихах, граничащие с оскорблениями. (http://www.ng.ru/poetry/2018-06-07/13_936_battl.html, 2018)

РЭП-ГРУ́ППА *nf, music.* rap group

Участники российской **рэп-группы** "Каста" записали видеообращение к Владимиру Путину. (https://polit.ru/news/2019/11/21/p_rus/, 2019)

РЭ́ПЕР *nm, music.* rapper

Также в интервью было много вопросов про рэп: по мнению Шабельникова, самые лучшие российские **рэперы** – Лок-Дог, Рем Дигга и Смоки Мо. (https://daily.afisha.ru/news/32310-parodiya-na-kseniyu-sobchak-17-y-nezavisimyy-i-teatr-satyr-stal-geroem-shou-vpiska/,2019). **Рэперский** (*adj*).

РЭПКО́Р *nm, music.* rapcore

Группа Rage Against The Machine была образована в 1991 году, она играет очень политизированный **рэпкор** с крайне левыми идеями в текстах. (https://daily.afisha.ru/news/31798-muzykanty-rage-against-the-machine-obyavili-o-vossoedinenii-i-nazvali-daty-novyh-koncertov/, 2019)

РЭП-КУЛЬТУ́РА *nf, cult.* rap culture

Обязательными атрибутами современной **рэп-культуры** сегодня являются виллы, яхты, девушки модельной внешности и, конечно, дорогие автомобили. (https://www.zr.ru/content/news/920319-top-10-nastoyashchikh-rehperskikh-avt/, 2019)

РЭП-МУ́ЗЫКА *nf, music.* rap music

Помимо этой премии, у Dre уже есть шесть "Грэмми": три за его продюсерскую работу и три – за создание **рэп-музыки**. (https://www.buro247.ru/news/culture/2-nov-2019-dr-dre-honored-grammy.html, 2019)

РЭП-ФЕСТИВА́ЛЬ *nm, music.* rap festival

Рэп-фестиваль пройдет 11 декабря на "Уфа-Арене". Хедлайнерами станут Face и сам Morgenshtern. (http://www.sobaka.ru/ufa/entertainment/music/98646, 2019)

С

САБВУ́ФЕР *nm, tech.* subwoofer

Каждый ресивер имеет по две пары RCA-выходов для подключения отдельных усилителей, в каналах **сабвуферов** можно включить фильтр нижних частот. (https://www.zr.ru/content/articles/920539-novye-modeli-golovnykh-ustrojst/, 2019). **Сабвуферный** (*adj*).

СА́ЙДИНГ *nm, constr.* siding

Глава села Спасские Мурзы, в котором мемориал погибшим воинам ВОВ обшили **сайдингом**, обратился к хейтерам. (https://iz.ru/945053/2019-11-19/vosstanovivshii-saidingom-obelisk-glava-sela-pod-saranskom-otvetil-kheiteram, 2019). **Сайдинговый** (*adj*).

СА́ЙЕНС-ФИ́КШН *nm, indecl, media.* science fiction

Новая **сайенс-фикшн** драма Джеймса Грэя – как раз тот случай, когда даже Питт не смог отказаться. (https://style.rbc.ru/impressions/5c7410e39a79471659822396, 2019)

САЙКЛ-АЭРО́БИКА *nf, sport.* cycle aerobics

Сайкл-аэробику называют еще спиннингом или сайклингом, и своему появлению эта фитнес-программа обязана американскому велосипедисту Джону Голдбергу. (https://365news.biz/women/fitnes/129581-effektivnaya-sajkl-trenirovka-dlya-poxudeniya.html, 2019)

СА́ЙКЛИНГ *nm, sport.* cycling

Сайкл-аэробику называют еще спиннингом или **сайклингом**, и своему появлению эта фитнес-программа обязана американскому велосипедисту Джону Голдбергу. (https://365news.biz/women/fitnes/129581-effektivnaya-sajkl-trenirovka-dlya-poxudeniya.html, 2019)

САЙТ *nm, comp.* site

Информация, которая раньше хранилась в голове, отдана на аутсорсинг подрядчику – поисковому **сайту**. (https://tass.ru/obschestvo/6973680, 2019)

САЛА́Т-БАР *nm, food.* salad bar

Салат-бары пополнили холодные закуски, в состав которых входит рыба, а также паштеты и студни. (http://www.interfax-russia.ru/FarEast/news.asp?sec=1671&id=1079769, 2019)

СА́ММИТ *nm, pol.* summit

Международный **саммит** некоммерческих организаций (НКО) "MAGAS 2019" стартовал в субботу в Ингушетии. (https://tass.ru/obschestvo/7186965, 2019)

САПИОСЕКСУА́Л *nm, soc.* sapiosexual

Сапиосексуал – это человек, которого возбуждает интеллект партнера. (https://lisa.ru/psichologia/604532-12-priznakov-togo-chto-vy-sapioseksual-ka/, 2020)

САПИОСЕКСУА́ЛЬНОСТЬ *nf, soc.* sapiosexuality

В переводе с латинского "**сапиосексуальность**" означает влечение к рассудительному и умному партнеру, главным достоинством которого является интеллект. (https://lisa.ru/psichologia/604532-12-priznakov-togo-chto-vy-sapioseksual-ka/, 2020)

САПСЁРФИНГ *nm, sport.* SUP surfing

Среди дисциплин и площадок – пляжный волейбол, стритбол, скейтбординг, роллерблейдинг (катание на роликах с выполнением трюков), самокат, слеклайн (хождение по натянутой стропе), баланс-борд, унициклы, **сап-серфинг**, прыжки на батуте и многое другое. (https://calendar.fontanka.ru/articles/8566, 2019)

САУНДБА́Р *nm, tech.* sound bar

Саундбар – это достойная альтернатива домашнему кинотеатру, при этом оборудование занимает совсем немного места и обеспечивает отличный звук. (https://fb.ru/article/173750/chto-takoe-saundbar-i-kakoy-vyibrat-otzyivyi-i-rekomendatsii-pokupateley)

СА́УНД-ДИЗА́ЙН *nm, tech.* sound design

Участники смогут обсудить с экспертами роботизированное искусство, театральный и **саунд-дизайн**, иммерсивные технологии в музеях или ночную жизнь городов. (http://www.sobaka.ru/city/city/97345, 2019)

СА́УНД-ДИЗА́ЙНЕР *nm, prof.* sound designer

Ведущие деятели культуры и искусства из разных стран мира рассказали о происходящей прямо сейчас трансформации работы дизайнера, театрального художника, **саунд**-дизайнера. (https://aif.ru/culture/kulturnye_itogi_v_peterburge_zakonchilsya_mezhdunarodnyy_forum, 2019)

СА́УНД-ИНЖЕНЕ́Р *nm, prof.* sound engineer

Скорее всего, развитие прога и дальше будет связано с развитием цифровых технологий, и **саунд-инженеры** постепенно заменят музыкантов. (https://lenta.ru/articles/2019/06/11/dreamtheatre/, 2019)

СА́УНД-ПРОДЮ́СЕР *nm, prof.* sound producer

Есть молодые российские музыканты, что выпускают релизы на западных лейблах, выступают на американских и азиатских фестивалях, их музыку продюсируют европейские **саунд-продюсеры**. (https://www.fontanka.ru/2019/11/15/088/, 2019)

СВАЙП *nm, slang.* swipe (*touchscreen*)

Несмотря на то, что сегодня в мире мобильных устройств есть общепринятые интерфейсные решения (например, тачскрин, считывающий нажатия и **свайпы**), инженеры не прекращают экспериментировать с самыми разными способами взаимодействия с электроникой и нередко обращают внимание именно на мобильные гаджеты. (https://nplus1.ru/news/2019/10/19/pinch-to-unlock, 2019)

СВИНГ *nm, music.* swing

Их музыка полна разнообразия – в ней слышатся элементы французского шансона, кантри и инди, западного **свинга**. (https://vrn.aif.ru/culture/

events/sweet_megg_vospriyatie_dzhaza_u_russkih_lyudey_otlichaetsya_ot_amerikancev, 2019)

СВИ́НГЕР *nm, sex.* swinger

Задача оказалась не из простых, так как почти все игрушки пара **свингеров** уже опробовала. (https://365news.biz/rossiya/216639-ya-porabotala-prodavcom-v-seks-shope-intimnye-tajny-rossiyan.html, 2019)

СВИНГ-ОТЕ́ЛЬ *nm, tour.* swing hotel

Большая часть **свинг-отелей** располагается в Америке или на островах Карибского бассейна. (https://lenta.ru/articles/2017/02/03/swing/, 2019)

СВИ́ТЕР *nm, cloth.* sweater

Специально для первой инаугурации Моралес заказал у боливийского дизайнера **свитер** в этническом стиле, а позднее эта часть гардероба стала его каждодневной одеждой. (https://lenta.ru/articles/2019/11/12/evo_morales/, 2019)

СВИТШО́Т *nm, cloth.* sweatshirt

В капсулу вошли 6 вещей черного цвета: куртка, напоминающая униформу, **свитшот**, три модели футболок и лонгслив, сумка-тоут и кепка. (https://www.cosmo.ru/fashion/news/10-10-2019/guess-jeans-i-pleasures-obyavlyayut-o-starte-prodazh-gonochnoy-kapsuly/, 2019)

СВОП *nm, fin.* swap

Клиенты ВТБ, например, все более активно пользуются валютными **свопами** евро-рубль. (http://elitetrader.ru/index.php?newsid=478400, 2019)

СВОПЦИО́Н *nm, fin.* swaption (*swap+option*)

На рынке стали обращаться опционы на фьючерсы, облигации, выпущенные в рамках "секьюритизации", синтетические ипотечные облигации, валютные свопы и **свопционы**. (http://elitetrader.ru/index.php?newsid=428301, 2019)

СЕГВЕ́Й *nm, trans.* Segway

Важно соблюдать определенную технику безопасности при использовании таких транспортных средств, как **сегвей**, гироскутер или электросамокат. (https://www.spb.kp.ru/online/news/3634028/, 2019)

СЕДА́Н *nm, auto.* sedan

Серебристый **седан** выписывал круги по небольшой площадке на улице около часа и собрал толпу зевак. (https://news.ru/usa/sobaka-ugnala-avtomobil/, 2019)

СЕЙФ *nm, misc.* safe

В купе поставили индивидуальные **сейфы**, а в санузле – душ и пеленальный столик. (https://regnum.ru/news/2786371.html, 2019). **Сейфовый** (*adj*).

СЕЙШН *nm, slang.* session (*party*)

Сейшн – маленький концерт на квартире или в небольшом клубе. (https://dic.academic.ru/dic.nsf/ita_rus/111583/)

СЕКВЕ́НСОР *nm, tech.* sequencer

Illumina разрабатывает и производит **секвенсоры** ДНК – приборы для анализа генома. (http://elitetrader.ru/index.php?newsid=475148, 2019). **Секвенсорный** (*adj*).

СЕ́КОНД-ХЕНД *nm, bsn.* secondhand

В квартире времен перестройки на Курской открылся концептуальный **секонд-хенд**. (https://style.rbc.ru/items/5da6d95f9a79470c5ee127f8, 2019)

СЕКС *nm, sex.* sex

Главный тренер миланского "Интера" Антонио Конте рассказал, как футболистам лучше всего заниматься **сексом** на протяжении сезона. (https://www.championat.com/football/news-3906075-konte-dal-futbolistam-neskolko-sovetov-o-zanjatii-seksom.html, 2019). **Сексуальный** (*adj*).

СЕКСАПИ́Л *nm, sex.* sex appeal

Вариант боевого одеяния Мишель Пфайффер был просто воплощением **сексапила**

и тут же стал объектом фетишизма. (https://lenta.ru/articles/2019/09/27/beauty/, 2019). **Сексапильный** (*adj*).

СЕКС-БИ́ЗНЕС *nm, sex.* sex business

Задержаны организаторы **секс-бизнеса**, сообщает Агентство "Москва" со ссылкой на пресс-службу областного главка МВД. (https://www.m24.ru/news/proisshestviya/21082019/87077, 2019)

СЕКС-БО́МБА *nf, sex.* sex bomb

Секс-бомба Настя Каменская поделилась яркими моментами отпуска на курорте. (https://www.cosmo.ru/stars/news/25-10-2019/nastya-kamenskih-v-chernyh-stringah-ispolnila-eroticheskiy-tanec-na-plyazhe-v-meksike/, 2019)

СЕКСИ́ЗМ *nm, soc.* sexism

Сексизм – предвзятое отношение, дискриминация человека по признаку пола или гендерной идентичности. (http://a-z-gender.net/biodeterminizm.html). **Сексистский** (*adj*).

СЕКС-КЛУ́Б *nm, sex.* sex club

Хьюз и Кок провели вечер в **секс-клубе** на окраине Амстердама. (https://www.cnews.ru/news/top/2019-10-25_kak_dva_shotlandskih_narkobarona, 2019)

СЕКС-КО́УЧ *nm, prof.* sex coach

Екатерина Любимова – знаменитая **секс-коуч**. Звезда СМИ и автор книг. Среди ее клиенток – звезды шоу-бизнеса, актрисы кино, известные блогеры. (https://lenta.ru/articles/2019/09/05/lubimova/, 2019)

СЕКС-КО́УЧИНГ *nm, prof.* sex coaching

Последняя модная тенденция – **секс-коучинг**. Тренер учит не только как доставлять удовольствие партнеру, но и как в целом вести себя с противоположным полом. (https://lenta.ru/articles/2019/09/05/lubimova/, 2019)

СЕКС-СИ́МВОЛ *nm, sex.* sex symbol

Кармен Электра размышляет о позировании для обложки журнала Playboy, а также о своем титуле "**секс-символа**", которым гордится. (https://sm-news.ru/karmen-elektre-nravitsya-byt-seks-simvolom-56622/, 2019)

СЕ́КСТИНГ *nm, sex.* sexting

Мужчины вроде Вайнштейна или американского конгрессмена Энтони Винера, известного за "**секстинг**" с незнакомками, могут заявлять о болезни в надежде снискать сочувствие за свои грехи. (https://inosmi.ru/social/20191110/246194455.html, 2019)

СЕКС-ТУ́Р *nm, sex.* sex tour

"ТопГан" тоже пишет про туризм и обсуждает скандальную статью литовского журналиста о якобы растущей популярности **секс-туров** в Санкт-Петербург. (https://regnum.ru/news/2786596.html, 2019)

СЕКС-ТУРИ́ЗМ *nm, sex.* sex tourism

Еще одна Мекка европейского **секс-туризма** – это Нидерланды. (https://inosmi.ru/social/20191105/246159549.html, 2019)

СЕКСУА́ЛЬНОСТЬ *nf, soc.* sexuality

По мнению автора The Wall Street Journal Элизабет Уинклер, **сексуальность** просто перестает быть драйвером продаж. (https://lenta.ru/articles/2019/11/23/nomoreangels/, 2019). **Сексуальный** (*adj*).

СЕКС-ШО́П *nm, sex.* sex shop

Наш корреспондент устроилась работать в **секс-шоп**, чтобы понять, кто их клиенты и на какие хитрости идут продавцы, чтобы продать товар. (https://www.mk.ru/social/2019/11/02/ya-porabotala-prodavcom-v-seksshope-intimnye-tayny-rossiyan.html, 2019)

СЕКЬЮ́РИТИ *nf, indecl, misc.* security

Потасовку с охранниками на 58-м этаже башни "Империя" в Москва-Сити устроили руферы, пытавшиеся желали пройти на крышу. **Секьюрити** задержала семь человек, остальные ударились в бега. (https://www.mk.ru/moscow/2019/11/18/okhrannik-siti-o-drake-s-ruferami-krayne-naglye.html, 2019)

СЕЛЕ́БРИТИ *nc, indecl, slang.* celebrity

В этом году Альфа-банк сделал ставку на других **селебрити** – телеведущего Владимира Познера и актера Александра Петрова. (https://www.kommersant.ru/doc/4155200, 2019)

СЕ́ЛФИ *nn, indecl, int.* selfie

Селфи – разновидность автопортрета, созданного с использованием фотоаппарата при помощи зеркала, моноспода или фронтальной камеры. (https://vm.ru/history/757146-portret-na-fone-kremlya-sozdatel-pistoleta-tt-izobrel-fotoapparat, 2019)

СЕ́НСОР *nm, misc.* censor

Российские специалисты в области наноэлектроники создали действующий прототип **сенсора** для определения наличия в продуктах питания плесени и токсинов, которые она выделяет. (https://russian.rt.com/science/article/673443-plesen-produkty-sensor, 2019). **Сенсорный** (*adj*).

СЕ́РВЕР *nm, comp.* server

После прикрепления документов к обращению они оказываются в отдельной **директории** на сервере прокуратуры, которая открыта для доступа из интернета. (https://www.kommersant.ru/doc/4143672, 2019). **Серверный** (*adj*).

СЕ́РВИС *nm, misc.* service

Сервис Google Print был запущен в апреле 2010 года. (https://regnum.ru/news/2787562.html, 2019). **Сервисный** (*adj*).

СЕРИА́Л *nm, media.* serial (*series*)

В работе павильона примут участие 23 компании, которые представят отечественную анимацию, **сериалы** и фильмы. (https://tass.ru/kultura/6990765, 2019)

СЁРФ *nm, surf, slang.* surf (*surfboard*)

Австралиец остался парализован после катания на **серфе**. (https://lenta.ru/news/2019/11/24/surfing/, 2019). **Сёрфиговый** (*adj*).

СЁРФБОРД *nm, surf.* surfboard

В парке работает пункт проката, предоставляющий в аренду велосипеды, самокаты, ролики, скейты и **серфборды**. (https://mir24.tv/articles/16362973/gde-pokatatsya-na-rolikah-v-moskve, 2019)

СЁРФЕР *nm, surf.* surfer

Тысячи **серферов** выступили против бурения нефтяных скважин в Тасмановом море. (https://mir24.tv/news/16387186/serfery-vystupili-protiv-bureniya-neftyanyh-skvazhin-v-tasmanovom-more, 2019)

СЁРФИНГ *nm, surf.* surfing

В программу входили пляжные борьба, каратэ, волейбол 4x4, гандбол, теннис, пляжный футбол, вейкбординг, водные лыжи, кайтсёрфинг, плавание на 5 км, **сёрфинг**, аквафлон, баскетбол 3x3, боулдеринг, скейтбординг. (https://gorod48.ru/news/1885588/, 2019). **Сёрфить** (*v*).

СЕТ *nm, tennis.* set

Сначала соперники обменялись выигранными **сетами**, а в заключительной партии после упорной борьбы победу одержал Федерер. (https://russian.rt.com/sport/article/690102-federer-zverev-match-rekord, 2019)

СЕТ-ПО́ЙНТ *nm, tennis.* set point

Циципас сделал брейк в последнем гейме второго сета, и Джокович тогда помог двойной, смазанным форхендом на геймболе и ошибкой справа на **сет-пойнте**. (https://www.sports.ru/tribuna/blogs/nitkina/2601386.html, 2019)

СЕ́ТТЕР *nm, anim.* setter

В этой группе было два эрдельтерьера, черный терьер, шотландский **сеттер** и русский спаниель. (https://ria.ru/20191113/1560856269.html, 2019)

СИБА́С *nm, food.* sea bass

В сет-меню вошли греческие закуски – дзадзики, тарама, терикофтери, запеченный баклажан с сыром фета и томатами, крем-суп из тыквы с креветкой, севиче из **сибаса** с соусом. (https://style.rbc.ru/impressions/5dcbd8b29a79474007f90d79, 2019)

СИГНА́ЛИНГ *nm, bio.* signaling

Пластиковая терапия Ученые из лаборатории клеточного **сигналинга** МФТИ предложили значительно сократить процесс создания антител, заменив их искусственными аналогами. (https://ria.ru/20191018/1559896967.html, 2019)

СИ́ДЕР *nm, comp.* seeder (*file sharer in torrents*)

Пользователь, отдающий файл целиком, называется **сидером**. (https://dic.academic.ru/dic.nsf/ruwiki/206004)

СИ́КВЕЛ *nm, media.* sequel

История о близнецах Уолш породила целый франчайз из спин-оффа "Мелроуз Плейс" и **сиквела** "90210", рассказывавшего о следующем поколении богатых и красивых подростков с холмов Беверли. (https://kanobu.ru/articles/glavnyie-serialyi-avgusta-2019-374153/, 2019)

СИМ-КА́РТА *nf, tech.* SIM card

Некоторые абоненты хотели бы иметь две **сим-карты**, привязанные к одному телефонному номеру. (https://aif.ru/techno/gadgets/mozhno_li_podklyuchit_neskolko_sim-kart_na_odin_telefonnyy_nomer, 2019)

СИ́МПЛЕКС *nm, int.* simplex

Симплекс предоставляет любой криптобирже возможность покупать крипту с карт. (http://elitetrader.ru/index.php?newsid=478669, 2019)

СИМФО́НИК-МЕТА́Л, ***СИ́МФО-МЕТА́Л** *nm, music.* symphonic metal

Финская **симфоник-метал**-группа "Nightwish" возвращается в Россию с программой концертов в Москве и Санкт-Петербурге. (https://regnum.ru/news/2753203.html, 2019)

СИМФО́НИК-РОК, ***СИМФОРО́К** *nm, music.* symphonic rock

Нидерландская **симфоник-рок**-группа Within Temptation выступит в поддержку своего нового альбома Resist в четверг в московском клубе. (https://tass.ru/kultura/5690578, 2019)

СИНГЛ *nm, music.* single (*play record*)

Гибрид от объединения быстрого евроданса и американского поп-рэпа получился неотразимо притягательным и стал одним из самых продаваемых **синглов** в истории чартов. (https://www.vedomosti.ru/lifestyle/characters/2017/07/27/726469-lyudi-vozrasta, 2019)

СИНТЕЗА́ТОР *nm, tech.* synthesizer

Через колокольный звон происходит единение всех творческих замыслов, а именно через веру: вибрация современных музыкальных инструментов, **синтезаторов**, голоса в соединении с колокольным звоном превращается в действующее слово спасителя. (http://www.sobaka.ru/photo/nightlife/100073, 2019). **Синтезаторный** (*adj*). **Синтезировать** (*v*).

СИ́НТИ-ПОП *nm, music.* synth-pop

В новой композиции слышатся столь актуальный сегодня звук 1980-х, **синти-поп** и саундтрек "Твин Пикса". (https://www.kommersant.ru/doc/4154112, 2019)

СИ́НТИ-РОК *nm, music.* synth-rock

Московская **синти-рок**-группа "Альянс" образовалась 38 лет назад. (https://www.m24.ru/articles/kultura/31012019/154581, 2019)

СИНХРОНИЗА́ТОР *nm, tech.* synchronizer

Позднее, в 1914 году, Дыбовский изобрел и изготовил **синхронизатор** для стрельбы через винт аэроплана. (https://tass.ru/obschestvo/6469809, 2019). **Синхронизаторный** (*adj*). **Синхронизировать** (*v*).

СИНЭКОЛО́ГИЯ *nf, eco.* synecology

Синэкология – раздел экологии, изучающий взаимоотношения организмов различных видов внутри сообщества организмов. (https://dic.academic.ru/dic.nsf/ruwiki/6558, 2019)

СИСАДМИ́Н *nm, slang.* sysadmin (*system administrator*)

Сегодня "**сисадмин**" – это специалист, планирующий и обеспечивающий работу сетевой инфраструктуры организации. (https://aif.ru/society/education/it-professii_chemu_segodnya_uchat_v_specializirovannyh_klassah, 2019)

СИ́ТИ-МЕ́НЕДЖЕР *nm, prof.* city manager

Наемный **сити-менеджер** – это исполнитель, который отвечает за ситуацию в энергетике, ЖКХ, на транспорте и т. д., то есть организует нормальную работу городского хозяйства. (https://ria.ru/20110920/440697142.html, 2019)

СИТКО́М *nm, media.* sitcom (*situational comedy*)

Сверхпопулярный российский **ситком** "Интерны" возвращается на экраны в формате анимационного сериала. (https://rg.ru/2019/11/23/sitkom-interny-vozvrashchaetsia-na-ekrany-v-vide-multseriala.html, 2019)

СИФУ́Д *nm, food.* seafood

Проект объединил в себе **сифуд**-бар "Находка", фермерский "Птичий двор", стейк-хаус Meat Head и, конечно же, видовой ресторан на 41-м этаже. (http://www.sobaka.ru/photo/photo/97476, 2019)

СКАЙДА́ЙВЕР *nm, sport.* skydiver

На выставке показали капсулу и костюм, в которых австрийский **скайдайвер**

Феликс Баумгартнер совершил рекордный прыжок с парашютом. (https://riafan.ru/region/spb/1219680-vystavka-s-kapsuloi-pervogo-pryguna-iz-stratosfery-otkrylas-v-peterburge, 2019)

СКАЙДА́ЙВИНГ *nm, sport.* skydiving

Круизный лайнер снабжен симуляторами **скайдайвинга** и серфинга. (https://www.eg.ru/tech/777790-v-rossiyskiy-port-zashlo-samoe-krupnoe-v-istorii-strany-kruiznoe-sudno-059726/, 2019)

СКАЙП *nm, int.* Skype

Плюс всегда можно подработать консультациями по **скайпу**. (https://snob.ru/entry/184449/, 2019)

СКАЙРА́ННЕР *nm, sport.* skyrunner

Более 500 сильнейших **скайраннеров**, выдающихся альпинистов, лыжников, лучших ски-альпинистов, а также мультиспортсменов и любителей активного отдыха со всего мира примут участие в фестивале. (https://tass.ru/v-strane/6385454, 2019)

СКАЙРА́ННИНГ *nm, sport.* skyrunning

Легкоатлетка из Таштыпа стала первой в дисциплине "**Скайраннинг** – вертикальный километр" российского чемпионата по аль пинизму. (https://www.mk-hakasia.ru/sport/2019/10/07/sportsmenka-iz-khakasii-vyigrala-chempionat-rossii-po-alpinizmu.html, 2019)

СКАЙСЁРФЕР *nm, sport.* sky surfer

Заслуженный мастер спорта по парашютному спорту, **скайсёрфер** и бейсджампер Валерий Розов из Нижнего Новгорода совершил прыжок в костюме-крыле с горного пика в Альпах. (https://nn.mk.ru/articles/2017/03/09/valeriy-rozov-pozdravil-zhenshhin-pryzhkom-s-vershiny-alpiyskikh-gor.html, 2019)

СКАЙСЁРФИНГ *nm, sport.* skysurfing

52-летний спортсмен являлся двукратным чемпионом мира и планетарным рекордсменом по парашютному спорту, а также победителем чемпионата Европы и Кубка мира по **скайсерфингу**. (https://www.gazeta.ru/sport/2017/12/03/a_11029502.html, 2019)

СКА́ЛЕР *nm, med.* scaler

Также закуплен ультразвуковой **скалер** для снятия зубных отложений и проведения гигиены полости рта, рентгеновский аппарат и аппарат для определения жизнеспособности пульпы зуба. (https://regnum.ru/news/2382726.html, 2019)

СКА́НЕР *nm, tech.* scanner

В каждой лаборатории должен быть автоматический метеорологический комплекс, спутниковый навигатор, не менее трех промышленных компьютеров, многофункциональное устройство (**сканер**, принтер и копир). (https://www.kommersant.ru/doc/4157444, 2019). **Сканерный** (*adj*). **Сканировать/отсканировать** (*v*).

СКАНИ́РОВАНИЕ *nn, tech.* scanning

В настоящее время специалисты проводят радиолокационные **скан ирования** ещё трёх мумий животных, чтобы определить, являются ли они тоже львами. (https://news.ru/science/v-egipetskom-nekropole-obnaruzhili-mumii-lvyat/, 2019). **Сканированный** (*adj*). **Сканировать/отсканировать** (*v*).

СКАРИФИКА́ТОР *nm, tech.* scarificator

Скарификатор – в раме этого устройства, внешне похожего на газонокосилку, скрыты вертикальные ножи, которые при движении по грунту прорубают его для лучшего доступа воздуха. (https://aif.ru/dacha/construction/sadovo-parkovaya_moda_iz_germanii_kakoy_tehniki_ne_hvataet_na_vashey_dache, 2019)

СКАРИФИКА́ЦИЯ *nf, cosm.* scarification

Основной метод – кожное тестирование, стандартные аллергены наносят на кожу (**скарификация** – царапание, или прик – укол) и наблюдают реакцию. (https://tula.aif.ru/health/kovarnyy_vrag_chem_opasna_allergiya, 2019)

СКА́УТ *nm, soc.* scout

Скауты итальянского клуба давно следили за игроком сборной России. (https://rueconomics.ru/vse-novosti, 2019). **Скаутский** (*adj*).

СКА́УТИНГ *nm, soc.* scouting

Людмила Анатольевна предложила возродить лучшие традиции **скаутинга** и пионерской жизни, оказывая бескорыстную помощь и заботу всем, кто в ней нуждается. (https://regnum.ru/news/2747126.html, 2019)

СКВЕР *nm, misc.* square (*an open area*)

Это самые простые, насущные вопросы, с которыми люди сталкиваются каждый день, по сути дела, в своей жизни – ремонт домов, реконструкция инженерных сетей, благоустройство придомовых территорий и общественных пространств, парков, **скверов**, набережных. (https://tass.ru/ekonomika/7494463, 2020)

СКВОТ *nm, law.* squat

В 17 лет Роббинс бросил школу в Польше, приехал на автобусе в Великобританию и первые две недели жил в **сквоте** в Лондоне. (https://www.kommersant.ru/doc/4156619, 2019)

СКВО́ТТЕР *nm, law.* squatter

Вскоре после ухода военных территорию освоили **сквоттеры** (самовольные поселенцы), которых привлекли достаточно теплые по меркам пустыни зимы и низкие цены в округе. (https://sm-news.ru/sleb-siti-zhizn-na-obochine-ameriki-56627/, 2019)

СКВО́ТТИНГ *nm, law.* squatting

Сквоттинг, фриганизм и фудшеринг. В язык **сквоттинг** пришел с тусовок анархистов. Сквоттить – значит самовольного заселяться в заброшенное или покинутое здание. (https://momenty.org/people/5987, 2019). **Сквоттить** (*v*).

СКВОШ *nm, sport.* squash

Тренер по **сквошу** Дмитрий Иванов стал участником шоу на телевидении. (https://argumenti.ru/showbiz/2019/11/639020, 2019)

СКЕЙТ *nm, sport.* skate

В будущем нас ждет расцвет спортивного протестантизма – массовое развитие городских, экстремальных, техногенных видов спорта: паркур, **скейт**, урбан-сайклинг, акрострит, билдеринг и т.д. (https://www.kommersant.ru/doc/214780, 2019)

СКЕЙТБО́РД *nm, sport.* skateboard

На интерактивной выставке можно было проследить путь пластиковой упаковки от сбора до второй жизни в виде одежды, **скейтборда** или новой бутылки. (https://www.vesti.ru/doc.html?id=3212277, 2019)

СКЕЙТБО́РДИНГ *nm, sport.* skateboarding

В программу входили пляжные борьба, каратэ, волейбол 4х4, гандбол, теннис, пляжный футбол, вейкбординг, водные лыжи, кайтсёрфинг, плавание на 5 км, сёрфинг, аквафлон, баскетбол 3х3, боулдеринг, **скейтбординг**. (https://gorod48.ru/news/1885588/, 2019)

СКЕЙТБО́РД-КУЛЬТУ́РА *nf, sport.* skateboard culture

Например, наши айтишники WhiteScape придумали приложение Riders для любителей **скейтборд-культуры**. (http://www.sobaka.ru/city/city/49663, 2019)

СКЕ́ЙТЕР *nm, sport.* skater

Архитекторы считают, что общественное пространство предназначено только для пешеходов, для которых **скейтеры** и велосипедисты представляют опасность. (https://www.kommersant.ru/doc/4171294, 2019)

СКЕЙТ-ПА́РК *nm, sport.* skate park

В июле в парке Победы открылся первый в Липецке **скейт-парк**. (https://iz.ru/946195/2019-11-22/kontceptciiu-rekonstruktcii-parka-pobedy-vybrali-v-lipetcke, 2019)

СКЕ́ЛЕТОН *nm, sport.* skeleton

В предыдущий раз международные соревнования по **скелетону** проводились на Олимпийской трассе в Сочи в феврале 2015 года в рамках этапа Кубка мира. (https://tass.ru/sport/7188555, 2019)

СКЕТЧ *nm, art.* sketch

Уморительные **скетчи**, карикатурные герои и запоминающаяся мелодия надолго остались в памяти зрителя. (https://sm-news.ru/23-goda-spustya-kak-sejchas-vyglyadyat-aktery-iz-derevni-durakov-bez-grima-48938/, 2019)

СКЕ́ТЧБУК *nm, art.* sketchbook

Скетчбук – это обычный альбом для набросков, который обязательно имеет каждый художник, дизайнер, архитектор и другие люди творческих профессий. (https://fb.ru/article/234280/chto-takoe-sketchbuk-idei-dlya-sketchbuka, 2019)

СКЕ́ТЧИНГ *nm, art.* sketching

Творческая программа вечера состоит из мастер-классов по **скетчингу** и изготовлению открытки. (https://klg.aif.ru/culture/events/noch_iskusstv-2019_v_hudozhestvennom_muzee_posvyatyat_leonardo, 2019)

СКЕТЧ-ШО́У *nn, indecl, art.* sketch show

В данном **скетч-шоу** принимают участие такие знаменитые артисты как Владимир Меньшов, Виктор Сухоруков, Юлия Ауг, Игорь Золотовицкий. (https://regnum.ru/news/2777265.html, 2019)

СКИ-АЛЬПИНИ́ЗМ *nm, ski.* ski alpinism

В 2020 году на территории округа планируется провести всеармейский и международный этапы трех конкурсов Армейских игр. В их числе состязания по **ски-альпинизму** “Саянский марш” в Красноярском крае. (https://tass.ru/sibir-news/7157917, 2019)

СКИ-АЛЬПИНИ́СТ *nm, ski.* ski alpinist

Более 500 сильнейших скайраннеров, выдающихся альпинистов, лыжников, лучших **ски-альпинистов**, а также мультиспортсменов и любителей активного отдыха со всего мира примут участие в фестивале. (https://tass.ru/v-strane/6385454, 2019)

СКИАТЛО́Н *nm, ski.* skiathlon

К XX I веку изменения произошли не только в экипировке, но и в программе соревнований. Появились новые форматы: спринт, масс-старт, **скиатлон** – лыжные гонки обретали нынешний вид. (https://www.sports.ru/tribuna/blogs/skiclassics/2624014.html, 2019)

СКИБО́Б *nm, sport.* skibob

Скибобинг, или просто **скибоб** – это зимний вид спорта, представляющий собой скоростной спуск с гор на специальных санях, внешне напоминающих велосипед. (https://www.championat.com/lifestyle/article-3664271-samye-neobychnye-vidy-sporta-kotorymi-modno-zanimatsja-v-2019-godu.html, 2019)

СКИБО́БИНГ *nm, sport.* skibobbing

Скибобинг, или просто скибоб – это зимний вид спорта, представляющий собой скоростной спуск с гор на специальных санях, внешне напоминающих велосипед. (https://www.championat.com/lifestyle/article-3664271-samye-neobychnye-vidy-sporta-kotorymi-modno-zanimatsja-v-2019-godu.html, 2019)

СКИБО́РД *nm, sport.* skiboard

Лыжи, сноуборд или, может быть, вообще **скиборд** – вечная дилемма всех новичков, которые уже решили, что хотят приобщиться к экстремальному спорту, но пока не определились, к какому именно виду. (https://www.eg.ru/5stars/805577-lyji-vs-snoubord-kakoy-zimniy-vid-sporta-vybirayut-nashi-zvezdy-083297/, 2019)

СКИ-КРО́СС *nm, ski.* skicross

По итогам стартов в Австрии тренерский штаб сборной России по фристайлу в дисциплине **ски-кросс** сформировал команду, которая выступит на декабрьских этапах Кубка мира. (http://ffr-ski.ru/news/94/22007/, 2019)

СКИ-ПА́СС *nm, ski.* ski pass

Главный гаджет любой "горнолыжки" – карточки **ски-пасс**. Это и паспорт, и расчетная карта. (https://www.kp.ru/daily/27074.1/4146536/, 2020)

СКИЛЛ *nm, comp.* skill

У каждого из видов оружия есть уникальные умения, и если вы будете долго ими пользоваться, то со временем вы сможете использовать **скиллы** уже с любым оружием. (https://kanobu.ru/news/final-fantasy-vii-remake-vyiglyadit-absolyutno-prekrasno-nanovyih-skrinshotah-igryi-419321/, 2019)

СКИЛЛС-ПА́СПОРТ *nm, prof.* skills passport

Документ о квалификации установленного образца и новый на рынке труда, но уже признанный ведущими работодателями страны – это сертификат "**Скиллс-паспорт**". (https://arh.aif.ru/society/vyyti_iz_zony_komforta_navstrechu_novomu, 2019)

СКИМБО́РД *nm, sport.* skimboard

В программе мероприятий – соревнования по **скимборду**, вейкборду и вейкскейту. (https://www.m24.ru/articles/vejkbording/26072013/22304, 2019)

СКИ́ММЕР *nm, law.* skimmer

Скимминг – это кража данных карты при помощи специального считывающего устройства **скиммера**. (https://polit.ru/article/2019/11/23/skimming/, 2019)

СКИ́ММИНГ *nm, law.* skimming

Скимминг – это кража данных карты при помощи специального считывающего устройства скиммера. (https://polit.ru/article/2019/11/23/skimming/, 2019)

СКИ́ННИ *npl, indecl, cloth.* skinny

Узкие **скинни** подойдут тем, кто не боится показать свою фигуру. (https://lisa.ru/moda/595222-s-chem-nosit-belye-zhenskie-dzhinsy-43-modnyh-obraza-dlya-lyubogo-vremeni-goda/, 2019)

СКИНХЕ́Д *nm, soc.* skinhead

Недавно в тренды российского TikTok вышло видео, в котором молодой человек рассказывает, в чем плюсы быть **скинхедом**. (https://snob.ru/entry/184404/, 2019)

СКИ́ППИНГ *nm, sport.* skipping rope

Скиппинг – это не только прыжки через скакалку, но и танцевальные движения, парная и командная работа. (https://www.kp.ru/daily/27056/4123715/, 2019)

СКО́РИНГ *nm, fin.* scoring

Мы изначально работаем на рынке автолизинга и имеем глубокие компетенции по всем его аспектам – от привлечения и **скоринга** клиентов до умения получить уникальные условия у дилеров. (https://www.kommersant.ru/doc/4170672, 2019)

СКОТЧ *nm, misc.* scotch (*tape)*

В пластиковых корзинах, замотанных **скотчем**, находились 22 обезьяны – предположительно зелёные мартышки. (https://kuban.mk.ru/social/2019/11/25/v-krasnodarskiy-zoopark-otdali-kontrabandoy-vvezyonnykh-s-ukrainy-obezyan.html, 2019). **Скотчевый** (*adj*).

СКОТЧ-ТЕРЬЕ́Р *nm, anim.* Scotch terrier

Лучше всего, по мнению специалистов, для хозяев старшего возраста подходят небольшие собачки – например, немецкий шпиц, **скотч-терьер**, китайская хохлатая или чихуахуа. (https://www.mk.ru/social/2019/10/23/pochemu-specialisty-rekomenduyut-starikam-iskat-utesheniya-v-zhivotnykh.html, 2019)

СКРАБ *nm, cosm.* scrub

Возьмите чайную ложку меда и половину чайной ложки соды, хорошо разотрите и втирайте в кожу, как **скраб**. (https://lisa.ru/zdorovye/395832-kak-snyat-oteki-s-lica-v-domashnix-usloviyax/, 2019)

СКРАБЛ *nm, game.* scrabble

Перед входом в библиотеку организовали площадку для активных игр – асфальт разлинован для игры в классики, лабиринт, твистер, **скрабл**, зеркало. (http://www.sobaka.ru/city/city/99405, 2019)

СКРАПБУ́КИНГ *nm, art.* scrapbooking

Парк "Северное Тушино" 24 ноября ждет детей возле большого катка на Фестивальной на урок рукоделия, они смогут изготовить памятную фоторамку или праздничную открытку в технике **скрапбукинга**. (https://tass.ru/moskva/7148297, 2019)

СКРИН, ***СКИНШО́Т** *nm, slang.* screenshot

В распоряжении редакции Nation News оказались **скрины** из чатов, где координировалась работа по сбору подписей под петицией. (https://rueconomics.ru/vse-novosti, 2019)

СКРИ́НИНГ *nm, med.* screening

Сегодня для выявления наследственных заболеваний все новорожденные проходят неонатальный **скрининг**. (https://ria.ru/20191125/1561542455.html, 2019). **Скрининговый** (*adj*).

СКРИНКА́СТИНГ *nm, int.* screencasting

Режиссер Аниша Чаганти, до работы в киноиндустрии занимавшийся рекламными роликами, снял первую часть при помощи технологии **скринкастинга**, то есть "записи с экрана". (https://ria.ru/20190815/1557536409.html, 2019)

СКРИНШО́Т, ***СКРИН** *nm, comp.* screenshot

Все ориентировки и **скриншоты** с камер сотрудники ППС получают на инструктаже перед тем, как отправиться патрулировать район. (https://aif.ru/my_area/yasenevo/starshiy_leytenant_policii_yaseneva_sergey_radchenko_dose, 2019)

СКРИПТ *nm, comp.* script

Есть еще более профессиональные программы, в которых все функции запрограммированы в виде **скриптов**, где дети должны знать азы программирования. (https://habr.com/ru/post/4554219/, 2019)

СКУБАДА́ЙВИНГ *nm, sport.* scuba diving

Нэнси сочетает кардиотренировки с пауэрлифтингом, также занимается **скубадайвингом**. (https://lenta.ru/articles/2017/04/22/fifty_plus/, 2019)

СКУ́ЛЬПТИНГ *nm, comp.* sculpting

Но в экспозиции, получившей название Transgression, можно будет увидеть и 2D и 3D картины, а также digital-art в технике моделинга, **скульптинга**, текстуринга и рендеринга. (http://www.sobaka.ru/ufa/entertainment/art/84415, 2019)

СКУНС *nm, anim.* skunk

Толстую шкуру медоедов трудно прокусить, а в случае опасности они, подобно **скунсам**, испускают зловонный запах. (https://lenta.ru/news/2019/12/16/python/, 2019).

СКУ́ТЕР *nm, sport.* scooter

В Индонезии на острове Бали двое туристов без одежды прокатились на **скутере**. (https://lenta.ru/news/2019/11/25/bali/, 2019). **Скутерный** (*adj*).

СЛА́ГГЕР *nm, box.* slugger

Слаггер или браулер – боксёр, отдающий преимущество дуговым ударам, таким как хук или апперкот, но малоподвижный и не обладающий хорошей техникой защиты. (https://kartaslov.ru/)

СЛАЙД *nm, tech.* slide

Изображений Петра Первого, которые ранее попали в Сеть и вызвали вопросы как у горожан, так и у экспертов по брендингу и художников, в продемонстрированных видеоролике и **слайдах** не оказалось. (https://aif.ru/my_area/yujnoe_butovo/kak_kulturnyy_centr_art-detstvo_otmetil_yubiley, 2019). **Слайдовый** (*adj*).

СЛА́ЙДЕР *nm, misc.* slider (*phone*)

Еще каких-то десять лет назад в ходу были моноблоки с флипом и без, **слайдеры**, ротаторы и раскладушки, а сейчас подавляющее большинство смартфонов выглядят одинаково. (https://dni24.com/exclusive/245322-jeksperty-sostavili-top-5-smartfonov-raskladushek-na-android.html, 2019)

СЛАЙД-ШО́У *nn, indecl, comp.* slide show

Каждая сцена сопровождалась **слайд-шоу** из фотографий, сделанных во время поездок художников. (https://aif.ru/my_area/yujnoe_butovo/kak_kulturnyy_centr_art-detstvo_otmetil_yubiley, 2019)

СЛАЙС *nm, food.* slice

Гости ресторана Ugolek могут насладиться палтусом с картофельной эспумой и **слайсами** портобелло, а также хуммусом из тыквы с пивным бриошем. (https://www.forbes.ru/forbeslife/387805-ryabchikov-zhuy-gde-nayti-artishoki-tryufel-i-drugie-delikatesy-etoy-oseni, 2019)

СЛА́ЙСЕР *nm, tech.* slicer

Весь процесс на новой линии нарезки максимально автоматизирован. Батоны колбасы длиной в один метр подаются на **слайсер**, где происходит нарезка порции. (https://plus.rbc.ru/news/5db5d2247a8aa9c3ccec4997, 2019)

СЛА́КСЫ *npl, cloth.* slacks

Время от времени на подиуме появлялись модели в вязаных свитерах желто-голубых расцветок или белоснежных рубашках, удлиненных до колена, в сочетании с черными **слаксами**. (https://www.kommersant.ru/doc/4005984, 2019)

СЛА́ЛОМ *nm, sport.* slalom

На самых экстремальных уклонах лога были намечены трассы для тюбинга, фристайла, мини-слалома, сноуборда, горного велосипеда, кросс-кантри, параллельного **слалома** и байкер-кросса, велотриала. (https://gorod48.ru/news/1866021/, 2019). **Слаломный** (*adj*).

СЛА́ЛОМ-ГИГА́НТ *nm, sport.* giant slalom

Спортсмены разыграют четыре комплекта наград в двух дисциплинах сноуборда – в параллельном слаломе и параллельном **слаломе-гиганте**. (https://chel.aif.ru/sport/sostyazaniya_snoubordistov_pod_magnitogorskom_pokazhut_na_bolshom_ekrane, 2019)

СЛЕ́КЛАЙН, ***СЛЭ́КЛАЙН** *nm, sport.* slackline

Среди дисциплин и площадок – пляжный волейбол, стритбол, скейтбординг, роллерблейдинг (катание на роликах с выполнением трюков), самокат, **слеклайн** (хождение по натянутой стропе), баланс-борд, унициклы, сап-серфинг, прыжки на батуте и многое другое. (https://calendar.fontanka.ru/articles/8566, 2019)

СЛЕНГ *nm, ling.* slang

Подростковый **сленг** одних родителей раздражает, других пугает, мешая понимать, о чем говорят их дети. (https://www.mk.ru/social/2019/10/27/zashkvarno-agritsya-na-zhizu-kak-vzroslym-reagirovat-na-molodezhnyy-sleng.html, 2019). **Сленговый** (*adj*).

СЛИМЛА́ЙН *nm, mark.* slimline

Слимлайн – эффективная визуализация полочного пространства – сочетание ярких и четких вывесок, указателей информации, ценников, устанавливаемых на полке, для привлечения внимания покупателей. (https://www.marketch.ru/marketing_dictionary/je/slimline/)

СЛО́ГАН *nm, ad.* slogan

Студия “Союзмультфильм” проводит ребрендинг, в ходе которого впервые получит единый логотип, новые **слоганы** и шрифты. (https://www.kommersant.ru/doc/4118744, 2019)

СЛОТ *nm, tech.* slot

Злоумышленники устанавливают в банкоматах или POS-терминалах накладки на **слоты** для считывания карты, которые копируют всю информацию, хранящуюся в магнитной полосе. (https://www.rbc.ru/finances/23/11/2019/5dd823609a79472fca91df2a, 2019)

СЛОТ-МАШИ́НА *nf, game.* slot machine

В ходе обысков изъяты **слот-машины**, компьютеры со специальным программным обеспечением, а также более 3 млн руб. (https://www.rbc.ru/society/30/10/2019/5db972199a79475798476f2c, 2019)

СЛОУ-МО́УШН *nm, media.* slow-motion

Актёр напомнил, что в этой сцене сериала впервые был использован эффект “**слоу-моушн**” (замедленная съёмка). (https://regnum.ru/news/2621481.html, 2019)

СЛО́УПСТАЙЛ *nm, sport.* slopestyle

В активе Маргариты есть уже золото нынешних Игр, завоеванное в сноуборд-кроссе, а также серебро, которое девушка добыла в соревнованиях по **слоупстайлу**. (https://nsk.aif.ru/sport/chego_dostigli_v_sporte_v_2019_godu_v_novosibirske, 2019)

СЛЭКЛА́ЙН *nm, sport.* slacklining

Слеклайн – это натянутая стропа, по которой ходят, прыгают и делают разные трюки. Это новое молодежное направление, которое мы будем развивать в наших парках. https://plus.rbc.ru/news/5de9fb667a8aa90a52b1214d, 2019)

СЛЭМ-ДА́НК *nm, baskt.* slam dunk

Новичок баскетбольного клуба ЦСКА Майк Джеймс прокомментировал **слэм-данк**, который ему удался в матче Единой лиги ВТБ с "Пармой". (https://www.championat.com/basketball/news-3863595-dzhejms--ob-effektnom-slem-danke-kogda-ne-v-duhe-zabivaju-sverhu.html, 2019)

СМА́ЙЛИК *nm, slang.* smiley

Стикер, или картинку-эмодзи, выражающую эмоцию, которую можно прикрепить к сообщению как аналог **смайлика**, до сих пор используют в соцсетях. (https://www.spb.kp.ru/online/news/3684006/, 2019)

СМАРТ-БРАСЛЕ́Т *nm, tech.* smart bracelet

Особая "фишка" – **смарт-браслет**, который не только умеет считать шаги и пульс, но и заменяет традиционный ключ: дистанционно пускает двигатель, разблокирует двери, открывает окна. (https://www.zr.ru/content/articles/919725-chery-tiggo-4-faw-besturn-x40-dfm-ax4-bolshoj-test/, 2019)

СМАРТБУ́К *nm, comp.* SmartBook

Уже к 2014 году Android стояла на 80% всех устройств – планшетах, фитнес-браслетах, часах, электронных книгах, игровых приставках, ноутбуках,
смартбуках, нетбуках и даже телевизорах. (https://mir24.tv/news/16379183/nekruglaya-data-os-android-prazdnuet-11-i-den-rozhdeniya, 2019)

СМАРТ-КА́РТА *nf, tech.* smart card

Компания является одним из лидеров в Китае по производству **смарт-карт**, включая банковские карты с чипом, удостоверения личности. (https://ria.ru/20191120/1561145024.html, 2019)

СМАРТФО́Н *nm, tech.* smartphone

На платформах МЦД установят валидаторы с возможностью оплаты проезда через **смартфоны** с функцией бесконтактных платежей. (https://realty.interfax.ru/ru/news/articles/111552, 2019). **Смартфонный** (*adj*).

СМО́КИНГ *nm, cloth.* smoking jacket

Как обычно в последнее время, коллекция Ralph Lauren была создана "сезон в сезон" и продемонстрирована в этом сентябре. Главными в ней стали **смокинги** – и это очень лореновская идея. (https://www.kommersant.ru/doc/4157556, 2019)

СМС-БА́НКИНГ *nm, fin.* SMS banking

Подключать **смс-банкинг** можно только с разрешения клиентов. (https://mir24.tv/articles/16371641/pochemu-banki-navyazyvayut-strahovki-i-mozhno-li-ot-nih-otkazatsya, 2019)

СМС-КА *nf, comm.* SMS

Тимофей Смирнов: "Любовь живет в **СМС-ках**, а страстные фото лишь будируют эмоции, которые стало гораздо проще выражать не стихами и песнями, а в "**эмотиконах**" и "смайликах". (https://regnum.ru/news/2748808.html, 2019)

СМУ́ЗИ *nm, indecl, food.* smoothie

Стационарный блендер идеален для любителей **смузи**, коктейлей и супов-пюре. (https://lifehacker.ru/kak-vybrat-blender/, 2019)

СНА́ЙПЕР *nm, prof.* sniper

Прибыв на фронт, Сурков как отличный стрелок сразу попросил определить его в **снайперы**. (https://aif.ru/society/history/ubil_tysyachu_nemcev_pochemu_luchshemu_snayperu_voyny_ne_dali_zvezdu_geroya, 2019). **Снайперский** (*adj*).

СНЕЙКБО́РД *nm, sport.* snakeboard

На **снейкборде** можно разгоняться как отталкиваясь ногами от асфальта, так и изображая знакомую уже нам "змейку", которая используется в роллерсёрфах и велоскейтбордах. (https://aif.ru/sport/summer/dzhamper_rollerserf_sneykbord_i_drugie_neobychnye_sredstva_peredvizheniya, 2019)

СНЕК *nm, food.* snack

Помимо этого специалист посоветовала **снек** из овсяной крупы, орехов и риса, известный под названием гранола, либо хлопья без сахара. (https://news.ru/health/idealnyj-zavtrak/, 2019)

СНЕК-БА́Р *nm, food.* snack bar

Каждый день гостей ждет фирменный бургер и **снек-бар**. (http://www.sobaka.ru/sochi/bars/opening/99848, 2019)

СНИКЕРХЕ́Д *nm, soc.* sneakerhead

Некоторые современные мужчины, говоря о своих обувных пристрастиях, сразу обозначают свой любимый бренд, называя себя "найкоголиками" или "**сникерхедами**". (https://www.kommersant.ru/doc/4147693, 2019)

СНОБ *nm, soc.* snob

Проект "**Сноб**" назвал лучших представителей культуры, науки, бизнеса и общества в России. (https://www.buro247.ru/lifestyle/photo-reports/14-nov-2019-ceremony-snob-award.html, 2019). **Снобистский** (*adj*).

СНОБИ́ЗМ *nm, soc.* snobbism

Очередная российская чиновница лишилась работы из-за собственного **снобизма** и "несдержанности языка". (https://www.pravda.ru/news/society/1453732-post/, 2019). **Снобистский** (*adj*).

СНО́РКЕЛИНГ *nm, sport.* snorkeling

Сообщается, что Каир присоединяется к программе ООН "Зеленые плавники",которая нацелена на защиту коралловых рифов и их обитателей от дайвинга и **снόркелинга**. (https://www.mk.ru/social/2019/10/05/v-egipte-turistam-zapretyat-kormit-ryb.html, 2019)

СНОУБА́ЙКИНГ *nm, sport.* snow biking

В Крвавеце помимо 30 километров горнолыжных трасс действуют – снежный парк, полигоны для начинающих, трассы для проведения соревнований, а также предлагается ночное катание на санях и **сноубайкинг**. (https://lenta.ru/articles/2018/11/23/newyear_in_slovenia/, 2019)

СНОУБЛЕ́ЙД *nm, sport.* snowblade

Знаменитость показала подписчикам в Instagram, как лихо спускается с крутого склона на специальных коротких лыжах – **сноублейдах**. (https://dni24.com/exclusive/211592-eks-nevesta-timati-alena-shishkova-vsled-za-yanoy-rudkovskoy-otpravilas-v-kurshevel.html, 2019)

СНОУБО́РД *nm, sport.* snowboard

На самых экстремальных уклонах лога были намечены трассы для тюбинга, фристайла, мини-слалома, **сноуборда**, горного велосипеда, кросс-кантри, параллельного слалома и байкер-кросса, велотриала. (https://gorod48.ru/news/1866021/, 2019)

СНОУБО́РДИНГ *nm, sport.* snowboarding

Бертона называют "крестным отцом" **сноубординга**. (https://www.rbc.ru/society/22/11/2019/5dd7e1629a794713eab8779c, 2019)

СНОУБОРДИ́СТ *nm, sport.* snowboarder

В США в возрасте 65 лет умер **сноубордист**, основатель бренда Burton Snowboards Джейк Бертон Карпентер. (https://www.rbc.ru/society/22/11/2019/5dd7e1629a794713eab8779c, 2019)

СНОУБОРД-КРОСС *nm, snowbrd.* snowboard cross

Прорывом и для всего вида спорта, и для российской сборной стали Олимпийские игры в Сочи в 2014 году, где награды разыгрывались сразу в пяти дисциплинах: хафпайп, слоупстайл, **сноуборд-кросс**, параллельный слалом, параллельный гигантский слалом. (https://www.gazeta.ru/sport/2019/11/22/a_12826346.html, 2019)

СНОУБО́РД-ПАРК *nm, sport.* snowboard park

По проекту, Манжерок будет обслуживать 6,5 тыс. человек, там разместятся трехзвездочные гостиницы и 32 горнолыжные трассы, 9 кресельных и 7 бугельных подъемников, **сноуборд-парк**. (https://tass.ru/v-strane/6856924, 2019)

СНОУКА́ЙТИНГ *nm, sport.* snowkiting

Сноукайтинг – это разновидность кайтбординга. Он наверняка понравится поклонникам парусного спорта, которые зимой скучают по водной стихии. (https://style.rbc.ru/impressions/5deff1a99a79476e1c290ef0, 2020)

СНОУТЮ́Б *nm, sport.* snow tube

Запрещено привязывать **сноутюбы** к транспортным средствам: снегоходам, автомобилям. (https://www.ural.kp.ru/daily/26927.3/3976056/, 2019)

СНОУТЮ́БИНГ *nm, sport.* snow tubing

Зимой гостей ждет масса развлечений, как для взрослых, так и для детей: каток, трассы для любителей беговых лыж, катание на санках и **сноутюбинг**. (https://www.kommersant.ru/doc/4149396, 2019)

СНУ́КЕР *nm, billiards.* snooker

Как рассказали в администрации газовой столицы, в Санкт-Петербурге прошел турнир Первенства России по **снукеру** в дисциплине "15 red" среди молодежи. (https://www.yamal.kp.ru/online/news/3669197/, 2019)

СОНА́Р *nm, tech.* sonar

Подводный аппарат оснащен гидролокатором бокового обзора, многолучевым **сонаром** и цифровой камерой высокого разрешения. (https://nplus1.ru/news/2019/11/25/robots, 2019). **Сонарный** (*adj*).

СО́УЛ *nm, music.* soul (*music*)

В концерте прозвучат самые разные композиции – это и джаз, и блюз-рок, и **соул**, будет немного шансона. (https://www.mk.ru/culture/2019/09/24/alla-rid-esli-novaya-programma-ponravitsya-moskvicham-ee-uvidyat-vse.html, 2019)

СО́УЛ-ВОКА́Л *nm, music.* soul vocal

Если соскучились по речитативу и **соул-вокалу**, надевайте яркую шубу, заказывайте такси и вприпрыжку рвитесь на танцпол "Шалома". (https://www.the-village.ru/village/weekend/weekend-plans/333637-tesnota-weekend, 2019)

СОУЛМЕ́ЙТ *nm, slang.* soulmate

Двадцатилетние не упускают возможность щегольнуть такими словами **соулмейт** – по-русски родственная душа. Или триггер/тригериться – это что-либо, вызывающее у человека раздражение. (https://momenty.org/people/5987, 2019)

СО́УЛ-МУ́ЗЫКА *nf, music.* soul music

В России даст два концерта легенда в мире **соул-музыки** Марио Бионди. (https://ren.tv/news/shou-biznes/410145-v-rossii-vystupit-legenda-soul-muzyki-pevets-mario-biondi, 2019)

СО́УЛ-СИНГЛ *nm, music.* soul single

Трек две недели продержался на первой строчке в чарте лучших **соул-синглов** – сейчас этот рейтинг называется "лучшие хип-хоп-песни". (https://lenta.ru/articles/2018/10/08/hiphopgirls/, 2019)

СОФТ *nm, comp, slang.* software

В тех областях, где нет технологического барьера, к примеру, в разработке алгоритмов, компиляторов и **софта**, концентрация усилий позволит нам быстро выйти на мировой уровень. (https://nauka.tass.ru/nauka/7086608, 2019)

СОФТБО́Л *nm, sport.* softball

Некоторое время назад олимпийскими видами спорта стали карате, **софтбол**, скейтбординг и скалолазание. (https://tass.ru/sibir-news/7171099, 2019)

СОФТ-РО́К *nm, music.* soft rock

Весь альбом состоит из рок-н-ролльных номеров, соприкасающихся то с **софт-роком**, то со звуком южных штатов, то с кантри-роком. (https://www.kommersant.ru/doc/4038412, 2019)

СОЦИОЛИНГВИ́СТИКА *nf, ling.* sociolinguistics

Акцент в научных исследованиях делаем на миноритарных и региональных языках, диалектах, социокультурной адаптации мигрантов, **социолингвистике** и лингвокультурологии. (https://na.ria.ru/20190227/1551397810.html, 2019). **Социолингвистический** (*adj*).

СОЦИОЛО́ГИЯ *nf, sci.* sociology

Сегодня компания делает акцент на книгах по искусству, антропологии, **социологии**, философии и теории культуры. (https://thecity.m24.ru/articles/1144, 2019). **Социологический** (*adj*).

СОЦИОМЕ́ТРИЯ *nf, soc.* sociometry

Есть методика, которая позволяет исследовать **социометрию** групп людей без идентификации конкретного человека. (https://www.rbc.ru/interview/technology_and_media/10/06/2019/5cf9238f9a794756a61a8306, 2019). **Социометрический** (*adj*).

СПАЙДЕРМЕ́Н *nm, media.* Spiderman

Малышка настоящий фанат роботов и супергероев. Любимыми игрушками девочки являются трансформеры, бэтмен или **спайдермен**. (https://dni24.com/exclusive/240084-dochka-rity-dakoty-ljubit-robotov-i-supergeroev.html, 2019)

СПАМ *nm, comp.* spam

Приложение для смартфонов Truecaller позволяет определять номера, блокировать нежелательные входящие вызовы, в том числе **спам**. (https://lenta.ru/news/2019/11/25/truecaller/, 2019)

СПАМ-АТА́КА*nf, cybersec.* spam attack

Спам-атака на Думу может стоить несколько миллионов рублей. (https://ria.ru/20180418/1518945332.html, 2019)

СПАМДЕ́КСИНГ *nm, int.* spamdexing

Спамдексинг или поисковый спам – это один из старейших видов раскрутки, разделившийся в процессе эволюции на множество подвидов. (https://pskov.aif.ru/money/realty/149143, 2011)

СПА́МЕР *nm, comp.* spammer

К началу 2000-х годов **спамеры** научились подавлять алгоритмы Гугл с помощью тактики, делающей их сайты более популярными, чем они на самом деле были. (https://inosmi.ru/social/20191125/246304307.html, 2019)

СПА́НДЕКС *nm, cloth.* spandex

Южнокорейский промышленный конгломерат Hyosung Corporation ввел в эксплуатацию свой первый завод по производству **спандекса**. (https://regnum.ru/news/2726555.html, 2019)

СПАНИЕ́ЛЬ *nm, anim.* spaniel

В этой группе было два эрдельтерьера, черный терьер, шотландский сеттер и русский **спаниель**. (https://ria.ru/20191113/1560856269.html, 2019)

СПА́РРИНГ *nm, sport.* sparring

Когда я приступил к тяжёлым тренировкам, начал бегать 10-километровые кроссы, пошли **спарринги**, травмы, на этом хайп закончился, началась работа. (https://russian.rt.com/sport/news/688065-koklyaev-emelyanenko-boi, 2019). **Спарринговый** (*adj*).

СПА́РРИНГ-ПАРТНЁР *nm, sport.* sparring partner

Мои **спарринг-партнёры** – местные ребята-тяжеловесы, которые также готовятся к боям. (https://news.ru/martial-arts/kudryashov-dlya-revansha-s-makabu-gotov-poehat-i-v-afriku/, 2019)

СПЕЙС-РО́К *nm, music.* space rock

Напомним, что группа Rockets была образована в 1975 году и стала одним из лидеров направления **спейс-рок**. (https://regnum.ru/news/2777850.html, 2019)

СПЕ́ЛЛЕР *nm, comp.* speller

Спеллер – это сервис для автоматической проверки орфографии. (https://habr.com/ru/post/225911/, 2019)

СПИДБО́Л *nm, drug.* speedball

Спидбол – это смесь кокаина с героином или морфином, вводимая внутривенно либо ингаляцией паров. (https://dic.academic.ru/dic.nsf/ruwiki/1334965)

СПИДВЕ́Й *nm, sport.* speedway

В Латвии для организации чемпионата мира по хоккею среди мужчин в 2021 году выделены 182 268 евро, для приобретения лицензии на проведение этапа Кубка мира по **спидвею** – 165 000 евро. (https://regnum.ru/news/2769843.html, 2019). **Спидвейный** (*adj*).

СПИДКО́Р *nm, music.* speedcore

Спидкор – это стиль электронной музыки, экспериментальная форма хардкора, возникшая в Германии и распространившаяся впоследствии по всему миру. (https://dic.academic.ru/dic.nsf/ruwiki/335122, 2019)

СПИДКУ́БЕР *nm, sport.* speedcuber (*Rubik's Cube*)

Опытные **спидкуберы** решают головоломку 3x3 за пару десятков секунд, а мировой рекорд для человека – 4,59 секунды. (https://www.popmech.ru/adrenalin/525974-kak-sobrat-kubik-rubika-za-5-sekund-chempionat-mira-v-moskve/, 2019)

СПИДКУ́БИНГ *nm, sport.* speedcubing (*Rubik's Cube*)

Скоростная сборка кубика Рубика называется "**спидкубинг**" и ее правила в рамках чемпионата строго регламентированы. (https://www.popmech.ru/adrenalin/525974-kak-sobrat-kubik-rubika-za-5-sekund-chempionat-mira-v-moskve/, 2019)

СПИДО́МЕТР *nm, tech.* speedometer

Некоторые фирмы каршеринга следят за соблюдением скоростного режима, и если **спидометр** покажет 120 км/ч вместо разрешенных шестидесяти, то аккаунт человека могут заблокировать. (https://vecherka-spb.ru/2019/11/25/kontrol-za-karsheringom-usilyat/, 2019)

СПИДСКЕ́ЙТИНГ *nm, sport.* speed skating

Как сообщил президент Омской федерации роллер-спорта и **спидскейтинга** Анатолий Степанов, подобные состязания уже проводились в прошлом году, (https://omsk.aif.ru/sport/omsk_primet_imenityh_rollerov, 2019)

СПИД-СЛА́ЛОМ *nm, sport.* speed slalom

Гостей ждут соревнования по BMX, скейтбордингу, роллер-скейтингу, **спид-слалому** и самокатам, танцевальные баттлы, а также множество необычных мастер-классов. (https://nevnov.ru/region/Arkhangelsk/681597-v-severodvinske-sostoitsya-ekstrim-festival, 2019)

СПИ́КЕР *nm, pol.* speaker

Спикер Госдумы Вячеслав Володин раскритиковал вывеску с рекламой наггетсов на главном проспекте Саратова. (https://ria.ru/20191109/1560753758.html, 2019). **Спикерский** (*adj*).

СПИКЕРФО́Н *nm, tech.* speakerphone

Сейчас идет процесс сертификации гарнитур и **спикерфонов**, обеспечивающих профессиональную эффективность и качество аудио, где бы вы ни находились. (https://corp.cnews.ru/news/line/2019-04-05_google_sertifitsiroval_pervye_statsionarnye_telefony, 2019)

СПИ́ННЕР *nm, game.* spinner

Хороший подарок для мальчиков постарше – интересные книжки, детская палатка, санки, коньки или лыжи, машинка на пульте управления, робот-трансформер или **спиннеры**. (https://tass.ru/v-strane/7189361, 2019)

СПИ́ННИНГ *nm, fish.* spinning

Друг рыбака рассказал, что мужчина всего в третий раз ловил рыбу на **спиннинг**, а местные рыбаки сравнили пойманную щуку с крокодилом. (https://www.samara.kp.ru/online/news/3672583/, 2019). **Спиннинговый** (*adj*).

СПИРИ́ЧУЭЛ *nm, music.* spirituals

Само слово "Джаз" употребляется с начала XX века, применительно к маленьким ансамблям в составе трубы, кларнета, тромбона и ритм-секции. Они толковали музыку **спиричуэлов**, рэгтаймов, блюзов и известных песен. (http://ng72.ru/news/view/26878, 2019)

СПИЧРА́ЙТЕР *nm, prof.* speech writer

Накануне визита Марка Эспера бурную дискуссию в Сеуле вызвали обнародованные мемуары Гая Снодграсса – **спичрайтера** экс-министра обороны США. (https://www.kommersant.ru/doc/4157001, 2019)

СПЛА́ЙСИНГ *nm, bio.* splicing

После того как на матрице ДНК синтезируется комплементарная ей РНК, интроны вырезаются из продукта синтеза для получения функциональной матричной РНК – этот процесс называется **сплайсингом**. (https://naked-science.ru/article/biology/koaly-pomogli-uchenym-vyyasnit-kak, 2019)

СПЛИТ-СИСТЕ́МА *nf, tech.* split system (*air conditioning*)

При неправильной эксплуатации кондиционер или **сплит-система** могут привести к размножению в квартире плесени и бактерий. (https://volg.mk.ru/social/2019/10/20/pro-opasnost-splitsistem-rasskazali-uchenye.html, 2019)

СПЛИТ-ТЕ́СТ *nm, comp.* split test

Создав приложения Chappy и Lumen, инженеры из команды Андреева продолжают свою работу в лондонском офисе, создавая новые программы и **сплит-тесты**. (https://inosmi.ru/social/20190709/245440171.html, 2019)

СПЛОГ *nm, int.* splog (*spam+blog*)

Сплог (спам+блог) – сайт-блог, созданный для раскрутки других сайтов. (https://dic.academic.ru/dic.nsf/ruwiki/356173)

СПО́ЙЛЕР *nm, misc.* spoiler

1 *avia.* В авиации **спойлеры** – тормозные щитки на крыльях. (https://dic.academic.ru) 2 *media.* **Спойлер** – это преждевременно раскрытая важная информация, которая портит впечатление от игры/книги/фильма и разрушает их интригу. (https://dic.academic.ru) 3 *pol.* Члены "КПСС", которую называют "партией-**спойлером**" КПРФ, сделают акцент на защите трудовых прав. (https://regnum.ru/news/2789839.html, 2019). **Спойлерный** (*adj*).

СПО́НСОР *nm, bsn.* sponsor

Ряд **спонсоров** в обмен на вложенные средства получат возможность прорекламировать свою продукцию необычным способом. (https://tass.ru/kosmos/7203207, 2019). **Спонсорский** (*adj*).

СПО́РНОСЕКСУАЛ *nm, sex.* spornosexual (*sport+porn+sexual*)

С легкой руки британского журналиста Марка Симпсона, двадцать лет назад выдумавшего метросексуалов, они зовутся "**спорносексуалами**" – производное от трех слов: "секс", "спорт" и "порно". (http://www.sobaka.ru/entertainment/sport/28745, 2019)

СПОРТ *nm, sport.* sport

Российское антидопинговое агентство имеет достаточно юридических оснований, чтобы защитить российский **спорт**, заявил журналистам министр **спорта** Павел Колобков. (https://tass.ru/sport/7203685, 2019). **Спортивный** (*adj*).

СПОРТБА́ЙК *nm, sport.* sport bike

Стоимость нового **спортбайка** производители озвучат совместно с началом продаж. Приобрести мотоцикл можно будет у официальных дилеров бренда. (https://car.ru/news/moto/57048-harley-davidson-predstavil-svoy-pervyiy-tureienduro/, 2019)

СПОРТБА́ЙКЕР *nm, sport.* sport biker

Пешеходы нередко вздрагивают, когда мимо пролетает **спортбайкер**, обращая на себя внимание прохожих. (https://vologda.mk.ru/social/2018/06/21/dvukhkolesnye-zhertvy-ili-narushiteli.html, 2019)

СПОРТСМЕ́Н *nm, sport.* sportsman

Тренер подтвердил, что продолжал работу со **спортсменами**, несмотря на дисквалификацию. (https://www.sports.ru/athletics/1080057528.html, 2019). **Спортсменский** (*adj*).

СПОТ *nm, fin.* spot

Спот – это наличная, оплачиваемая немедленно биржевая или внебиржевая сделка по продаже наличного товара или валюты, предусматривающая срочную поставку и оплату. (https://argo.academic.ru/5004/). **Спотовый** (*adj*).

СПО́УКСМЕН *nm, pol.* spokesman

У нового **споуксмена** Сергея Румаса уже достаточно солидный стаж в официальной журналистике, уточняют местные источники. (https://rg.ru/2019/08/23/novym-press-sekretarem-pravitelstva-belarusi-naznachena-aleksandra-isaeva.html, 2019)

СПРЕД *nm, fin.* spread

Кредитные **спреды** вернулись к уровням 2016 года. (http://www.finmarket.ru/analytics/5124288, 2019). **Спредовый** (*adj*).

СПРЕЙ *nm, cosm, tech.* spray

Для пушистых, плохо держащих форму прядей подойдет средство в форме **спрея** с добавлением кератина, для сухих и поврежденных волос – крем. (https://www.goodhouse.ru/krasota/uhod-za-volosami/20-laifhakov-dlya-krasivyh-i-zdorovyh-volos/, 2019)

СПРЕЙ-А́РТ *nm, art.* spray art

В настоящее время широкое распространение получил **спрей-арт**, то есть рисование граффити с помощью аэрозольной краски. (https://pink.rbc.ru/impressions/5d5fb2799a794707e9d339a4, 2019)

СПРИ́НКЛЕР *nm, tech.* sprinkler

Главный элемент системы пожаротушения – **спринклеры**. (https://www.vesti.ru/doc.html?id=3188312, 2019). **Спринклерный** (*adj*).

СПРИНТ *nm, sport.* sprint

К XXI веку изменения произошли не только в экипировке, но и в программе соревнований. Появились новые форматы: **спринт**, масс-старт, скиатлон – лыжные гонки обретали нынешний вид. (https://www.sports.ru/tribuna/blogs/skiclassics/2624014.html, 2019). **Спринтерский** (*adj*). **Спринтовать** (*v*).

СПРИ́НТЕР *nm, sport.* sprinter

Одна из золотых медалей Олимпийских игр 1936 года в Берлине американского **спринтера** Джесси Оуэнса будет выставлена на аукцион в США за 2 миллиона долларов. (https://rsport.ria.ru/20191125/1561551307.html, 2019). **Спринтерский** (*adj*).

СПУ́ЛЕР *nm, comp.* spooler

Уязвимость существует из-за ошибки в Windows Print Spooler при разграничении полномочий пользователя во время доступа к **спулеру** печати. (https://xakep.ru/2010/09/16/53301/, 2010). **Спулерный** (*adj*).

СПУ́ЛИНГ *nm, comp.* spooling

Спулинг – это использование вторичной памяти в качестве буфера при пересылке данных между процессором и периферийным устройством. (https://ru.wiktionary.org/wiki/). **Спулерный** (*adj*).

СПУ́ФИНГ *nm, int.* spoofing

Спуфинг GPS способен сбить с курса суда, самолеты и создать путаницу в передвижении сухопутных подразделений. (https://vk-smi.ru/technology/166061, 2019)

СТА́ЙЛЕР *nm, cosm.* styler

При выборе **стайлера** для укладки отдавайте предпочтение титановым и керамическим пластинам, они наиболее безопасны. (https://www.goodhouse.ru/krasota/uhod-za-volosami/20-laifhakov-dlya-krasivyh-i-zdorovyh-volos/, 2019)

СТА́ЙЛИНГ *nm, auto, cosm.* styling

Стайлинг для Lamborghini Urus настолько преобразил один из самых популярных кроссоверов, что он буквально стал выглядеть, как модель новой марки. (https://car.ru/news/automobili/56496-mozhno-gorditsya-rossiyskie-avtomobili-kotoryie-tsenyatsya-vo-vsem-mire/, 2019)

СТА́ЛКЕР *nm, soc.* stalker

Ста́лкер – это человек, занимающийся исследованием опасных объектов и территорий, связанным с риском для здоровья или жизни. (https://dic.academic.ru/dic.nsf/ruwiki/686815)

СТАНДА́РТ-КО́СТИНГ *nm, fin.* standard costing

Отражение косвенных затрат зависит от модели, которую выберет стройкомпания – **стандарт-костинг** или директ-костинг. (https://www.glavbukh.ru/art/98136-kakoy-metod-ucheta-vybrat-chtoby-ne-oshibitsya-v-raschete-sebestoimosti-rabot, 2019)

СТАНТРА́ЙДЕР *nm, sport.* stunt rider

Для зрителей подготовят выступления лучших **стантрайдеров** столицы, аттракционы и конкурсы, а также выставку техники. (https://vm.ru/afisha/754684-nasladitsya-klassikoj-i-polakomitsya-delikatesami-gde-v-moskve-mozhno-interesno-provesti-uik-end, 2019)

СТАНТРА́ЙДИНГ *nm, sport.* stunt riding

Это будет традиционный мотопробег, фирменный салют от команды Байк-центра, шоу спецэффектов, мотофристайл, **стантрайдинг**, а также различные мотоконкурсы. (https://iz.ru/928241/2019-10-03/moskovskie-baikery, 2019)

СТАРТ *nm, misc.* start

Старт ракеты-носителя был первоначально назначен на 23 ноября. (https://regnum.ru/news/2788896.html, 2019). **Стартовый** (*adj*). **Стартовать** (*v*).

СТАРТА́П *nm, bsn.* start-up

Такие институты способствуют интенсивному развитию **стартапов** и технологических компаний через обучение, менторство и экспертную поддержку. (https://ria.ru/20191126/1561611081.html, 2019)

СТАРТА́ПЕР *nm, bsn.* startupper

Сейчас у **стартаперов** много возможностей отыскать нужные инвестиции – венчурные компании, бизнес-ангелы, государственные и частные институты развития. (https://rb.ru/opinion/otnosheniya-s-investorami/, 2019)

СТАРТЁР *nm, tech.* starter

На многих моделях Subaru не предусмотрено реле **стартера**, а напряжение на втягивающее реле подается прямо с замка зажигания. (https://www.zr.ru/content/articles/920025-rele-startera-svoimi-rukami/, 2019). **Стартёрный** (*adj*).

СТЕЙК *nm, food.* steak

Перед уходом с работы на дорожку можно выпить низкокалорийный йогурт, а дома оторваться, приготовив птицу или **стейк** с овощами. (https://rg.ru/2019/11/25/reg-cfo/v-moskve-otkrylas-besplatnaia-shkola-dietologii.html, 2019)

СТЕЙК-ХА́УС *nm, bsn.* steak house

Проект объединил в себе сифуд-бар "Находка", фермерский "Птичий двор", **стейк-хаус** Meat Head и, конечно же, видовой ресторан на 41-м этаже. (http://www.sobaka.ru/photo/photo/97476, 2019)

СТЕЙКХО́ЛДЕР *nm, fin.* stakeholder

Перед началом проекта обязательно составляй карту **стейкхолдеров** и постоянно ее обновляй. (https://rb.ru/opinion/novyj-sposob-raboty-s-avtorami/, 2019)

СТЕНДА́П *nm, ent.* standup (*comedy*)

Американский актер в жанре **стендап** Билл Косби, осужденный в прошлом году за сексуальное насилие, настаивает на своей невиновности. (https://www.gazeta.ru/culture/2019/11/26/a_12832526.html, 2019)

СТЕНДА́П-КО́МЕДИ *nf, ent.* standup comedy

Идов даже когда-то издал смелый роман "Проклятье" и претендует на славу Ленни Брюса – пьющего в хлам рокера от **стендап-комеди**, любимца-насмешника, не знающего границ. (https://www.kp.ru/daily/26954.5/4007793/, 2019)

СТЕ́НСИЛ *nm, art.* stencil

Стенсилы – примитивы используемые для графического представления чего-либо. (https://habr.com/ru/post/51332/, 2019)

СТЕ́НСИЛ-АРТ *nm, art.* stencil art

Стенсил-арт – это способ рисунка на стенах с помощью трафаретов. (http://graff.-artru/2012/07/02/stensil-art-risovanie-s-pomoshhyu-trafaretov/, 2019)

СТЕНТ *nm, med.* stent

Препарат внутри раскрывается и в артерии устанавливается **стент**, как это обычно бывает в операциях на сердце. (https://riafan.ru/1229185-rossiiskie-uchenye-sozdali-unikalnoe-lekarstvo-ot-insulta, 2019)

СТЕП *nm, dance.* step

Степ – это ритмический танец с чечеткой. (https://dic.academic.ru/dic.nsf/efremova/)

СТЕП-АЭРО́БИКА *nf, sport.* step aerobics

Степ-аэробика – аэробика с использованием специальной степ-платформы и регулируемой её высотой (https://studfiles.net/preview/1865352/page:14/)

СТЕ́ПЛЕР *nm, off.* stapler

Чтобы смастерить гирлянду, купите конфеты в ярких блестящих обертках и скрепите края фантиков между собой обычным канцелярским **степлером**. (https://www.goodhouse.ru/home/DIY/idei-dlya-prednovogodnego-nastroeniya/, 2019)

СТЕ́ППЕР *nm, sport.* stepper

Спорткомплекс будет состоять из большого зала с 40 кардиотренажерами, из универсального зала с адаптационными тренажерами, велотренажерами и **степперами**. (https://www.kommersant.ru/doc/4164423, 2019)

СТЕП-ПЛАТФО́РМА *nf, sport.* step platform

Спортивный комплекс: – **степ-платформа**, – снаряд для функционального тренинга, – бодибар (утяжеленная палка), – музыкальный центр, – передвижной стол для настольного тенниса. (https://rg.ru/2019/12/28/v-shkolah-poiaviatsia-meteostancii-dushevye-i-kukly-v-nacionalnyh-kostiumah.html, 2019)

СТЕП-ТЕ́СТ *nm, med.* step test

После прохождения **степ-теста** можно будет измерить пульс, давление, проверить свои легкие на газоанализаторе. (http://www.interfaxrussia.ru/Ural/, 2018)

СТИ́КЕР *nm, misc.* sticker

Оформление пространства вестибюля подземки напоминало типичный российский офис: вдоль подиума разместили кулеры с водой, а в зоне бекстейджа оборудовали рабочие места со всеми атрибутами – **стикерами**, скрепками, блокнотами, телефонами и факсами. (https://www.buro247.ru/lifestyle/photo-reports/23-oct-2019-section-show.html, 2019). **Стикерный** (*adj*).

СТИЛИ́СТ *nm, prof.* stylist

Стилист Павел Назаров рассказал, что ему сложно удалось уговорить экс-приму Большого театра на кардинальную смену своего образа. (https://riafan.ru/1229698-stilist-obyasnil-kak-emu-udalos-zastavit-volochkovu-smenit-imidzh, 2019). **Стилистский** (*adj*). **Стилизовать** (*v*).

СТИ́ЛУС *nm, tech.* stylus

Значимое отличие Huawei Media.pad M5 lite от других планшетов – наличие **стилуса**. (https://style.rbc.ru/items/5d84f4149a79475252165a8a, 2019)

СТИМПА́НК *nm, des.* steampunk

Стимпанк – это новое дизайнерское направление. Это ретро-футуристический стиль. (https://fb.ru/article/155996/stimpank---eto-chto-za-stil)

СТО́ППЕР *nm, soccer.* stopper

Дефицит классных **стопперов** в стране повышает шансы Чистякова на скорый дебют на международном уровне. (https://www.sports.ru/tribuna/blogs/vospitannik/2591274.html, 2019)

СТОРИТЕ́ЛЛИНГ *nm, mark, media.* storytelling

Поэтому в ход пошли вообще все знакомые средства: от детективного **сторителлинга** с претензией на регулярный майндфакинг до чередования замедленной и ускоренной съемки. (https://www.gazeta.ru/culture/2020/01/04/a_12896594.shtml, 2019)

СТОУНТЕРАПИ́Я *nf, cosm.* stone therapy

В спа-центре специализируются на массажах, обертываниях, рефлексологии, **стоунтерапии**. (https://www.kommersant.ru/doc/4096075#id1798927, 2019)

СТРАЙК *nm, bowling.* strike

В боулинге **страйк** – это лучший удар. (https://rg.ru/2019/08/16/reg-cfo/ekspert-v-god-proishodit-bolee-5-tysiach-stolknovenij-samoletov-s-pticami.html, 2019). **Страйковый** (*adj*).

СТРЕСС *nm, misc.* stress

Среди факторов, которые способствовали катастрофе, наиболее вероятными назвали турбулентность, **стресс**, несогласованность в действиях экипажа. (https://tass.ru/proisshestviya/7203607, 2019). **Стрессовый** (*adj*). **Стрессовать** (*v*).

СТРЕ́ССОР *nm, psych.* stressor

Исследователи разделили 51 выявленный **стрессор** (факторы возникновения стресса) на два типа: внутренние и внешние. (https://habr.com/ru/news/t/476782/, 2019). **Стрессорный** (*adj*).

СТРЕСС-ТЕ́СТ *nm, misc.* stress test

Банки самостоятельно рассчитывают **стресс-тесты** по сценариям ЦБ, используя свои внутренние модели. (https://1prime.ru/finance/20191119/830568524.html, 2019)

СТРЕТЧ *nm, cloth.* stretch

Клиенты, которые любят комфортные легкотянущиеся вещи, выбирают ткани с эффектом натурального **стретча** или с добавлением эластана. (https://style.rbc.ru/items/5d77b6f19a7947414ca303af, 2019)

СТРЕ́ТЧИНГ *nm, sport.* stretching

"Сбалансированный фитнес" включает в себя около пяти десятков различных направлений групповых занятий – от бокса до **стретчинга**. (https://style.rbc.ru/impressions/5dbc1e4d9a7947d27f8a5199, 2019)

СТРИ́МИНГ *nm, int.* streaming

Чтобы удовлетворить потребность в такого рода коммуникациях, HUAWEI развивает облачные сервисы, когда **стриминг** данных происходит напрямую, без предварительного скачивания. (https://style.rbc.ru/items/5d84f4149a79475252165a8a, 2019). **Стриминговый** (*adj*). **Стримить** (*v*).

СТРИ́МИНГ-СЕ́РВИС *nm, int.* streaming service

На итальянском фестивале Lucca Comics and Games **стриминг-сервис** Netflix представил полноценный трейлер первого сезона сериала "Ведьмак". (https://www.kommersant.ru/doc/4147616, 2019)

СТРИ́НГИ *npl, cloth.* strings

В кадре – девушка, которая позирует в одних **стрингах** и не стесняется показывать свои формы. (https://www.nsk.kp.ru/online/news/3677668/, 2019)

СТРИПТИ́З *nm, sex.* striptease

Отмечается, что в ночном клубе хавбек находился в нетрезвом состоянии, вел себя вызывающе и танцевал **стриптиз** с другим мужчиной. (https://lenta.ru/news/2019/11/23/barkli/, 2019). **Стриптизный** (*adj*).

СТРИПТИ́З-БАР *nm, sex.* striptease bar

На хоккейном матче в Бостоне (США) молодая болельщица решила продемонстрировать умения в танце, более уместные для **стриптиз-бара**. (https://vk-smi.ru/news/164398, 2019)

СТРИПТИ́З-КЛУБ *nm, sex.* striptease club

Студентка медицинского вуза Эллен из британского города Брайтон начала работать в **стриптиз-клубе**, чтобы оплачивать учебу, и встретила там будущего мужа. (https://lenta.ru/news/2019/11/23/nurse/, 2019)

СТРИПТИ́З-ШО́У *nn, indecl, sex.* striptease show

Есть кабаре-спектакли, **стриптиз-шоу** в стиле ретро и танцевальные номера в исполнении групп, которые могут украсить ваш корпоратив. (https://snob.ru/entry/185065/, 2019)

СТРИТ *nm, skatebrd.* street

Основными стилями катания являются флэтленд (трюки на ровных поверхностях), **стрит** (трюки на улице), верт (трюки в рампе), парк (в скейт-парках с различными препятствиями). (https://www.mk.ru/sport/2019/06/27/mok-izmenil-programmu-olimpiyskikh-igr-2024-goda.html, 2019)

СТРИТ-А́РТ *nm, art.* street art

Фотографию с новым **стрит-артом** художник выложил в свой инстаграм, сопроводив его комментарием: "Нас всех так и подмывает". (https://spb.mk.ru/social/2019/11/12/na-meshkakh-podpirayushhikh-naberezhnuyu-kanala-griboedova-poselilsya-umka.html, 2019)

СТРИТБО́Л *nm, sport.* streetball

Также для горожан будут установлен спортивный комплекс с площадкой для **стритбола**, воркаута и уличными тренажёрами. (https://komiinform.ru/news/189102, 2019)

СТРИТРЕ́ЙСЕР *nm, sport.* street racer

Стритрейсер сообщил сотрудникам, что его БМВ угнали прямо из тюнинг-салона. (https://www.kp.ru/daily/27057/4124151/, 2019)

СТРИТРЕ́ЙСИНГ *nm, sport.* street racing

Для **стритрейсинга** было подготовлено два автомобиля. (https://car.ru/news/autosport/55893-gaz-24-volga-s-turbomotorom-oboshel-chevrolet-camaro/, 2019)

СТРИТСТА́ЙЛ *nm, BMX.* street style

Этой весной звезды **стритстайла** и модные блогеры начали активно вводить тренд на атласные и шелковые ободки. (https://lisa.ru/moda/550082-trend-sezona-10-luchshih-obodkov/, 2019)

СТЮА́РД *nm, prof.* steward

"Краснодар" намерен увеличить количество **стюардов**, сотрудников клуба и частных охранных структур для обеспечения безопасности в случае снятия запрета на продажу пива на стадионах. (https://tass.ru/sport/7195039, 2019)

СТЮАРДЕ́ССА *nf, prof.* stewardess

Никто из пассажиров серьезно не пострадал, однако помощь медиков потребовалась одной из **стюардесс**. (https://lenta.ru/news/2019/11/26/benzovoz/, 2019)

СУБКУЛЬТУ́РА *nf, cult.* subculture

Некоторые бренды ловко вписываются в нашу **субкультуру** – мы слышим названия марок в рэп-композициях с детства, и они становятся символом успеха. (https://www.elle.ru/moda/trendy/fendi-prints-kak-semka-lagerfelda-dlya-elle-vdohnovila-niki-minazh-id6844702/, 2019)

СУБЛИ́ЗИНГ *nm, fin.* subleasing

"Балтонэксим Лизинг СЗ" зарегистрирована в 2011 году. Она сдает в лизинг и **сублизинг** автотранспорт, спецтехнику, оборудование и недвижимость. (https://www.fontanka.ru/2019/11/11/074/, 2019)

СУП *nm, food.* soup

Кроме того, в меню есть **супы** и салаты – например, зеленый микс с яйцом, томатами черри и пармезаном или с курицей на гриле и медовой горчицей. (http://www.sobaka.ru/bars/opening/98813, 2019). **Супово́й** (*adj*).

СУПЕРВА́ЙЗЕР *nm, prof.* supervisor

Супервайзер – ответственный за производительность труда и другие действия небольшой группы сотрудников. (https://partners.academic.ru/dic.nsf/ruwiki/1643190, 2019)

СУПЕРВУЛКА́Н *nm, eco.* supervolcano

Стоит отметить, что некоторые ученые, считают, что извержение **супервулкана** действительно является наиболее вероятным катастрофическим событием, способным в будущем представлять угрозу для благополучия человечества. (https://www.mk.ru/science/2019/11/22/konec-sveta-cherez-mesyac-pochemu-konspirologi-zhdut-katastrofu.html, 2019)

СУПЕРГЕРО́Й *nm, misc.* superhero

Согласно информации, предоставленной источниками, как и предполагалось ранее, роль новой версии **супергероя** исполнит Летиша Райт. (https://regnum.ru/news/2791465.html, 2019)

СУПЕРКОЛЛА́ЙДЕР *nm, sci.* supercollider

Сообщается, что создание **суперколлайдера** будет вестись в несколько этапов. (https://ria.ru/20190116/1549451048.html, 2019)

СУПЕРКОМПЬЮ́ТЕР *nm, comp.* supercomputer

Бот обучается с привлечением **суперкомпьютера** "Колмогоров". (https://polit.ru/news/2019/11/26/idcare/, 2019)

СУПЕРМА́РКЕТ *nm, bsn.* supermarket

В **супермаркетах** совсем скоро может появиться специальная система распознавания лиц. (https://ren.tv/novosti/2019-10-11/biometriya-pozvolit-rossiyanam-pokupat-alkogol-bez-pasporta, 2019)

СУПЕРМЕ́Н *nm, misc.* superman

Актер сыграл **супермена** в трех фильмах: "Человек из стали", "Бэтмен против **Супермена**: На заре справедливости" и "Лига справедливости". (https://lenta.ru/news/2019/11/27/superman/, 2019). **Суперменский** (*adj*).

СУПЕРМОДЕ́ЛЬ *nf, misc.* supermodel

Немецкая актриса, телеведущая и бывшая **супермодель** Хайди Клум опубликовала фотографию, на которой она позирует обнаженной. (https://lenta.ru/news/2019/11/27/nudeheidi/, 2019). **Супермодельный** (*adj*).

СУПЕРСТА́Р *nm, indecl, ent.* superstar

У нас есть **суперстар** Коля Караченцов. (https://www.kp.ru/daily/27035.5/4099467/, 2019)

СЭ́МПЛИНГ *nm, mark.* sampling

Сэмплинг – это бесплатная раздача пробных образцов продукции. (https://marketing.academic.ru/121/)

СЭ́НДВИЧ *nm, food.* sandwich

Большую часть времени артистка проводит на репетициях и выступлениях. Во время работы питается, в основном, **сэндвичами** с рыбой и горячими супами. (https://sm-news.ru/postrojnela-pomolodela-poxoroshela-tamara-gverdciteli-poxudela-na-10-kg-56075/, 2019)

T

ТАБЛО́ИД *nm, media.* tabloid

Жена принца Гарри так и не свыклась со своим новым положением в королевской семье. Меган часто нарушает этикет и новости о ней то и дело появляется в **таблоидах**. (https://vk-smi.ru/strana-i-mir/166287, 2019). **Таблоидный** (*adj*).

ТАЙМ *nm, sport.* time

В пользу футбольного клуба "Зенит" завершился первый **тайм** матча пятого тура группового этапа Лиги чемпионов против "Лиона". (https://www.fontanka.ru/2019/11/27/169/, 2019)

ТАЙМ-А́УТ *nm, sport.* time-out

Чемпион взял **тайм-аут** и до конца игры забил еще дважды. (https://rossaprimavera.ru/news/3d84257b, 2019)

ТА́ЙМЕР *nm, tech.* timer

В WhatsApp тестируется новая функция, позволяющая устанавливать **таймер** для автоматического удаления публикаций. (https://www.gazeta.ru/tech/2019/11/26/12832544/whatsapp_delete.html, 2019). **Таймерный** (*adj*).

ТАЙМЛА́ПС *nm, media.* time-lapse (*photography*)

С помощью **таймлапса** также показали три года строительства Лахта Центра. (http://www.sobaka.ru/city/city/100246, 2019)

ТАЙМШЕ́Р *nm, bsn.* time-share

Например, десяток лет назад по странам СНГ прокатилась волна мошенничеств с так называемым клубным отдыхом, или **таймшерами**. (https://tass.ru/opinions/6617235, 2019). **Таймшерный** (*adj*).

ТАКСИ́ *nn, indecl, trans.* taxi

Пассажиры **такси** не выдержали ожидания и решили, что до аэропорта проще добраться пешком. (https://www.fontanka.ru/2019/11/27/119/, 2019)

ТАКС-ФРИ́ *nm, indecl, tour.* tax-free

Госдума в третьем чтении приняла законопроект о праве иностранцев при возмещении НДС по системе **такс-фри** получать деньги наличными. (https://news.ru/society/deputaty-razreshili-inostrancam-poluchat-tax-free-na-kartu/, 2019)

ТАНДЕ́М *nm, sport.* tandem

Александр Петров и Иван Янковский в **тандеме** отмечены за лучшую мужскую роль. (https://www.mk.ru/culture/2019/11/27/na-festivale-v-onflere-pobedil-film-prostoy-karandash-natali-nazarovoy.html, 2019). **Тандемный** (*adj*).

ТА́НКЕР *nm, trans.* tanker

В состав отряда, выполняющего задачи дальнего похода, входят сторожевой корабль "Ярослав Мудрый", морской буксир "Виктор Конецкий" и **танкер** "Ельня". (https://regnum.ru/news/2791330.html, 2019). **Танкерный** (*adj*).

ТА́РГЕТ *nm, misc.* target

На отсутствие серьезного роста ВВП косвенно намекает падение инфляции ниже уровня **таргета** и снижение ключевой ставки при крайне напряженной внешней обстановке. (http://www.ng.ru/economics/2019-11-21/4_7733_goods.html, 2019). **Таргетный** (*adj*).

ТА́РГЕТИНГ, ***ТАРГЕТИ́РОВАНИЕ** *nm, mark.* targeting

Бренд-билдинг– это брендинг в условиях **таргетинга**, когда брендинг принимает на себя функции управления корпорацией, дистрибьюторами, дилерами, поставщиками, клиентами, инвесторам. (https://studopedia.ru/16_106675_tema--brend-bilding---razrabotka-brenda.html). **Таргетированный** (*adj*).

ТА́РГЕТ-КО́СТИНГ *nm, bsn.* target costing

Система **таргет-костинг**, в отличие от традиционных способов ценообразования, предусматривает расчёт себестоимости изделия, исходя из предварительно установленной цены реализации. (https://studopedia.ru/2_120716_target-kosting.html)

ТАУНХА́УС *nm, misc.* townhouse

Премьер-министр Великобритании Борис Джонсон продал **таунхаус** на севере Лондона за $3,7 млн. (https://realty.rbc.ru/news/5dd7a0ea9a7947f671358985, 2019)

ТАЧДА́УН *nm, sport.* touchdown

Чтобы заработать **тачдаун**, игрок атакующей команды должен доставить мяч в очковую зону команды-соперника. (https://academic.ru/dic.nsf/ruwiki/689528)

ТАЧПА́Д *nm, tech.* touchpad

Управлять им также можно с помощью **тачпада** на центральной консоли, которым заменили традиционный для модели джойстик. (https://snob.ru/entry/184593/, 2019)

ТАЧСКРИ́Н *nm, comp.* touchscreen

Несмотря на то, что сегодня в мире мобильных устройств есть общепринятые интерфейсные решения, например, **тачскрин**, считывающий нажатия и свайпы, инженеры не прекращают экспериментировать с самыми разными способами взаимодействия с электроникой и нередко обращают внимание именно на мобильные гаджеты. (https://nplus1.ru/news/2019/10/19/pinch-to-unlock, 2019)

ТВЁРК *nm, dance.* twerk

Украинская певица Настя Каменских показала, как может станцевать **тверк** (бути-шейк) в зале аэробики. (https://24smi.org/news/85603-nastia-kamenskikh-vzbudorazhila-video-pikantnogo-t.html, 2018)

ТВЁРКИНГ *nm, dance.* twerking

Твёркинг, бути-дэнс, бути-шейк, твёрк – направление в танце, в движениях которого активно используется работа ягодиц, бёдер, живота и рук, при этом остальные части тела почти полностью неподвижны. (https://24smi.org/news/85603-nastia-kamenskikh-vzbudorazhila-video-pikantnogo-t.html, 2018)

ТВИЗЛ *nm, skate.* twizzle

Сложный заход на **твизл** получился. Соответственно и баллы высокие за технику. (https://www.gazeta.ru/sport/2019/11/15/a_12813296.html, 2019)

ТВИ́КЕР *nm, comp.* tweaker

Твикер – это утилита для тонкой настройки операционной системы либо программного обеспечения, за счёт изменения определённых параметров. (https://dic.academic.ru/dic.nsf/ruwiki/1647449)

ТВИСТ *nm, dance.* twist

Трендам следовал не только в одежде: например, когда на школьных вечерах были фокстроты, мы с друзьями уже начали танцевать **твист** и слушать The Beatles. (https://thecity.m24.ru/articles/1438, 2019). **Твистовый** (*adj*).

ТВИ́СТЕР *nm, game.* twister

Перед входом в библиотеку организовали площадку для активных игр – асфальт разлинован для игры в классики, лабиринт, **твистер**, скрабл, зеркало. (http://www.sobaka.ru/city/city/99405, 2019)

ТВИ́СТИНГ *nm, art.* twisting

Участников проекта "Лето в городе" ждут мастер-класс по **твистингу**, конкурс рисунков на асфальте, творческие выступления. (https://www.kursk.kp.ru/online/news/3564857/, 2019)

ТВИТ *nm, int.* twit

Один **твит** президента может и обвалить, и подстегнуть цены на нефть. (https://www.kommersant.ru/doc/4172924, 2019). **Твитнуть** (*v*).

ТВИ́ТТЕР *nm, int.* Twitter

Раскрутка **твиттера** – неотъемлемый элемент маркетинговой стратегии для представителей малого бизнеса. (https://www.business.ru/, 2019)

ТВИ́ТТИНГ *nm, int.* tweeting

Когда Меланию Трамп спросили о главных минусах мужа, она уверенно ответила – **твиттинг**. (https://www.mk.ru/politics/2019/08/12/semeynye-tayny-zhenshhin-donalda-trampa-ot-lyubvi-do-nenavisti.html, 2019)

ТЕГ *nm, comp.* tag

Ставить **теги** можно как в материалах, так и в "историях". (https://snob.ru/entry/186441/, 2020)

ТЕ́ГГЕР *nm, graff.* tagger

Теггер – это райтер, занимающийся только теггингом. (https://dic.academic.ru/dic.nsf/ruwiki/288531)

ТЕ́ГГИНГ *nm, graff.* tagging

Теггинг –это вид граффити, представляющий собой быстрое нанесение подписи автор на какие либо поверхности, зачастую в общественных местах. (https://dic.academic.ru/dic.nsf/ruwiki/288531)

ТЕ́ЙЗЕР *nm, tech.* taser (*teleactive shock electronic repulsion*)

Сначала заказ должен пройти тендер среди поставщиков, а кроме того, сотрудников полиции должны обучить пользованию **тейзерами**. (https://regnum.ru/news/2780131.html, 2019)

ТЕКСТУ́РИНГ *nm, comp.* texturing

Но в экспозиции, получившей название Transgression, можно будет увидеть и 2D и 3D картины, а также digital-art в технике моделинга, скульптинга, **текстуринга** и рендеринга. (http://www.sobaka.ru/ufa/entertainment/art/84415, 2019)

ТЕЛЕБА́НКИНГ *nm, fin.* telebanking

Телебанкинг – это удалённое обслуживание клиентов банка посредством телефона, компьютера и т.п. (https://complex_words.academic.ru/2089/, 2019)

ТЕЛЕГИ́Д *nm, media.* teleguide

За последние несколько лет компания представила голосовой пульт дистанционного управления, выпустила первый в отрасли говорящий **телегид** для слепых и развлекательную программу, доступную для людей с нарушениями зрения. (http://elitetrader.ru/index.php?newsid=456842, 2019)

ТЕЛЕГРА́ММА *nf, comm.* telegram

Телеграмму с соболезнованиями его родным и близким направил президент РФ Владимир Путин https://tass.ru/obschestvo/7316577, 2019). **Телеграммный** (*adj*).

ТЕЛЕГРА́ММ-КАНА́Л *nm, int.* telegram channel

Телеграмм-каналы давно кому-то не дают покоя. Ведь это независимый мессенджер, который невозможно отследить. (https://oren.mk.ru/social/2019/11/27/v-orenburzhe-zablokiruyut-telegrammkanaly.html, 2019)

ТЕЛЕКОНФЕРЕ́НЦИЯ *nf, media.* teleconference

Начальник департамента "Газпрома" Александр Иванников в ходе **телеконференции** в апреле 2019 года сообщал, что "Газпром" обсуждает ряд сделок по покупке компаний-подрядчиков. (https://tass.ru/ekonomika/7212321, 2019). **Телеконференционный** (*adj*).

ТЕ́ЛЕКС *nm, comm.* telex

Телекс – это международная сеть абонентского телеграфирования. (https://dic.academic.ru/dic.nsf/enc1p/46946). **Телексный** (*adj*).

ТЕЛЕМАРАФО́Н *nm, media.* telemarathon

В день балетного международного **телемарафона** из Большого театра транслировали фрагмент: встречу Альберта и Жизели. (https://www.kommersant.ru/doc/4149723, 2019)

ТЕЛЕМАРКЕ́ТИНГ *nm, mark.* telemarketing

Джонни Депп работал в **телемаркетинге** и продавал шариковые ручки. (https://sm-news.ru/svobodnaya-kassa-kem-rabotali-zvezdy-do-togo-kak-k-nim-prishla-izvestnost-45572/, 2019). **Телемаркетинговый** (*adj*).

ТЕЛЕМЕДИЦИ́НА *nf, med.* telemedicine

У **телемедицины** особые защищенные каналы, которые не допускают утечки информации. (https://rg.ru/2019/07/30/reg-urfo/chislo-sverdlovskih-municipalitetov-v-proekte-telemediciny-vozroslo-vtroe.html, 2019)

ТЕЛЕПОРТА́ЦИЯ *nf, misc.* teleportation

Физики давно пытаются найти противоречия в теории квантовой механики, которые не позволяют наблюдать квантовую запутанность или квантовую **телепортацию** в реальном мире. (https://hightech.fm/2019/11/18/kv-me,2019). **Телепортационный** (*adj*). **Телепортировать/ся** (*v*).

ТЕЛЕТА́ЙП *nm, comm.* teletype

Мировые **телетайпы** всколыхнуло известие про игровую белуху. (https://echo.msk.ru/programs/radiodetaly/2538119-echo/, 2019). **Телетайпный** (*adj*).

ТЕЛЕФА́КС *nm, tech.* telefax

Сначала кооператив занимался ввозом в СССР компьютеров, **телефаксов**, ксероксов и комплектующих – это был весьма выгодный бизнес. (https://www.gazeta.ru/business/2019/07/28/12539359.html, 2019). **Телефаксный** (*adj*).

ТЕЛЕФО́Н *nm, tech.* telephone

В аэропорту Шереметьево корреспонденты снимали Удота на **телефон**, а он попытался его отобрать. (https://echo.msk.ru/news/2545287-echo.html, 2019). **Телефонный** (*adj*). **Телефонировать** (*v*).

ТЕЛЕШО́ПИНГ *nm, bsn.* teleshopping

Shopping Live – это интернет и телемагазин, ведущий продажи в формате **телешопинга**, включающем познавательно-развлекательные элементы. (https://www.kommersant.ru/doc-y/1908452, 2019)

ТЕЛЕШО́У *nn, indecl, media.* TV show

Хозяева были настолько обеспокоены проблемой лишнего веса Милли, что отправляли собаку на участие в **телешоу** для растолстевших домашних любимцев. (https://sm-news.ru/raz-konfetka-dva-konfetka-otkormili-taburetku-top-7-tolstyx-sobak-kotorye-vyzyvayut-smeshannye-chuvstva-55712/, 2019)

ТЕ́НДЕР *nm, bsn.* tender

Севастополь уже трижды в этом году объявлял **тендеры** на строительство индустриального парка, но ни одна заявка на участие в закупках не поступила. (http://www.interfax-russia.ru/Crimea/main.asp?id=1085388, 2019). **Тендерный** (*adj*).

ТЕ́ННИС *nm, sport.* tennis

Кроме аттракционов горожане смогут поиграть на свежем воздухе в пинг-понг, волейбол или **теннис**. https://rg.ru/2020/01/05/reg-cfo/nazvana-data-otkrytiia-v-moskve-ostrova-mechty.html, 2020). **Теннисный** (*adj*).

ТЕНТ *nm, misc.* tent

По словам Дмитрия Рогозина, котлован для стартового стола уже выбран на 71%, к середине декабря должны развернуть “крупные, мощные **тенты**”. (https://regnum.ru/news/2787852.html,2019). **Тентовый** (*adj*).

ТЕРАБА́ЙТ *nm, tech.* terabyte

Одну из крупнейших в мире баз данных – 705 **терабайт** информации о наши налогах – круглосуточно обрабатывают два центра – в Подмосковье и под Нижним Новгородом. (https://www.vesti.ru/doc.html?id=3213184, 2019)

ТЕРМИНА́Л *nm, tech.* terminal (*bank*)

На 1 июля для проведения безналичных операций в организациях торговли и услуг установлено 28 020 банкоматов, импринтеров, платёжных и электронных **терминалов**. (https://www.vladimir.kp.ru/daily/27041.5/4106185/, 2019). **Терминальный** (*adj*).

ТЕРМИ́НАТОР *nm, soc.* terminator

Надо быть **терминатором**, чтобы сохранить самообладание в такой ситуации. (https://style.rbc.ru/people/5da5da2e9a7947c70cc5be97, 2019). **Терминаторский** (*adj*).

ТЕРМОКРЕ́КИНГ *nm, tech.* thermal cracking

Термокрекинг – один из первых процессов вторичной переработки нефти, начиная с 20-х годов. (https://studwood.ru/2036249/tovarovedenie/termokreking_visbreking)

ТЕРЬЕ́Р *nm, anim.* terrier

Лучше всего, по мнению специалистов, для хозяев старшего возраста подходят небольшие собачки – например, немецкий шпиц, **терьер**, китайская хохлатая или чихуахуа. (https://www.mk.ru/social/2019/10/23/pochemu-specialisty-rekomenduyut-starikam-iskat-utesheniya-v-zhivotnykh.html, 2019)

ТЕСТ *nm, misc.* test

В качестве одной из идей предложили ежегодно устраивать обязательн ый **тест** по русскому языку. (https://russkiymir.ru/news/265934/, 2019). **Тестовый** (*adj*). **Тестировать/ся** (*v*).

ТЕСТ-ДРА́ЙВ *nm, auto.* test drive

В новом дилерском центре представлены шесть моделей – как для продажи, так и для **тест-драйва**. (https://www.ryazan.kp.ru/daily/27059/4128162/, 2019)

ТЕ́СТЕР *nm, tech.* tester

Компания производит смартфоны, планшеты, ноутбуки, телевизоры, "умные" часы и "умные" велосипеды, а также пароварки и **тестеры** воды. (http://www.finmarket.ru/news/5125034, 2019)

ТЕСТ-СИСТЕ́МА *nf, med.* test system

Ранее "ФедералПресс" сообщал, сколько денег госбюджета пойдет на борьбу с ВИЧ. Средства направят на закупку лекарств и **тест-систем**. (https://fedpress.ru/news/central-asia/society/2379014, 2019)

ТЕ́ХНО *nn, indecl, music.* techno

Хедлайнить электронный танцпол прилетит бельгийская принцесса **техно** и продюсер Шарлотта де Витт. (https://style.rbc.ru/impressions/5dd6658e9a794777c154d695, 2019)

ТЕ́ХНО-ГРУ́ППА *nf, music.* techno group

В главных ролях – Ульяна Фомичева из "Пьяных" Андрея Могучего и коллаборатор Цоя и Курехина, основатель **техно-группа** "Новые композиторы" Валерий Алахов. (http://www.sobaka.ru/entertainment/weekend/99969, 2019)

ТЕХНОКРА́Т *nm, misc.* technocrat

Он несет в себе редкое сочетание **технократа**, экономиста и управленца. (https://tass.ru/interviews/7552823, 2020). **Технократский** (*adj*).

ТЕХНОКРА́ТИЯ *nf, misc.* technocracy

На компетенции и отсутствии выборности бюрократических управленцев делается особый акцент – вероятно, автор разделял свойственные для эпохи надежды на победу **технократии**. (https://regnum.ru/news/2794515.html, 2019). **Технократический** (*adj*).

ТЕ́ХНО-МУ́ЗЫКА *nf, music.* techno music

Профессиональная певица, в свободное время увлекающаяся **техно-музыкой**, выбрала в итоге команду народного артиста России. (https://www.gazeta.ru/culture/2019/09/20/a_12664915.html, 2019)

ТЕХНОСФЕ́РА *nf, tech.* techno (*technology*) sphere

Однако для управления автомобилем подходят не все варианты взаимодействия человека с **техносферой**. (https://www.rbc.ru/technology_and_media/30/11/2019/5de12f269a79475f4dccc2bb, 2019). **Техносферный** (*adj*).

ТИ́ЗЕР *nm, media.* teaser (*a short advertisement*)

Стриминговый сервис Amazon Prime выпустил первый **тизер** сериала "Охотники" с Аль Пачино в главной роли. (https://daily.afisha.ru/news/31804-v-seti-poyavilsya-tizer-seriala-ohotniki-s-al-pachino/, 2019). **Тизерный** (*adj*).

ТИМБИ́ЛДИНГ *nm, bsn.* teambuilding

Иногда после матчей идем ужинать вместе. Это некий **тимбилдинг**, чтобы наладить коммуникацию. (https://www.championat.com/football/article-3912191-intervju-s-aleksandrom-golovinym---o-sbornoj-rossii-monako-artjome-dzjube.html, 2019)

ТИНЕ́ЙДЖЕР *nm, misc.* teenager

Искусство у нас – новое явление, музыка тоже. Когда я была **тинейджером**, фигуративная живопись была неприемлема, а теперь ее принимают. (https://www.kommersant.ru/doc/4147713, 2019). **Тинейджерский** (*adj*).

ТИНСУЛЕ́ЙТ *nm, tech.* Thinsulate

Самые часто встречающиеся искусственные наполнители в дутых куртках и пальто – это гипоаллергенный синтепух, легкий и тонкий **тинсулейт**. (https://thecity.m24.ru/articles/1474, 2019)

ТИНТ *nm, cosm.* tint

Кореянки редко пользуются помадой, они используют **тинт** для губ. **Тинт** придает губам естественный, здоровый оттенок. (https://sm-news.ru/11-foto-koreyanok-kotorye-ne-postesnyalis-pokazatsya-bez-makiyazha-40540/, 2019)

ТО́ДДЛЕР *nm, soc.* toddler

Тоддлер – слово, заимствованное из английского языка, дословно переводится как "ребенок, начинающий ходить", на многих форумах и в журналах для родителей используется для описания детей от 1 до 3 лет. (https://www.adme.ru/svoboda-kultura/14-novyh-slov-kotorye-slyshali-vse-no-nikto-tochno-ne-znaet-chto-oni-oznachayut-1767965/)

ТОЙТЕРЬЕ́Р *nm, anim.* toy terrier

Например, домашним питомцем активного поджарого хозяина, скорее всего, будет **той-терьер**, борзая, левретка или пражский крысарик. (https://sm-news.ru/pticy-poxozhie-na-lyudej-50100/, 2020)

ТОК-ШО́У *nn, indecl, media.* talk show

В 2019 году большую популярность получили различные **ток-шоу**. (https://argumenti.ru/society/2019/12/639825, 2019)

ТОЛЕРА́НТНОСТЬ *nf, misc.* tolerance

В 2013 году по предложению президента Владимира Путина начался процесс перемещения коллекции Шнеерсона в Еврейский музей и центр **толерантности** в Москве. (https://tass.ru/proisshestviya/7226603, 2019). **Толерантный** (*adj*).

ТОЛКИНИ́ЗМ *nm, lit.* Tolkienism

Ролевые игры и **толкинизм** многие обоснованно считают формой эскапизма, не означает, что увлеченные этим хобби люди – какие-то необычные, другие. (https://regnum.ru/news/cultura/2716075.html, 2019)

ТОЛКИНИ́СТ *nm, lit.* Tolkienist

Толкинисты часто становятся объектом насмешек со стороны окружения с более традиционными увлечениями. (https://regnum.ru/news/cultura/2716075.html, 2019)

ТО́ЛЛИНГ *nm, bsn.* tolling

Толлинг – это переработка иностранного сырья с последующим вывозом готовой продукции. (https://dic.academic.ru/dic.nsf/ruwiki/109473)

ТОМО́ГРАФ *nm, med.* tomograph

Японский **томограф** появился в больнице святителя Алексия в честь дня рождения Патриарха Кирилла. (https://vm.ru/news/764706-novyj-tomograf-poyavilsya-v-bolnice-moskvy-ko-dnyu-rozhdeniya-patriarha-kirilla, 2019). **Томографический** (*adj*).

ТОМОГРА́ФИЯ *nf, med.* tomography

Компьютерная **томография** – необходимая процедура при многих видах диагностики и лечения. (https://naked-science.ru/article/medicine/obluchenie-pri-kompyuternoj-tomografii-mozhet-povyshat-risk-raka-shhitovidnoj-zhelezy-i-lejkemii, 2019). **Томографический** (*adj*).

ТО́НЕР *nm, cosm.* toner

Правильно подобранный **тонер** может сбалансировать уровень pH и кожного жира, удалить остатки косметики и загрязнений, а также увлажнить кожу. (https://www.goodhouse.ru/krasota/uhod-za-licom-i-telom/menshe-zhira-8-pravil-po-uhodu-za-zhirnoy-kozhey/, 2019)

ТО́НИК *nm, misc.* tonic

1 *bev*. Тоник был изобретён для борьбы с малярией в Индии и Африке. (https://dic.academic.ru/dic.nsf/ruwiki/215527). 2 *cosm*. Включите в свой ежедневный уход мягкие пенки, **тоники** и эмульсии с содержанием цинка. (https://volg.mk.ru/social/2019/11/30/kak-pravilno-nanosit-krem-dlya-lica-uznali-volgogradki.html, 2019). **Тонизировать** (*v*).

ТОП, ***ТО́ПИК** *nm, cloth.* top

В осенне-зимней коллекции Gucci, к примеру, каракулями исписаны **топы** и футболки – совсем как в славные времена панк-анархизма. (https://lenta.ru/articles/2017/08/02/writeitdown/, 2019)

ТО́ПЛЕС *nm, indecl, cloth.* topless

Звезда поделилась фото, где она позирует **топлес** в пол-оборота. (https://lisa.ru/zvezdy/599592--plevat-50-letnyaya-svaha-roza-syabitova-snyalas-topless-i-vyskazalas-o-svobode-zrelyh-zhenshchin/, 2019)

ТОП-ЛО́Т *nm, art.* top lot

Топ-лотом грядущих торгов Sotheby's станет "Сферический супрематизм" Ивана Клюна, представленный на московской выставке. (https://tass.ru/kultura/7215863, 2019)

ТОП-МЕ́НЕДЖЕР *nm, prof.* top manager

Топ-менеджер украинской компании разместил в фейсбуке мем с надписью: "Посмотрите-ка на все эти недоставленные сообщения". (https://ria.ru/20191118/1561092945.html, 2019)

ТОП-МЕ́НЕДЖМЕНТ *nm, bsn.* top management

Топ-менеджмент "Укроборонпрома" пообещал за пару лет опередить Россию в развитии военно-промышленного комплекса. (https://riafan.ru/1231401-ukroboronprom-poobeshal-cherez-paru-let-operedit-rossiyu-i-stat-sovsem-drugim, 2019)

ТОП-МОДЕ́ЛЬ *nf, prof.* top model

25-летняя американская **топ-модель** Девон Виндзор вышла замуж за своего давнего возлюбленного Джонни Декса Барбару. (https://www.mk.ru/photo/gallery/18763-346072.html, 2019)

ТО́ППЕР *nm, mark.* topper

Топпер всегда размещается выше основного информационного пространства размещения товара, упаковки, торговой полки, стелажа, промо-стенда, торгового зала. (https://www.marketch.ru/marketing_dictionary/je/topper/)

ТОПСА́ЙДЕРЫ *npl, shoes.* topsiders

Имейте ввиду, лоферы и **топсайдеры** вообще носят на босу ногу. (https://thecity.m24.ru/articles/1461, 2019)

ТОП-СПИ́Н *nm, tennis.* topspin

Для современного тенниса, в котором самым популярным ударом является **топ-спин**, это очень рискованный стиль. (https://www.kommersant.ru/doc/4118553, 2019)

ТОП-ЧА́РТ *nm, ent.* top chart

Треки Наргиз попали в европейский **топ-чарт** после расторжения контракта с Фадеевым. (https://riafan.ru/1229050-treki-nargiz-popali-v-evropeiskii-top-chart-posle-rastorzheniya-kontrakta-s-fadeevym, 2019)

ТО́РРЕНТ *nm, int.* torrent

Пользователи **торрентов** успели скачать каждую серию более чем миллион раз. (https://russian.rt.com/nopolitics/article/691443-utechka-scenarii-zvyozdnye-voiny, 2019)

ТО́РРЕНТ-КЛИЕ́НТ *nm, int.* torrent client

Пронин разрабатывает LibreTorrent с 2016 года и начал этот проект, желая создать по-настоящему свободный **торрент-клиент**. (https://xakep.ru/2019/11/26/libretorrent/, 2019)

ТО́РРЕНТ-САЙТ *nm, int.* torrent site

Аналитики компании ESET предупредили, что пользователей южнокорейских и китайских **торрент-сайтов** атакуют злоумышленники. (https://xakep.ru/2019/07/09/gobotkr/, 2019)

ТО́РРЕНТ-ТРЕ́КЕР *nm, int.* torrent tracker

Еще в 2008 году в Швеции состоялось дело The Pirate Bay – это один из крупнейших в мире **торрент-трекеров**, где можно найти сотни тысяч нелегальных файлов. (https://www.kommersant.ru/doc/4134387, 2019)

ТО́РРЕНТ-ФАЙЛ *nm, int.* torrent file

Сайты с пиратским контентом могут заставить пользователя скачать вирус под видом **торрент-файла** или включить камеру с микрофоном под предлогом просмотра или загрузки. (https://rg.ru/2019/10/22/v-gollandii-otkliuchili-servery-postavliavshie-kino-na-80-piratskih-sajtov.html, 2019)

ТОСТ *nm, food.* toast

Хлеб нужно подрумянить до хрустящей корочки, выложить на него ломтики авокадо и ветчину, обжарить яйцо и положить сверху **тоста**. (https://sm-news.ru/5-potryasayushhix-blyud-s-avokado-56619/, 2019)

ТО́СТЕР *nm, tech.* toaster

Подсушенный в **тостере** или духовке хлеб сбрызгиваем оливковым маслом, наносим сверху столовую ложку рикотты и кладем пару кусочков инжира. (https://sm-news.ru/top-5-poleznyx-sendvichej-na-zavtrak-ili-perekus-56688/, 2019). **Тостерный** (*adj*).

ТОФУБУ́РГЕР *nm, food.* tofu burger

Тофубургер – это гамбургер, содержащий тофу вместо мяса. (https://dic.academic.ru/dic.nsf/ruwiki/298414)

ТРАВЕЛО́Г *nm, tour.* travelog

В программу фестиваля включен внеконкурсный показ ленты "Северный **травелог**" и творческая встреча с ее автором Кирой Яаскилайнен. (http://www.interfax-russia.ru/NorthWest/news.asp?sec=1671&id=1067934, 2019)

ТРА́КТОР *nm, trans.* tractor

Для очистки взлетно-посадочных полос и перронов используются снеуборочные и снегоотбрасывающие машины, **тракторы**, автогрейдеры, самосвалы, погрузчики, спецмашины для разброса реагентов. (https://nevnov.ru/730119-pulkovo-podgotovil-aerodromnuyu-tekhniku-k-zime, 2019). **Тракторный** (*adj*).

ТРАМВА́Й *nm, trans.* tramway

Трамвай и небольшой грузовой автомобиль столкнулись на Варшавской улице на юге Москвы, в результате грузовик опрокинулся. (https://tass.ru/proisshestviya/7236985, 2019). **Трамвайный** (*adj*).

ТРАНЗА́КЦИЯ *nf, fin.* transaction

К примеру, майнеры уже игнорируют **транзакции** с комиссией в 1 сатоши за байт или 0.06 цента за транзакцию. (https://2bitcoins.ru/u-bitcoin-cash-bolshie-problemy/, 2019). **Транзакционный** (*adj*).

ТРАНЗИ́Т *nm, misc.* transit

Действующие контракты России и Украины на **транзит** и поставку газа завершаются в конце года. (https://ria.ru/20191201/1561807597.html, 2019). **Транзитный** (*adj*).

ТРАНСВЕСТИ́ЗМ *nm, soc.* transvestism

Трансвестизм – это форма нарушения гендерной идентичности, которая проявляется в стремлении играть роль противоположного пола, потребности переодеваться, использовать имя и заимствовать другие ролевые атрибуты противоположного пола. (http://a-z-gender.net/biodeterminizm.html)

ТРАНСВЕСТИ́Т *nm, soc.* transvestite

Киллиан Мерфи получил "Оскар" за фильм "Завтрак на Плутоне", в котором он сыграл **трансвестита**. (https://sm-news.ru/aktrisy-kotorye-dobilis-uspexa-stav-androginnymi-55604/, 2019)

ТРАНСГЕ́НДЕР *nm, soc.* transgender

В этой связи не исключено, что имя депутата Виталия Милонова станет тотемным для российских **трансгендеров** и других представителей ЛГБТ. (https://www.pravda.ru/society/1455529-alimenti_pol/, 2019). **Трансгендерный** (*adj*).

ТРАНСГУМАНИ́ЗМ *nm, phil.* transhumanism

Последователи **трансгуманизма**, к примеру, видят в современном человеке лишь переходный этап на пути к постчеловеку. (https://www.kommersant.ru/doc/4117700, 2019)

ТРАНСКО́ДЕР *nm, tech.* transcoder

Транскодер – это устройство для преобразования полного цветового видеосигнала одной системы цветного телевидения в полный цветовой видеосигнал другой системы. (https://official.academic.ru/26947/)

ТРАНССЕКСУА́Л *nm, sex.* transsexual

Марш в поддержку **транссексуалов** прошел в День памяти трансгендерных людей в Киеве. (https://riafan.ru/1229382-nacionalisty-sorvali-marsh-v-podderzhku-transseksualov-v-kieve, 2019). **Транссексуальный** (*adj*).

ТРАНССЕКСУАЛИ́ЗМ *nm, sex.* transsexualism

В новой редакции Международной классификации болезней, которая вступит в силу в 2022 году, **транссексуализм** исключат из категории психических расстройств. (https://lenta.ru/news/2019/10/03/married/, 2019)

ТРАНСФЕ́Р *nm, tour.* transfer

После матча город Санкт-Петербург обеспечит **трансфер** болельщиков красно-белых на автобусах до Московского вокзала. (https://matchtv.ru/football/matchtvnews_NI1119973_Spartak_sdelal_zajavlenije_dla_fanatov_pered_matchem_s_Zenitom, 2019). **Трансферный** (*adj*).

ТРАНСФЕ́Р-АГЕ́НТ *nf, fin.* transfer agent

Трансфер-агент – организация, которая на рынке ценных бумаг по до говору

поручения с держателем реестра принимает документы, необходи мые для внесенияизменений в реестр при совершении операций, а также производит обратные

действия: передает зарегистрированным лицам документы от реестрод ержателя. (https://banks.academic.ru/1815/)

ТРАСТ *nm, fin.* trust

Траст – это соглашение, в соответствии с которым собственность передается некоему лицу или лицам, которые управляют ею в пользу некоторого другого лица или лиц бенефициаров. (https://dic.academic.ru/dic.nsf/fin_enc/18774, 2019). **Трастовый** (*adj*).

ТРАСТ-ФО́НД *nm, fin.* trust fund

Для нейтрализации рисков, связанных с концентрацией и переходом контроля будет создан семейный **траст-фонд** Аркадия Воложа. (http://elitetrader.ru/index.php?newsid=477957, 2019)

ТРА́ФИК *nm, int.* traffic

Россияне стали чаще пользоваться мобильным интернетом. В 2019 году общий **трафик** по сравнению с 2018 годом вырос в полтора раза. (https://riafan.ru/1239792-dudchak-obyasnil-kak-zakon-o-nadezhnom-runete-zashitit-rossiyu-ot-tvitternykh-revolyucii, 2020)

ТРЕДМИ́Л *nm, sport.* treadmill

В головных зданиях установят аппараты МРТ, КТ, денситометры, аппараты УЗИ экспертного класса, **тредмил**, эндоскопическое оборудование. (https://tass.ru/moskva/7017244, 2019)

ТРЕДМИ́Л-ТЕСТ *nm, med.* treadmill test

Тредмил-тест позволяет исследовать функционирование сердечно-сосудистой системы во время нагрузки. (https://iz.ru/944490/2019-11-18/tekhnika-dlia-proverki-serdtca-pri-povyshennykh-nagruzkakh-poiavilas-v-riazani, 2019)

ТРЕД-Ю́НИОН *nm, pol.* trade union

В частности, **тред-юнионы** обозначили свою позицию по отношению к переходу на четырехдневную рабочую неделю. (https://rg.ru/2019/09/10/britanskie-profsoiuzy-pozhalovalis-na-ushchemlenie-prav-rabochego-klassa.html, 20190

ТРЕ́ЙДЕР *nm, bsn.* trader

Владельцы этих токенов смогут отдать их в аренду маркетмейкерам и получить часть комиссионных, выплачиваемых **трейдерами** за каждую сделку. (http://elitetrader.ru/index.php?newsid=476119, 2019). **Трейдерский** (*adj*).

ТРЕ́ЙДИНГ *nm, bsn.* trading

Ассоциация ADAM была сформирована в ноябре 2018 года для стандартизации правил работы в сферах криптовалютного **трейдинга**, хранения, клиринга и расчетов. (http://elitetrader.ru/index.php?newsid=477310, 2019)

ТРЕ́ЙЛЕР *nm, media.* trailer

На официальном ютьюб-канале "Звездных войн" опубликован финальный **трейлер** девятого эпизода саги "Звездные войны". (https://daily.afisha.ru/news/31524-sila-obedinyaet-posmotrite-finalnyy-treyler-zvezdnyh-voynskayuoker-voshod/, 2019). **Трейлерный** (*adj*).

ТРЕ́КЕР *nm, tech.* tracker

Помимо самих смартфонов, есть умные браслеты, **трекеры**, часы с функциейаудиомониторинга.(https://www.kp.ru/daily/27035.5/4099874/, 2019)

ТРЕ́КИНГ *nm, tech.* tracking

Это система пространственного **трекинга** Blacktrax. Она регистрирует камеры под крышей зала, а также специальные датчики за сценой. (https://thecity.m24.ru/articles/1490, 2019)

ТРЕНД *nm, misc.* trend

Растущий **тренд** на потребление медиаконтента везде и в любой момент создает огромные возможности для цифровых медиа, важным компонентом которых являются подкасты. (https://www.kommersant.ru/doc/4150781, 2019). **Трендовый** (*adj*). **Трендить** (*v*).

ТРЕНДМЕ́ЙКЕР *nm, soc.* trendmaker

Спикеры конгресса порассуждают о винных **трендмейкерах** и сценариях развития рынка. (https://www.kommersant.ru/doc/4089125, 2019)

ТРЕНДСЕ́ТТЕР *nm, soc.* trendsetter

Один из главных **трендсеттеров** в ретейле Тадаси Янаи в недавнем интервью Bloomberg заявил, что во главе своей ретейл-империи он хотел бы видеть женщину. (https://snob.ru/entry/186859/, 2020)

ТРЕ́НЕР *nm, sport.* trainer

Тренер подтвердил, что продолжал работу со спортсменами, несмотря на дисквалификацию. (https://www.sports.ru/athletics/1080057528.html, 2019). **Тренерский** (*adj*). **Тренировать/ся** (*v*).

ТРЕ́НИНГ *nm, misc.* training

Министерство туризма Египта решило, что будет привлекать на рынок египетских производителей, а также проводить специальные профессиональные **тренинги**. (https://www.pravda.ru/news/travel/1464147-egipetskie_suveniry/, 2020). **Тренинговый** (*adj*).

ТРЕНЧКО́Т *nm, cloth.* trench coat

Берет добавит яркую ноту ретро, особенно, если ты наденешь его с укороченным пальто-трапецией или **тренчкотом**. (https://lisa.ru/moda/585382-uteplyajsya-stilno-18-modnyh-shapok-dlya-zimy-2020/, 2019)

ТРЕСС *nm, cosm.* tress (*hair lock*)

Трессы – это искусственные или натуральные волосы, которые нужно крепить специальными заколками, желательно между прядями своих волос. (https://fb.ru/article/102884/chto-takoe-volosyi-na-tresse, 2019)

ТРИАТЛО́Н *nm, sport.* triathlon

Российские спортсмены примут участие в состязаниях по пляжному футболу, баскетболу, воднолыжному спорту, скейтбордингу, плаванию на открытой воде, вейкборду, **триатлону**. (https://www.championat.com/other/news-3864527-zasport-ekipiruet-sbornuju-rossii-na-pervyh-vsemirnyh-pljazhnyh-igrah-v-katare.html, 2019). **Триатлонный** (*adj*).

ТРИ́БЬЮТ-АЛЬБО́М *nm, music.* tribute album

В сентябре этого года был представлен **трибьют-альбом** "Гражданской Обороны", посвящённый 55-летию Егора Летова, которому в этом году исполнилось бы 55 лет. (https://www.gazeta.ru/culture/news/2019/11/22/n_13728170.html, 2019)

ТРИ́ГГЕР *nm, misc.* trigger

Нет никаких сомнений, что торговое противостояние между США и КНР является одним из главных **триггеров** замедления темпов роста мировой экономики. (https://rg.ru/2019/12/11/torgovoe-soglashenie-ssha-i-kitaia-podtolknet-kotirovki-nefti-vverh.html, 2019). **Триггерный** (*adj*).

ТРИ́ЛЛЕР *nm, media.* thriller

Как следует из аннотации к спектаклю, эта постановка – гибрид гиперреализма и мистического **триллера**. (https://tass.ru/kultura/7067799, 2019). **Триллерный** (*adj*).

ТРИ́ММЕР *nm, tech.* trimmer

Серьезную долю рынка садовой техники и за рубежом, и в России занимали бензокосы, газонокосилки, **триммеры**. (https://rb.ru/opinion/otkryt-proizvodstvo-v-rossii/, 2019)

ТРИ́ММИНГ *nm, misc.* trimming

Этих косматых собачек с веселым нравом нужно только вычесывать время от времени, и делать **тримминг** у грумера раз в год. (https://sm-news.ru/top-10-porod-sobak-dlya-allergikov-56075/, 2019)

ТРО́ЛЛИНГ *nm, misc.* trolling

1 *fish.* **Троллинг** – метод рыбной ловли с движущегося моторизованного плавсредства (лодка, катер). (https://dic.academic.ru/dic.nsf/ruwiki/34911). 2 *int.* Самые распространенные формы агрессии – негативные комментарии, осуждение действий других пользователей и **троллинг**. (https://daily.afisha.ru/news/31986-bolshe-poloviny-rossiyan-stalkivalis-s-agressiey-v-internete/, 2019). **Троллить** (*v*).

ТРОЛЛЬ *nm, int.* troll

Размещенные в странах Балтии солдаты НАТО регулярно жалуются, что они сами и их семьи становятся жертвами неизвестных интернет **троллей** и получают пугающие анонимные звонки. (https://lenta.ru/articles/2019/11/03/nato_boti/, 2019). **Троллить** (*v*).

ТРЭШ-А́РТ *nm, art.* trash art

Трэш-арт – направление в современном искусстве, которое связано с включением мусора в арт-объект, либо с созданием творчества исключительно из мусора. (https://www.kp.ru/daily/27011/4073981/, 2019)

ТРЭШ-МЕТА́Л *nm, music.* trash metal

Близкие друзья американской **трэш-метал** группы Slayer опровергли предположения СМИ о том, что сестры Кардашьян помогли музыкантам заработать на прощальном туре. (https://ria.ru/20191008/1559546419.html, 2019)

ТУЛУ́П *nm, skate.* toe loop

Буквально пять дней назад стало известно о том, что спортсменку внесли в книгу рекордов Гиннеса за исполнение четвертных **тулупа** и лутца в 2018 году. (https://sm-news.ru/trusova-nachala-sezon-s-rekordov-55566/, 2019)

ТУ́МБЛЕР *nm, tech.* tumbler

На стенах – панели с кнопками, мигающими индикаторами, **тумблерами**, схемами. (https://www.advis.ru/php/view_news.php?id=3F5F0D38-A636-8B40-A602-8D05F3EAA6D1, 2019). **Тумблерный** (*adj*).

ТУР *nm, tour.* tour

Губернатор отметил, что у региона есть все необходимое для привлечения большего туристического потока, и путь к успеху – это чаще предлагать путешественникам **туры** в области и рассказывать о местных достопримечательностях. (https://regnum.ru/news/society/2794702.html, 2019)

ТУРАГЕ́НСТВО *nn, tour.* tour agency

Организаторы добавили, что конференция может быть полезна руководителям, сотрудникам отделов связей с общественностью и маркетологам туроператоров и **турагенств**. (https://regnum.ru/news/2786856.html, 2019)

ТУРАГЕ́НТ *nm, tour.* tour agent

Турагенты рассказали информационному порталу TourDom.ru о самых "продающихся" странах в дни "Черной пятницы" – ими стали Таиланд, Турция и Россия, сообщается на портале. (https://regnum.ru/news/2794701.html, 2019)

ТУРИ́ЗМ *nm, tour.* tourism

Буклеты с анонсами спектаклей доступны любому зрителю бесплатно в каждом театре города, а также в офисе **туризма**. (http://www.ng.ru/style/2019-10-29/8_7714_style.html, 2019). **Туристический** (*adj*).

ТУРИНДУСТРИ́Я *nf, tour.* tour industry

Среди причин туроператоры обозначили плохую пропускную способность пунктов пограничного контроля в новом аэропорту, но многие представители **туриндустрии** сомневаются, что дело в этом. (https://regnum.ru/news/society/2794704.html, 2019)

ТУРИ́СТ *nm, tour.* tourist

Авиалайнер с **туристами** из России, чей рейс Санья-Казань был задержан более чем на сутки, приземлился в международном аэропорту Казань. (https://tass.ru/obschestvo/7237271, 2019). **Туристский** (*adj*).

ТУРКЛА́СТЕР *nm, tour.* tourist cluster

Турнкластер город Улан-Удэ – это исторический центр республики с возможностями активного, детского, семейного отдыха. (https://tass.ru/v-strane/7217381, 2019)

ТУРОПЕРА́ТОР *nm, tour.* tour operator

Группа компаний "Аэрофлот" решила вернуться к практике продажи блок-чартеров **туроператорам**. (https://regnum.ru/news/society/2794704.html, 2019). **Туроператорский** (*adj*).

ТЬЮ́ТОР *nm, prof.* tutor

Сегодня уже никого не удивишь профессией баннермейкера, веб-садовника или **тьютора**. (https://rg.ru/2013/04/22/professii.html, 2013). **Тьюторский** (*adj*).

ТЮ́БИНГ *nm, sport.* tubing

На самых экстремальных уклонах лога были намечены трассы для **тюбинга**, фристайла, мини-слалома, сноуборда, горного велосипеда, кросс-кантри, параллельного слалома и байкер-кросса, велотриала. (https://gorod48.ru/news/1866021/, 2019)

ТЮ́НЕР *nm, tech.* tuner

Тюнер – это радиоприёмник какого-либо специального назначения либо высококачественный стереофонический приёмник. (https://dic.academic.ru/dic.nsf/ruwiki/207584)

ТЮ́НИНГ *nm, auto.* tuning

Народные умельцы "всех мастей" уже не первый год старательно работают над **тюнингом** "Нивы", которая не менялась на протяжении десятилетий.(https://car.ru/news/automobili/58937-avtovaz-tak-yavno-ne-smozhet-lada-44-vyipolnena-v-shikarnom-stile/, 2019). **Тюнингованный** (*adj*). **Тюнинговать** (*v*).

У

УБЕРИЗА́ЦИЯ *nf, bsn.* uberization

Уберизация, кстати, стала новым словом и новым трендом в глобальной экономике. (http://elitetrader.ru/index.php?newsid=479929, 2019)

УИКЕ́НД *nm, misc.* weekend

Итоги стартового **уикенда** этого розыгрыша Кубка мира, видимо, примерно соответствовали ожиданиям тех, кто внимательно следит за отечественным биатлоном. (https://www.kommersant.ru/doc/4178915, 2019)

УНИСЕ́КС *nm, cloth.* unisex

Унисекс – стиль в одежде, для которого характерно полное отсутствие признаков, указывающих на пол. (http://a-z-gender.net/biodeterminizm.html)

УНИФО́РМА *nf, cloth.* uniform

В капсулу вошли 6 вещей черного цвета: куртка, напоминающая **униформу**, свитшот, три модели футболок и лонгслив, сумка-тоут и кепка. (https://www.cosmo.ru/fashion/news/10-10-2019/guess-jeans-i-pleasures-obyavlyayut-o-starte-prodazh-gonochnoy-kapsuly/, 2019). **Униформенный** (*adj*).

УНИЦИ́КЛ *nm, auto.* unicycle

Среди дисциплин и площадок – пляжный волейбол, стритбол, скейтбординг, роллерблейдинг (катание на роликах с выполнением трюков), самокат, слеклайн (хождение по натянутой стропе), баланс-борд, **унициклы**, сап-серфинг, прыжки на батуте и многое другое. (https://calendar.fontanka.ru/articles/8566, 2019)

УО́КИ-ТО́КИ *nm, indecl, tech.* walkie-talkie

На записи камеры видеонаблюдения видно, как один из злоумышленников достает телефон или **уоки-токи** и после коротких переговоров без видимых затруднений открывает кодовые замки. (https://lenta.ru/articles/2019/10/11/pejcinovic/, 2019)

УРБАНИЗА́ЦИЯ *nf, misc.* urbanization

Тематические сессии, круглые столы, воркошопы юбилейной конференции направлены на совместное формирование стратегий предстоящего десятилетия в таких областях как цифровизация, защита окружающей среды, продовольственная безопасность, источники энергии, **урбанизация** и других. (https://regnum.ru/news/society/2794029.html, 2019). **Урбанизированный** (*adj*). **Урбанизировать** (*v*).

УРБАНИ́ЗМ *nm, misc.* urbanism

Результаты мы представим на биеннале архитектуры и **урбанизма** в Шэньчжэне в декабре 2019 года. (https://realty.rbc.ru/news/5dc12b6a9a7947acdb654c6b, 2019). **Урбанистический** (*adj*).

УТИЛИ́ТА *nf, comp.* utility (*software*)

Твикер – это **утилита** для тонкой настройки операционной системы либо программного обеспечения, за счёт изменения определённых параметров. (https://dic.academic.ru/dic.nsf/ruwiki/1647449). **Утилитный** (*adj*).

Ф

ФАЙБЕРГЛА́СС *nm, tech.* fiber glass

Файберглас – это нетканая материя, как бы пропитанная стеклом. (https://ufa.aif.ru/society/persona/podustali_shtampovat_avtor_kritikuemyh_skulptur_ufy_o_svoih_rabotah, 2019)

ФАЙЕРВО́Л *nm, comp.* firewall

Граждане России опасались, что в России появится аналог китайского **файервола**, и доступ к международной паутине окажется закрыт. (https://fedpress.ru/article/2356774, 2019)

ФАЙЛ *nm, comp.* file

Файл больше похож на ведомость, в которой указано количество лайков, комментариев и репостов. (https://argumenti.ru/society/2019/12/639859, 2019). **Файловый** (*adj*).

ФА́ЙТИНГ *nm, comp. game.* fighting

Кинокомпания работает над анимационным фильмом Mortal Kombat Legends: Scorpion's Revenge по одноимённой серии **файтингов**. (https://thecity.m24.ru/articles/1604, 2020)

ФАКС *nm, tech.* fax

Чтобы принять **факс** во время разговора оператору всего лишь необходимо набрать команду "#5#" и его собеседник будет соединен с факс-сервером. (https://habr.com/ru/article/303070/, 2019). **Факсовый** (*adj*).

ФАКС-МОДЕ́М *nm, tech.* fax modem

Подключите **факс-модем** к своему компьютеру, и вам будут доступны некоторые полезные возможности. (https://fb.ru/article/129037/chto-mojet-faks-modem)

ФАКС-СЕ́РВЕР *nm, tech.* fax server

Чтобы принять факс во время разговора оператору всего лишь необходимо набрать команду "#5#" и его собеседник будет соединен с **факс-сервером**. (https://habr.com/ru/article/303070/, 2019)

ФА́КТОРИНГ *nm, fin.* factoring

Факторинг становится сегодня уже незаменимым в коммерческой сфере. (https://fb.ru/article/452558/shema-faktoringa-opisanie-vidyi-operatsii). **Факторинговый** (*adj*).

ФАКТЧЕ́КИНГ *nm, media.* fact checking

Фактчекинг – сегодня один из главных способов существовать в изменчивой интернет-среде. (https://www.oblgazeta.ru/culture/books/99526/, 2019)

ФАНДРА́ЙЗЕР *nm, soc.* fundraiser

В России **фандрайзеров** в мире культуры очень мало, мы не привыкли просить деньги, а культура не умеет зарабатывать. (https://www.forbes.ru/forbeslife/385475-ya-smotryu-na-biznes-kak-na-kulturnyy-process-dmitriy-aksenov-o-tom-pochemu, 2019)

ФАНДРА́ЙЗИНГ *nm, soc.* fundraising

На V Форум академического **фандрайзинга** приехали эксперты из Свердловской, Томской, Саратовской, Тверской, Ростовской областей, Чечни и других регионов. (https://tass.ru/ural-news/7168747, 2019). **Фандрайзинговый** (*adj*).

ФАН-ЗО́НА *nf, soc.* fan zone

Фан-зоны Евро-2020 в Петербурге планируют организовать и в спальных районах – помимо главной на Конюшенной площади. (http://www.sobaka.ru/entertainment/sport/100069, 2019)

ФАНК *nm, music.* funk

Сайт TabataTimer предлагает не только выставить количество раундов и циклов, но и подобрать музыку для тренировки: хип-хоп, кантри-рок, **фанк** и другие направления. (https://www.championat.com/lifestyle/article-3875673-kak-pohudet-bystro-tabata-effektivnaja-zhiroszhigajuschaja-trenirovka-doma.html, 2019)

ФАН-КЛУ́Б *nm, soc.* fan club

Администраторы сообщества **фан-клуба** ФК "Краснодар" в Великом Новгороде высказали надежду, что когда-нибудь краснодарский клуб проведет матч против новгородского "Электрона". (https://53news.ru/novosti/51365-priedet-li-v-velikij-novgorod-komanda-iz-pfl.html, 2019)

ФАНК-МЕТА́Л *nm, music.* funk metal

Этот трек сыграл важную роль в популяризации хип-хопа среди белой аудитории, а вскоре после его выхода оформились такие жанры, как **фанк-метал**, рэпкор и даже рэп-метал. (https://mir24.tv/articles/16356668/rok-n-roll-kak-stil-zhizni-samoi-buntarskoi-muzyke-mira-55-let, 2019)

ФАНК-РО́К *nm, music.* funk rock

Вышедший в 2003 году альбом "St. Anger" отметил изменение звука культовой команды в сторону альтернативного метала с оттенками **фанк-рока**. (https://www.gazeta.ru/culture/photo/robert_truhilo_metallica.html, 2019)

ФА́РМИНГ *nm, int.* farming

Фарминг – мошенничество путем перенаправления пользователя на сторонние сайты. (https://www.kommersant.ru/doc/4097389, 2019)

ФАСИЛИТА́ТОР *nm, soc.* facilitator

Создание Конституционного комитета Сирии окончательно закрепило за Москвой статус главного **фасилитатора** переговоров и фактически повысило шансы на то, что именно по её сценарию будет развиваться будущее САР. (https://news.ru/near-east/rossii-nuzhen-ne-tolko-asad/, 2019). **Фасилитаторский** (*adj*).

ФАСИЛИТА́ЦИЯ *nf, soc.* facilitation

Современная IT-разработка формирует спрос на специалистов по **фасилитации**. (https://www.kommersant.ru/doc/4053688, 2019)

ФАСТФУ́Д *nm, food.* fast food

Ранее ученые выяснили, почему при недостатке сна людей тянет на жирную и нездоровую пищу: пиццу, картошку фри, бургеры и прочий

фастфуд. (https://mir24.tv/news/16383709/nochnye-perekusy-vedut-k-prezhdevremennomu-stareniyu, 2019). **Фастфудный** (*adj*).

ФЕ́ДИНГ *nm, tech.* fading (*weakening of a wireless signal*)

Фединг – это замирание радиосигнала. (https://dic.academic.ru/dic.nsf/eng_rus/346205/, 2019)

ФЕЙК *nm, misc.* fake

Данилов также обвинил Россию в распространении **фейков**. (https://regnum.ru/news/2786066.html, 2019). **Фейковый** (*adj*).

ФЕЙК-АККА́УНТ *nm, comp.* fake account

Например, жертвой ботов стал известный российский политолог и публицист Армен Гаспарян, под постом которого в течение одного часа появились сотни оскорбительных комментариев, написанных **фейк-аккаунтами**. (https://rueconomics.ru/vse-novosti, 2019)

ФЕЙК-НЬЮ́С *npl, indecl, media.* fake news

Помимо универсальных энциклопедических статей здесь будут представлены и определения понятий, связанных с повседневной жизнью, такие как "**фейк-ньюс**" и другие новые явления. (https://tass.ru/obschestvo/7162215, 2019)

ФЕ́ЙСИНГ *nm, mark.* facing

Фейсинг в мерчандайзинге – процесс, задача по выкладке на полке товарных единиц продукции (фейсов), видимых и доступных покупателю в магазинах самообслуживания с полочной выкладкой продукции. (https://www.marketch.ru/marketing_dictionary/je/facing/)

ФЕЙСКОНТРО́ЛЬ *nm, misc.* face control

Павел Пичугин был клубный промоутер и один из самых известных сотрудников **фейсконтроля** в России. (https://vm.ru/news/761889-stala-izvestna-data-proshaniya-s-pashej-fejskontrolem, 2019)

ФЕЙСТА́ЙМ *nm, int.* facetime

Голкипер "Ливерпуля" Алиссон отметил победу над "Тоттенхэмом" в Лиге чемпионов, позвонив жене со стадиона по **фейстайму**. (https://sport24.ru/news/football/2019-06-02-alisson-otmechal-pobedu-v-lch-s-beremennoy-zhenoy-po-feystaymu-na-dnyakh-u-braziltsa-roditsya-syn, 2019)

ФЕ́ЛТИНГ *nm, art.* felting

Работы Татьяны и ее учеников выполнены в разных техниках: батик, пирография, **фелтинг**, лоскутное шитье. (https://www.alt.kp.ru/online/news/3654403/, 2019)

ФЕ́ШЕН-БИ́ЗНЕС *nm, bsn.* fashion business

Женщина начинала свой бизнес еще в начале 1994 года, сегодня она среди ключевых фигур российского **фешен-бизнеса**. (https://vm.ru/health/741805-k-zdorovoj-moskve-prisoedinyaetsya-vse-bolshe-zvezd, 2019)

ФЕ́ШЕН-ИНДУСТРИ́Я *nf, bsn.* fashion industry

В дискуссии примут участие российские и европейские эксперты **фешен-индустрии**, модератором будет Алексей Баженов, идеолог Be in

Open. (https://www.cosmo.ru/lifestyle/news/20-11-2019/cosmopolitan-podderzhivaet-forum-kreativnyh-industriy-art-werk/, 2019)

ФЕ́ШЕН-ФОТО́ГРАФ *nm, prof.* fashion photographer

Топ-модель проявляет интерес к **фешен-фотографу** из Британии, часто прилетающему по работе в США. (https://24smi.org/news/189337-u-iriny-sheik-roman-s-fotografom-smi.html, 2019)

ФИ́ДЕР *nm, fishing.* feeder

Фидер – это приспособление, которое является донной снастью, переделанной под современный стиль. (https://fb.ru/article/167116/fider---eto-chto-fider-dlya-nachinayuschih-ustroystvo-fidernoy-snasti-vidyi-osnastki-tehnika-lovli, 2019)

администра́тор *nm, misc.* administrator

ФИ́КСЕР *nm, misc.* fixer

Фиксер – если вкратце, маленький помощник продюсера, администратор, и выручала. (https://daily.afisha.ru/archive/gorod/changes/evangelist-fikser-i-basboy-kto-eto-takie/, 2019).

ФИЛЕ́-О-ФИ́Ш *nm, indecl, food.* Filet-O-Fish

Филе-О-Фиш из Макдоналдс – это бургер, в составе которого содержится прожаренная рыбная котлета из цельного филе, плавленый сыр и соус Тар-Тар. (https://mcdonalds.ru/product/filet-o-fish)

ФИ́ЛЛЕР *nm, cosm.* filler

Хорошо проведенные инъекции **филлерами** на основе гиалуроновой кислоты помогают удерживать крепкий каркас лица, подчеркивают скулы и подбородок. (https://style.rbc.ru/beauty/5da71d6a9a79472aab22c598, 2019)

ФИЛЬМ *nm, media.* film

В работе павильона примут участие 23 компании, которые представят отечественную анимацию, сериалы и **фильмы**. (https://tass.ru/kultura/6990765, 2019). **Фильмовый** (*adj*).

ФИНАНСИ́РОВАНИЕ *nn, fin.* financing

В рамках нацпроекта реализуется также пять региональных проектов. Инструменты для реализации – акселерация, популяризация и **финансирование** по низким ставкам – все это будет направлено на увеличение числа занятых в сфере малого и среднего предпринимательства. (https://komiinform.ru/news/187201, 2019). **Финансированный** (*adj*). **Финансировать** (*v*).

ФИНА́НСЫ *npl, fin.* finances

Министр **финансов** Антон Силуанов прокомментировал предложение об освобождении малоимущих россиян от уплаты налога на доходы физлиц. (https://news.ru/economics/glava-minfina-ocenil-ideyu-osvobozhdeniya-maloimushih-ot-ndfl/, 2019). **Финансовый** (*adj*). **Финансировать** (*v*).

ФИ́НИШ *nm, sport.* finish

Главное условие – быстро добраться до **финиша** и только по своей полосе. В Нур-Султане прошел спортивный забег для самых маленьких.

(https://mir24.tv/news/16387180/polzkom-k-finishu-v-nur-sultane-proveli-sorevnovaniya-dlya-malyshei, 2019). **Финишный** (*adj*). **Финишировать** (*v*).

ФИСТБО́Л *nm, sport.* fistball

Программа Всемирных игр состоит из двух частей: спортивной (соревнования по неолимпийским видам спорта – самбо, армрестлинг, перетягивание каната, **фистбол**, спортивно-бальные танцы и другие) и демонстрационной (традиционные национальные виды спорта). (https://tass.ru/sport/7129863, 2019)

ФИ́ТИНГ *nm, tech.* fitting

Фитинг – это соединительный элемент трубопровода, который устанавливается для проведения сращивания, поворота, а также перехода трубы на другой диаметр. (https://fb.ru/article/290300/fiting---chto-takoe-klassifikatsiya-instruktsiya-po-podboru-i-vyiboru, 2019)

ФИ́ТНЕС *nm, sport.* fitness

Программа спортивного праздника включала прыжки на скакалке, **фитнес**, танцы, весёлые эстафеты в парах с поеданием мандаринов. (https://chr.mk.ru/social/2020/01/04/v-belgorode-proshyol-sportivnyy-semeynyy-prazdnik.html, 2020)

ФИ́ТНЕС-АЭРО́БИКА *nf, sport.* fitness aerobics

Фитнес-аэробика это командный, вид спорта, состоящий из гимнастических и танцевальных элементов. (https://studfiles.net/preview/1865352/page:14/)

ФИ́ТНЕС-БИ́ЗНЕС *nm, bsn.* fitness business

Одна из самых затратных статей в **фитнес-бизнесе** – расходы на персонал. (https://rg.ru/2018/09/18/eksperty-podschitali-chto-cherez-10-let-zhivyh-trenerov-zameniat-roboty.html, 2019)

ФИ́ТНЕС-БРАСЛЕ́Т *nm, tech.* fitness bracelet

Претенденту предоставят камеру и **фитнес**-браслет, чтобы делать фото и видео-заметки и следить за самочувствием во время поездки. (https://ria.ru/20200105/1563125569.html, 2020)

ФИ́ТНЕС-ИНСТРУ́КТОР *nm, prof.* fitness instructor

В рамках мероприятия пройдет серия мастер-классов визажистов, косметологов, **фитнес-инструкторов**, шеф-поваров, бизнес-тренеров. (https://www.cosmo.ru/stars/news/24-10-2019/yarekomenduyu-oriflame-provedet-dni-krasoty-v-krupneyshih-gorodah-strany/, 2019)

ФИ́ТНЕС-КЛУБ *nm, sport.* fitness club

Сегодня в зданиях завода находятся рестораны, магазины, **фитнес-клуб**, танцевальная студия и др. (https://www.rbc.ru/politics/22/11/2019/5dd821ff9a79472ebdbab4ca, 2019)

ФИ́ТНЕС-ПРОГРА́ММА *nf, sport.* fitness program

Сайкл-аэробику называют еще спиннингом или сайклингом, и своему появлению эта **фитнес-программа** обязана американскому велосипедисту Джону Голдбергу. (https://365news.biz/women/fitnes/129581-effektivnaya-sajkl-trenirovka-dlya-poxudeniya.html, 2019)

ФИ́ТНЕС-СТАРТА́П *nm, sport.* fitness start-up

Сегодня, по данным CrunchBase, в **фитнес-стартапы** было вложено $6,2 миллиарда, из которых 10 самых финансируемых собрали более 2 миллиардов. (https://rb.ru/opinion/fitnes-dlya-millenialov/, 2019)

ФИ́ТНЕС-СТУ́ДИЯ *nf, sport.* fitness studio

США – родина многих необычных занятий, а **фитнес-студию** в Нью-Йорке или Лос-Анджелесе можно найти практически на каждом углу. (https://lisa.ru/krasota/fitnes/592742-novyj-trend-vnosim-raznoobrazie-v-trenirovki-ty-zahochesh-poprobovat/, 2019)

ФИ́ТНЕС-ТРЕ́КЕР *nm, tech.* fitness tracker

Программная оболочка MIUI For Watch позволяет устанавливать на "умные" часы до сорока приложений, гаджет можно использовать в качестве **фитнес-трекера** и контроля качества сна. (https://www.rbc.ru/technology_and_media/05/11/2019/5dc1551d9a7947c1f511458a, 2019)

ФИ́ТНЕС-ТРЕ́НЕР *nm, prof.* fitness trainer

Эффектная **фитнес-тренер** и многодетная мать неоднократно участвовала в фотосессиях для самых популярных мировых изданий, среди которых Bazar, Shape и другие. (https://rsport.ria.ru/20191130/1561744977.html, 2019)

ФИ́ТНЕС-ТРЕ́НИНГ *nm, sport.* fitness training

На протяжении лета авторы проекта предлагали москвичам посещение бесплатных концертов, экскурсий, мастер-классов и **фитнес-тренингов**, кинопоказов и экскурсий по улицам столицы. (https://regnum.ru/news/2479153.html, 2019)

ФИ́ТНЕС-ЦЕНТР *nm, sport.* fitness center

Из развлечений для любителей активного отдыха – катание на водных лыжах или каяках, вейкбординг, рыбалка в течение всего дня, также есть два теннисных корта и **фитнес-центр**. (https://www.kommersant.ru/doc/4148342, 2019)

ФИ́ШБУРГЕР *nm, food.* fish burger

Гости фестиваля посетили эко-ферму, попробовали **фишбургеры** и морсы собственного производства.(https://nevnov.ru/region/Petrozavodsk/684887-novye-derevyannye-skulptury-poyavilis-na-turobektakh-karelii, 2019)

ФИ́ШИНГ *nm, int.* phishing

Согласно ежегодному отчету Microsoft, в котором анализируются основные типы кибератак, **фишинг** является самой распространенной и самой быстрорастущей сетевой угрозой. (https://tass.ru/obschestvo/7001881, 2019)

ФЛА́ЕР *nm, ad.* flyer

На улицы Самары вышли промоутеры СПИД-центра: в самых оживленых местах города они раздали прохожим **флаеры** с информацией, где можно бесплатно пройти тест на ВИЧ. (https://www.samara.kp.ru/online/news/3689869/, 2019)

ФЛА́ЙБОРД *nm, sport.* flyboard

В бассейне спорткомплекса "Динамо" выступили воспитанники отечественных спортшкол, представители сборной страны и артисты. Впечатлил зрителей и полет над водой на **флайборде**. (https://tass.ru/sport/7425171, 2020)

ФЛА́ЙБОРДИСТ *nm, sport.* flyboarder

Парад яхт и шоу **флайбордистов** покажут на фестивале в Севастополе. (https://iz.ru/925471/2019-09-25/parad-iakht-i-shou-flaibordistov-pokazhut-na-festivale-v-sevastopole, 2019)

ФЛЕ́ШКА *nf, slang.* flash drive

Специалист отметил, что конденсаторы могут обеспечить до 10 миллиардов циклов перезаписи, что в 100 тысяч раз больше, чем у современных компьютерных **флешек**. (https://www.pravda.ru/news/science/1455842-kondensatory/, 2019)

ФЛЕШМО́Б *nm, soc.* flash mob

Отмечается, что по окончанию **флешмоба** все участники получили видеодиски "Наследие Гаскарова" и буклеты ансамбля. (https://regnum.ru/news/2763666.html, 2019)

ФЛЕШМО́БЕР *nm, soc.* flash mobber

Невский проспект, после того, как по нему прошли Запашные, барабанщики-рекордсмены и **флешмоберы**, во второй половине дня 26 мая вновь возвращают автомобилистам. (https://www.fontanka.ru/2019/05/26/046/, 2019)

ФЛИП *nm, skate.* flip

На чемпионате Европы 1976 года случилось то, во что едва смогли поверить судьи: на лёд вышла двенадцатилетняя девочка и исполняла связку из двойного **флипа** и тройного тулупа. (https://www.goodhouse.ru/stars/zvezdnye-istorii/elena-vodorezova-kuda-delas-devochka-figuristka-kotoraya-sorevnovalas-so-vzroslymi-na-olimpiade/, 2019)

ФЛИ́ППИНГ *nm, fin.* flipping

Флиппинг – покупка инвестором акций IPO по цене продавца и их продажа по более высокой цене как только акции начнут участвовать в торгах. (https://dic.academic.ru/dic.nsf/business/)

ФЛИС *nm, cloth.* fleece (*fabric*)

Сейчас фабрика выпускает одежу из **флиса**, школьную форму, а также спортивные товары из удерживающих тепло тканей виндблок и поларфлис. (https://www.komi.kp.ru/daily/27013/4076115/, 2019). **Флисовый** (*adj*).

ФЛО́АТЕР *nm, fin.* floater (*stock*)

Решение Минфина разместить на аукционе только **флоатер** и не предлагать выпуск с постоянным купоном принесло оживление на вторичный рынок. (http://elitetrader.ru/index.php?newsid=478337, 2019)

ФЛО́ППИ-ДИСК *nm, tech.* floppy disk

Флоппи-диск, на котором оставил автограф Стив Джобс – основатель корпорации Apple – выставили на продажу за 7500 долларов. (https://rg.ru/2019/11/27/disketu-s-avtografom-stiva-dzhobsa-vystavili-na-prodazhu-za-polmilliona-rublej.html, 2019)

ФЛОРИ́СТ *nm, prof.* florist

Можно с полным обоснованием сказать, что **флорист** – это творец-профессионал, занимающийся растительным дизайном. (https://sovets.net/16795-florist-kto-eto.html, 2018)

ФЛОСС *nm, med.* floss

Уход складывается из 5 основных факторов: регулярного использования щетки, пасты, ополаскивателя, **флосса** (зубной нити) и употребления жевательной резинки без сахара между приемами пищи для сохранения достаточного уровня слюноотделения. (https://www.mk.ru/social/2019/09/01/mediki-dali-sovety-pensioneram-po-sokhraneniyu-zdorovya-zubov.html, 2019)

ФЛУД *nm, int.* flood, flooding

Флуд – это, как правило, абсолютно бессмысленные сообщения, которые флудер через короткий промежуток времени публикует в общей теме. (https://www.kommersant.ru/doc/4119997, 2019). **Флудить** (*v, slang*).

ФЛУ́ДЕР *nm, int.* flooder

Флуд – это, как правило, абсолютно бессмысленные сообщения, которые **флудер** через короткий промежуток времени публикует в общей теме. (https://www.kommersant.ru/doc/4119997, 2019)

ФЛЭ́ТЛЕНД *nm, skatebrd.* flatland

Основными стилями катания являются **флэтленд** (трюки на ровных поверхностях), стрит (трюки на улице), верт (трюки в рампе), парк (в скейт-парках с различными препятствиями). (https://www.mk.ru/sport/2019/06/27/mok-izmenil-programmu-olimpiyskikh-igr-2024-goda.html, 2019)

ФОКСТЕРЬЕ́Р *nm, anim.* fox terrier

Фокстерьеру, по рекомендации кинологов, нужно пробегать не менее семи километров в день, чтобы оставаться здоровым. (https://www.goodhouse.ru/obshchestvo/people-stories/moy-milyy-lyubovnik-kem-na-samom-dele-byl-legendarnyy-kazanova/, 2019)

ФОКСТРО́Т *nm, dance.* foxtrot

Фокстрот – это парный танец, который входит в состав классических бальных. (https://fb.ru/article/171673/fokstrot---eto-tanets-s-interesnoy-istoriey-i-ne-menee-interesnoy-tehnikoy-ispolneniya). **Фокстротный** (*adj*).

ФО́КУС-ГРУ́ППА *nf, misc.* focus group

Результаты опроса 3500 человек стали основой создания интервью-гайдов для второго этапа, предполагавшего экспертные индивидуальные интервью, и интервью с участием **фокус-групп**. (https://kavkaz.mk.ru/social/2019/12/02/na-stavropole-podveli-itogi-issledovaniy-udovletvorennosti-naseleniya.html, 2019)

ФОЛК-ПА́НК *nm, music.* folk punk

В нее вошли авторские песни, этнические композиции разных стран и психоделический **фолк-панк**. (https://vm.ru/afisha/358582-muzyka-kvesty-i-maslenica-kak-provesti-vyhodnye-v-stolice, 2019)

ФОЛК-РО́К *nm, music.* folk rock

Кроме работы в кино, Кустурица известен как участник **фолк-рок** группы The No Smoking Orchestra. (https://iz.ru/946775/2019-11-24/putin-pozdravil-kusturitcu-s-dnem-rozhdeniia, 2019)

ФОЛЛО́ВЕР *nm, int.* follower

На днях Анастасия Решетова решила показать **фолловерам** результат недавнего тонирования. (http://www.woman.ru/stars/events/article/234411/, 2019)

ФО́РВАРД *nm, sport.* forward

Форвард нанёс мощный удар с центра поля и поразил ворота, несмотря на то что голкипер камбоджийцев в тот момент находился на линии рамки. (https://www.championat.com/football/news-3890855-17-letnij-forvard-zabil-s-centra-polja-golkiperu-stojavshemu-na-linii-vorot-video.html, 2019)

ФО́РЕКС *nm, fin.* forex (foreign exchange)

Что касается рынка **форекс**, учиться на нем хорошо, но не рассчитывайте зарабатывать много денег на дейтрейдинге. (http://elitetrader.ru/index.php?newsid=473384, 2019). **Форексный** (*adj*).

ФОТОБЛО́Г *nm, int.* photoblog

Популярная **фотоблог**-соцсеть Instagram испытывает трудности с функционированием. (https://regnum.ru/news/2792662.html, 2019)

ФОТОБО́МБА *nf, soc.* photobomb

При слове "**фотобомба**" сразу понимаешь, что речь идёт о фотографиях, на которых случайно или намеренно появились люди, животные или объекты. (https://www.adme.ru/svoboda-kultura/14-novyh-slov-kotorye-slyshali-vse-no-nikto-tochno-ne-znaet-chto-oni-oznachayut-1767965/)

ФОТОБО́МБИНГ *nm, soc.* photobombing

Фотобомбинг – это умение влезать в чей-нибудь тщательно продуманный кадр и эффектно портить его, обычно в качестве шутки или розыгрыша. (https://www.adme.ru/svoboda-kultura/14-novyh-slov-kotorye-slyshali-vse-no-nikto-tochno-ne-znaet-chto-oni-oznachayut-1767965/)

ФОТОКОПИ́РОВАНИЕ *nn, tech.* photocopying

Фотокопирование – копировальный процесс, использующий методы и технические средства фотографии. (https://dic.academic.ru/dic.nsf/bse/145640/). **Фотокопировальный** (*adj*).

ФОТОКО́ПИЯ *nf, tech.* photocopy

На этих негативах помимо портретной съемки много прекрасных **фотокопий**
редчайших научных изданий. (http://www.ng.ru/science/2019-11-26/10_7736_images.html, 2019).

ФОТОМО́ДЕЛЬ *nf, misc.* photo model

Американская звезда реалити-шоу и **фотомодель** Ким Кардашьян выставила на продажу кондоминиум в центре Калабасаса за $3,5 млн. (https://realty.rbc.ru/news/5dce9f139a7947cb11bfc6d2, 2019). **Фотомодельный** (*adj*).

ФОТОПРИ́НТЕР *nm, tech.* photo printer

Компания Huawei анонсировала мобильный **фотопринтер** Pocket Photo Printer, подключающийся к смартфону по Bluetooth. (https://hitech.vesti.ru/article/1175387/, 2019)

ФОТОРЕАЛИ́ЗМ *nm, art.* photorealism

Алгоритм выдает все более реалистичные изображения, но мы не хотим приближаться к **фотореализму** – куда интереснее сохранить какие-то художественные эффекты. (https://style.rbc.ru/impressions/5db0188a9a794729dde23c7b, 2019)

ФОТОРЕЗИ́СТОР *nm, tech.* photoresistor

Вчера вступили в силу ограничения на поставку в Южную Корею **фоторезисторов**, фтороводорода и фторированного полиимида. (https://www.kommersant.ru/doc/4020236, 2019). **Фоторезисторный** (*adj*).

ФОТОСАФА́РИ *nn, indecl, tour.* photo safari

Понаблюдать за животными в естественных условиях обитания можно на **фотосафари** и экскурсионной поездке в сопровождении сотрудников. (https://ulan.mk.ru/social/2019/10/09/chto-zhitelyam-i-gostyam-buryatii-posmotret-na-rodine-dondoka-ulzytueva-i-isaya-kalashnikova.html, 2019)

ФОТОТРАНЗИ́СТОР *nm, tech.* phototransistor

Для того чтобы у метки появились дополнительные возможности, инженеры присоединили к ней **фототранзистор**, крошечный сенсор, реагирующий на различные уровни света. (https://hightech.plus/2018/11/08/novie-ustroistva-interneta-veshei-oboidutsya-bez-batareek, 2019). **Фототранзисторный** (*adj*).

ФОТОФИ́НИШ *nm, sport.* photo finish

Финал с участием этих спортсменов закончился настоящим **фотофинишем**. (https://vrn.mk.ru/sport/2019/11/25/voronezhskiy-skalolaz-stal-chempionom-rossii-v-mnogobore.html, 2019)

ФОТОХО́СТИНГ *nm, int.* photo hosting

Сооснователь **фотохостинга** Instagram Кевин Систром дал интервью, в котором рассказал о влиянии своего сервиса на современный мир. (https://www.gazeta.ru/tech/2019/11/29/12838538/systrom_pope.html, 2019)

ФОТОШО́П *nm, comp.* Photoshop

Фотошоп плотно вошёл в нашу жизнь. (https://sm-news.ru/novye-foto-dzhej-lo-bez-retushi-56535/, 2019). **Фотошопить** (*v, slang*).

ФРЕЙМ *nm, comp, ling.* frame

Фрейм – это область на сайте (окно), в которой видно другую веб-страницу. (https://fb.ru/article/143778/freym---eto-chto-struktura-i-sozdanie-freymov). **Фреймовый** (*adj*).

ФРЕ́ЙМИНГ *nm, ling.* framing

Фрейминг – это оформление или подача информации с использованием таких слов и фраз, которые прозвучат убедительно для другой стороны. (https://studopedia.ru/17_72208_prayming-i-freyming.html)

ФРЕ́КИНГ *nm, tech.* fracking

Депутат от Левой партии пояснил, что критика российского газопровода – лишь попытка всеми способами вывести на европейский рынок газ, добытый методом **фрекинга**. (https://news.ru/world/bundestag-grozya-sankciyami-severnomu-potoku-2-ssha-presleduyut-svoyu-cel/, 2019). **Фрекинговый** (*adj*).

ФРЕШ *nm, food.* fresh (*juice*)

Регулярное употребление свекольного **фреша** снижает давление и способствует расширению сосудов. (https://vk-smi.ru/zdorove/166400,2019)

ФРИГА́Н *nm, soc.* freegan

Фриганством занимаются люди, которые вместо того, чтобы тратить деньги на еду целенаправленно идут за ними на мусорку, но, в отличие от бомжей и нищих, **фриганы** сознательно хотят снизить уровень потребления. (https://momenty.org/people/5987, 2019)

ФРИГАНИ́ЗМ *nm, soc.* freeganism

Фриганизм получил активное распространение в США, Бразилии, Швеции, Южной Корее, Великобритании и Эстонии. (https://www.m24.ru/articles/obshchestvo/10122019/156240, 2019)

ФРИДА́ЙВИНГ *nm, sport.* freediving

Дайвингу, **фридайвингу** и другим подводным видам плавания и туризма можно обучиться в дайвинг-клубах "Лагуна" и "Атлантида". (https://www.the-village.ru/village/weekend/weekend-guide/367161-9-obrazovatelnyh-kursov-dlya-mestnyh-v-sochi, 2019)

ФРИ́ЗЕР *nm, tech.* freezer

На заводе установлено современное технологическое оборудование – поточный дефростер, филетировочные машины, **фризеры**. (https://tass.ru/ekonomika/6809398, 2019)

ФРИК *nm, slang.* freak

Поскольку поддержка либеральной оппозиции не слишком высока в обществе, то ее представители давно уже стали маяками для разного рода маргиналов и **фриков**. (https://www.eg.ru/society/806711-popavshiysya-na-upotreblenii-narkotikov-reznik-pytaetsya-171spryatat187-domogavshegosya-k-studentkam-vishnevskogo-084352/, 2019)

ФРИ́КЦИЯ *nf, sex.* friction

Фрикции – это индивидуальный подход к каждой партнерше. (https://fb.ru/article/142036/friktsii---eto-chto-takoe-znachenie-slova-perevod-i-tehnika-friktsiy). **Фрикционный** (*adj*).

ФРИЛА́НС *nm, prof.* freelance

Сейчас активно развиваются другие формы занятости – временная и проектная работа, **фриланс**, удаленка. (https://www.rbc.ru/trends/education/5dbc23aa9a7947d60c6c8f0d, 2019)

ФРИЛА́НСЕР *nm, prof.* freelancer

Можно также заказать готовый блог у **фрилансера** или у веб-студии. (https://uguide.ru/kak-sozdat-svoj-blog, 2019)

ФРИ́МИУМ *nm, econ.* freemium

Потом можно использовать бизнес-модель **фримиум**. Ее особенность в том, что сначала вы предлагаете что-то бесплатно и понемногу, а потом, заполучив счастливых клиентов, уже предлагаете купить полную услугу или товар. (https://rg.ru/2018/10/24/gde-i-kak-vzroslyj-chelovek-mozhet-poluchit-novuiu-professiiu.html, 2019)

ФРИРА́ЙД *nm, mountain biking.* freeride

Поклонники горных лыж и сноуборда оценят разнообразный рельеф и комфортную ширину склона, а любители **фрирайда** смогут покататься в пухляке лесного массива. (https://altai.aif.ru/society/s_veterkom_na_mishinoy_gore_otkryvaetsya_gornolyzhnyy_sezon, 2019)

ФРИРА́ЙДИНГ *nm, mountain biking.* freeriding

Главное преимущество Сочи – мягкий климат с безветренной погодой, из-за которого этот регион как нельзя лучше походит для **фрирайдинга** – катания вне подготовленных трасс. (https://www.eg.ru/5stars/805577-lyji-vs-snoubord-kakoy-zimniy-vid-sporta-vybirayut-nashi-zvezdy-083297/, 2019)

ФРИ́СБИ *nf, indecl, sport.* frisbee

Здорово будет выйти с семьей или друзьями на улицу, покататься на велосипеде, сходить на каток, поиграть в догонялки или **фрисби**. (https://www.m24.ru/articles/obshchestvo/21112019/156193, 2019)

ФРИСТА́ЙЛ *nm, sport.* freestyle

На самых экстремальных уклонах лога были намечены трассы для тюбинга, **фристайла**, мини-слалома, сноуборда, горного велосипеда, кросс-кантри, параллельного слалома и байкер-кросса, велотриала. (https://gorod48.ru/news/1866021/, 2019). **Фристайловый** (*adj*).

ФРИСТА́ЙЛЕР *nm, sport.* freestyler

Три **фристайлера** разогнались на своих мотоциклах на трамплин и друг за другом исполнили двойной бэкфлип, этот трюк считается одним из самых опасных. (https://mir24.tv/news/16377489/sportdaidzhest-ak-47-dlya-hokkeista-i-bokser-taison-fyuri-v-maske, 2019)

ФУД-ДИЗА́ЙНЕР *nf, prof.* food designer

Александра Генис – **фуд-дизайнер** и основательница фуд-студии tas2r. Она расскажет, как с помощью молекул можно придать пище любой вкус и запах. (https://rb.ru/news/emerge-2019/, 2019)

ФУ́ДИ *nc, indecl, food.* foodie

Фуди – это человек, для которого еда больше, чем простой ежедневный прием пищи. (https://www.adme.ru/svoboda-kultura/11-novyh-slov-russkogo-yazyka-kotorye-primenimy-dlya-povsednevnoj-zhizni-2056915/, 2020)

ФУД-КО́РТ *nm, food.* food court

Кроме кинопоказов, появятся ресторан, кафе или **фуд-корт**, центры спорта, отдыха или лекционные залы, магазины и продуктовые супермаркеты, офисы и залы для мастер-классов. (https://www.msk.kp.ru/daily/27062/4130730/, 2019)

ФУДТЕ́Х-СТАРТА́П *nm, bsn.* food tech start-up

В США за решение этой проблемы взялись новые типы **фудтех-стартапов**, которые предлагают другой подход к процессу логистики. (https://rb.ru/opinion/trendy-restorannogo-rynka/, 2019)

ФУДШЕ́РИНГ *nm, soc.* food sharing

Фудшеринг – движение по спасению годных к употреблению продуктов. Люди делятся нормальной едой, которую по каким-то причинам не съедят, чтобы она не попала в мусорку. (https://momenty.org/people/5987, 2019)

ФУТБО́Л *nm, sport.* football (*soccer*)

Лондонский "Тоттенхэм Хотспур" сыграл вничью с "Мидлсбро" в матче 1/32 финала Кубка Англии по **футболу**. (https://russian.rt.com/sport/news/705048-tottenhem-midlsbro-kubok-anglii, 2020). **Футбольный** (*adj*).

ФЬЮ́ЖН-КУ́ХНЯ *nf, food.* fusion cuisine

Шеф-повар ресторана Пьер Ганьер – один из основоположников направления французской **фьюжн-кухни**. (https://www.kommersant.ru/doc/3739070, 2019)

ФЬЮ́ЖН-МУ́ЗЫКА *nf, music.* fusion music

Группа "Гамбхира" под руководством Гришмы Прасад дала четыре концерта индийской **фьюжн-музыки**. (https://ria.ru/20181228/1548873809.html, 2018)

ФЬЮ́ЧЕРС *nm, fin.* futures

Стоимость **фьючерса** на нефть марки Brent с поставкой в феврале 2020 года в ходе торгов на бирже ICE в Лондоне увеличилась на 1,1% и составила $61,15 за баррель. (https://tass.ru/ekonomika/7241163, 2019). **Фьючерсный** (*adj*).

ФЭ́НТЕЗИ *nn, indecl, media.* fantasy

В программу Russian Film Week вошло 36 полнометражных и 18 короткометражных фильмов – драмы, комедии, исторические фильмы, триллеры, боевики, мелодрамы, **фэнтези**. (https://www.interfax.ru/culture/686267, 2019)

Х

ХАБ *nm, comp.* hub

Стороны договорились о создании “Технологического **хаба**”. (https://regnum.ru/news/2795550.html, 2019)

ХАВБÉК *nm, sport.* halfback

Хавбек повредил бедро в матче 17-го тура чемпионата России против тульского “Арсенала”. (https://rsport.ria.ru/20191202/1561873797.html, 2019)

ХАЙБÓЛ *nm, misc.* highball (*glass*)

Хайбол – это высокий стакан, который создан для большого количества жидкости. (https://fb.ru/article/229099/kokteyl-haybol-chto-eto-takoe-retseptyi-prigotovleniya)

ХАЙДЖÉКЕР *nm, avia. law.* hijacker

Хайджекер – это угонщик самолета; воздушный пират. (https://dic.academic.ru/dic.nsf/efremova/281182/)

ХАЙЛÁЙТЕР *nm, cosm.* highlighter

Для контуринга лица необходимо всего два базовых средства: **хайлайтер** и бронзер или темный корректор. (https://complex_words.academic.ru/)

ХАЙП *nm, misc.* hype

Когда я приступил к тяжёлым тренировкам, начал бегать 10-километровые кроссы, пошли спарринги, травмы, на этом **хайп** закончился, началась работа. (https://russian.rt.com/sport/news/688065-koklyaev-emelyanenko-boi, 2019). **Хайповый** (*adj*). **Хайпить** (*v*).

ХАЙ-ТÉК *nm, indecl, tech.* high-tech (*high technologies*)

Развитие технологий коренным образом поменяет политические системы, способы ведения бизнеса, поэтому необходимо учиться жить в другой реальности и инвестировать нужно в **хай-тек**. (https://regnum.ru/news/2794616.html)

ХÁКЕР *nm, comp.* hacker

Как сообщили музыканты, на днях их “взломали **хакеры**” и заявили, что украли минидиски с архивными записями времен альбома OK Computer. (https://www.mk.ru/culture/2019/06/12/radiohead-vylozhili-zapisi-za-kotorye-u-nikh-vymogali-150-tysyach.html, 2019). **Хакерский** (*adj*).

ХÁКИНГ *nm, comp.* hacking

В 1995 году шестнадцатилетнего Паркера арестовали за **хакинг**: Шон в то время занимался взломами сайтов компаний из списка Fortune 500. (https://riafan.ru/1227540-dvoinaya-zhizn-vladelca-facebook-cukerberga-filantrop-na-publiku-agent-cru-v-teni, 2019)

ХАРÁССМЕНТ *nm, law.* harassment

Харассмент – форма дискриминации, которая включает любое нежелательное и назойливое физическое и словесное поведение, оскорбляющее или унижающее человека или нарушающее неприкосновенность его частной жизни. (http://a-z-gender.net/biodeterminizm.html)

ХАРД *nm, comp. slang.* hardware

Хард – жёсткий магнитный диск как носитель данных запоминающего устройства; винчестер. (https://dic.academic.ru/dic.nsf/efremova/281218/, 2019)

ХА́РДВЕР *nm, comp. slang.* hardware

Хардвер – это конструктивная, материальная часть компьютера, "железо", в противоположность компьютерной программе – софтвера. (https://dic.academic.ru/dic.nsf/es/91852/)

ХАРДКО́Р *nm, music.* hardcore

Состоящая из четырех участников группа Enter Shikari была основана в 2003 году. В своем творчестве они объединяют **хардкор** и транс, пост-хардкор и металкор. (https://lenta.ru/news/2019/11/14/enter/, 2019)

ХАРДКО́Р-ТЕ́ХНО *nn, indecl, music.* hardcore techno

В своем творчестве группа использовала множество разных стилей, от **хардкор-техно** и индастриала до электро-рока и панка. (https://www.rbc.ru/society/04/03/2019/5c7d1e319a79477ddffac5bb, 2019)

ХАРД-РО́К *nm, music.* hard rock

За свою более чем 40-летнюю историю группа Kiss играла в жанрах глэм-рок, **хард-рок**, шок-рок, хеви-метал и глэм-метал. (https://regnum.ru/news/2624839.html, 2019)

ХАРЛЕ́Й *nm, slang.* Harley (*Davidson*)

В первом лагере мечтают о брутальном волосато-бородатом красавчике на ревущем **Харлее**, который увезет вас в полное ярких событий будущее. (https://sm-news.ru/aktery-sbrivshie-borodu-i-tak-sojdet-ili-vernite-obratno-56769/, 2019)

ХАФПА́ЙП *nm, snowbrd.* halfpipe

Ранее российская фристайлистка Валерия Демидова победила в соревнованиях по **хафпайпу** на этапе Кубка мира в КНР. (https://aif.ru/sport/winter/rossiyanin_burov_vzyal_serebro_v_lyzhnoy_akrobatike_na_etape_km_po_fristaylu, 2019)

ХЕ́ВИ-МЕТА́Л *nm, music.* heavy metal

За свою более чем 40-летнюю историю группа Kiss играла в жанрах глэм-рок, хард-рок, шок-рок, **хеви-метал** и глэм-метал. (https://regnum.ru/news/2624839.html, 2019)

ХЕДЖ-ФО́НД *nm, fin.* hedge fund

Аналитики американского **хедж-фонда** One River Asset Management отмечают парадоксальность сложившейся ситуации. (https://ria.ru/20191129/1561713107.html, 2019)

ХЕДСПИ́Н *nm, breakdance.* head spin

Флай, гелик и **хедспин** – все это элементы брейкданса, в котором сегодня соревновались любители танцевального спорта. (https://ren.tv/news/v-rossii/244232-v-moskve-predstavili-zhar-ptitsu-stravinskogo-v-khip-khop-stile, 2019)

ХЕ́ЙТЕР *nm, slang.* hater

Глава села Спасские Мурзы, в котором мемориал погибшим воинам ВОВ обшили сайдингом, обратился к **хейтерам**. (https://iz.ru/945053/2019-11-19/vosstanovivshii-saidingom-obelisk-glava-sela-pod-saranskom-otvetil-kheiteram, 2019)

ХЕЛИ-СКИ́ *nm, indecl, sport.* heliskiing

Яхта полностью кастомизирована по запросу клиента и учитывает, например, его страсть к экстремальным видам спорта, в том числе **хели-ски**. (https://style.rbc.ru/impressions/5d2f387c9a79470cd8f5ce51, 2019)

ХЕ́НДЛЕР *nm, sport.* handler (*dog show*)

К окончанию школы она уже имела диплом **хендлера**, выданный Российской кинологической ассоциацией. (https://www.goodhouse.ru/stars/zvezdnye-istorii/valeriya-gaj-germanika/, 2019)

ХЕШТЕ́Г, ***ХЭШТЕ́Г** *nm, comp.* hashtag

На своей странице в социальных сетях Нурмагомедов сообщил, что в скором времени его поклонников ожидают приятные новости. К посту был прикреплён **хештег** #18апреля. (https://russian.rt.com/sport/article/693208-nurmagomedov-fergyuson-podgotovka, 2019)

ХИ́ЛИСЫ, ***ХЕ́ЛЕСЫ** *npl, shoes.* heelys (*wheeled heel sneakers*)

Хилисы или **хелесы** – кроссовки со вставленными в них колёсами. Колёса вставляются в пятку и снимаются при помощи ключа. (https://dik.academic.ru/dic.nsf/ruwiki/356985)

ХИЛЛБИ́ЛЛИ *nm, indecl, slang.* hillbilly

Житель американской провинции (чаще всего юга или Среднего Запада), называемый также “**хиллбилли**”, играет ту же роль, что российский гопник и общественная группа, которую тот представляет. (https://inosmi.ru/social/20190913/245819259.html, 2019)

ХИ́ППИ *nc, indecl, soc.* hippie

Актер не перестает напоминать журналистам, что он **хиппи**, как его отец и мать. А они были не просто **хиппи**, но и миссионерами религиозной секты “Дети Бога”. (https://style.rbc.ru/people/5db6a7979a794742e1141154, 2019). **Хипповый** (*adj*).

ХИ́ПСТЕР *nm, soc.* hipster

Прохожу пару блоков и оказываюсь в совершенно другом районе, где много кофеен, молодежи и **хипстеров**. Нью-Йорк очень мобильный город, в нем нет единого центра. (https://style.rbc.ru/life/5dc97e9b9a79476c7a02cb30, 2019)

ХИП-ХО́П *nm, music.* hip hop

Все началось со знакомства в училище с джаз-фанком. Потом я стал интересоваться и другими направлениями американской музыки и в итоге увлекся **хип-хопом**. (https://www.mk.ru/culture/2019/10/24/zvonkiy-menya-vdokhnovlyali-ne-repery-a-nautilus-pompilius.html, 2019)

ХИТ *nm, music.* hit (*music*)

В Великобритании провели опрос с целью выяснить, какой рождественский **хит** кажется людям самым надоедливым. (https://lenta.ru/news/2019/12/02/alliwant4christmas/, 2019). **Хитовый** (*adj*).

ХИТ-ПАРА́Д *nm, music.* hit parade

Песня "Эскадрон" фигурировала в **хит-парадах** почти полтора года. (https://aif.ru/culture/person/oleg_gazmanov_bolshinstvo_rossiyan_za_putina_no_reshili_otygratsya_na_mne, 2019)

ХИЧХА́ЙКЕР *nm, tour.* hitchhiker

Хичхайкеры в США 40-х 50-х годов XX века – это люди, ведущие бродячий образ жизни, передвигаясь при помощи автостопа. (https://dic.academic.ru/dic.nsf/dic_fwords/48969/)

ХО́ББИ *nn, indecl, misc.* hobby

В чайной церемонии есть такая часть, которая заключается в том, что каждый участник называет свое имя и рассказывает о себе, своей жизни, **хобби** и так далее. (https://vm.ru/society/766587-kak-obshatsya-s-agressivnymi-i-nervnymi-podchinennymi-obuyasnila-psiholog, 2019)

ХОККЕ́Й *nm, sport.* hockey

Два матча с участием сборной России по **хоккею** на домашнем этапе Евротура будут показаны в прямом эфире Первым каналом. (https://tass.ru/sport/7246925, 2019). **Хоккейный** (*adj*).

ХО́ЛДЕР *nm, mark.* holder

Холдером называется приспособление, служащее как для формирования выкладки товара, так и для удобного размещения и распространения рекламных материалов. (https://www.marketch.ru/marketing_dictionary/je/holder/)

ХО́ЛДИНГ *nm, bsn.* holding

Несколько сотен сотрудников крупнейших **холдингов** страны определяли, кто из них лучший, в полусотне компетенций: от сварочного и сметного дела до квантовых технологий и интернет-маркетинга. (https://www.kp.ru/daily/27052/4118594/, 2019). **Холдинговый** (*adj*).

ХОЛИ́ЗМ *nm, sci.* holism

Популисты зовут к **холизму**, максимальному единению общества, которое якобы способно вернуть "Золотой век", восстановить былое и утраченное. (https://www.gazeta.ru/comments/2019/05/12_a_12329515.html, 2019). **Холистический** (*adj*).

ХОЛЛ *nm, misc.* hall

Холл – это большое помещение для чего-нибудь, например, зал для публичных собраний, комната для ожидания в театрах, кино и т.п. (https://dic.academic.ru/dic.nsf/ushakov/1082274, 2019)

ХОЛОКО́СТ *nm, pol.* Holocaust

Холокост болезненная для Латвии тема. 30 ноября и 8 декабря в лесу Румбулы, под Ригой, нацистами было расстреляно около 28 000 евреев. (https://regnum.ru/news/2795619.html, 2019)

ХО́РРОР *nm, media.* horror

Создатели **хоррора** оставляют за собой право пугать гостей любым образом, даже используя гипноз. (https://www.kp.ru/online/news/3652919/, 2019)

ХО́РРОР-КВЕСТ *nm, media.* horror quest

Создатели **хоррор-квеста** пообещали 20 тысяч долларов прошедшему девятичасовую игру. (https://www.kp.ru/online/news/3652919/, 2019)

ХО́РРОР-ПАНК *nm, music.* horror punk

Группы, играющие **хоррор-панк**, используют в своей лирике сверхестественных существ (вампиры, зомби, оборотни, призраки), страшные истории, часто встречаются отсылки к фильмам ужасов, всё это не без юмора. (https://veter.academic.ru/dic.nsf/ruwiki/1181900)

ХО́РРОР-ФИЛЬМ *nm, media.* horror film

В сети появился первый трейлер **хоррор-фильма** “Остров фантазий”. (https://regnum.ru/news/2775066.html, 2019)

ХО́СПИС *nm, med.* hospice

Автомобили выездной службы **хосписа** транспортируют неизлечимых больных в стационар, привозят в их дома специалистов для оказания квалифицированной медицинской и психологической помощи, доставляют средства ухода и специализированного оборудования для инвалидов. (https://www.mk.ru/social/2019/12/02/aleksey-kudrin-nagradil-rostki-novoy-vlasti.html, 2019). **Хосписный** (*adj*).

ХОСТ *nm, int.* host (*website*)

Хост – любое устройство, предоставляющее сервисы формата “клиент-сервер” в режиме сервера по каким-либо интерфейсам и уникально определённое на этих интерфейсах. (https://dic.academic.ru/dic.nsf/ruwiki/7114, 2019)

ХО́СТЕЛ *nm, tour.* hostel

Стоимость отелей в новогоднюю ночь – от 20 тысяч рублей, зато в соседней Ницце есть номера в пять-десять раз дешевле – гостиницы и **хостелы**. (https://ria.ru/20191203/1561860003.html, 2019). **Хостельный** (*adj*).

ХО́СТИНГ *nm, comp.* hosting (*website*)

Налог взимается с любых электронных услуг, продаваемых через Интернет: реклама, продажа игр, приложений, **хостинга** сайтов, музыки, фильмов и другого контента. (https://www.fontanka.ru/2019/12/02/022/, 2019). **Хостинговый** (*adj*).

ХО́СТИНГ-ПРОВА́ЙДЕР *nm, comp.* hosting provider

Новый закон увеличивает наказание для **хостинг-провайдеров** и владельцев доменов за отказ предоставить госорганам доступ к личным сообщениям граждан. (https://aif.ru/society/safety/putin_utverdil_shtrafy_za_hranenie_personalnyh_dannyh_rossiyan_za_rubezhom, 2019)

ХОТ-ДО́Г *nm, food.* hotdog

В сентябре в Самаре проходил фестиваль уличной еды, гостям удалось попробовать популярный стрит-фуд: барбекю, бургеры, **хот-доги**, горячую пиццу и десерты. (https://regnum.ru/news/society/2791821.html, 2019)

ХУ́ДИ *nn, indecl, cloth.* hoodie

В планах компании использовать иллюстрации WokArt в брендировании одежды (футболки, **худи**), подарков (сумки, кружки и т.д.), упаковке готовой продукции. (https://www.gazeta.ru/lifestyle/style/2019/12/a_12845060.html, 2019)

ХУК *nm, sport.* hook

Ортис провел **хук** справа – настолько точный, настолько правильный по таймингу, что Уайлдер, такое создавалось впечатление, вырубился, продолжая оставаться на ногах. (https://www.kommersant.ru/doc/4165484, 2019)

ХУЛАХУ́П *nm, game.* hula hoop

Упражнения, направленные на укрепление зоны пресса, необходимо чередовать с работой с **хулахупом**. (https://www.pravda.ru/sport/1433285-sport/, 2019)

ХУЛИГА́Н *nm, soc.* hooligan

Большинство фанатов не являются расистами, но **хулиганов** это не волнует, помочь разрешению проблемы могло бы давление со стороны общества. (https://tass.ru/sport/7255033, 2019). **Хулиганский** (*adj*). **Хулиганить** (*v*).

ХЭЛЛО́УИН *nm, misc.* Halloween

Хэллоуин – время историй о потусторонних ужасах. (https://style.rbc.ru/impressions/5db888a69a79470702ef985c, 2019)

ХЭ́ППЕНИНГ *nm, art.* happening

В Крыму проводятся бесчисленные конференции, конгрессы и **хэппенинги**, его посетило более 50 делегаций второстепенных европейских политиков и депутатов. (https://www.mk.ru/politics/2019/12/01/kak-rossii-vernut-krym-v-evropu.html, 2019)

ХЭ́ППИ МИЛ *nm, food.* Happy Meal (*McDonalds*)

В качестве примера можно снова привести "Макдоналдс" – в прошлом году был составлен рейтинг наиболее ценных для коллекционеров игрушек из "**Хэппи Мил**". (https://www.kp.ru/daily/27059/4127290/, 2019)

ХЭППИ-Э́НД *nm, slang.* happy end (happy ending)

Роман заканчивается гибелью резидента и его товарищей. Без слащавого **хэппи-энда** книга становится более честной и живой. (https://rg.ru/2019/12/02/opublikovan-novyj-roman-dmitriia-poliakova-katina-berlinskaia-zhara.html, 2019)

ХЭТЧБЕ́К *nm, auto.* hatchback

Компания Audi оснастит новое поколение "заряженного" **хэтчбека** RS3 гибридной силовой установкой, сообщает Autobild. (https://www.kommersant.ru/doc/4180137, 2019)

Ч

ЧАРЛЬСТО́Н *nm, dance.* Charleston (*dance*)

Чарльстон – американский танец импровизационного характера, получивший широкое распространение в начале 20 века. (https://dic.academic.ru/dic.nsf/dic_fwords/49126/)

ЧАРТ *nm, misc.* chart

Гибрид от объединения быстрого евроданса и американского поп-рэпа получился неотразимо притягательным и стал одним из самых продаваемых синглов в истории **чартов**. (https://www.vedomosti.ru/lifestyle/characters/2017/07/27/726469-lyudi-vozrasta, 2019)

ЧА́РТЕР *nm, tour.* charter (*round trip*)

Больше всего путевок на последнюю неделю декабря было продано в Италию, говорят эксперты ассоциации. Причина – рост количества **чартеров**. (https://ria.ru/20191204/1561927486.html, 2019). **Чартерный** (*adj*).

ЧАТ *nm, int.* chat

Ранее в среду представители российского мессенджера TamTam заявили, что сервис блокирует как **чаты**, так и каналы, содержащие пропаганду терроризма и насилия. (https://lenta.ru/news/2019/12/04/kontrol/, 2019). **Чатиться** (*v*).

ЧА́УДЕР *nm, food.* chowder

В меню бизнес-ланча O'Petit на этой неделе: салаты "Хориатики" и из печеной тыквы с нутом и тахини, марроканский суп харира, бостонский **чаудер** с треской, ризотто с кальмарами. (https://www.the-village.ru/village/city/news-city/355867-novyy-lanch-v-o-petit, 2019)

ЧЕ́ДДЕР *nm, food.* cheddar

Тут вам и аппетитная солянка с несколькими сортами мяса, и деликатная цветная капуста в сырном соусе из **чеддера**, сочные говяжьи тефтельки с овощами, толстая мясная лазанья. (https://style.rbc.ru/impressions/5dad65979a794725415e1d26, 2019)

ЧЕК *nm, fin.* check (*a written order to a bank*)

Экономически целесообразным обслуживание мелких **чеков** может сделать цифровизация. (https://rg.ru/2019/12/04/rynok-faktoringa-obratil-vnimanie-na-gossektor.html, 2019). **Чековый** (*adj*).

ЧЕ́ЛЛЕНДЖ *nm, soc.* challenge

Челлендж – в переводе с английского означает вызов, чтобы проверить свои силы в некоем действии или соревновании. (https://www.adme.ru/svoboda-kultura/14-novyh-slov-kotorye-slyshali-vse-no-nikto-tochno-ne-znaet-chto-oni-oznachayut-1767965/)

ЧЕМПИО́Н *nm, misc.* champion

Пятикратный олимпийский **чемпион** Мартен Фуркад прокомментировал свою победу в индивидуальной гонке на этапе Кубка мира в Эстерсунде. (https://www.sports.ru/biathlon/1080911086.html, 2019). **Чемпионский** (*adj*).

ЧИ́ЗБУРГЕР *nm, food.* cheeseburger

В Воронеже приготовили **чизбургер** с самым большим количеством котлет внутри. (https://sm-news.ru/7-fotografij-gigantskix-blyud-probuzhdayushhix-appetit-56547/, 2019)

ЧИЗКЕ́ЙК *nm, food.* cheesecake

Предлагаем вам сделать легкий десерт. По вкусу он напомнит вам **чизкейк**, но калорий в нем будет в несколько раз меньше. (https://sm-news.ru/fruktovyj-parad-salat-chizkejk-za-10-minut-55787/, 2020). **Чизкейковый** (*adj*).

ЧИКЕНБУ́РГЕР *nm, food.* chicken burger

Один из постоянных пользователей сервиса за квартал заказал 129 **чикенбургеров**, 126 чизбургеров и 70 бигмаков. (https://argumenti.ru/economics/2018/10/588508, 2019)

ЧИП *nm, tech.* chip (*microchip*)

Компания является одним из лидеров в Китае по производству смарт-карт, включая банковские карты с **чипом**, удостоверения личности. (https://ria.ru/20191120/1561145024.html, 2019). **Чиповый** (*adj*).

ЧИ́ПСЫ *mostly npl, food.* chips

В августе Минздрав предложил ограничить продажу **чипсов** и газировки на работе. (https://iz.ru/950625/2019-12-04/gazirovannye-napitki-stanut-menee-sladkimi, 2019). **Чипсовый** (*adj*).

ЧИРЛИ́ДЕР *nm, sport.* cheerleader

Для гостей праздника подготовили ледовые выступления **чирлидеров**, уроки хоккея и мастер-классы по росписи коньков. (https://iz.ru/948819/2019-11-29/vserossiiskii-den-khokkeia-otmetiat-na-vdnkh-1-dekabria, 2019). **Чирлидерский** (*adj*).

ЧИРЛИ́ДИНГ *nm, sport.* cheerleading

В **чирлидинге** девушкам нужно овладеть сложной танцевальной хореографией, воздушной акробатикой и элементами гимнастики. (https://www.sports.ru/tribuna/blogs/devotion/2598740.html, 2019)

ЧО́КЕР *nm, cloth.* choker

Универсальные бриллиантовые **чокеры** подойдут и к брючному костюму, и к вечернему платью, будут уместны и на корпоративе, и в театре. (https://www.kommersant.ru/doc/4172755, 2019)

ЧО́ПЕР *nm, trans.* chopper

Кроме **чоперов** в республике представлены мотоциклы спортивные, класса “спорт-турист”, для горных поездок и круизеры. (https://ufa.rbc.ru/ufa/31/10/2019/5dbaad949a79474396c6d42f, 2019)

Ш

ША́ТТЛ *nm, trans.* shuttle

Единственный способ для работников СМИ добраться до отеля – воспользоваться **шаттлом**, который за 15 минут довезет из центра аккредитации в городе Уотфорд. (https://tass.ru/mezhdunarodnaya-panorama/7262213, 2019)

ША́ТТЛ-СЕ́РВИС *nm, tour.* shuttle service

В большинстве случаев **шаттл-сервис** до горы и ски-пасс также включен в стоимость проживания. (https://tourism.interfax.ru/ru/holiday_ideas/itinerary/55427, 2019)

ШАФФЛБО́РД *nm, game.* shuffleboard

Кроме того, участники слёта сыграют в настольные спортивные игры: это кульбутто, **шаффлборд**, тейбл эластик, корнхол, джакколо. (https://regnum.ru/news/2700052.html, 2019)

ШЕ́ББИ-ШИ́К *nm, des.* shabby chic

Шебби-шик – название стиля в интерьере, декоре, моде. Само название буквально можно перевести как "потёртый блеск" или "потёртый шик", что и отражает его сущность. (https://dic.academic.ru/dic.nsf/ruwiki/702202, 2019)

ШЕ́ЙКЕР *nm, tech.* shaker

Участники показали жюри, как умеют обращаться с барным инвентарем, **шейкерами** и бутылками, и приготовили авторский коктейль. (https://tver.aif.ru/society/details/parni_iz_tveri_stali_vtorymi_na_chempionate_mira_po_barmenskomu_iskusstvu, 2019). **Шейкерный** (*adj*).

ШЕ́ЙПИНГ *nm, sport.* shaping

Шейпинг – это методика целенаправленного изменения фигуры и оздоровления организма женщины, включающая в себя специальную программу физических упражнений и соответствующую систему питания. (https://studfiles.net/preview/1865352/page:14/). **Шейпинговый** (*adj*).

ШЕ́ЛТИ *nm, indecl, anim.* sheltie (Sheltland sheepdog)

Меньший собрат колли – **шелти** очень компанейский пес, прекрасно соседствует с кошками и другими домашними животными. (https://sm-news.ru/moda-na-lyubimyx-domashnix-pitomcev-56470/, 2019)

ШЕРИ́Ф *nm, law.* sheriff

Некоторые вспомнили предыдущую роль Харбора, сыгравшего **шерифа** Джима Хоппера в сериале "Очень странные дела". (https://lenta.ru/news/2019/12/04/kapitankpss/, 2019). **Шерифский** (*adj*).

ШИНГА́РДЫ *npl, cloth.* shin guards

Шингарды – это специальные защитные накладки, предохраняющие от ушибов голень и свод стопы. (https://fb.ru/article/456514/shingardyi-chto-eto-takoe-i-dlya-chego-oni-nujnyi, 2019)

ШО́КЕР *nm, tech.* shocker

Как следует из данных производителя, **шокер** выполнен в виде дубинки и способен "стрелять" картриджем на дистанцию до 4,5 метра. (https://ria.ru/20191113/1560899265.html, 2019)

ШОК-РО́К *nm, music.* shock rock

За свою более чем 40-летнюю историю группа Kiss играла в жанрах глэм-рок, хард-рок, **шок-рок**, хеви-метал и глэм-метал. (https://regnum.ru/news/2624839.html, 2019)

ШОК-СЕ́НСОР *nm, auto.* shock censor

В доме устанавливают контрольный блок сигнализации, к которому подключают несколько датчиков (движения, открывания дверей, **шок-сенсоры**, реагирующие на удары и выламывание косяков и т.п.). (https://aif.ru/dacha/construction/moy_dom_moya_krepost_shest_sposobov_obezopasit_dachu, 2019)

ШО́ПИНГ *nm, misc.* shopping

По словам Карева, рынок интернет-торговли "растет от года к году", а для некоторых категорий потребителей покупки товаров онлайн становятся основным способом **шопинга**. (https://tass.ru/ekonomika/7267273, 2019). **Шопинговый** (*adj*).

ШО́ПИНГ-ТУР *nm, tour.* shopping tour

Продукты питания в Швейцарии также традиционно дороже, чем в Германии, и швейцарцы регулярно совершают **шопинг-туры** в немецкие супермаркеты. (https://inosmi.ru/social/20191024/246097716.html, 2019)

ШО́ПИНГ-ЦЕНТР *nm, bsn.* shopping center

В популярном **шопинг-центре** Khadi, расположенном в самом центре индийской столицы, в день уходит до 100 пиджаков. (https://www.kommersant.ru/doc/4061488, 2019)

ШОПОГО́ЛИК *nm, soc.* shopoholic

Шопоголики спускают все деньги на покупки ненужных вещей, испытывая при этом разнообразную гамму чувств от эйфории до апатии. (https://www.mk.ru/social/2019/09/29/rossiyu-zakhlestnula-epidemiya-shopogolizma.html, 2019)

ШОРТ-ЛИ́СТ *nm, media.* shortlist

Африканская конфедерация футбола (CAF) объявила **шорт-лист** претендентов на звание лучшего игрока Африки 2019 года, сообщается на официальном сайте организации. (https://rsport.ria.ru/20191204/1561968902.html, 2019)

ШОРТ-ТРЕ́К *nm, sport.* short track

Россиянин Семен Елистратов занял первое место на дистанции 1000 метров на втором этапе Кубка мира по **шорт-треку**, который проходит в Монреале. (https://tass.ru/sport/7098673, 2019)

ШО́РТЫ-БЕРМУ́ДЫ *npl, cloth.* Bermuda shorts

В деловую стилистику вписываются и **шорты-бермуды**, и трикотажные жилеты, которые следующей весной обещают быть на пике моды.

(https://www.the-village.ru/village/service-shopping/style-guide/363607-tendentsii, 2019)

ШÓУ *nn, indecl, ent.* show

Шоу представляет собой смесь модного дефиле, кабаре и театрального спектакля под диско и панк-музыку с участием актеров, танцовщиков, артистов цирка. (https://snob.ru/news/184956/, 2019)

ШОУ-БИ́ЗНЕС *nm, bsn.* show business

Фанаты пришли в восторг от откровенных нарядов звезд российского **шоу-бизнеса**. (https://rueconomics.ru/vse-novosti, 2019)

ШОУМÉН *nm, prof.* showman

В марте Сухоруков раскритиковал идею **шоумена** Станислава Барецкого создать фильм "Брат 3". (https://russian.rt.com/nopolitics/news/693591-kultura-kino-suhorukov, 2019). **Шоуменский** (*adj*).

ШОУРÁННЕР *nm, prof.* showrunner

В качестве **шоураннеров** выступила Ава ДюВерней, работавшая над сериалами "Когда они нас увидят" и "Скандал". (https://regnum.ru/news/2798398.html, 2019)

ШРÉДЕР *nm, off.* shredder

В **шредер** можно отправлять небольшие ветви, листья, траву, ботву, органическую мульчу, оставшиеся растительные материалы после пикировки и т. д., превращая его в удобрение. (https://aif.ru/dacha/construction/sadovo-parkovaya_moda_iz_germanii_kakoy_tehniki_ne_hvataet_na_vashey_dache, 2019)

ШРИНКФЛЯ́ЦИЯ *nf, mark.* shrinkflation

Суть понятия **шринкфляция** состоит в снижении наполняемости стандартной упаковки, без изменения отпускной цены за эту упаковку, размеры, внешний вид и дизайн упаковки при этом почти не меняются. (https://www.marketch.ru/marketing_dictionary/je/shrinkflation/)

ШУГÁРИНГ *nm, cosm.* sugaring (*waxing*)

Шугаринг – это метод удаления волос на теле при помощи пасты из лимонного сока, воды и сахара. (https://sm-news.ru/shugaring-luchshaya-alternativa-standartnoj-epilyacii-tela-55724/, 2019)

ШУЗЫ́ *npl, slang.* shoes

Эпоха валютных проституток и фарцовщиков, когда перед майкой с английской надписью преклонялись, а хипари носили **шузы** и отращивали хайры, поскольку ненависть к самим себе зашкаливала, закончилась. (https://www.mk.ru/culture/2019/06/06/sovremennyy-russkiy-yazyk-umiraet-kak-ego-spasti.html, 2019)

ШУ́ТЕР *nm, game, slang.* shooter

Rainbow Six Siege – это многопользовательский тактический **шутер**. (https://regnum.ru/news/2797539.html, 2019)

Э

ЭВАКУА́ТОР *nm, trans.* evacuator

Некоторые владельцы японских авто даже забирают их из порта без оформления паспорта транспортного средства и ставят их в собственных дворах, привозя на **эвакуаторе**. (https://tass.ru/ekonomika/7254915, 2019). **Эвакуаторный** (*adj*). **Эвакуировать/ся** (*v*).

ЭВАКУА́ЦИЯ *nf, misc.* evacuation

Из дома было эвакуировано шесть человек, часть жильцов от **эвакуации** отказалась. (https://regnum.ru/news/2798309.html, 2019). **Эвакуационный** (*adj*). **Эвакуировать/ся** (*v*).

ЭГОСЁРФИНГ *nm, int.* egosurfing

Эгосёрфинг – поиск своей фамилии, ника, адреса электронной почты и прочих
личных данных в Интернете. (https://dic.academic.ru/dic.nsf/ruwiki/1412644)

ЭЙДЖИ́ЗМ *nm, soc.* ageism

Эйджизм – угнетение по возрастному признаку. (https://momenty.org/people/5987, 2019)

ЭКВА́ЙРИНГ *nm, fin.* acquiring

Одним из самых заметных событий форума стало объявление о запуске в Великобритании и других странах Европы работы российской платежной системы "МИР" через **эквайринг** компании PayXpert. (https://tass.ru/novosti-partnerov/7217857, 2019). **Эквайринговый** (*adj*).

ЭКВАЛА́ЙЗЕР *nm, tech.* equalizer

Наушники также получили адаптивный **эквалайзер**, автоматически регулирующий низкие и средние частоты в соответствии с геометрией уха пользователя. (https://www.rbc.ru/technology_and_media/28/10/2019/5db71b0b9a79477f1595fce2, 2019).

ЭКЗИТПО́Л *nm, pol.* exit poll

Как показывают **экзитполы**, социалисты могут на этот раз получить 114-119 кресел в 350-местном Конгрессе депутатов. (https://echo.msk.ru/news/2535075-echo.html, 2019)

ЭКОА́РТ *nm, art.* ecoart (ecological art)

Экоарт требует использования экологических материалов: материалом для скульптур и картин становятся обломки и мусор, инсталляции на открытом воздухе задействуют объекты рельефа. (https://style.rbc.ru/impressions/5dc486ea9a79476b9e09bee8, 2019)

ЭКОБИ́ЗНЕС *nm, eco.* eco-business

Программа начнется с бранча для тех, кому небезразлично развитие **экобизнеса** в России. (https://nevnov.ru/733212-v-peterburgskom-bco-sovremennik-otkroet-dveri-sosedskaya-gostinaya, 2019)

ЭКОНО́М-КЛАСС *nm, tour.* economy class

Авиакомпания Turkish Airlines с 6 декабря 2019 года больше не будет предлагать пассажирам международных рейсов в **эконом-классе** ряд крепких алкогольных напитков. (https://tourism.interfax.ru/ru/news/articles/64541, 2019)

ЭКОПАКЕ́Т *nm, eco.* eco-package

"Ашан" вместо этого предлагает **экопакеты**, на 40 процентов состоящие из переработанных материалов, а также бумажные пакеты и сумки многоразового использования. (https://lenta.ru/news/2019/04/26/upakovka/, 2019)

ЭКОСИСТЕ́МА *nf, eco.* ecosystem

В настоящее время моря на четверть кислее, чем 150 лет назад, что угрожает важным морским **экосистемам**, снабжающим продуктами питания миллиарды людей. (https://lenta.ru/news/2019/12/04/warming/, 2019)

ЭКОТУРИ́ЗМ *nm, eco.* ecotourism

Интерес для приверженцев **экотуризма** может представлять экскурсионный маршрут, оборудованный властями Адыгеи – Хаджохская теснина, который также обследован Антоновым. (https://tass.ru/obschestvo/7240349, 2019)

ЭКОТУРИ́СТ *nm, eco.* ecotourist

Исландия привлекает **экотуристов** со всего света. (https://ria.ru/20191127/1561550461.html, 2019)

ЭКСАБА́ЙТ *nm, tech.* exabyte

Эксаба́йт (Эбайт, Э, ЭБ) – единица измерения количества информации, равная 2^{60} стандартным байтам или 1024 петабайтам. (https://dic.academic.ru/dic.nsf/ruwiki/1208492)

ЭКСКЛЮЗИ́В *nm, misc.* exclusive

Зашифрованные чаты в мессенджерах, неназванные источники, защищенные дропбоксы каждый день используют сотни корреспондентов в поисках сенсаций и **эксклюзивов**. (https://ria.ru/20190418/1552786591.html, 2019). **Эксклюзивный** (*adj*).

ЭКСПАНСИОНИ́ЗМ *nm, pol.* expansionism

Во время визита сирийский лидер не преминул обвинить Эрдогана в **экспансионизме**. (http://www.ng.ru/world/2019-10-23/1_7709_deal.html, 2019). **Экспансионистский** (*adj*).

ЭКСПАНСИОНИ́СТ *nm, pol.* expansionist

Япония первой атаковала без объявления войны, жестоко вела себя по отношению к китайцам, проявляла все черты **экспансиониста**. (https://www.gazeta.ru/science/2019/02/08_a_12171043.html, 2019). **Экспансионистский** (*adj*).

ЭКСПА́Т *nm, soc.* expat

Находящийся в центре деловой активности комплекс резиденций всегда будет востребован потенциальными арендаторами, например из числа **экспатов**, работающих в Москве. (https://www.kommersant.ru/doc/4154733, 2019)

Э́КСПОРТ *nm, bsn.* export

Президент РФ Владимир Путин подписал указ об утверждении перечня стран и видов товаров, в отношении которых не применяется режим лицензирования **экспорта**. (https://tass.ru/ekonomika/7266121, 2019). **Экспортный** (*adj*). **Экспортировать** (*v*).

ЭКСПОРТЁР *nm, bsn.* exporter

При этом по сравнению с другими региональными **экспортерами** неф ти Россия последние четыре года запускает меньше новых экспортных категорий. (https://www.rbc.ru/economics/04/12/2019/5de6175d9a7947669230d4b8, 2019). **Экспортёрский** (*adj*). **Экспортировать** (*v*).

ЭКСПРЕ́СС *nm, misc.* express

Железнодорожные **экспрессы**, поезда метро, автобусы не выйдут в четверг во Франции на свои обычные маршруты. (https://tass.ru/obschestvo/7268245, 2019). **Экспрессный** (*adj*).

ЭКСПРЕ́СС-ДИЕ́ТА *nf, food.* express diet

Секреты такого экстремального похудения Николь не раскрывает, но известно, что она сидела на **экспресс-диетах** и регулярно занималась в спортивном зале. (https://sm-news.ru/7-zvezd-ves-kotoryx-menee-45-kilogrammov-9621/, 2019)

ЭКСПРЕ́СС-ТЕСТ *nm, med.* express test

Экспресс-тест позволяет за 5-10 минут определить ВИЧ-статус. (https://tula.mk.ru/social/2019/12/01/3-stereotipa-o-vich-kotorye-ustareli-kak-pesnya-gruppy-kombinaciya.html, 2019)

Э́КСТАЗИ *nn, indecl, drug.* Ecstasy

По данным местной полиции, ребенок нашел таблетки **экстази** на земле в детском парке и проглотил их. (https://www.rbc.ru/rbcfreenews/5de29b329a7947469a9e5504, 2019)

ЭКСТРАВЕ́РТ *nm, psych.* extrovert

Люди делятся на рассудительных интровертов и общительных **экстравертов**. (https://sm-news.ru/10-mifov-ob-introvertax-44277/, 2019). **Экстравертный** (*adj*).

ЭКСТРАДИ́ЦИЯ *nf, pol.* extradition

В отношении него была избрана мера пресечения в виде заключения под стражу на два месяца, срок должен исчисляться с момента его **экстрадиции** на территорию РФ. (https://regnum.ru/news/2796688.html, 2019). **Экстрадированный** (*adj*).
Экстрадировать (*v*).

ЭКСТРА́КТ *nm, misc.* extract

Все средства производятся вручную с использованием растительных **экстрактов** и натуральных масел и не содержат химических веществ. (https://www.kommersant.ru/doc/4172324, 2019). **Экстрактный** (*adj*). **Экстрактировать** (*v*).

ЭКСТРАНЕ́Т *nm, int.* extranet

Фрилансеры, подрядчики, партнёры – они тоже смогут пользоваться Битрикс24 через **экстранет**. (https://rg.ru/2014/04/21/poryadok.html, 2019)

ЭКСТРЕМА́Л *nm, sport.* extremal

В горах Сочи открылась уникальная трасса для **экстремалов**. (https://rg.ru/2020/01/02/reg-ufo/sochi-unikalnaia-trassa-dlia-ekstremalov.html, 2020). **Экстремальный** (*adj*).

ЭКСТРИ́М *nm, sport.* extreme

Зона Crossfit – специализированное место для проведения тренировок на повышение силовой выносливости, координации, различных упражнений из арсенала тяжелой атлетики, пауэрлифтинга и даже силового **экстрима**. (http://www.sobaka.ru/belgorod/health/health/100512, 2019)

ЭКСФОЛИА́ЦИЯ *nf, cosm.* exfoliation

Частицы минерала дают эффект **эксфолиации** (то есть отшелушивания): кожу будто обрабатывают мягкой наждачной бумагой. (http://www.sobaka.ru/health/health/95227, 2019)

Э́КШЕН *nm, indcl, media.* action (*a genre of computer games or movies*)

Darksiders Genesis выйдет 5 декабря 2019 года. В этом кооперативном **экшене** игроки возьмут на себя управление двумя всадниками Апокалипсиса: Войной и Раздором. (https://regnum.ru/news/2795847.html, 2019)

Э́КШЕН-КА́МЕРА *nf, tech.* action camera

GoPro представила в России две новых **экшен-камеры** – Hero 8 и Max. (https://www.kommersant.ru/doc/4179465, 2019)

Э́КШЕН-ФИ́ЛЬМ *nm, media.* action film

Главной звездой **экшен-фильмов** стал актер Том Холланд – он исполнил главную роль в картине "Человек-паук: Вдали от дома". (https://360tv.ru/news/kultura/zriteli-opredelili-samyj-populjarnyj-film-2019-goda/, 2019)

ЭЛЕКТОРА́Т *nm, pol.* electorate

Растущая оппозиция российского **электората** не только влияет на будущие выборы, но и все больше подпитывает гражданские протесты. (https://inosmi.ru/economic/20191203/246362229.html, 2019)

ЭЛЕКТРОПО́П *nm, music.* electro pop

K-pop – это музыкальный жанр, который вобрал в себя элементы западного **электропопа**, хип-хопа, танцевальной музыки и современного ритм-н-блюза. (https://aif.ru/culture/showbiz/chto_takoe_key-pop, 2019)

ЭЛЕКТРОШО́К *nm, tech.* electroshock

Для усмирения угонщика правоохранителям пришлось применить **электрошок**. (https://regnum.ru/news/2794254.html, 2019). **Электрошоковый** (*adj*).

ЭЛЕКТРОШО́КЕР *nm, tech.* electroshocker

Президент России Владимир Путин подписал закон, разрешающий применение транспортной полиции **электрошокеров** в целях обеспечения безопасности. (https://www.rbc.ru/rbcfreenews/5de52e5e9a794718f5a3baeb, 2019)

Э́МБИЕНТ *nm, indecl, music.* ambient

В программе: австралийский авант-поп, американская семплоделика, британская панк-электроника, индонезийский дарк-фолк, иранский авангард, казачий киберпанк, сибирский **эмбиент**, финская психоделия, черкесская народная музыка, шведское индастриал-техно, японский глитч-рейв и не только. (http://www.chaskor.ru/article/russkoe_pole_eksperimentov_45124, 2019). **Эмбиентный** (*adj*).

ЭМБО́ССЕР *nm, tech.* embosser

Некоторые устройства оснащены еще и **эмбоссером**, специальным принтером для выпуска пластиковых карт. (https://www.kommersant.ru/doc/4156590, 2019)

ЭМБО́ССИНГ *nm, tech.* embossing

При этом в дизайне присутствуют и классические элементы – **эмбоссинг** в виде пера и шпаги украшает верхнюю часть бутылки и дублируется бронзовым тиснением на этикетке. (https://www.sostav.ru/publication/upakovka-39005.html, 2019)

Э́МО *nc, indecl, cult.* emo

Однако на смену стандартным субкультурам, известным многим как **эмо** или готы, вскоре пришла необычная культура, основной идеей которой стали нежные мечтательные девушки. (https://sm-news.ru/kak-sejchas-vyglyadit-devushka-chi-foto-byli-na-avatarkax-kazhdogo-8-let-nazad-55279/, 2019)

ЭМО́ДЗИ *nm, indecl, comp.* emoji

Обсуждаем язык **эмодзи**, ставим редакционный бан на "пошлые" рожицы, разбитые сердечки, требуем друг от друга научиться пересказывать историю новости в трех картинках. (https://snob.ru/entry/183306/, 2019)

ЭМО́ДЗИ-СИ́МВОЛ *nm, int.* emoji symbol

Однако на эти просьбы Ганн предпочел отвечать рассерженными **эмодзи-символами**. (https://regnum.ru/news/2654026.html, 2019)

Э́МО-КУЛЬТУ́РА *nf, cult.* emo culture

Самый пик их карьеры пришелся на расцвет **эмо-культуры**. (https://calendar.fontanka.ru/events/12178, 2019)

Э́МО-РОК *nm, music.* emo rock

Lizer сейчас делает музыку, которая ближе к **эмо-року** второй половины нулевых. (http://www.sobaka.ru/entertainment/music/76380, 2018)

ЭМОТИКО́Н *nm, comp.* emoticon

Тимофей Смирнов: "Любовь живет в СМС-ках, а страстные фото лишь будируют эмоции, которые стало гораздо проще выражать не стихами и песнями, а в "**эмотиконах**" и "смайликах". (https://regnum.ru/news/2748808.html, 2019)

ЭНВА́ЙРОНМЕНТ *nm, art* environmental art

Энвайронмент – это один из видов наиболее "продвинутых" арт-практик последней трети XX в., представляющий собой полностью организованное художником целостное неутилитарное арт-пространство. (https://dic.academic.ru/dic.nsf/enc_culture/1155/)

ЭНДА́УМЕНТ *nm, fin.* endowment

Бизнесмен уточнил, что планирует создать **эндаумент**-фонд для поддержания деятельности нового культурного центра. (https://www.rbc.ru/rbcfreenews/5db83b6c9a7947e6dc64e717, 2014)

ЭПИЦЕ́НТР *nm, misc.* epicenter

Эпицентр толчков находился на глубине 10 километров. (https://regnum.ru/news/2797281.html, 2019). **Эпицентральный** (*adj*).

ЭРДЕЛЬТЕРЬЕ́Р *nm, anim.* Airedale terrier

Создатели и актеры фильма получили от зрителей около 80 тысяч писем, порода собак **эрдельтерьер** стала страшно модной, а фраза «Где у него кнопка?» и песня «Крылатые качели» навсегда поселились в коллективном подсознательном людей, чье детство пришлось на 1980-е годы. (https://www.kommersant.ru/doc/4219418, 2020)

ЭСКАЛА́ТОР *nm, tech.* escalator

Кинотеатр "Орбита" из скромного районного кинозала превратится в многозальный фестивальный центр с грандиозным стеклянным атриумом и множеством лифтов и **эскалаторов**. (https://www.msk.kp.ru/daily/27062/4130730/, 2019). **Эскалаторный** (*adj*).

ЭСКАЛА́ЦИЯ *nf, pol.* escalation

Путин и Меркель обсудят **эскалацию** напряженности на Ближнем Востоке в результате авиаудара США по аэропорту Багдада 3 января, ситуацию в Сирии и другие актуальные вопросы. (https://regnum.ru/news/2824296.html, 2020). **Эскалационный** (*adj*). **Эскалировать/ся** (*v*).

ЭСКО́РТ *nm, soc.* escort

Дерево привезут в Москву в сопровождении полицейского **эскорта**. (https://russian.rt.com/nopolitics/news/693480-moskva-yolka-kreml, 2019). **Эскортный** (*adj*). **Эксортировать** (*v*).

ЭСКРО́У *nm, indecl, fin.* escrow

На данный момент в России заключено более 500 кредитных договоров с застройщиками через **эскроу** и одобрено кредитных линий на общую сумму 682 млрд руб. (https://realty.rbc.ru/news/5de762879a79476456efa1ca, 2019)

ЭСКРО́У-АГЕНТ *nm, fin.* escrow agent

Эскроу-счет открывается в банках, которые кредитуют застройщика, такие банки называются **эскроу-агентами**. (https://aif.ru/realty/price/kak_dolshchiku_poluchit_obratno_svoi_dengi_so_scheta_eskrou, 2019)

ЭСЭМЭ́С *nm, indecl,* ***ЭСЭМЭ́СКА** *nf, comm.* SMS

Присылают мне на днях из солиднейшего банка **эсэмэску** и тоже просят оценить их уровень моего обслуживания. (https://vm.ru/opinion/762764-epoha-naglosti-i-hamstva, 2019)

Ю

Ю́ЗЕР *nm, comp, slang*. user

Видеохостинги дали каждому **юзеру** интернета возможность стать звездой экрана практически в буквальном смысле. (https://fb.ru/article/212646/vlog-eto-neslojno-chto-takoe-vlog). **Юзерский** (*adj*).

ЮТУ́Б *nm, int*. YouTube

Нас можно видеть на **Ютубе**, трансляция уже идет и мы не будем ее выключать, когда будут идти московские новости. (https://echo.msk.ru/programs/beseda/2547303-echo/, 2019)

ЮТУ́Б-КАНА́Л *nm, int*. YouTube channel

Необычная пластинка попалась блогеру одного из **ютуб-каналов**. (https://readovka.ru/news/50280, 2019)

Я

Я́ВА-СКРИПТ *nm, comp.* Java script

В общей сложности, электронная версия книги содержит в себе 5,27 мегабит информации, в том числе 53,5 тысячи слов, 11 картинок и 1 **ява-скрипт**. (https://ria.ru/20120816/725118352.html, 2019)

Я́НКИ *nm, indecl, slang.* Yankee

Термин "**янки**"получил распространение с XVIII века. (https://dic.academic.ru/dic.nsf/ruwiki/20853)

Я́ППИ *nm, indecl, slang.* yuppie

Военные сороковые и карьеристские восьмидесятые, подарившие миру термин "**яппи**", казалось бы, несравнимы. (https://ria.ru/20191123/1560987439.html, 2019)

ЯХТ-КЛУ́Б *nm, sport.* yacht club

По мнению главы известного приморского **яхт-клуба** "7 футов" Михаила Ермакова, создаваемая школа должна поставить на первое место безопасность детей. (https://tass.ru/obschestvo/7259695, 2019)

ЯХТСМЕ́Н *nm, sport.* yachtsman

В рамках мероприятия были вручены премии "Лучший **яхтсмен** России" и "Лучшая яхтсменка России", а также пять специальных премий. (https://tass.ru/novosti-partnerov/7254153, 2019). **Яхтсменский** (*adj*)

PRINCIPAL SOURCES

Бабкин, А., & Шендецов, В. (2005). *Словарь иноязычных выражений и слов*. Москва: Астрель-АСТ-Транзиткнига.

Дьяков, А.И. (2010). *Словарь английских заимствований русского языка*. Новосибирск: Новосибирское книжное издательство.

Окунцова, Е.А. (2007). *Новейший словарь иностранных слов*. Москва: Айрис-пресс.

Шагалова, Е.Н. (2019). *Словарь новейших словарь иностранных слов*. Москва: АСТ-Пресс.

Большой *словарь иностранных слов*. (2006). Москва: Юнвес.

Новейший *словарь иностранных слов*. (2009). Москва: Айрис-пресс.

Gorlach, Manfred. (2003). *English Words Abroad*. John Benjamins Publishing Company. ProQuest Ebook Central, http://ebookcentral.proquest.com/lib/uncc-ebooks/detail.action?docID=829507.

24СМИ https://24smi.org
2Bitcoins.ru https://2bitcoins.ru
ADME https://www.adme.ru
Auto https://mag.auto.ru
CAR.ru https://car.ru
C-News https://www.cnews.ru
Coronavirus https://coronavirus-monitor.ru
Cosmopolitan https://www.cosmo.ru
Daily Афиша https://daily.afisha.ru
ELLE.ru https://www.elle.ru
EUROMAG https://www.euromag.ru
FishkiNet https://fishki.net
Forbes.ru https://www.forbes.ru
Gorod48 https://gorod48.ru
Habr https://habr.com
LentaRu https://lenta.ru
N+1 https://nplus1.ru

Naked Science https://naked-science.ru
News.ru https://news.ru
RT на русском https://russian.rt.com
Rusbase https://rb.ru
SM News https://sm-news.ru
Snob https://snob.ru
Sostav https://www.sostav.ru
Sports.ru https://www.sports.ru
StudFiles https://studfiles.net
The City https://thecity.m24.ru
The Village https://www.the-village.ru
Woman.ru http://www.woman.ru
Аргументы и Факты https://aif.ru
Аргументы Недели https://argumenti.ru
Афиша Daily https://daily.afisha.ru
Банки.ру https://www.banki.ru
Банковская энциклопедия https://banks.academic.ru
Бизнес.ру https://www.business.ru
Большая психологическая энциклопедия https://psychology.academic.ru
Большой Вопрос http://www.bolshoyvopros.ru
Большой юридический словарь https://dic.academic.ru/dic.nsf
Ведомости https://www.vedomosti.ru
Вести Hi-Tech https://hitech.vesti.ru
Вести https://www.vesti.ru
Вечерний Курьер https://vk-smi.ru
Вечерний Санкт-Петербург https://vecherka-spb.ru
Вечерняя Москва https://vm.ru
Взгляд https://vz.ru
Высшая Школа Экономики https://www.hse.ru
Газета.ру https://www.gazeta.ru
Главбух.ру https://www.glavbukh.ru
Гольф.ру https://golf.ru
Дни24 https://dni24.com
Домашний очаг https://www.goodhouse.ru
Единая Россия https://er.ru
Журнал Авто https://mag.auto.ru
За рулём https://www.zr.ru
Записки маркетолога https://www.marketch.ru
Знания https://znanija.com
ИА REGNUM https://regnum.ru
Известия https://iz.ru
ИНОСМИ https://inosmi.ru
Интерфакс Россия http://www.interfax-russia.ru
Интерьер+Дизайн https://www.interior.ru
Канобу https://kanobu.ru
Карта Слов https://kartaslov.ru
Киберспорт: словарь терминов, определений http://alvin-almazov.ru/cybersport-rus
Коминформ https://komiinform.ru
Коммерсантъ https://www.kommersant.ru
Лайфхакер https://lifehacker.ru

Лиза https://lisa.ru
Макдональдс https://mcdonalds.ru
Матч! https://matchtv.ru
Мир24 https://mir24.tv
Моменты https://momenty.org
Москва24 https://www.m24.ru
Московский Комсомолец https://mk.ru
Наука https://naukatv.ru
Невские новости https://nevnov.ru
Независимая газета http://www.ng.ru
Новая газета https://www.novayagazeta.ru
Новости Сегодня и 365 Дней https://365news.biz
Новости Тюмени http://ng72.ru
Полит.ру https://polit.ru
Популярная механика https://www.popmech.ru
Правительство Московской области https://mosreg.ru
Прайм https://1prime.ru
Пятый Канал https://www.5-tv.ru
Радио Свобода https://www.svoboda.org
РБК Стиль https://style.rbc.ru
РБК+ https://plus.rbc.ru
Реальное Время https://realnoevremya.ru
РЕН ТВ https://ren.tv
РИА Новости https://ria.ru
Российская газета https://rg.ru
Русский Мир https://russkiymir.ru
Русско-американский словарь терминов и определений в сфере информационной безопасности https://digital.report/cybersecurity-terminology
Словарь англицизмов русского языка. Дьяков А.И. http://anglicismdictionary.ru/Slovar
Словарь гендерных терминов http://a-z-gender.net
Словарь иностранных слов русского языка https://dic.academic.ru/contents.nsf/dic_fwords
Словарь композитов https://complex_words.academic.ru
Сноб. https://snob.ru
Собака.ру http://www.sobaka.ru
Современный толковый словарь русского языка. Ефремова Т.Ф. https://dic.academic.ru/contents.nsf/efremova
Современный экономический словарь https://dic.academic.ru/dic.nsf/econ_dict
Спорт РИА Новости https://rsport.ria.ru
Спорт Экспресс https://www.sport-express.ru
Студопедия https://studopedia.ru
ТАСС https://tass.ru
Телеканал 360 https://360tv.ru
Телеканал Наука https://naukatv.ru
Толковый словарь Ушакова https://dic.academic.ru/contents.nsf/ushakov
ФБ.ру https://fb.ru
ФедералПресс https://fedpress.ru
Федеральное Агентство Новостей https://riafan.ru
Федерация Бобслея России http://rusbob.ru
Федерация Бокса России http://rusboxing.ru

Федерация Фристайла России http://ffr-ski.ru
Финмаркет http://www.finmarket.ru
Фонтанка.ру https://www.fontanka.ru
Хайтек+ https://hightech.fm
Хакер https://xakep.ru
Частный корреспондент http://www.chaskor.ru
Чемпионат https://www.championat.com
Экономика Сегодня https://rueconomics.ru
Экономический Словарь http://slovariki.org/ekonomiceskij-slovar
Экспресс Газета https://www.eg.ru
ЭлитТрейдер http://elitetrader.ru
Энциклопедия по экономике https://economy-ru.info
Энциклопедия экономиста http://www.grandars.ru
Эхо Москвы https://echo.msk.ru